国家社科基金项目(07BZZ040)成果

贫困与保障

——贫困视角下的中西部民族地区农村社会保障研究

谢 冰 等著

商务印书馆
创于1897 The Commercial Press

2013年·北京

图书在版编目(CIP)数据

贫困与保障:贫困视角下的中西部民族地区社会保障研究/谢冰等著.—北京:商务印书馆,2013
ISBN 978-7-100-09935-6

Ⅰ.①贫… Ⅱ.①谢… Ⅲ.①少数民族—民族地区—农村—社会保障—研究—中西部地区 Ⅳ.①F323.89

中国版本图书馆CIP数据核字(2013)第078995号

贫困与保障

——贫困视角下的中西部民族地区
农村社会保障研究

谢冰 等著

商务印书馆出版
(北京王府井大街36号 邮政编码100710)
商务印书馆发行
北京民族印务有限责任公司印刷
ISBN 978-7-100-09935-6

2013年8月第1版 开本 787×1092 1/16
2013年8月北京第1次印刷 印张 20¾

定价:48.00元

推　荐　序

中南民族大学公共管理学院谢冰教授是国内最早研究民族地区农村社会保障的学者之一。此书凝结了他主持完成的国家社会科学基金项目最终成果的学术价值，同时，也展示了他长期深入中西部民族地区从事农村社会保障调查研究的心路历程。该书的核心观点来源于实践，又能够在更高层面上还原实践，凸显出较高的政策价值。总体上看，这是一部锐意创新、注重实践、致力于研究我国中西部民族地区贫困问题和农村社会保障问题的佳作。

本书将中西部民族地区农村社会保障制度建设置于反贫困这一大的经济社会背景之下，其分析视角独具匠心：作者从勾画并梳理了 1978 年—2008 年这 20 年间我国中西部地区农村贫困与反贫困的政策演进的历史沿革切入，致力于中西部民族地区不同类型的贫困及其成因的究根溯源，梳理、提炼、归纳了中西部少数民族地区农村致贫因素，包括对致贫决定因子进行了理论分析和实证解析；进而，以农户为分析对象，对中西部民族地区农户经济“内生性”增长和“外生性”增长的制度与政策环境进行了剖析。并由此引申出基于农户经济发展视角下的中西部少数民族地区农村社会保障制度建设的必要性，提出了中西部少数民族地区农村社会保障制度建设的原则与模式，并对传统模式与现代模式进行了比较研究；在此基础上，作者以社会养老保险为例，针对中西部民族地区农村社会保障制度建设中的经济可行性问题，从基金需求、农民个人缴费能力、政府财政补贴能力等方面进行了测算和数量分析，并运用 AHP—DELPHI 方法，构建指标体系，对民族地区农村社会保障水平的适度性进行评估；最后，作者对中西部民族地区农村社会保障制度运行的环境，从多个维度进行了系统深入的分析论证。本书沿着上述逻辑思路逐层展开，不仅对涉及中西部民族地区反贫困和农村社会保障制度建设的有关理论进行了梳理和探讨，还基于广泛的调查，围绕着中西部民族地区农村社会保障制度建设的路径进行了实证研究。研究的触角广泛涉及到制度结构、运行机制、政策组合等多个方面的内容，得出了许多富有启示意义的研究结论。

1. 中西部少数民族地区农村贫困影响因素分析

本书致力于中西部少数民族地区农村贫困影响因素的究根溯源。作者系统深入地研究了民族地区农村贫困影响因素，其分析视角独具匠心；从区域地理因素、自然生态因素、人口素质因素、经济结构因素、制度层面因素、累积效应因素入手，进行理论分析和实证解释。在此基础上提出反贫困应为中西部少数民族地区农村社会保障制度的一项重要功能，重点应加强少数民族地区农村社会救助制度建设，探索少数民族地区农村扶贫的政策创新，改革与发展民族地区农村医疗保障制度，完善少数民族贫困地区农村居民最低生活保障制度。

2. 农户经济增长与政策环境思考

本书对中西部民族地区农户经济"内生性"增长和"外生性"增长的制度与政策环境进行了剖析。提出中西部民族地区农户经济"内生性"增长的困境主要包括：耕地资源极度稀缺、收入渠道单一、人力资源素质较差、农业要素投放缺乏；"外生性"增长受到制度环境、政策环境的制约。两种增长方式在作用于农户经济发民上所形成的关系是："内生性"增长是农户经济要持续发展的根本和基础，同时为"外生性"因素的流入创造条件；而"内生性"增长的实现则要以"外生性"因素的流入、支持为外在推力。

3. 建立民族地区农村社会保障制度的可行性分析

作者阐述建立民族地区农村社会保障所需的社会经济条件，并构建精算模型，对中西部民族地区农村社会养老保险费测算基金需求、农民个人缴费能力、政府财政补贴能力等方面进行了测算和数量分析。提出我国构建民族地区农村社会保障制度中政府的责任与主导作用；坚持物质补偿与发展扶持并举，调动群众的积极性和主观能动性；在中西部民族地区农村社会保障制度建设中，要重视挖掘少数民族传统文化动力。

4. 建立民族地区农村社会保障制度的水平分析

根据民族地区当前的经济、社会状况，结合国内外民族地区农村社会保障的实践经验，运用 AHP—DELPHI 方法，构建指标体系，通过对民族地区农村社会保障制度实施以来的相关数据的分析、计算，得到了当前民族地区农村社会保障体系及其子系统的保障水平，对其水平进行了测算、分析，得出我国当前民族地区农村社会保障水平与其适度水平还有很大距离，当前我国民族地区农村的社会保障体系不能达到为农民提供良好的养老、医疗以及最低生活保障的要求。要解决社会保障这种“供不应求”的局面，需要中央及各级民族区域自治政府和全社会的共同努力。

作者在探究上述问题时，采取了“剥笋敲钉”式的递进分析方法，规范分析与实证分析相结合，定性分析与定量分析相结合，力求使所研究问题的结论更加精确；与此同时，理论创新与政策建议相结合，论点、论据、论证过程严密契合，亦使人感到其严谨和逻辑力量。凡此种种，均使该书的理论分析不失空洞、对策分析不失根基。

中西部民族地区农村社会保障制度建设与反贫困均处于动态发展过程中，新的现象，新的问题层出不穷，这些会引发新的思考，进行多种新的概括。这些都是探索，而不是定论。其间，视野容有宽窄，角度容有反正，观点容有差异——总之，都需要锲而不舍、锐意探索，这些都可以看作是当代中国社会保障制度与反贫困在发展和改革过程中的影像和轨迹。

我国的少数民族主要分布在中西部地区。中西部民族地区农村社会保障制度建设与反贫困具有重要的社会经济意义，关系到民族的团结、社会的和谐、社会主义制度的巩固。本书的出版，既丰富了该领域的理论成果，又具有重要的实践指导意义。

谢冰教授是我非常钦佩和敬重的一位学术同行，也是一位相识多年的挚友。他不畏繁难，带领课题组深入到贵州、云南、广西、青海等省进行广泛深入的调查研究，调查所涉及的民族包括壮族、土家族、瑶族、侗族、傣族、回族、藏族、土族、蒙古族以及汉族等，并翻阅了大量的历史文献，进行了卓有成效的创新性研究。我们期待着本书的出版能够引起更多理论工作者和实际工作者的思考和讨论，也期待着本书的著者更上层楼，在这一研究领域有更多的学术贡献。

赵 曼

中南财经政法大学公共管理学院院长、教授

2011 年 12 月 12 日

目　录

第一章　导言 ……………………………………………………………… (1)
　第一节　民族地区农村社会保障研究的理论价值与实践价值 ……… (1)
　　一、民族地区的社会保障是我国现代化建设事业的重要组成部分 ……… (1)
　　二、民族地区农村社会保障制度建设的特殊性及其研究价值 ……………… (3)
　第二节　民族地区农村社会保障理论研究的视角与内容 ……………… (15)
　　一、中西部民族地区农村社会保障理论研究的指导思想与理论视角 ……… (16)
　　二、中西部民族地区农村社会保障理论研究的主要内容与基本观点 ……… (16)
　第三节　2000—2008 年我国农村社会保障研究内容及其文献综述 ………………………………………………………… (29)
　　一、当前我国农村社会保障的问题、原因分析 ………………………………… (30)
　　二、农村社会保障制度实现模式及其路径选择 ………………………………… (31)
　　三、农村社会保障法制建设 ……………………………………………………… (32)
　　四、政府在农村社会保障制度中的角色定位与责任 …………………………… (33)
　　五、农村养老保险制度建设 ……………………………………………………… (34)
　　六、新型农村合作医疗保险制度建设 …………………………………………… (37)
　　七、农村最低生活保障制度建设 ………………………………………………… (42)
第二章　民族地区农村社会保障的变迁与发展 ………………………… (47)
　第一节　古代与民国时期民族地区农村社会保障 ……………………… (47)
　　一、中国古代社会保障的思想渊源与民族地区的保障行为 ………………… (47)
　　二、民国时期民族地区农村社会保障 …………………………………………… (50)
　第二节　少数民族地区农村社会保障体系的初步建立 ………………… (55)
　　一、中国共产党的民族理论与民族政策 ………………………………………… (55)

二、新中国成立初民族地区社会保障事业的发展 …………………………（60）
第三节 少数民族地区农村社会保障体系的发展与完善 ……………（64）
一、民族地区的社会救济功能的不断拓展 ……………………………（64）
二、民族地区农村的养老保障的起步和曲折发展 ……………………（66）
三、民族地区的医疗保障的发展与完善 ………………………………（66）
四、民族地区农村社会福利事业的成就 ………………………………（67）
第四节 民族地区农村社会保障进程历史脉络的梳理 ………………（68）
一、民族地区农村社会保障制度的历史变迁 …………………………（68）
二、当前中西部民族地区农村社会保障制度的问题与路径选择 ……（72）
第三章 贫困与民族地区的农村社会保障建设 ……………………（81）
第一节 中西部民族地区农村贫困与反贫困：1978—2008 年………（81）
一、我国中西部民族地区农村贫困的历史凸现：从一般宏观性贫困到特殊区域性贫困 ……………………………………………………（81）
二、我国中西部民族地区农村反贫困：从一般性政策到特殊性政策 ……（85）
三、我国中西部民族地区农村贫困的现实状态："贫困固化与返贫深化"现象并存 …………………………………………………………（91）
四、我国中西部民族地区农村贫困治理趋势：从经济性贫困治理到脆弱性贫困治理 ……………………………………………………（94）
第二节 中西部民族地区农村贫困影响因素分析 ……………………（96）
一、中西部民族地区农村致贫因素的理论分析 ………………………（96）
二、中西部民族地区农村致贫决定因子的实证解析 …………………（105）
第三节 贫困视角下的民族地区农村社会保障制度建设 ……………（117）
一、贫困视角下的民族地区农村社会保障制度缺失 …………………（117）
二、反贫困与中西部民族地区农村社会保障制度建设 ………………（118）
第四章 农户经济发展与中西部民族地区的农村社会保障 ………（126）
第一节 中西部民族地区农户经济增长与社会保障建设 ……………（126）
一、中西部民族地区农户经济增长对社会保障建设的决定作用 ……（126）
二、中西部民族地区社会保障建设对农户经济增长的关系 …………（127）
第二节 中西部民族地区农户经济"内生性"增长分析 ……………（132）
一、关于我国农户经济"内生性"增长的一般性研究 ………………（132）
二、当前中西部民族地区农户经济"内生性"增长的困境 …………（137）

第三节　中西部民族地区农户经济“外生性”增长分析 …………（141）
一、制度环境因素 ……………………………………………………（141）
二、政策因素 …………………………………………………………（143）
第四节　当前中西部民族地区农户生产经营风险与收入增长问题的实证分析 ……………………………………………（147）
一、国内理论界对农户收入增长问题的研究 …………………（147）
二、中西部民族地区农户经济发展影响因素的实证分析 ………（148）
第五节　中西部民族地区农村社会保障建设——基于农户经济发展的视角 ……………………………………………（153）
一、中西部民族地区农户经济发展对农村社会保障的要求 ……（153）
二、农村社会保障制度与民族地区农户劳动力转移的适应性分析 …………（155）
第五章　构建民族地区农村社会保障制度的原则与模式 …………（160）
第一节　构建民族地区农村社会保障制度模式的原则 …………（160）
一、公平与效率的协调 ……………………………………………（160）
二、权利与义务相统一 ……………………………………………（164）
三、生存与发展相结合 ……………………………………………（167）
四、法制化 …………………………………………………………（169）
五、适度水平 ………………………………………………………（172）
六、形式多元化 ……………………………………………………（174）
第二节　构建民族地区农村社会保障制度模式 …………………（177）
一、传统模式 ………………………………………………………（177）
二、现代模式 ………………………………………………………（186）
第六章　民族地区农村社会保障制度的可行性分析 ………………（205）
第一节　建立民族地区农村社会保障的社会经济条件 …………（205）
一、中西部民族地区建立农村社会保障制度的时机分析 ………（205）
二、中西部民族地区建立农村社会保障制度的有利条件 ………（210）
第二节　民族地区社会保障的经济可行性测算 …………………（215）
一、中西部民族地区社会养老保险费的需求测算 ………………（215）
二、农民个人缴费能力分析 ………………………………………（223）
三、政府财政补贴能力分析 ………………………………………（230）

第三节 关于民族地区农村社会保障制度可行性的若干思考 ……… (236)
一、中西部民族地区农村社会保障制度的建立——一个漫长而艰难的过程 ……………………………………………………………… (236)
二、构建中西部民族地区农村社会保障制度中的政府责任与主导作用 …… (237)
三、坚持物质补偿与发展扶持并举以调动群众的积极性和主观能动性 …… (239)
四、中西部民族地区农村社会保障制度建设要因地制宜 ………… (240)
五、中西部民族地区农村社会保障制度要充分挖掘少数民族传统文化的源动力 ……………………………………………………………… (242)
第七章 中西部民族地区农村社会保障制度保障水平的分析 ……… (243)
第一节 中西部民族地区农村社会保障水平的衡量 ……………… (243)
一、国内关于社会保障水平的研究现状 …………………………… (243)
二、国内外关于社会保障水平衡量的一般理论 ……………………… (245)
三、中西部民族地区社会保障的特征及其在保障水平中的体现 …… (248)
第二节 我国社会保障水平变化的一般趋势 ……………………… (250)
一、起步水平低 ……………………………………………………… (250)
二、保障水平发展逐步与生产力发展水平相适应 …………………… (251)
三、保障水平变化方式宜为多次小幅增长 …………………………… (252)
第三节 基于AHP—DELPHI法的民族地区农村社会保障水平评价体系的构建 ……………………………………………………… (252)
一、AHP—DELPHI法的基本介绍与原理 …………………………… (252)
二、民族地区农村社会保障水平的评价指标体系 …………………… (253)
三、我国民族地区农村社会保障水平评估及适度水平确定 ………… (259)
四、结论与展望 ……………………………………………………… (270)
第八章 中西部民族地区农村社会保障制度运行的环境分析 ……… (273)
第一节 民族地区农村社会保障制度的一般环境分析 …………… (273)
一、对我国的根本大法——《中华人民共和国宪法》的分析 ……… (274)
二、对农村社会保障制度运行的一般法律分析 ……………………… (275)
三、对民族地区的“准法规范”的分析 …………………………… (278)
第二节 中西部民族地区农村社会保障制度的具体环境分析 ……… (281)
一、中西部民族地区农村社会保障制度的经济环境分析 …………… (281)
二、中西部民族地区农村社会保障制度的社会环境分析 …………… (284)

三、中西部民族地区农村社会保障制度的文化环境分析 …………………（288）
第三节　中西部民族地区农村社会保障与政府责任 …………………（292）
一、我国农村社会保障制度模式的演变与政府责任的进化…………………（292）
二、关于民族地区社会保障制度改革发展新时期里政府责任的思考 ………（294）
参考文献……………………………………………………………………（305）
后记…………………………………………………………………………（316）

第一章

导 言

第一节 民族地区农村社会保障研究的理论价值与实践价值

一、民族地区的社会保障是我国现代化建设事业的重要组成部分

中国是一个由多个民族共同组成的国家，除了汉族之外，还有55个少数民族，我国少数民族尽管人数上占全国人口的比例较小，但居住的区域十分辽阔，从目前的行政区划看，民族地区包括西藏、新疆、内蒙古、宁夏、广西等五个省级自治区，湖南省、湖北省、贵州省、云南省、甘肃省、四川省、青海省、辽宁省、吉林省、黑龙江省、浙江省、广东省、海南省以及重庆市还存在少数民族自治州、自治县，此外，许多省（区）还有民族乡。可以说，少数民族遍布于我国东西南北、城镇农村、内地边疆，但主要分布于中西部地区。因此，民族地区（全书特指“少数民族地区”，并统称为“少数民族地区”。——编者著）的现代化程度直接关系到我国现代化进程。实现民族地区的现代化是一项长期的任务，并关系到民族的团结、社会的和谐、社会主义制度的巩固，在整个社会主义阶段，民族问题将长期存在，并且呈现复杂性、普遍性、敏感性等特点。

新中国的成立，标志着各民族从此真正实现了政治上的一律平等，由于历史的原因，我国绝大多数少数民族和民族地区社会经济发展十分落后，生产力极其低下，有些少数民族甚至处在原始社会末期或农奴制的社会形态和刀耕火种的生产方式，广大农牧民虽终年劳作却难以维持基本生计，过着食不果腹、

衣不遮体的悲惨生活，群众生活极其贫困。如何帮助少数民族和民族地区发展社会生产力，改变贫困落后的面貌，实现各民族的共同繁荣与进步，成为党的第一代领导集体关于民族工作的重心。为此，周恩来总理在1957年召开的民族工作座谈会上作的《关于我国民族政策的几个问题》报告中说："我们这个多民族的大家庭要建设成为一个强大的社会主义国家，必须在民族繁荣的基础上前进。"他指出："我们社会主义的民族政策，就是要使所有的民族得到发展，得到繁荣。各民族的繁荣是我国社会主义在民族政策上的根本立场。"① 这一时期，在党中央及全国人民的关怀支持下，各民族地区的贫困落后面貌得到明显的改观。

进入20世纪70年代后，我国迎来了改革开放的历史新时期，中西部民族地区的社会经济发展取得了很大的成绩，但与其他地区相比，落后的状况未能彻底改变，与东部沿海地区相比，差距更大。因此，如何帮助民族地区发展社会经济，使各族群众尽快脱贫，成为这一时期党的第二代中央领导集体民族工作的重心。党中央于1992年1月14日召开了中央民族工作会议，江泽民总书记在会上指出："我们必须从振兴中华民族的高度，从巩固和发展我国社会主义事业的高度，充分认识民族工作的长期性、复杂性和重要性。"江泽民同志把加快各民族特别是少数民族和民族地区的经济社会发展，促进各民族的共同繁荣作为改革开放时期民族工作的两大主要任务。他指出："少数民族和民族地区的社会经济发展，直接关系到我国整个现代化建设目标的顺利实现。民族地区的现代化同全国其他地区的现代化，少数民族的振兴同整个中华民族的振兴是密不可分、互相促进的。推动各民族发展进步和共同繁荣不仅是个经济问题，而且是个政治问题。"② 这一时期，中央加大了对民族地区扶持的力度，内地各省市也伸出援手，帮助民族地区加快经济的发展。

进入21世纪后，中国的经济发展速度进一步加快，综合国力进一步增强，民族地区的现代化事业需要有新的思路，新的内容，党的民族工作也面临着新形势和新任务。以胡锦涛同志为总书记的党的领导集体以科学发展观为指导，将以人为本、关注民生作为施政理念。根据民族工作的新课题与新要求，党中央于2005年5月召开中央民族工作会议暨国务院第四次全国民族团结进步表彰

① 《中国共产党关于民族问题的基本观点和政策》[M]，民族出版社2002年，第248页、250页

② 《中国共产党关于民族问题的基本观点和政策》[M]，民族出版社2002年，第283页、284页

大会，大会把“共同团结奋斗、共同繁荣发展”作为新世纪新阶段民族工作的主题，胡锦涛总书记在会上指出：“加快少数民族和民族地区经济社会发展，促进各民族共同繁荣发展，是全面建设小康社会、加快推进社会主义现代化的必然要求，是巩固和发展全国各族人民的大团结、确保党和国家长治久安的必然要求，也是开创社会主义建设新局面、实现中华民族伟大复兴的必然要求。”①

如何在经济发展的基础上改善民生，尤其是缩小地区差距和城乡差距，让广大农村地区能够享受到国家提供的公共服务，使各族农牧民的生产生活水平不断提高，是这时期党中央关注的重大问题，在党的十六届五中全会上，中共中央提出了关于制定国民经济和社会发展第十一个五年规划的建议，该建议提出了建设社会主义新农村和推进社会主义和谐社会建设，从认真解决人民群众最关心、最直接、最现实的利益入手，注重社会公平、加大调节收入分配的力度，妥善处理不同利益群体的关系，努力缓解地区之间和社会成员之间收入分配差距扩大的趋势，扩大公共财产覆盖农村的范围，强化政府对农村的公共服务，大力发展农村公共事业，加大扶贫开发力度，改善贫困地区人民群众的基本生产生活条件，并明确提出有条件的地方要积极探索建立农村最低生活保障制度，建立新型农村合作医疗制度，对丧失劳动能力的贫困人口建立救助制度。在党中央的正确指导和大力支持下，包括民族地区在内的我国农村社会保障制度框架已初步建立，这项制度对于促进民族地区的现代化建设正在发挥着重要的作用。

二、民族地区农村社会保障制度建设的特殊性及其研究价值

（一）中西部民族地区社会保障制度建设中的贫困困扰与出路探寻

中西部民族地区是我国少数民族分布的主要地区，其范围包括：内蒙古、广西、西藏、新疆、宁夏5个省级自治区；以及贵州、云南、青海、甘肃、四川、湖北、湖南和重庆等省市所辖的自治州、自治县，土地面积602万平方公里，总人口1.5亿（1995年）；分别占国土总面积的62.7%、全国人口总数的12.5%。

① 胡锦涛：《在中央民族工作会议暨国务院第四次全国民族团结进步表彰大会上的讲话》[M]，北京，人民出版社，2005年

中西部民族地区社会经济的特点主要有：

第一，少数民族比重较大、民族成分众多、民族间文化差异明显。中西部少数民族人口的比重为45.7%（1990年），为全国这一指标的5.7倍。但少数民族内部人口比例差异较大，其中西藏最高，达96.65%；其次为新疆，达60.24%。民族比例较高的还有青海（50.96%）、广西（42.72%）、贵州（36.77%）、云南（36.01%）、宁夏（33.63%）、内蒙古（23.3%）。根据全国第四次人口普查资料，我国55个少数民族在中西部地区均有分布，其中中西部地区特有的世居民族有45个，其集中程度以高度集中为主，高度集中的民族有35个，占63.6%；比较集中的民族有9个，占16.4%；相对分散的民族有11个，占20%。中西部地区少数民族文化多彩纷呈，民族间的风尚、习俗各不相同，受宗教文化的影响较大，且宗教文化的民族化特征明显。

第二，地处偏远，交通不便。中西部少数民族聚居地区大多分布于山区、高原、荒漠、边境等地方，其中内陆边境地区有20多个少数民族为跨境民族。由于地理位置偏僻，地势险峻，相当部分的州、县未通铁路，有的乡、村没有公路连接，交通十分不便。中西部少数民族的这种空间分布状况使其与外部的交往形成了天然的阻隔。

第三，社会经济发展落后，工业化和城镇化程度不高。长期以来，中西部民族地区因受社会、历史、自然等因素的影响，经济发展十分落后。解放以来，尤其是改革开放以来，该地区整体经济实力有了明显增强，但与发达地区的差距仍然较大。以国内生产总值为例，2009年我国各省市、自治区经济发展状况详见下表：

表1-1　2009年各省、自治区、直辖市国内生产总值及增速①

	省（区）、直辖市、	国内生产总值（亿元）	增速（%）
1	广东省	39081.59	9.5
2	江苏省	34061.2	12.4
3	浙江省	22832	8.9
4	山东省	33805.3	11.9

① 数据来源于国家统计局地方年度统计公报：http：//www.stats.gov.cn/tjgb/

续表

	省（区）、直辖市、	国内生产总值（亿元）	增速（%）
5	河南省	19367	10.7
6	河北省	17026.6	10.0
7	辽宁省	16065.57	13.1
8	吉林省	7203.18	13.3
9	黑龙江省	8288	11.1
10	内蒙古自治区	9725.78	16.9
11	新疆维吾尔自治区	4273.57	8.1
12	宁夏回族自治区	1334.56	11.6
13	西藏自治区	437	12.1
14	山西省	7300	6.0
15	陕西省	8186.65	13.6
16	甘肃省	3382.35	10.0
17	青海省	1081.27	10.1
18	广西壮族自治区	7700.36	13.9
19	四川省	14151.3	14.5
20	湖南省	12930.7	13.6
21	湖北省	12831.52	13.2
22	福建省	11949.53	12.0
23	江西省	7589.2	13.1
24	安徽省	10052.9	12.9
25	贵州省	3893.51	11.2
26	云南省	6168.23	12.1
27	北京市	11865.9	10.1
28	上海市	14900.93	8.2
29	天津市	7500	16.5
30	重庆市	6528.72	14.9
31	海南省	1646.6	11.7

由上表析出，一方面，2009 年 8 个少数民族较为集中的省区（5 个自治区

以及贵州、云南、青海）经济发展速度明显加快，除个别省区外，经济增长速度均高于全国8.7%的平均增速；另一方面，2009年8个少数民族较为集中的省区共实现国内生产总值共计34614.28亿元，仅占全国国内生产总值335353亿元的10.32%。

不仅如此，中西部民族地区内部发展不平衡的现象也十分明显。其中内蒙古自治区的经济实力明显高于其他省区，达到9725.78亿元，占8个民族省区国内生产总值的28.1%；其次是广西壮族自治区，2009年度国内生产总值为7700.36亿元，占8个民族省区国内生产总值的22.25%。相对而言，青海、西藏等省区的经济发展水平则仍然明显落后，其国内生产总值分别为1081.27亿元、437亿元，分别占8个民族省区国内生产总值的3.12%和1.26%。

中西部民族地区经济落后的一个重要原因在于工业化程度较低，与东部发达地区相比，中西部民族地区普遍处于初级工业化阶段，工业对国内生产总值的贡献率较小，传统农业仍占较大优势。中西部各省区的工业内部结构也有较大差异，如内蒙古、西藏、贵州、宁夏、青海5省区以能源、原材料等重工业为主；云南、广西、新疆等则以农林牧产品的初级加工业为主。

中西部民族地区的城镇化程度也明显滞后于发达地区，2008年东部地区城镇化率达到56%；中西部地区为43%，而西部地区只有38%。而中西部民族地区的城镇化率又普遍低于省内其他地区，如湘、鄂、渝、黔欠发达的少数民族地区2006年的城镇化率只有28.07%，低于全国平均水平近16个百分点。①

第四，城乡二元结构突出，贫困人口较为集中。中西部民族省区里，先进的都市与落后的农村并存，就总体情况看，大中型城市居民的人均收入与全国相差不大，但集聚的人口比重较低。而农村居民的人均收入则远低于全国平均水平。

工业化和城镇化程度不高，因此导致中西部民族地区人口的绝大部分为农民，生产经营形态主要为传统农牧业。中西部民族地区农业生产的条件恶劣，我国一部分少数民族人口分布于沿边、高温、高湿、高寒、缺水的地区，如青海、新疆以及西藏大部分民族地区，气温低、海拔高，空气稀薄；又如广西、贵州的少数民族大部分聚居于喀斯特山地的生态脆弱区，各种自然灾害频发。

① 陈德祥、吕学芳：湘、鄂、渝、黔边区农村城镇化制约因素及对策研究［J］，《大连理工大学学报》（社科版）2008年第2期，61页

恶劣的自然环境加上基础设施落后，使得中西部民族地区的农民通过发展农牧业生产来提高收入的难度远比其他地区要大。中西部民族地区农民的主要收入渠道较东部发达地区狭窄，尤其是西部民族地区，务农收入仍然是农民的主要收入来源，一部分农民虽有非农收入，但比重不大，且极不稳定。一般农户在扣除维持生产与生活开支后所剩无几，少数个别农户的收入尚不足以支付日常生活的费用。可以说，贫困依然是困扰中西部民族地区农村群众的主要问题。我国目前尚未脱贫的人口主要集中于少数民族地区，我国现有117个少数民族自治县，3个自治旗，其中有92个分布在中西部。① 我国的贫困地区也基本覆盖了少数民族地区，涉及5个自治区、27个自治州、120个自治县（旗）。尤其是西部，如宁夏、甘肃、青海、贵州等地区部分少数民族处于整体贫困状态。总体来说，中西部民族地区的贫困状况仍然很严重，表现为区域性的、整体性的贫困。1986年国家首次确定重点扶持的331个贫困县中，少数民族贫困县有141个，1994年国家重新确定重点扶持的331个贫困县中，少数民族贫困县有141个，占42.6%。2001年又新增加10个少数民族贫困县，加上西藏的74个县，国家重点扶持的少数民族贫困县达到331个。② 据2003年统计数据显示，有1300万少数民族人民生活在贫困条件下，占全国贫困人口总数的46%。2004年，少数民族地区农村绝对贫困人口有1245.6万，占全国贫困人口总数的47.7%。而到2005年末，少数民族地区农村贫困人口占全国农村贫困人口（2365万人）的比重达到49.5%。③ 根据国家民委对民族自治地方农村贫困检测结果的分析，2008年末，民族自治地方农村贫困人口为2102.4万人，贫困发生率为17.6%。④

贫困给中西部民族地区农村带来的影响是多方面的，首先，贫困导致了人口体质差，患病率较高，因病致贫的问题较为突出，尤其是高温、高湿、高寒、缺氧、缺水等自然环境恶劣地区往往是各种传染病和地方病的高发区。其次，贫困导致了民族地区人口文化素质的低下，根据我国2005年人口抽样调

---

① 《中国民族统计年鉴》（2009版）[R]，287—288页，民族出版社2010年6月出版

② 王平：消除贫困与少数民族人权保障——以中国少数民族地区扶贫为例 [J]，《人权》2010年第5期，30页

③ 董晓波：农村反贫困战略转向研究——从单一开发式扶贫向综合反贫困转变 [J]，《社会保障研究》2010年第1期，151—179页

④ 《中国民族统计年鉴》（2009版）[R]，民族出版社2010年6月出版，187页

查，6岁以上文盲人口比重，全国平均水平为10%，而在少数民族人口比重较大的省区中，内蒙古的文盲率为10%、广西为8%、四川为14%、贵州为18%、云南为17%、西藏为45%、甘肃为18%、青海为22%、宁夏为16%、新疆为8%。与此形成鲜明对比的是，北京和上海的文盲率分别3%、5%。[①] 可见，民族地区文盲人口比重不仅远高于北京、上海等东部发达地区，而且高于全国平均水平。再次，贫困使得社会保险事业不发达，保障项目少，保障水平低。本来，中西部民族地区农村居民的生计与生活的风险远比其他地区高，更需要得到社会保障，但却由于贫困，民族地区广大农户的家庭积累有限，无力参保，民族地区各项社会保险资金筹措的难度较大，尤其是农村社会保险个人缴费性项目的参保比例较低，即使是已经全面铺开的社会保险项目，推行过程中也遇到了其他地区不曾遇到的困难。以农村新型合作医疗保险为例，本课题组2007年7月至2008年元月在贵州、广西、青海等地的调查发现，这些地区农村居民的参合率在70%—80%左右，低于其他地区，由于中西部民族地区的县域人口总数较少，参合率低使得新农合报销支付的资金缺口较大，基金运行存在较大风险，有的县若五六个人生场大病，全县一年的医保经费几乎全部用光，相关部门只能提高起付线水平来降低基金运行风险，这种做法又导致合作医疗保险的受益人数比例大幅缩减，在本次调查回收的801份有效问卷中，有756人回答没有报销过医药费，占样本总量的94.3%。

因此，我国农村社会保障制度的设计必须兼顾中西部少数民族地区的突出问题和主要特点，中西部民族地区的社会保障制度应立足于贫困，着眼于发展。具体而言，当前，应将能够帮助民族地区农村尽快脱贫、防止返贫的社会保障项目置于优先的地位，要进一步完善新型农村合作医疗保险制度，努力提高参合率和保障水平；要尽快建立农村最低生活保障制度，考虑到民族贫困地区农村贫困人口比重较大，保障基金缺乏的实际情况，制定农村贫困居民最低生活保障线应贯彻保障标准从低的原则。被纳入国家农村养老保障试点的民族地区应在中央及各省政府的指导下努力探寻适应本地区的养老保障体系建设。

农村社会保障制度的运行必须考虑地区间的差异，宜采取分类指导的原则，养老保险、医疗保险、最低生活保障制度是我国农村社会保障体系的三大

---

① 根据国家统计局公布的数据计算得出，http：//www. stats. gov. cn/tjsj/ndsj/renkou/2005/html/0105. htm

基石，这三项保障制度的实施，将为广大农村居民基本生计与生活提供有力的保障。将民族地区的特殊性和与全国其他地区共存的一般性相结合，是构建民族地区社会保障制度的必要条件。

关于尚处于试点阶段的农村养老保险问题，与全国其他地区一样，民族地区也面临着人口老龄化的问题，但家庭养老功能的退化程度远不及其他地区，三世同堂、四世同堂的复合式家庭在沿海发达地区以及中部次发达地区已不多见，而在西部民族地区仍占有较大比例，尽管近年来家庭养老成本逐渐提升，子女的养老意愿有所下降，但受访户中绝大多数（约占全部调查农户的92.07%）选择家庭养老的形式。但这是否意味着民族地区目前尚不具备建立农村养老保险制度的可行性？再者，民族地区传统的家族和集体对于老年人生活保障至今仍发挥着不可忽视的作用。这些特点是养老保险制度在民族地区实施时应加以考虑的问题。

关于农村最低生活保障制度，目前除了内蒙古自治区外，其他地区仍停留在对因灾因病而难以维持基本生活人员的救助之上。由于民族地区处于贫困线以下和贫困线边缘的人口仍占有较大比例，不少县能够得到救助的比例不及应救济人口的20%，且带有临时性。民族地区社会救助的突出问题是资金的短缺与浪费并存，因此，如何尽快建立全面的最低生活保障制度，扩大覆盖面，提高保障水平？如何将国家大力推行的开发性扶贫战略与最低生活保障制度有机地结合起来？等等，这些问题应成为研究民族地区社会保障问题的重要内容。

关于新型农村合作医疗保险制度，目前在民族地区实施过程中也出现了不少亟待解决的问题，如按照现行的合作医疗保险报销制度，农民须先到乡镇卫生院就诊，可报销60%；如果乡镇卫生院看不了，出具转诊证明，农民可到县定点医院就诊，可报销40%；如果县级医院仍看不了，才可转诊到省级定点医院，可报销20%。但问题是，中西部民族地区乡镇卫生院普遍存在医疗条件差的问题，缺经费、缺设备、缺病床、缺人员，尤其缺优秀的医护人员，导致不少农民对其服务质量心存疑虑，调查中约有31.2%的受访者表示自己一旦生病会选择县级或更高等级的医院就医，结果导致一方面大量的医疗卫生资源闲置，另一方面农民看病的各种费用开支巨大。不少农民还对合作医疗保险的烦琐报销手续不满意，有的农民甚至反映，部分医疗机构存在“小病大看”的现象，等等。这些问题说明，解决合作医疗保险制度的运行机制问题，对于充分发挥这项制度的效用，以造福于各族广大群众至关重要，也应成为我们研究的一个重要方面。

（二）民族地区的发展困境与社会保障制度建设

如果说贫困是多源因素共同作用的结果，那么，贫困带来的影响也是多方面的，从社会保障的角度上讲，贫困使得用于发展社会保障事业的公共财政捉襟见肘。从本课题组2007年和2008年的调查情况看，中西部民族地区普遍受到公共财力薄弱的困扰，尤其是县乡两级财政紧张状况十分突出，如贵州省黔东南苗族侗族自治州黄平县2007年财政总收入不足5000万元，尚不及东部发达地区一个乡镇的年财政收入，该县每年财政支出的缺口高达6000万元；又如青海省海北藏族自治州海晏县2008年财政总收入不及800万元，而每年实际财政支出需要2000万元左右。据了解，像这样的入不敷出，目前主要靠中央及省财政转移支付维持运行的财政困难县在中西部民族地区并不少见。

造成民族地区财政收入极度短缺的根本原因在于：第一，中西部民族地区经济结构单一，目前中西部民族地区不少的建制镇没有真正意义的现代产业，乡镇企业即使有，也大多集中于餐饮旅店等低端服务业、农资销售、粮食初级加工与贸易、矿产开采等行业，其中不少还处于作坊式生产阶段，县域内成规模的工商企业也十分有限；第二，由于以制造业为主要形式的现代产业不发达，导致中西部民族地区工商企业上缴的利税只占民族地区财政税收的很小比例；第三，民族地区占主导地位的仍然是传统的农牧业，以家庭为基本生产经营单位的农牧业不仅成本高，市场风险大，而且因缺乏加工技术，在整个农牧业产业链中位于低端，只能输出初级农牧产品，农畜产品加工增值外溢。

当前的问题是：一方面，贫困落后的现状使得公共财政对于扶贫救济、医疗、教育、社会保障等民生投入方面面临着比其他地区大得多的压力；另一方面，与东部发达地区的巨大差距使当地政府产生加快经济发展速度、尽快摆脱财政窘境的冲动，容易导致经济发展与社会发展政策之间的失衡，财政投入的天平偏向了经济一端。由于在少数民族地区建立社会社会保障制度是一项浩大的民生工程，于是有的地方将其视为拖发展地区经济后腿的“财政包袱”，尤其对农村社会保障事业关注度不够，投入不足，推进迟缓，缺乏战略性思考。

推进民族地区农村社会保障制度建设是民族自治地方各级政府应当担负的职责，也是对各级民族自治政府的公共责任意识与公共服务能力的重大考验，因此，促进民族地区社会保障制度建设需要树立科学发展观，进一步增强民族自治政府的公共服务意识和公共服务能力。如何推进服务责任型政府建设，也是民族地区农村社会保障问题研究的重要内容。

首先，民族自治地方各级政府应转变观念，不应将农村社会保障事业与发展地区经济相对立，而应视其为促进经济、惠及民生的社会公共事业。要建立政府对于农村社会保障建设的有效责任机制，责任政府建设是当前各级民族自治政府行政改革的重要内容，责任政府的一个重要理念就是政府的行为必须是“公众意识”和“公众利益”的集中体现。民族自治地方政府应从战略的高度对待农村社会保障事业，强化责任意识，将其纳入政府及相关部门的民生发展规划之中，为了进一步强化其公共责任意识，应将包括农村社会保障在内的重大民生事项纳入州（盟）、县（旗）、乡（镇）三级政府及相关部门绩效体系之中予以考评。

其次是转变工作思路，即努力促使现行的“社会救济式”向“社会救济与社会保险相结合”的新型农村社会保障体系转化。为此，第一，要全面推进农村社会保障体系建设，要进一步巩固和完善新型农村合作医疗保险制度，减轻农牧民群众看病吃药的经济负担；建立健全最低生活保障制度，逐步扩大其覆盖面，提高保障水平，降低农村贫困家庭维持基本生活的压力。第二，要加大对农村社区建设的力度，并将社会保障作为农村社区建设的重要内容，充分发挥农村社区的社会保障作用。第三，要加强对农村社会保障的财政投入，调查得知，有些民族地区的县级政府财政已将农村养老保障支出项目单列，这种做法值得肯定。

再次，积极探索符合少数民族地区特点的农村社会保障体系。自 20 世纪 80 年代以来，部分民族地区试行农村社会保障过程中出现了一些特殊困难，所遇到的问题也与其他地区不尽一致，说明我国农村社会保障制度建设须考虑到不同地区间的差异。在新型农村养老保险试点工作在全国启动之际，被纳入到试点范围少数民族地区各级政府，应着力探索在中央政府关于农村养老保险制度框架内，如何兼顾民族地区较为集中的突出问题和特殊困难，在此基础上建立适应少数民族农村地区的养老保险运行机制，为在民族地区普遍实施农村养老保险提供经验。

（三）中西部民族地区农户的生计风险与社会保障

现代社会赋予社会保障的职能不仅包括基于公平原则之上的保障全体社会公民的基本生存权利；而且也包括基于效率原则之上的促进社会经济的发展，民族地区农村社会保障制度也应体现这两个原则。另外，纵观世界各国社会保障制度，从其保障项目，到保障覆盖范围与保障水平，无一不是从本国本地区的实际情况出发的。贫困问题与发展问题的共同作用，形成了农户的生计风险，农村社会保障应具有化解这种风险的作用，中西部民族地区农户生计风险的表现形式与一般地区有所不同，因此，清楚地掌握民族地区农户生计风险的特点，是科学合理地设计社会保障制度的必要条件之一。

在中西部民族地区，由于传统的农牧业依然为主要生产形式，因此，农户经济增长对社会保障制度的发展起着决定性的作用。农户经济增长决定着中西部民族地区农村社会保障制度发展及其深化；而另一方面，科学合理的社会保障制度也应对农户经济增长起促进作用。农村社会保障制度必须与民族地区农户的经济发展水平相适应，它既不能超越也不能滞后于农户经济发展水平。目前中西部民族地区生计风险与社会保障的关系主要体现在：

1. 中西部民族地区农户的生计风险与养老保障的关系：与我国东中部地区农业强劲的产业化趋势相比，民族地区的农牧业生产经营依然以家庭为基本单位进行，家庭的生产职能没有被明显削弱，传统的家庭结构在发展生产、增加收入、保障老幼家庭成员生活方面的作用无可替代，像在其他地区已很少见到的三世同堂、四世同堂的复合式家庭在中西部民族地区农村，尤其是以牧业为主的地区比较多见，这与其他地区有明显的不同。这一特点导致农村老年人将养老问题寄托于家庭。我们在贵州、云南、广西、青海的调查数据显示，西部少数民族地区农村老年居民的家庭养老意愿仍然十分强烈：

表 1－2　样本户养老现状的描述性统计结果

调查内容	选项	户数	比例
老年人与儿女一起生活的意愿	非常希望	116	67.71
	比较希望	29	6.79
	无所谓	81	18.97
	不太希望	5	1.17
	不希望	3	0.70
样本数	427		

被访农户当被问及“您准备将来养老的首选依靠者是谁”（选项依次为：靠儿女、靠自己、靠村集体或家族、靠国家养老保险制度、没想过）时，约有32.6%的老年人选择靠自己，靠儿女的约为30.3%，靠村集体或家族供养的约

为30.5%，而打算靠国家建立养老保险制度的仅为6.6%。这一调查结果一方面表明了少数民族农村地区的养老保障事业尚处于起步阶段，养老保障的社会化程度较低，存在的问题也较多，导致民族地区广大农村老年居民普遍对社会化养老能否保证自己的晚年生活缺乏信心。另一方面则是受民族传统习俗因素的影响，本课题调查所涉及的民族主要包括壮族、土家族、苗族、瑶族、侗族、傣族、回族、藏族、土族、蒙古族以及汉族等，这些民族家庭成员的关系较为紧密，长期以来形成了深厚的敬老传统，有的民族老年人的家庭地位较高，导致其选择家庭养老形式的比例也相对较高。

根据目前民族地区农村养老保障的突出问题，本着立足眼前、着眼未来的原则，积极推进以家庭为主，社区、社会为补充的混合型养老模式，是解决少数民族地区农村养老保障问题的有效途径。该模式的建立和完善，可从两个层面进行：一方面要积极探索民族地区农村老年供养的家庭及社会实现形式；另一方面，应尽早建立农村社会基本养老保险制度。

在家庭养老保障层次的基本思路是：基于当前我国少数民族农村地区社会服务事业不发达，以及各民族传统养老文化习俗的基本方面依然稳固，今后一个较长时期内，家庭仍然是农村老年人基本的生活保障平台，尽管这一形式遇到了挑战。因此，如何借助社会力量延续家庭养老的功能成为当前少数民族农村地区养老保障的一项重要任务。这方面，可采取以下几项措施实现这一点：第一，进一步加大促进农牧民收入增长的政策措施力度，改善其家庭支出结构，以减轻农牧民群众的家庭养老负担，以稳固家庭养老的基础地位。第二，在农村养老保险制度尚未建立的情况下，可先行帮助农民树立理财意识，提高个人理财能力，如鼓励进行个人养老储蓄，以避免将个人一生的积蓄无偿地转让给下一代。一些有条件的地区还可以考虑先行建立个人持有，村集体与政府补贴的养老储蓄卡制度，待农村社会养老保险制度建立后，再与其接轨而转为养老保障的个人账户。第三，充分挖掘少数民族尊老文化传统对于农村养老保障的原动力，对于与父母、祖父祖母同住且较孝敬老人的子女，不仅要予以表彰，而且要在各方面予以照顾，并切实解决这类家庭的实际困难。第四，鼓励农村村寨成员间的互助互济。调查发现，民族地区个村寨内以及邻近村寨间大多形成了一个基于血缘关系的网络，这一网络对于老年成员生活照料发挥了一定的作用。民族地区农村这种传统的家族养老形式可视为家庭养老的一种补充。

发展社区老年供养事业是缓解少数民族地区农村家庭养老所面临困境的现实可行的途径之一。社区养老不仅可以大大减轻社会养老的成本，一定程度上替代家庭养老的部分功能，而且为广大农村老年人所愿意接受。因而应成为当前民族地区解决老年生活照料的有效途径。实际上，我国不少民族都有在家族或传统社区内的成员间互助互济的文化传统习俗，前述问卷填答的统计数据也表明，村集体和家族养老在农村居民养老意愿排序的位次比较靠前，反映出农村老年人仍然把村集体与家族作为解决自己养老问题能够指望的有效途径，较高的群众认同度为社区老年供养奠定了基础。

在中央及各级地方政府主导下，建立农村社会基本养老保险制度是民族地区农村养老保障的另一项重要任务，鉴于目前大多数民族地区生产力发展水平较低，农村中的贫困人口比例高于全国平均水平，集体经济不发达，基层政府财政入不敷出的状况比较突出，在新型农村社会养老保险制度运行之初，个人缴费比例和县、乡（镇）财政负担水平应低于全国平均水平，因此，中央及省级政府应照顾到民族地区的实际困难，加大财政转移支付的力度，扶持民族地区养老保险制度的建立和稳定持续运行。

2. 中西部民族地区农户的生计风险与农村最低生活保障制度的关系：与其他纯农业地区不同的是，我国中西部民族地区不少地方一般兼有农业和牧业，其中西部有些县属于纯牧区。民族地区虽然地域广阔，但适于耕种的土地并不多，如贵州黔东南苗族侗族自治州农业以种植业为主，兼有牧业，该州历有“九山半水半分田”之说，所辖面积 3.03 万平方公里，耕地总面积 266.89 万亩，农业人口 340 余万，人均耕地面积 0.59 亩，低于全国平均水平，且有2/3属于中低产田。该州的东南部属于国家生态保护区，自 20 世纪 90 年代末国家实施退耕还林以来，耕地面积进一步减少，耕地资源的短缺成为制约农业发展与农户收入增加的一大因素，因受各种条件的限制，黔东南地区农户在非农产业就业的机会要少于其他地区，其生计面临一定的风险。而牧区由于生产方式落后，群众普遍贫困等因素所致，农户对自然灾害的抵御能力普遍较差。因灾致贫和因灾返贫现象较为突出。以青海省海西藏族蒙古族自治州和海北藏族自治州的牧区县为例，据当地政府农牧业管理部门介绍，牲畜安全过冬问题成为制约牧业生产的一大瓶颈，也是牧民脱贫的一大难题，像 2008 年年初的一场严寒使当地牧业生产受到很大打击，一些牧户损失惨重，有的因这场自然灾害而致贫或返贫。解决中西部民族地区农户的生计风险问题，需要将国家的开发性扶贫政策与农村最低生活保障制度有机地结合起来，配套使用，使受灾牧户不仅能够维持基本生活，而且能及时获得重振牧业生产的资源，这样方能收到良好的效果。但目前的情况是：这两套制度是分别独立运行的，相互之间缺乏有效的协调，对于降低农（牧）户的生计风险达不到理想的效果。由此可见，在少数民族地区建立农村社会保障制度是一项浩大的民生工程，实践证明，单一推进某项社会保障项目的效果可能并不理想，如何从制度层面解决这一问题，需要在理论上和实践中认真加以研究。

3. 中西部民族地区生计风险与农村合作医疗保险制度的关系：中西部恶劣的生态环境成为群众主要的患病因子，导致流行病、地方病的发病率较高，看病吃药费用支出成为当地群众的一大负担。新型农村合作医疗保险制度的建立虽然减轻了这种负担，但离广大群众的愿望和要求还有一定距离，还需要进一步完善。以青海省为例，从本次调查所涉足的海西藏族蒙古族自治州和海北藏族自治州牧区群众的患病情况看，因居住在高寒、缺氧区域，劳作在高湿的草原，约60%以上的牧民不同程度地患有肺心病、风湿及类风湿性关节炎，这些病症疗程较长，无法通过住一两次院即可治愈，而患病者又不可能长年累月地住院，当地群众一般是定期到医院门诊检查开药，按照合作医疗保险相关制度，不少人不符合报销条件。天峻县政府为了降低这些群众的医药负担，曾出台规定：凡患有上述地方病和一些慢性病的牧民每年可报销600元医药费，但这与当地牧民一年数千元的医药费支出相比，仍然偏少。再者，按照现行的合作医疗保险制度运行机制，合作医疗保险基金一般以县为单位进行统筹，而西部民族地区大多地广人稀，尤其是以牧业为主的县域人口仅有数万，所筹集的资金数额非常有限，基金运行风险较大，鉴于这种情况，能否将西部地区农村合作医疗保险基金统筹的行政区域适当扩大？比如以自治州为单位统筹农村合作医疗保险基金等等，这些问题都是进一步完善新型农村合作医疗保险制度需要认真研究的问题。

第二节 民族地区农村社会保障理论研究的视角与内容

新中国成立以来，我国少数民族地区农村社会保障事业的发展经历了一条在曲折中前行的道路，实践已证明，在民族地区进行社会保障制度建设须贯彻以下基本原则：必须充分考虑民族地区经济社会发展水平；必须充分发挥民族区域自治制度的优越性；必须尊重各少数民族的文化习俗和反映广大少数民族群众当前的迫切要求；必须与群众的意愿和承受能力相适应，并有利于促进民族地区经济与社会协调发展，这些也是我们开展民族地区社会保障理论研究的指导原则。

一、中西部民族地区农村社会保障理论研究的指导思想与理论视角

根据上述原则，民族地区农村社会保障理论研究的指导思想是：从少数民族地区农村经济社会发展状况出发，以实现各民族共同发展与繁荣、促进民族团结与社会和谐为基本准则，在党的民族政策和中央关于建立农村社会保障制度政策的指导下，认真分析民族地区政治、经济、文化等方面的基本特点，在此基础上努力探索社会保障制度理论运用于民族地区的路径与方法。

本书以贫困为视角，研究中西部民族地区农村社会保障制度的建设问题，研究内容包括：民族地区农村社会保障制度的变迁与发展、贫困与民族地区农村的社会保障、农户经济发展与民族地区农村的社会保障、民族地区农村社会保障的经济可行性分析、民族地区农村社会保障制度的构建、民族地区农村社会保障制度建设中的保障水平分析、民族地区农村社会保障制度的运行环境分析等。上述内容从纵横两个层面对民族地区农村社会保障制度进行理论探索，基本涵盖了社会保障理论的时空范围，据此可以对中西部民族地区社会保障制度的过去与现状、当前的突出问题和主要特征进行一个较为全面的透视，在此基础上对其发展趋势进行预测，这无疑将有助于社会保障理论研究的进一步深入，对此我们认为，将社会保障的理论视角延伸到民族研究领域，本身就是一种理论的创新。

二、中西部民族地区农村社会保障理论研究的主要内容与基本观点

（一）民族地区社会保障制度的变迁与发展

关于中国社会保障的历史分期问题，理论界有三段论、四段论和五段论等不同看法，从民族地区的情况看，以采用四段论较为适宜，即古代时期的社会保障、民国时期的社会保障、新中国成立至改革开放前时期的社会保障和改革

开放以后至今的社会保障。第一个时期是我国社会保障思想的萌芽和保障行为出现的时期，这一时期确立并长期延续以家庭和土地为基本内容的我国传统社会保障思想，并对人们的社会保障行为产生重要影响。第二个时期是我国人民精神面貌发生深刻变化的时期，西方的社会保障学说被介绍到国内，在知识界产生重要影响，有些知识分子为探索社会保障理论在中国的运用，还在一些地区进行了试点，在社会舆论的压力下，国民政府相继颁布了一些社会保障的律令；尤其是马克思主义在中国的传播，中国共产党的成立，推翻旧制度，解放无产阶级及劳苦大众成为新民主主义革命的目标，党领导下的红色根据地和解放区的民族地区的社会保障，为新中国成立后的社会保障制度建立打下了基础。第三个时期是我国农村社会保障制度的初创时期，以社会救助与合作医疗为主要内容的农村社会保障制度初步确立并开始运行，党和国家给予民族地区的社会保障事业特别的关怀和支持。第四个时期是民族地区农村社会保障制度的改革与完善时期，这一时期，中央加大了对民族地区农村社会保障的政策支持和财政投入，促进其以前所未有的速度向前推进，目前，新型农村合作医疗保险制度已全面覆盖包括民族地区在内的所有农村地区，社会救助制度正向最低生活保障制度演进，一些民族地区被纳入到全国农村社会养老保险试点区域内。

关于社会保障思想及其行为，中华民族有着悠久的社会保障思想渊源，这些思想根植于以儒家思想为主体的传统思想文化体系之中，并在传承过程中不断吸收其他民族的思想文化而不断丰富其内容，可以说，中国传统文化中的社会保障思想的形成与发展也有少数民族的贡献。在中国几千年封建社会的历史中，家庭保障和土地保障的思想贯穿始终，成为中国社会保障的主流思想，家庭保障和土地保障为基本内容的社会保障思想被历朝历代的思想家们不断丰富和发展，并由统治者付诸实施，成为我国传统社会保障的主要形式。

我国少数民族除了受中国传统的社会保障思想的影响外，也有体现本民族文化特色的社会保障行为，像西南一些少数民族中长期实行的父系家庭保障、母系家庭保障、双系家庭保障，尤其是以血缘关系为纽带的家族保障不仅在汉族、在各少数民族中也很盛行，并有自己的特点，如傈僳族的家族间的互助、景颇族姻亲间的家族互助、彝族的“家支”对所属家庭成员的关照，等等。①

① 唐新民：《民族地区农村社会保障研究》[M]，人民出版社2008年，第171—176页

在民族地区内，传统社区对于居住在本区域的各户居民基本生活也发挥着保障作用，如在湖南湘西以及贵州、云南的苗族、瑶族、侗族、佤族等各民族杂居的自然村落里，邻里之间和睦相处、共济互助蔚然成风，即使是陌生人到来，也能享受到免费食宿；青海、内蒙古的蒙古族、藏族、土族等，也有这样的互助习俗，这些文化习俗在不少民族中至今仍然保留。

民族地区现代意义的社会保障制度的建立是在新中国成立后，解放以来民族地区社会保障制度建立与发展经历了不平凡而又曲折的历程，民族地区农村从初期以社会救助为主的保障形式，到今天社会保障制度的初步建立，可以说，社会保障事业成就辉煌。但是，与同地域的其他民族相比，中西部民族地区的社会保障仍处于较低水平，与东部发达地区的差距更加明显。主要表现在：保障体系不健全、覆盖面小、保障水平低，有些保障项目的推进十分艰难，甚至出现反复。

纵观我国民族地区社会保障的发展历程，长期以来，社会保障制度在民族地区农村几乎是空白，即使是新中国成立后，民族地区农村的社会保障事业的发展不仅滞后于城市，也滞后于其他地区，这在中西部民族地区体现得更加明显，其原因主要是受恶劣的自然条件、农村经济发展水平低下所导致的贫困落后等因素的制约，可以说，中西部民族地区农村社会保障制度建设的难度要比其他地区大得多。因此需要中央政府给予特殊的照顾，加大扶助力度，尤其是在全国农村社会保障制度设计中应贯彻普遍性与特殊性相结合的原则，充分考虑民族地区，尤其是中西部民族地区当前的突出问题及其特点，实施过程中应分类指导、分步实施。各个民族地区应根据本地区经济发展水平和广大群众的承受能力，适时推进以养老保障、医疗保障和最低生活保障为基础的农村社会保障制度；社会保障制度建设应充分发挥民族区域自治制度的优越性，努力发掘各民族传统文化习俗中的精华。不同层次的社会保障项目需要相应的经济社会发展条件，因此，当有些保障项目在条件未成熟时，既不能急于求成，也不可消极对待，可先行寻找替代方案，并在中央的政策指导下积极创造条件，稳步推进。

（二）贫困与民族地区的社会保障建设

在中西部民族地区进行农村社会保障制度建设脱离不开贫困的大背景，因此，全面深入地分析民族地区贫困现象及其成因，是建立与中西部民族地区特点相适应的农村社会保障制度的前提条件。

新中国成立后，尤其是改革开放以来，尽管我国民族地区的反贫困取得了很大的成绩，但中西部民族地区贫困问题仍然不容忽视，尤其是在当前形势下，贫困问题有了新的表现形式，表现为：第一，在其他地区贫困区域大规模缩减的情形下，中西部地区，尤其是西部地区贫困问题凸显；第二，中西部民族地区的减贫率逐渐趋缓；第三，与东部发达地区相比，中西部民族地区的相对贫困问题是目前的主要问题；第四，西部民族地区的一些农户脱贫过程中出现反复，导致返贫现象的发生。

导致新贫困现象产生的原因主要有：一是中西部民族地区的自然因素所致，尤其是西部民族地区大都属于自然生态较为恶劣的区域，如高原、深山、沙漠、戈壁、草原等，这些地区海拔高，气候寒冷，水资源严重缺乏，耕地极少，土质极差，交通不便，使得农牧业生产受到很大的限制，国家的扶贫的难度极大。二是劳动力素质因素，中西部民族地区劳动力素质低下问题在当前也比较突出，包括文化素质不高，文盲、半文盲比例明显高于其他地区；身体素质较差，尤其是农村患病者较多，是地方病、流行病的高发区域。三是经济结构因素，中西部民族地区经济结构单一，基本上还延续着传统的农牧业，现代产业基础薄弱，城镇化率低，乡镇企业在一些民族区域甚至仍是空白。四是民族地区公共服务能力低下，缺乏足够的公共资源用于发展经济、改善民生。

处于贫困困扰下的中西部民族地区农村各族群众迫切需要社会保障制度，但社会保障制度建设仍有许多不尽如人意之处，离广大群众的要求还有较大距离，当前的主要问题有：农村社会保障体系不健全，覆盖面小、保障水平低、社会化程度低、保障功能差、社会保障管理水平不高、社会保障资金运行风险较大，等等。

中西部民族地区在贫困落后的条件下进行农村社会保障制度建设是一项艰难而长期的任务，不可能一蹴而就，应实行分类指导、分步实施的战略，对于群众温饱问题尚未完全解决的贫困县，应以建立和完善以解决农村贫困群众的基本生计与生活问题的“救助型”的社会保障制度为主要内容，大力推进社会救助、最低生活保障、合作医疗保险等项制度建设；中西部民族地区的贫困县要将开发性扶贫与社会保障制度建设有机地结合起来，要努力消除导致因灾或因病致贫返贫的各种因素，不断缩小贫困发生几率和贫困面，巩固扶贫成果；中央及省（区）要进一步加大对中西部民族地区农村社会保障制度建设的扶持力度，并帮助民族地区提高社会保障的管理水平。

（三）农户经济发展与民族地区的社会保障建设

如果说贫困是当前中西部民族地区农村社会保障必须从较低层次起步的理由的话，那么，促使其由“救济型”向“保险型”转化必须以“发展”为基础。现代社会赋予社会保障制度建设的职责是：不仅要保障公民的基本生存权利，保护劳动力资源，而且要有利于提高劳动力素质，促进经济社会的发展。

我国中西部民族地区社会保障制度建设是在经济社会发展相对落后的条件下进行的，因此，正确处理社会保障与经济发展的关系至关重要。一般而言，与社会经济水平相适应的社会保障制度对经济发展起促进作用；反之，则起阻碍作用。

首先，推进中西部民族地区农村社会保障制度建设必须立足于农村经济发展，尤其是处于较高层次的农村养老保险须在绝大多数农户已解决生计可持续发展的条件下才可以普遍施行。当前，农户增收困难，社会保障缴费能力低下是中西部民族地区农村社会保障由“救济型”向“保险型”演进的主要障碍。就中西部民族地区的农村经济状况看，在传统农业模式下，农户是农村经济行为的主体，是农村投资、生产与消费等经济活动的微观行为主体，是农业生产中最基本的决策单元，因此，农户的经济收入取决于他的生产经营和家庭成员的就业状况以及所处的自然环境和基础设施，而经营什么、从事何种工作又由各个家庭及其成员拥有的资本总量决定，其中包括以教育为主的人力资本、社会资本、政治资本和其他经济资源，那么，社会保障因素对农户收入有什么样的影响以及影响有多大，这一问题值得研究。当前，中西部民族地区农村经济发展主要受以下因素的制约：一是环境因素，包括自然环境和农业基础设施；二是资产因素，包括固定资产和流动资产，如承包土地面积、牲畜、农机具、上年收入的余额等；三是家庭因素，包括劳动力数量和质量；四是生产经营效率与效益因素。

关于农户行为变化与其收入变化关系的研究假设是：在农业生产要素投入既定的条件下，自然环境影响农业生产发展和农户增收；在自然环境既定的条件下，农业生产要素投入的数量和质量影响农业生产发展和农户增收；在农业生产条件既定的条件下，非农收入影响农户收入增长；在非农就业机会均等的条件下，农民的非农就业意愿和素质影响其获得非农收入。

从对中西部民族地区的调查情况看，上述四种影响农户收入的因素都不同程度地存在，与同区域的其他民族比较，劳动者的素质包括思想观念对少数民族农户收入增长的影响可能更值得关注。

其次，完善农村社会保障制度将有利于中西部民族地区农业发展和农户收入水平的提高。社会保障制度对农业发展和农户收入提高的促进作用主要体现在：第一，有助于更新民族地区人们的思想观念，社会保障制度本身就是现代社会的产物，这项制度实施过程中必然导致人们思想观念的更新，对于中西部民族地区农户而言，无论是提高农业生产经营水平还是增加非农就业机会都将具有重要意义；第二，可提高农业劳动者的素质，进而提高其劳动能力，如合作医疗保险制度、最低生活保障制度对于劳动者及其家庭成员身体素质的积极作用都是毋庸置疑的；第三，可减轻贫困农户生活费用支出负担，从而有能力将更多的资金投入到农业生产领域，实现农业经济发展和农户收入提高。

经济发展与农村社会保障问题的研究将有助于树立科学发展观，中西部民族地区各级政府一方面要充分认识农村社会保障制度的意义不仅在于保障人的基本生活需要；而且能够促进民族地区农村经济持续稳定发展。另一方面，农村社会保障体系建设也应与当前经济发展现状和地方财政承受能力相适应，社会保险类项目还要与农户的收入水平与缴费能力相适应。

（四）中西部民族地区社会保障制度的可行性分析

改革开放以来，民族地区农村社会保障事业已走过了十余年的历程，回顾这一历程可以说步履维艰、困难重重，归根结底是受到“制度”和“资金”两个“瓶颈”的制约。社会保障制度往往是和相应的经济发展水平匹配的，民族地区社会保障也必须与民族地区的社会经济发展相适应，同时体现国家对民族地区所承担的责任。民族地区贫困落后的现状迫使人们思考：现阶段在我国民族地区开展农村社会保障制度的时机是否成熟？特别是对于个人缴费数额较大、交费年限较长的养老保险，民族地区农民是否有能力为自己的养老金买单？

关于中西部民族地区农村社会保障制度的社会经济条件，世界各国的城乡社会保障制度几乎都不同步，且都经历了一个从工业延伸到农业，从城市扩展到农村的制度演进过程，西方发达国家完成这一过程的时限少则 30 年，多则 70 余年。从农村社会保障制度建立的时机上分析，第一，大多数建立农村社会保障制度的国家在建立该制度的时候，都处于工业化发展的第二阶段向第三阶段过渡的时期，即“工业反哺农业”阶段；第二，各国建立农村社会保障制度时，农业人口在总人口中的比重较低。非农业人口大大超过了农业人口。那么我国农村社会保障制度的时机是否已经成熟？就全国而言，首先，如果将1951年作为城镇社会保障制度的起点，那么，时至今日，农村社会保障制度已滞后50余年；其次，目前我国国民经济结构已经彻底实现从农业经济为主体到工业经济为主体的转变，进入了“工业反哺农业”阶段，因此可以认定，建立农村社会保障制度的时机已经成熟，条件基本具备。但就中西部民族地区而言，有些方面的条件则相对欠缺，例如，工业不发达，城市化水平低，农业人口比例大大高于别国在实行农村社会保障制度时的农业人口比例。对于在中西部民族地区建立农村社会保障制度的可行性问题的回答宜采用保险精算法进行分析。

社会养老保险精算模型的基本研究假设包括：（1）保费假设，农村社会养老保险的保险费率构成包括纯保险费率和附加费两部分，厘定的原则是，既要符合目前状况下被保人员的经济承受能力，又要能保证将来该人员领取养老金时的足额给付；（2）死亡率假设，在厘定我国民族地区农村养老保险的费率时，主要根据中国人民保险（集团）公司于20世纪90年代编制出《中国人寿保险业经验生命表》为据；（3）预定利息率假定，预定利息率的下限选定为2.5%，上限选定为6.0%；（4）给付条件假设，包括参加农村养老保险的年龄、开始领取养老保险年龄、领取年限、缴费人若在缴费期内死亡，个人缴纳的全部本息由谁继承或受益等；（5）给付年龄假设，设定20岁为农民参加农村社会养老保险的最低年龄；（6）给付水平假设，宜采用农村人口平均生活消费水平为标准，同时假设生活消费增长率为3%和5%两个等级，来确定民族地区社会养老保险的给付水平。将上述假设项的相关数据代入费率精算模型，我们可以得到以下结果：在预定利率分别为2.5%和6%的水平下，农民从60岁开始领取社会养老金的保险费率水平的条件下，第一，在预定利率和经济增长率不变的情况下，投保农民越早参加农村社会养老保险，所需缴纳的养老保险费越少；第二，在投保年龄不变的情况下，农村社会养老保险的预定利率和生活消费增长率越高，所需缴纳的养老保险费越少；第三，东中西部地区因农民的缴费额保险费缴纳数额差异较大，农民的生活质量水平差距将进一步拉大。

关于中西部民族地区农民个人的缴费能力，我们以农民家庭纯收入总额减去家庭生活消费支出总额后的余额是否为正数，并考虑家庭规模以及某地区家庭户数等因素来测算农户最低投保条件，由此得出的结论是：中部地区和西部地区在预定利息率为2.5%，生活消费增长率为3%的情况下，除了新疆具备投保条件，其他地区基本不具备投保条件；在预定利息率为6%，生活消费增长率为5%的情况下，具备投保条件中部和西部地区数量也明显少于同等情况下具备投保条件的东部地区数量。从农民投保的年龄结构带来的可行性差异来看，越早树立投保意识，投保条件就越有利，所以，在符合条件的民族地区，可采取“自愿+强制”的办法实施农村社会养老保险。

关于政府财政补贴能力分析，世界各国建立农村养老保险的一个的共同点，就是重视对农村养老保险制度的财政投入。我们选取在生活消费增长率为5%时的投保条件（最低纯收入）与不满足投保条件的地区不同年龄层的投保条件差额进行匡算，并与该地区当年财政收入状况作对比，从而计算出如果政府进行差额补助的支出占地方财政的百分比，借以衡量政府对农村社会养老保险的财政补贴能力，测算的结果是：从全国建立农村养老保险所需财政补贴在当地财政收入中的比重来看，不需财政投入的额外补贴就基本上可以建立起农村养老保险制度的地区只有河北和海南；占当地财政收入比重在5%以下，基本不会给当地财政造成很大负担的地区有广东、新疆、辽宁、黑龙江；占当地财政收入比重在5%—10%的地区有吉林、宁夏、重庆、贵州、西藏、内蒙古；占当地财政收入比重在10%—15%的地区有浙江、湖北、四川；占当地财政收入比重在15%以上的地区有广西、青海、甘肃、云南、湖南。

由以上分析得出的结论是：中西部民族地区农村社会保障制度的建立是一个漫长而艰难的过程，不可能一蹴而就，各民族地区政府应根据当地经济发展程度、财政状况和群众的缴费能力等具体情况分步实施、差别参保，并明确政府的责任，发挥其主导作用；中央政府对于全国农村社会养老保险制度的财政支出应实行分类补贴的策略，即对困难地区多补点，对富裕地区少补点，以体现减小贫富差距、实现社会公平的目的。

（五）中西部民族地区农村社会保障制度的构建

与世界发达国家相比，我国作为一个发展中国家，现阶段生产力水平总的讲还比较低下，而且东、中、西部的经济社会状况呈现阶梯状、层次性的特征；二元制社会结构又导致农村的发展落后于城镇，这种地区间和城乡间的差异在中西部民族地区更加明显，当前中西部少数民族聚居地区农村社会保障制度建设不仅滞后于城市，而且滞后于同地域的汉族，成为我国社会保障制度建设最薄弱的地区。中西部民族地区农村社会保障制度的严重滞后，不仅削弱了国家扶贫政策的效果，迟滞了当地农村经济乃至整个经济社会发展的步伐，而且不利于全面建设小康社会和加快推进现代化建设目标的实现，这种状况若不尽快改变，还将对社会和谐与民族团结带来消极影响。

关于中西部民族地区农村社会保障制度的指导思想：首先，我们应充分认识社会保障制度对于民族地区的重要意义，农村社会保障制度在缓解贫困、促进经济、稳定社会等方面具有不可替代的重要作用，使得受贫困落后困扰的民族地区，尤其是中西部民族地区更加迫切地需要这项制度，因此，民族地区农村社会保障制度建设势在必行；但另一方面，在民族地区尤其是在贫困落后的中西部民族地区建立农村社会保障制度的难度很大，任务十分艰巨，这就需要在这项制度的设计和实施过程中必须有正确的指导思想。民族地区农村社会保障制度的指导思想是：以保障人民的生存权和发展权以及社会主义制度本质要求为原则，以实现各民族的共同繁荣进步为目标，以国家综合国力与民族地区经济社会发展水平为条件，在党中央的统一部署与政策指导下因地制宜、循序渐进地进行；农村社会保障制度建设必须着眼于保障群众的基本生活，有利于保护和发展农村生产力，有利于民族地区经济社会的跨越式发展。

当前，中西部民族地区农村社会保障制度建设应遵循以下几项基本要求：

1. 农村社会保障制度的价值取向应体现“最小痛苦原则”，这是由于贫困依然是困扰中西部民族地区群众的主要问题，因此，让尽可能多的人从现实的、具体的困境中解脱出来，是对农村社会保障制度的基本要求之一。

2. 农村社会保障的保障标准和保障水平应尽可能满足农村广大群众当前的迫切需要，与本地区经济社会发展水平相适应，应低标准起步，先易后难，分步骤推进。

3. 农村社会保障体系的构建应在政府的政策主导下，采用自愿与强制相结合的手段，充分发挥各级民族自治地方政府的主动性与积极性，与此同时，中央政府应给予必要的财政支持。

4. 农村社会保障制度的推进应充分尊重少数民族文化习俗，现阶段宜采用传统保障方式与现代保障方式相结合的形式。

民族地区农村社会保障制度的指导思想和基本要求决定了必须以创新的意识来进行这项工作，其中包括：民族地区社会保障体系的创新、民族地区农村社会保障制度路径选择的创新、民族地区社会保障资金运行方式的创新，等等，只有这样，才能保证这项制度持续稳定运行并惠及各族广大群众。

（六）中西部民族地区农村社会保障水平的分析

社会保障水平的衡量具有理论意义与实践价值，比较准确衡量和测算出农村社会保障的适宜水平，是设计与这一制度的先决条件，虽然近年来对我国社会保障水平的研究正在逐渐增多，并且逐步深入，但是，这些研究中大部分都是针对城市社会保障水平，而我国农村的社会保障水平的研究才刚刚起步，因此，中西部民族地区农村社会保障水平应成为社会保障研究的重要内容之一。

中西部民族地区当前的农村社会保障水平可以通过农村养老保障水平、医疗保障水平和农村最低生活保障水平的分析反映：

农村养老保障水平一般用养老金替代率和基本社会养老保险负担系数两项指标反映，关于民族地区养老金替代率，从一位家居农村的老人年领取的养老金额与同年一名具有劳动能力的农民收入的比值测算，截止到2006年年底，民族地区领取养老金的农民约有198万人，养老金支出总额为97248.6万元，平均每人领取491.15元；2006年民族地区农村具有劳动能力的劳动者每人每年的劳动收入（即不含转移性收入和财产性收入在内的民族地区农村家庭人均收入）为2199.22元，两者收入的比值为0.22，养老金替代率为0.0484%。关于基本养老保险负担系数，用农民年缴纳保险费数额与每年可支配现金额（即年现金收支余额）的比值来确定较为适宜，2006年我国民族地区农村居民年现金收支余额为392.05元，以缴费水平的中位数（即每月缴费10元）来计算农民的基本社会养老保险负担系数，则基本社会养老保险负担系数为30.6%。现阶段在民族地区农村养老保险缴费期限若设定为35年（25—60岁），缴费水平为10元的标准之上，则投保人的负担较重；若降至10元以下，领取的养老金将不足以支持老年人的基本生活。由此可以认定，当前民族地区农村基本社会养老保险存在的最大矛盾是总体保障中农民个体保险负担系数偏高。

影响合作医疗水平的指标主要有：合作医疗支出的比重、劳动者保险负担系数、参保人数占全部民族地区农村人口的比重。以每人每年缴纳医疗金10元为标准，合作医疗支出额占个人收入的比重为2.6%，高于城镇2%的支出比重，但考虑到医疗保障对民族地区农村居民的重要性以及农民仍有其他实物收入，可以认为这一负担系数是适合的。由于合作医疗遵循大数法则，参保人数越多，统筹级别越高，则保障能力越强，所以，进一步提高合作医疗的覆盖率也是新型农村合作医疗保险制度建设的重要方面。

民族地区农村最低生活保障水平可以用人均保费支出占人均纯收入的比重

的指标来反映，2004 年以来，全国新增 3 项省、市、自治区实行民族地区农村最低生活保障制度，享受民族地区农村最低生活保障的人数为 454.8 万人，平均保障水平为人均 600 元，由上文可知 2006 年人均现金纯收入为 392.05 元，民族地区农村总人口为 88208 万人，经测算，2006 年我国民族地区农村最低生活保障人均保费占人均现金纯收入的比重为 0.8%，民族地区农村最低生活保障支出占 GDP 的比重，即民族地区农村最低生活保障水平为 15%。

根据柯布—道格拉斯生产函数以及我国现状，取劳动分配系数 *Hr* 的值为 0.75，则可以得到当前我国民族地区农村社会保障水平值约为 0.22%。

对农村社会保障适度水平的认识则需考虑到民族地区的特点，由于民族地区社会保障制度建设是在与汉族地区不一样的经济条件、社会条件、自然条件和文化条件下进行的，因此，测定我国民族地区社会保障适度水平，不仅要考虑到经济与社会发展状况等一般因素，而且还要考虑民族地区所处的自然环境以及独特的民族文化习俗及宗教信仰等具体因素。以 2006 年为基准，据此测定的民族地区农村最低生活保障适度水平范围为 1.19%—1.36%，当前的最低生活保障水平实际为 0.16%；民族地区农村合作医疗保障水平范围为 0.084%—0.097%，当前民族地区农村合作医疗保障实际水平为 0.089%；民族地区农村养老保障适度水平为 7.16%，基本社会养老保险保障实际水平为 0.0484%；综合测算民族地区总体农村社会保障适度水平范围为 6.32%—6.46%，当前我国民族地区农村社会保障水平与适度水平的下限相差 6.1%。由以上可见，除了农村合作医疗保险处于适度保障水平范围外，民族地区农村单个社会保障项目距离适度保障水平还有很大一段距离，综合保障水平距离适度保障水平的差距更是明显，这说明，民族地区社会保障制度建设的任务还十分艰巨，尤其是中西部民族地区要采取各种措施巩固农村社会保障的现有水平，并积极创造条件，促使各个社会保障项目及其总体社会保障体系早日进入适度水平范围。

（七）中西部民族地区农村社会保障制度的运行环境分析

任何政策与制度都是在一定的环境下颁布与实施的，社会保障制度也不例外，民族地区农村社会保障制度运行的影响因素包括：法律环境、行政环境、经济环境和文化环境等。

1. 中西部民族地区农村社会保障的法律环境：世界各国社会保障制度的共同特点就是依法建立，如 19 世纪 30 年代英国议会颁布并实施的《新济贫法》、

19世纪80年代德国俾斯麦政府颁布的第一个社会保险法、1935年美国的《社会保障法案》，等等。目前，西方发达国家已经建立起完备的社会保障法律体系。与之相比，我国社会保障法制建设起步较晚，法律体系不完备，目前涉及全国农村社会保障的主要是国务院及其相关部门颁发的一些行政规定，如国务院1994年1月公布的《农村五保工作条例》、民政部1996年颁发的《关于加快农村社会保障体系建设的意见》、卫生部、财政部、农业部三部委于2003年1月发布的《关于建立新型农村合作医疗制度的意见》，国务院于2007年7月颁发的《关于在全国建立农村最低生活保障制度的通知》和2009年9月发出的《关于开展新型农村社会养老保险试点的指导意见》，等等。这些文件的权威性不够，难以适应新时期农村社会保障工作的要求。并且上述文件条文存在一定的模糊性，如保障资金的筹资渠道与统筹层次、参保人或受益人的权利和义务以及政府的责任等均没有清晰的界定，尤其是作为国家社会保障基本法的《社会保障法》至今尚未正式颁布，至于《农村社会保障法》更是未进入起草阶段，由于农村社会保障制度建设缺乏足够的法律约束和规范，导致各地区实施农村社会保障的随意性很大，严重影响了该制度的运行效率和效果。

2. 中西部民族地区农村社会保障的行政环境

民族自治地方政府在农村社会保障方面的责任主要体现在：民族地区社会保障制度的构建与完善、社会保障政策的颁布与宣传、社会保障基金的筹集与运行监管等。其中，政府行政行为作为农村社会保障制度一个重要的外部环境，对于民族地区社会保障体系建设发挥着不可忽视的重要影响。民族地区当前政府行政方面的主要问题，一是行政体制上多头负责，如新型农村合作医疗保险属于医疗卫生管理部门，社会救助属于民政部门，扶贫属于扶贫开发部门，养老保障属于人力资源与社会保障部门等，农村社会保障体系的一个重要特点是相互之间的关联十分紧密，因此需要建立统一协调机制，而缺乏统一协调机制的多头负责的行政体制容易出现各行政部门责任不够清晰的问题，可能导致互相推诿，办事效率低下，群众无所适从；二是对社会保障基金的监管不力，社会保障基金管理是社会保障制度运行的核心环节，因此，从基金的筹集、储存，到待遇给付，都必须制定一系列严格、规范的制度来保障。当前民族地区的主要问题是：一方面因相关制度不够健全，缺乏足够的法律效力，制度运行的规范性、稳定性较差，导致各地方在执行中随意性较大，挤占、挪用和非法占用基金的现象时有发生；另一方面，农村新型合作医疗保险、农村养老保险等都是以县为单位进行统筹，西部民族地区县域人口偏少，县级财政比较困难，基金规模偏小，基金运行风险较高，加上管理水平、政策水平等问题，制约了保障能力，不少农户因此而心存疑虑，不愿投保。

3. 中西部民族地区农村社会保障的经济环境

作为环境因素的经济与社会保障制度的关系体现为：社会保障制度必须建立在与之相适应的经济发展水平的基础上，社会保障制度反过来又作用于经济发展。中西部民族地区经济发展落后的现状是农村社会保障的主要制约因素，因此，尽快实现少数民族及民族地区社会经济跨越式发展是民族地区最重要的战略任务。但不能因此而只重经济发展，忽视民族地区农村群众享受社会保障的权利，各级民族自治政府要充分认识社会保障制度的反作用力，积极推进农村社会保障制度建设，保障资金投入，努力使这项制度发挥促进经济、改善民生的最大效用。当前，由于农业生产经营方式落后，劳动力文化素质和身体素质较差，近年来农产品的市场价格波动剧烈所导致的农户生计风险较高，给中西部民族地区农业经济持续健康发展带来不利影响，因此，民族地区农村社会保障促进经济发展的目标应定位于：（1）营造现代农业经济的发展环境；（2）降低农户的生计与生存风险；（3）保护和提高农业劳动生产力。

4. 中西部民族地区农村社会保障的文化环境

社会保障制度是普遍性与特殊性的统一，究其特殊性，在不同的文化背景下，社会保障的模式选择与保障方式也会有所区别。因此，民族地区农村社会保障制度建设，不能不涉及到少数民族独特的文化环境因素。以养老保障为例，民族地区农户家庭结构与其他地区有所不同，复合型家庭比例较高，在本课题的调查中发现，受访者选择家庭养老形式的比例明显高于其他地区，这与许多民族长期以来形成了深厚的敬老传统，民族家庭成员的关系较为紧密，目前尽管受到外来文化的冲击，但家庭基本结构与养老功能没有发生大的变化。因此，在关于农村养老保险制度设计和老人供养方式选择的问题上，除了要考虑政府财政承受能力、农户缴费能力和保障水平等因素之外，还应考虑广大群众的意愿。

第三节 2000—2008 年我国农村社会保障研究内容及其文献综述

进入 21 世纪以来，我国社会保障制度正由城镇向农村稳步推进，农村社会保障制度的框架已经形成，但二元社会经济结构使得农村社会保障制度建设遇到了城镇不曾遇到的困难和问题，因而引起了理论界的关注，2000—2008 年是国内关于农村社会保障理论研究取得丰硕成果的时期，著作方面，如石秀和等的《中国农村社会保障问题研究》①、邓大松、刘昌平等的《新农村社会保障体系研究》②、唐新民的《民族地区农村社会保障研究》③、米红、杨翠迎的《农村社会养老保险制度基础理论框架研究》，等等；论文方面，根据中国期刊网收录的相关论文，从 2000 年至 2008 年年底，国内发表社会保障相关论文共 10355 篇，其中涉及农村社会保障问题研究的论文数量为 1328 篇，约占社会保障论文总量的 12.8%；其中涉及民族地区农村社会保障问题研究的论文数量有 13 篇，约占社会保障论文总量的 1.3%，农村社会保障相关论文数量的 9.8%。特别是 2007—2008 年，国内关于农村社会保障的理论研究更加深入，涉及的内容更加广泛，所取得的成果更加丰硕。据统计，这一时期国内关于农村社会保障相关论文数量约有 775 篇，约占社会保障论文总量的 74.8%，反映了在党的十七大提出“科学发展、共建和谐”方针指引下，我国农村社会保障理论研究进入了新的阶段。

2000 年以来国内学者对农村社会保障问题的探析主要集中于以下几个方面：当前我国农村社会保障制度的主要问题及原因、农村社会保障的法制建设、农村社会保障制度实现模式的选择、政府在农村社会保障制度的角色及其职能定位、农村养老保险、新型农村合作医疗保险、农村最低生活保障、中外农村社会保障制度比较，等等。

---

① 石秀和等：《中国农村社会保障问题研究》[M]，人民出版社 2006 年 12 月出版

② 邓大松、刘昌平等：《新农村社会保障体系研究》[M]，人民出版社 2007 年 7 月出版

③ 唐新民：《民族地区农村社会保障研究》[M]，人民出版社 2008 年 1 月出版

一、当前我国农村社会保障的问题、原因分析

国内学者们比较一致地认为，当前我国农村社会保障面临的主要问题有：社会保障制度残缺不全、覆盖面小、保障水平低、运行模式单一、资金严重不足、管理不到位、社会化程度低、区域发展不平衡、缺乏制度保障等，如江治强、李将军指出，目前我国农村社会保障的框架还不够成型和完善，区域差别较大，保障范围有限，保障水平较低，还存在制度上需要加以系统设计和完善，体系上需要加以科学健全与规划等问题；① 王国军也认为，中国农村社会保障总体上并没有一个较为成型的制度，区域性的社会保障远远满足不了农村社会的迫切需要；② 上述这些问题在民族地区基本上也存在，有些问题甚至更为突出，唐新民在对比民族地区城乡社会保障制度后发现，两者之间存在着法规依据不一致、制度设计不统一、支付标准差距大、对民族地区和少数民族缺乏特殊的制度安排等问题。③ 李琼则根据对湖南湘西土家族苗族自治州的调查，认为制度不健全、覆盖面小、保障水平低、管理不规范、立法滞后等是当前民族地区农村社会保障的主要问题。④

导致我国农村社会保障制度出现上述问题的原因，学者们在经过调查与思考后认为，原因是多方面的，既有客观方面的因素，也有主观方面的因素。

从客观因素来看，一是“城乡二元经济结构”给农村社会保障建设带来了明显的消极影响，石秀和等指出，现代社会保障体系的制度本意是覆盖所有社会成员，城乡趋同抑或高度统一的公众福祉，邓大松、刘昌平指出，在二元经济格局体系下，国家实行了一系列优先发展城市而忽视农村的具体制度，通过再分配和社会福利等形式对城市劳动者进行养老、医疗、最低生活保障等基本保障和服务，但是，同样为国家创造出大量财富的农民阶层，不但未享受到宪法所赋予的帮助、救济等基本权利；相反，乡村公共设施和公共服务的资金均

---

① 江治强、李将军：我国农村社会保障制度的发展议题与政策取向［J］，《甘肃社会科学》2008年第2期，215—219页

② 王国军：中国农村社会保障制度的变迁［J］，《浙江社会科学》2004年第1期，141—145页

③ 唐新民：《民族地区农村社会保障研究》［M］，人民出版社2008年1月出版，166—170页

④ 李琼：民族地区农村社会保障问题研究——以湘西土家族苗族自治州农村为例［J］，《湖北民族学院学报》（社科版）2007年第4期，135—138页

来源于村民的“三提五统”。① 二是贫困问题成为制约民族地区农村社会保障制度建设的瓶颈，这一点在中西部民族地区更显突出，邵芬在对云南省73个国家级贫困县社会保障问题进行调查发现，这些县的农村人口处于整体贫困状态，其中半数以上处于绝对贫困状态，贫困使得贫困地区农村群众的社会保障需求更为迫切，但却弱化了社会保障制度的基础，加大了实施的难度。② 三是农村社会保障制度缺乏明确的目标定位，石秀和等认为，现代社会保障制度作为现代国家中的一项基本制度，往往具有多重而不是单一的目标取向，其中最重要的包含三个方面：一是维护社会稳定；二是实现社会公平；三是体现人的自由与尊严。但是，目前我国还没有把社会保障制度作为独立的、具有自身发展逻辑和规律的制度，而是作为实现其他政治、经济目标的附属物。③

从主观因素来看，主要是政府对于建立制度化农村社会保障未给予足够的重视和资金投入，柴瑞娟等指出，国家责任缺位与人们认识上的偏差不无关系，这种认识上的偏差主要表现在：对社会保障本质的误读、对土地保障和家庭保障作用的高估以及对国家财力有限性的片面夸大。④

二、农村社会保障制度实现模式及其路径选择

目前，我国学者就应建立农村社会保障制度已形成共识，讨论的热点集中于农村社会保障的路径选择问题，一些学者提出的基本思路是：应根据不同类型农村的经济发展水平进行分类设计和分类实施，如杨翠迎认为，可分别按照转型模式、市场模式和目标模式来指导我国农村社会保障制度的构建，并指出，这三种模式并不是孤立的，应该根据经济发展水平的不断上升，沿着转型模式（贫困计划）向市场模式（中等型计划），再向目标模式（富裕型计划）的路径不断转换。⑤ 任保平、王艳提出，在贫困型农村应建立以基本生活保障为内容的救济型社会保障体系，在温饱型农村应建立基本生活需要型的社会保

① 邓大松、刘昌平：《新农村社会保障体系研究》[M]，人民出版社2007年7月出版，34页

② 邵芬：布朗族的发展与社会保障［J］，《昆明大学学报》2007年第3期，1—5页

③ 石秀和：《中国农村社会保障问题研究》[M]，人民出版社2006年12月出版，62页

④ 柴瑞娟、罗新铭：农村社会保障构建中的国家责任探讨［J］，《武汉理工大学学报》（社科版）2005年第4期，570页

⑤ 杨翠迎：中国农村社会保障制度发展模式探讨［J］，《农业经济》2002年第10期，第7—9页

障体系，在富裕型农村应建立保险型的社会保障体系。① 关于农村社会保障体系的具体内容，刘子操提出，以农村社会养老保险、农村社会医疗保险、农村居民最低生活保障线为基本骨架，建立“三支柱”型农村社会保障模式，以解决农民老有所养、病有所医、生有所靠的问题，② 张小艳则对西部民族地区如何推进农村社会保障体系建设提出了自己的看法，认为应重点加强救济制度、最低生活保障制度、养老保险制度和医疗保险制度等几项制度。③

三、农村社会保障法制建设

当前中国社会保障的立法工作严重滞后、法规体系不健全、立法层次不高、适用范围窄、权力不对等的问题已是不争的事实，尤其是农村社会保障的法制建设远远适应不了形势发展的要求。王国奇在分析德、日等国农村社会保障立法经验后认为，以法律形式确立并推进农村社会保障制度是国际通行的做法，我国现行的农村社会保障主要是依靠各级政府的政策文件进行引导，强调农民自愿参加。因为政策不具备法律效力，很容易受到国家政治、经济等变化的影响，如果农村社会保障无法可依、无章可循，会存在很大的风险。④ 关于我国农村社会保障立法滞后的原因，张爱民认为，一是二元社会结构中农民社会保障权利的缺失，二是在农村建立社会保障制度的难度被盲目的夸大，三是农村社会保障法制研究严重滞后。⑤ 王新华等人对此则认为，主要是对农村社会保障构建思路分歧较大所致，由于我国农村社会保障制度还处于起步阶段，如何找到一条最适合的模式实属不易，因此在难以有定论之前要求有完善的农村社会保障立法也是不现实的。⑥

在关于我国农村社会保障是否应单独立法的问题上，学者们的观点出现分

① 任保平、王艳：建立健全农村社会保障体系的基本思路［J］，《陕西师范大学学报》（社科版）2003 年第 2 期，29—35 页

② 刘子操：我国农村社会保障制度的构建思路，［J］《广西社会科学》2007 年第 10 期，56—59 页

③ 张小艳：构建西部少数民族地区农村社会保障体系［J］，《赤峰学院学报》（社科版）2007 年第 4 期，75—90 页

④ 王国奇：国外农村社会保障法律制度的借鉴及启示［J］，《经济与社会发展》2008 年第 5 期，140—143 页

⑤ 张爱民：浅谈我国农村社会保障法制建设［J］，《新疆社科论坛》2005 年第 4 期，80—82 页

⑥ 王新华、贺庆：论中国农村社会保障法律制度建设［J］，《农业考古》2008 年第 3 期，90—93 页

歧，如石秀和等人认为，由于城乡生产力水平的差异，长期存在的制度性差异和体制性隔阂以及城乡二元社会结构的继续存在，必然使得在漫长的社会变迁定型的社会保障的二元保障体制，在相当长的时期仍作为一个社会事实继续存在，尽管它并不吻合社会现代化的总体取向，其合理性也将逐渐丧失。因此，在社会保障立法上，应当基于城乡二元型保障体制差异这一社会事实，按社会保障的本质要求，对农村社会保障进行单独立法；① 也有学者不同意这一观点，理由是：第一，这种做法不符合我国宪法的规定；第二，农村人口社会保障问题也日益突出，主张制定统一的社会保障法，并根据各地经济社会发展差异构建多层次的保障体系，以满足各自的需要。②

还有学者对建立健全民族地区农村社会保障法律制度的问题进行了研究，认为当前民族地区社会保障法制建设十分滞后，在我国实施西部大开发和构建社会主义和谐社会的形势下，建立健全民族地区农村社会保障法律制度至关重要，具体表现在：是民族地区农村发展社会主义市场经济的必要前提；是保障民族地区农村居民基本人权的必然要求；是增强民族凝聚力加强各民族团结的客观需要；是实施西部大开发战略和建设和谐社会的重要法律保障。民族地区农村社会保障法制建设应从实际出发，实事求是，突出重点，量力而行，在当前阶段，应以满足民族地区农村居民的基本生存和生活需求为社会保障法制建设的出发点和着眼点，建立起包括最低生活保障制度、自然灾害救助制度、医疗保险和医疗救助制度以及养老保险制度等在内的社会保障法律体系，切实保障民族地区农村居民的合法权益。③

四、政府在农村社会保障制度中的角色定位与责任

国内学者比较一致地认为，在农村社会保障制度建立和完善过程中，政府应发挥主导作用，如柴瑞娟、罗新铭认为，政府职能社会化已成为当代政府职能发挥的一个显著的趋势，这种从单一权力行政向公共服务行政的转变决定了提供公共产品和有效的公共服务是当今政府的职责所在，而稳定健全的社会秩

① 石秀和等：《中国农村社会保障问题研究》［M］，人民出版社 2006 年 12 月出版，461 页

② 石宏伟：我国社会保障法制建设：问题与思考［J］，《经济体制改革》2004 年第 2 期，30—32 页

③ 王伟：建立健全民族地区农村社会保障法律制度［J］，《中央民族大学学报》（社科版）2008 年第 2 期，24—27 页

序和一套合理的制度框架无疑是最为核心的公共物品。社会保障制度作为一种典型的公共物品，政府也就必然参与其构建和管理。尤其是当今农村社会保障现状亟须国家出面支撑，政府之责义不容辞。①

石秀和等认为，政府在农村社会保障制度中的职责具体体现为：（1）政策设计：为农村社会保障的推行提供有效实施手段；（2）组织引导：推动农村社会保障制度构建的进程；（3）财政责任：为农村社会保障事业的发展提供资金支持；（4）管理监督：使农村社会保障纳入规范化轨道。江治强等提出，优化政府在农村社会保障制度建设中的公共决策，首先应树立公正决策的理念，要用全面建设小康社会，以人为本，执政为民，构建和谐社会，科学发展观等理念，科学认识农村社会保障事业在促进城乡协调发展、构建和谐共享的和谐社会中的基础作用，指导中国农村的社会保障建设。其次应重新审视农村社会保障事业的发展形势，包括分析农村经济形势的变化对社会保障形式的影响，客观估计农村集体土地所有制的保障功能，农业的市场风险对政府社会保障的制度需求，对农村宗族及社区保障作用作深刻的研究，理顺政府制度性保障与农村非制度性保障的关系，准确定位政府在社会保障事业中的职责、职能。再次应注重公共决策与农民认同的良性互动，充分利用中国特色的民主政治体制，政府现代运行机制以及培育农村社会非政府组织发挥其反映诉求的作用，把农民的呼声和认同更好地融入政府公共决策当中。② 孙文基指出，在建立农村社会保障时，在处理其中最重要的社会保障资金来源这一问题上，政府才是投入的主体，而不是主要由农民承担。在农村社会保障的投入以政府为主体与我国各地现阶段的财政是否相符、是否会构成很大的财政压力的问题上，他认为，只要合理调整财政支出结构，这个问题是不难解决的。③

五、农村养老保险制度建设

在对我国农村老龄化趋势以及养老保障的现状进行了调研的基础上，邓大松等指出，农村地区有 65 岁及以上老年人的家庭户占家庭户数总数比例为

---

① 柴瑞娟、罗新铭：农村社会保障构建中的国家责任探讨［J］，《武汉理工大学学报》（社科版）2005 年第 4 期，569—572 页

② 江治强、李将军：我国农村社会保障制度的发展议题与政策取向［J］，《甘肃社会科学》2008 年第 2 期，215—219 页

③ 孙文基：试论建立农村社会保障的基本思路［J］，《农业经济》2006 年第 1 期，57—58 页

22.02%，分别比城市和镇同比高出4.69和5.78个百分点；65岁以上老年人家庭中一人户、二人户的比重，农村地区均高于城镇地区。① 其他学者基本上也持相同的看法，李琼指出，2000年我国人口第五次普查结果显示，中国农村人口为8.33亿人，其中65岁及以上的老年人口占7.36%，民族地区农村占7.56%，到2030年，6.64亿农村人口中，65岁及以上老龄人口将占17.39%，民族地区将占18.1%，可见民族地区农村人口老龄化程度不仅高于城镇，而且高于其他农村地区。② 邓大松等认为，农村高龄老人目前主要还是依靠家庭成员、亲属的照顾，而且越是在不发达的农村地区，人们的老年生活保障越是依靠家庭。③ 穆光宗的研究结果显示，在城市，养老方式顺序为社会养老、家庭养老和自我养老，三者的比例是1∶0.7∶0.3（以社会养老为1）；而农村的顺序则是家庭养老、自我养老和社会养老，三者比例为14.6∶6.6∶1（以社会养老为1）。④ 可见农村老年人主要还是依靠传统养老模式度过自己的晚年。当前的问题是，这种非正式的农村养老制度正受到巨大的冲击和严峻的挑战，其保障功能在逐渐衰减，已经不能单独承载农村居民的养老保障，并且，随着人口老龄化进程加快，农村的养老压力相对城镇将更加突出，如不未雨绸缪，将会严重阻碍社会的发展，影响社会的稳定，因此，一部分学者们认为，建立农村社会养老保障制度已势在必行。

关于从1992年1月1日民政部公布实施《县级农村社会养老保险基本方案》，至1999年7月国务院暂停执行这一方案的七年多的情况，学者们总体认为基本上是不成功的，彭希哲、宋韬综合国内学者的各种分析后认为：主要原因有二，一是制度设计本身的缺陷，表现在：（1）农村社会保险缺乏社会保障应有的社会性和福利性；（2）农村社会养老保险存在着制度上的不稳定性；（3）资金保值增值困难；（4）保障水平过低。二是执行过程当中出现了问题，表现在：（1）基金的管理不够规范和完善；（2）机构管理费用入不敷出；（3）干部群众在享受集体补贴方面差距过大；（4）多种形式的保险并存，形成各自

① 邓大松、刘昌平：《新农村社会保障体系研究》［M］，人民出版社2007年7月出版，84页。

② 李琼：关于建立民族地区农村社会养老保险制度的构想［J］，《科技情报开发与经济》2007年第19期，159页

③ 邓大松、刘昌平：《新农村社会保障体系研究》［M］，人民出版社2007年7月出版，85页

④ 穆光宗：中国传统养老方式的变革和展望［J］，《中国人民大学学报》2000年第5期，42页

为政的混乱局面。①

当前我国农村是否具备了建立养老保险制度的条件，学者们对此问题的看法迥异，刘卫国认为，我国具备了建立农村养老保险制度的条件，理由是：第一，我国整体经济已进入快速发展时期，已具备进行国民收入再分配的能力与手段；第二，农村经济日益发展，农民收入逐渐提高，城乡差别正在缩小，农民权益保护意识不断强化，农民参保意识也在不断增强；第三，发达地区农村、城镇近郊农村和不发达地区经济发展水平比较高的部分乡村，建立农村基本养老保险制度的条件基本具备；第四，建立农村养老保险制度是破解“三农”问题的战略需要。② 而何文炯等人则认为，国外建立农民养老保险大都是在工业化发展的中期转向成熟期的过渡阶段，从经济指标看大体有：（1）农业在国民生产总值中的份额在15%以下，农业劳动力结构份额在20%以下；（2）农业人口在总人口中所占比率降至50%以下，且处于老龄人口高峰期；（3）经济发展总体水平较高，人均GDP在2000美元以上。按照这些指标来衡量中国农村所处的阶段，总体上差距是比较大的，在中西部地区特别是西部地区差距会更大，全面实施农村社会养老保险的社会经济条件尚不具备。③ 认为中国目前尚不具备普遍实施农村社会养老保险的观点得到多数学者的认同。

由于对建立农村社会养老保险的条件是否成熟存有分歧，因此在养老模式的选择问题上学者们各抒己见，莫衷一是。

第一种意见是根据各地区经济发展的不同水平实施分类处置，何文炯认为，就全国而言，农村养老保险应当有进有退，发达地区应积极推进，欠发达地区应暂缓推行。他提出，暂缓推行农村社会养老保险的欠发达地区宜在积极发展经济、增加农民收入的同时重点考虑以下几个方面：一是坚持家庭养老；二是建立健全农村最低生活保障制度；三是发挥土地的保障功能；四是发挥商业保险和储蓄的养老保障功能。④ 杨志玲在对云南丽江纳西族聚居地区调查后

① 彭希哲、宋韬：农村社会养老保险研究综述［J］，《人口学刊》2002年第5期，43—47页

② 刘卫国：农村社会养老保险制度创新构想——以青岛市为例［J］，《山东社会科学》2007年第7期，46—50页

③ 何文炯、金皓、尹海鹏：农村社会养老保险：进与退［J］，《浙江大学学报》（社科版）2001年第3期，102—107页

④ 何文炯、金皓、尹海鹏：农村社会养老保险：进与退［J］，《浙江大学学报》（社科版）2001年第3期，102—107页

发现，随着少数民族地区社会经济的发展，农村家庭养老模式不仅长期以来受到少数民族传统文化及民族经济发展状况的影响，表现出与城镇、汉族家庭养老模式不同的特点，一是少数民族农村家庭养老受少数民族传统道德观念影响较大，具有强烈的尊老、敬老的民族意识；二是农村家庭养老方式比较稳固；三是传统的家庭养老模式在少数民族地区具有较强的延续性；四是少数民族农村家庭养老模式的发展受少数民族地区经济发展水平的影响，由于家庭养老形式难以被其他形式所替代，因此，以家庭养老为主，发展农村社区养老，建立农村社会养老保险制度，将是少数民族农村养老形式发展的必然选择。①

第二种意见是建立“三结合”式的农村养老保障体系，杨翠迎认为，中国农村养老保障的出路在于根据不同地区的经济水平建立不同的养老保障模式，而且重点在于解决养老资金来源的问题。在中国经济社会转型的特殊时期，需要发挥家庭养老、社会养老保险、社会养老三种主流保障方式的合力作用，方能解决中国农村社会养老保障的需要。②

第三种意见是“实物换保障”，卢海元指出，“实物换保障”是指根据不同的对象，以特定方式将其拥有的农产品、土地和股权等实物转换为保险费，分别设计现实可行的社会养老保险制度方案，如年轻农民可实行“产品换保障”；老年农民和被征地农民则实行“土地换保障”，等等，他强调，与一般建立养老保险的方案不同的是，实物换保障是一个能同时解决养老和发展问题的方案，而这正是该方案的最大特点，也是世界银行所倡导的新模式。③

各位学者还分别就上述三种模式下的农村养老保险筹资方式提出了相关建议。

六、新型农村合作医疗保险制度建设

与农村养老保障一样，新型农村合作医疗保险也是近年来理论界热议的话题，学者们对于新型农村合作医疗保险制度的研讨主要围绕以下几个方面

① 杨志玲：农村少数民族老年人的生活及养老［J］，《云南大学学报》（社科版）2006 年第 6 期，42—45 页

② 杨翠迎：中国农村养老保障何去何从——对农村养老保障的现状与问题的思考［J］，《商业研究》2005 年第 8 期，167—170 页

③ 卢海元：实物换保障：农村社会养老保险制度的创新之路［J］，《湖湘论坛》2003 年第 1 期，46—48 页

展开：

（一）关于新型农村合作医疗保险制度实施绩效与问题

据北京大学“新型农村合作医疗”课题组2007年7月对江西、江苏、贵州等3省9县16个乡镇的调查，总体来说，广大农民对新农合的总体印象是好的，有着较高的认同度，其中大多数农民对缴费水平、支付标准、起付线、封顶线持积极评价，这主要源于政策的推动、对医疗保障的需求以及不是强迫而是自愿参加等因素。但是，新型农村合作医疗保险的实际运行绩效并不尽如人意，主要的问题是现有医疗体制和医院经营格局制约了这项制度有效性的发挥，由于对定点医院缺乏有效监管，导致出现医疗支出问题；医药价格问题和医院服务质量问题等。①

中国人民银行包头市中心支行课题组通过对包头市九原区调查后认为，新型农村合作医疗保险制度的实施效果：一是缓解、遏制了农牧民“因病致贫，因病返贫”的趋势，减轻了农牧民的经济负担；二是提高了农牧民健康保障能力，逐步释放出农牧民医疗卫生需求，农牧民的医疗消费和健康观念发生了新的变化；三是农村牧区医疗机构的服务条件有了明显的改善，服务能力显著提高；四是提高了政府的公信力。②

杨敬宇在肯定新型农村合作医疗保险实施以来取得了巨大成就的同时，指出了这项制度存在的缺陷与问题，包括制度性质的问题，主要指新农合制度的实施存在严重的政府依赖路径，排除了市场机制的作用，农民的权利得不到完整体现，农民的主体权利缺位严重；决策主体问题，政府充任了政策的制定和执行主体角色，农民只是缴费主体、受益主体以及政策的被动接受者，农民没有机会与权利在政策定位框架下自主选择不同的方案和自行建立合作医疗组织；影响了农民参合积极性；服务理念问题，一方面，新农合以县为运作单位，在方案选择和管理运营上，排斥乡、村社区与农村自治组织的参与，这种服务模式与我国农村的医疗保健乃至医疗保健政策的国际经验是相悖的；另一方面，新农合以县为运作单位，在其服务内容上，排斥了社区预防保健，这种

① 隋福民、邓一婷、刘永东：新型农村合作医疗制度运行现状的调查与分析［J］，《卫生经济研究》2008年第8期，39—42页

② 中国人民银行包头市中心支行课题组：欠发达地区新型农村合作医疗保险方式探讨［J］，《硅谷》2008年第22期，180—184页

服务模式与发展中国家医疗保健的国际经验、健康理念和健康实现方式也是背道而驰的。治理模式问题，由于新型农村合作医疗保险制度赋予政府的职权范围过宽，导致管理成本过高，效率低下；医疗供给问题，在未对农村医疗卫生服务体系进行规划、建设、改革和管理的情况下，农村医疗卫生制度的缺位与供给不足并存，导致基层医疗卫生服务机构将主要精力放在如何攫取新农合政策带来的高额利益回报，而对于降低药价、改善服务态度，提高服务质量缺乏积极性。①

（二）新型农村合作医疗保险制度的运行机制问题，包括筹资机制问题、参合模式问题、合作医疗资金的使用与监管问题、医疗质量与价格问题等

1. 关于筹资机制问题：王成艳等认为，新型农村合作医疗应实行资金筹集的多元化，具体而言，农民个人、集体、政府三方是筹资的主体；② 孟宏斌等则主张，除个人缴纳、集体扶持、政府资助外，还应包括社会化捐助。③ 在筹资主体缴费责任分担比例问题的讨论中，许多学者认为，在现行经济体系中，农民和农村处于相对的弱势地位，而中央和地方政府政府集中了大量的财政资源，居于相对强势地位。无论从社会责任还是资源保障能力看，它们都应在推进新型农村合作医疗中承担主要责任，王成艳指出，长期以来，合作医疗资金的筹集遵循了"以个人缴纳为主，集体出资为辅，国家政策扶持"的基本原则，因此大部分地区农民个人负担比例占80%以上，集体出资约占10%，而政府仅承担了不足5%的责任。在当前农民收入普遍偏低而医疗费用不断上涨的情况下，政府承担责任不足直接影响了合作医疗制度的建设进程。为确保该制度顺利发展，必须建立一种新型的筹资机制，就是以农民个人缴纳与政府资金支持为主、集体出资为辅、社会资金为补充的多元化的科学高效的筹资机制，根据我国目前农民人均收入水平、集体经济实力以及国家财力等现状，各渠道的筹资比例：农民个人占40%—50%，政府占25%— 40%，集体占10%—

① 杨敬宇：关于新型农村合作医疗政策实践的理性思考［J］，《农村经济》2008年第3期，77—80页

② 王成艳、薛兴利：关于农村合作医疗筹资机制的探讨［J］，《卫生经济研究》2005年第1期，32—34页

③ 孟宏斌、王征兵：新型农村合作医疗筹资机制与利益相关主体博弈研究［J］，《中国农业大学学报》（社科版）2007年第3期

25%较为合理。① 但也有学者对西部贫困地区农村集体经济和农民个人的筹资能力表示担忧，理由是：自改革以来，许多乡村集体经济实际上已"名存实亡"，从而失去了持续性的资金保障。② 贫困地区的农民，由于收入低，可支配现金少，容易发生缴费困难的问题，目前虽有医疗救助制度，但因贫困面大、贫困程度深，无法解决所有人的缴费难问题。③

2. 参合模式问题，学者们对新型农村合作医疗参合模式的讨论主要集中在是选择自愿参保还是强制参保的问题上。谭湘渝认为，制度设计中，参保模式是影响制度运行的关键问题之一，新农合制度采取"自愿参保"模式虽然有助于制度的推进，但在实施中却带来很多问题，其中一个最大问题就是"逆向选择"问题，即农村老、弱、病、残者大都愿意参加合作医疗，而农村年轻健康者由于生病住院概率相对较小，不愿参加新农合。如果完全由农民自由选择，其结果，一方面使合作医疗无法达到应有的参合率，共担风险的能力；另一方面会导致留在新农合系统里面的都是疾病风险较高的人群，而较高的疾病风险必然带来更高额的保险赔付，由此造成保险基金的亏损和透支。因此他主张应实施"强制保险"。④ 邓大松等认为，新型农村合作医疗保险制度建设必须改变"自愿参加"原则，代之以"适度强制"原则。⑤ 而顾昕等则认为，合作医疗是选择自愿性还是强制性，关键在于嵌入于其中的政治制度和政策环境，在坚持自愿性原则的前提下，合作医疗对农民是否具有吸引力的关键在于其给付结构。所以应在改善治理结构上多下工夫。⑥

3. 资金使用与监管问题：王碧华指出，新型农村合作医疗能否持久发展，关键之一是对合作医疗资金的使用要坚持量入为出的原则。农村合作医疗在实际运行中，全国大多数地方将住院报销比例控制在20%—30%，而农民认为合

① 王成艳、薛兴利：关于农村合作医疗筹资机制的探讨［J］，《卫生经济研究》2005年第1期，32—34页

② 张磊、贺雪娇：剖析新型农村合作医疗制度的筹资意愿和能力［J］，《农村经济》2007年第5期，79—81页

③ 邓大松、刘昌平：《新农村社会保障体系研究》［J］，人民出版社2007年7月出版，220—221页

④ 谭湘渝：新型农村合作医疗保险制度参保模式研究［J］，《改革与战略》2008年第1期，80—81页

⑤ 邓大松、刘昌平：《新农村社会保障体系研究》［M］，人民出版社2007年7月出版，208页

⑥ 顾昕、方黎明：自愿性与强制性之间——中国农村合作医疗的制度嵌入性与可持续发展分析［J］，《社会学研究》2004年第5期，1—18页

适的报销比例应是报销60%的住院医疗费用。新型农村合作医疗的实际报销比例与农民的期望有相当的差距。另外，定点的各级医疗机构医疗费用居高不下，给农村合作医疗带来了负面影响。解决此问题的办法是，提高总缴费水平和支付比例的科学性，首先要适当提高缴费水平，相应提高补偿标准；其次要科学合理地设计给付结构。① 邓大松等认为，新型农村合作医疗保险制度实行以大病为主的原则，但在实际执行中，出现了一些问题，一是参合农民第一年的受益范围很窄，影响了参合积极性；二是这种提法容易使人产生错觉；三是以大病为主的界限不好掌握。② 不少学者指出，应建立多渠道的资金监管机制，杨敬宇认为，新型农村合作医疗的运行成本可以说是农村卫生有史以来最高的，要降低运行成本，提高政府与农民之间的信任程度，农民自治组织作为一种重要的社会机制是不可或缺。而在新农合政策设计中，农民自治组织明显缺位，使新农合的推行出现高昂的制度成本与运行低效。应将外部干预与自主治理模式相结合、将预防保健与大病统筹相结合，并同时将大病统筹主要由专业部门监督、预防保健主要由乡镇社区监督；③ 石秀和等提出，农村合作医疗经办机构要定期向农村合作医疗管理委员会汇报基金收支、使用情况，要采取张榜公布等措施，定期向社会公布基金的具体收支、使用情况，以保证参合农民的参与、知情和监督权利；另外，县级人民政府可根据本地实际，成立由相关政府部门和参加合作医疗的农民代表共同组成的农村合作医疗监督委员会，定期检查、监督基金使用和管理情况；农村合作医疗管理委员会还要定期向监督委员会和同级人民代表大会汇报工作，主动接受监督；审计部门要定期对农村合作医疗基金收支和管理情况进行审计。通过部门监督、内部监督、群众监督等多种监督方式，让这项制度真正取信于民、受惠于民。④

4. 医疗服务与价格问题：杨敬宇认为，当前影响新型农村合作医疗持续发展的问题，一是定点医疗机构利用新农合进行政策创收，从而引发“重治轻

① 王碧华：新型农村合作医疗的性质及其运行矛盾分析［J］，《甘肃社会科学》2008年第4期，244—247页

② 邓大松、刘昌平：《新农村社会保障体系研究》［M］，人民出版社2007年7月出版，221—222页

③ 杨敬宇：关于新型农村合作医疗政策实践的理性思考［J］，《农村经济》2008年第3期，77—80页

④ 石秀何等：《中国农村社会保障问题研究》［M］，人民出版社2006年12月出版，203—204页

防，小病大医”的医疗道德风险。二是定点医疗机构和医院转诊制度，一定程度上阻止了患者自由选择的权利，客观上为区域内的定点医疗机构处于医疗服务的垄断性地位提供了政策支持。三是医疗服务的价格普遍上扬，部分抵消了合作医疗基金对农民的补偿功效，降低了新农合给农民带来的好处。四是合作医疗试行后，一些试点县的乡镇卫生院纷纷上设备、上专科、上手术，以提高诊治“大病”的能力，促使卫生院向“一级医院”模式发展，可能导致卫生院的职能性质改变。① 邓大松等指出，由于卫生院的药品是按国家规定进货销售，绝大部分医生又属于自收自支的事业单位人员，其收费标准比个体医疗户要高，县级医院收费标准更高，加上报销比例偏低，导致农民报销的金额可能还抵不上医疗机构之间的价差，由此限制了农民大病得到高质量的医治。②

（三）完善新型农村合作医疗保险制度的相关政策建议：

邓大松等提出，应重新界定新型农村合作医疗制度的性质，将“互助供给制度”改为社会保险制度。明确政府在制度中的主体地位和相关职责。考虑到经济发展水平较低和政府财政能力较弱的现实，可以坚持“循序渐进”原则，实行保障范围由小到大、保障水平由低到高的发展策略。③ 石秀和等提出，政府要为新型农村合作医疗提供更为完善的外部环境，包括加快推行我国医疗卫生体制改革、加快农村合作医疗制度的法制建设、加强宣传教育，提高农民参加新型合作医疗的积极性，以及重视农村医疗卫生人才培养、加大卫生资源投入，等等。④

七、农村最低生活保障制度建设

目前，学者们对于建立农村最低生活保障制度的必要性已有共识，理论研讨主要围绕着保障对象、保障标准、保障资金和保障方式展开。

实施最低生活保障的关键环节是如何确定保障对象，而农户家庭收入的核定又是确定低保对象的关键条件，目前全国试点地区基本上是根据当地农村共

---

① 杨敬宇：关于新型农村合作医疗政策实践的理性思考［J］，《农村经济》2008 年第 3 期，77—80 页

② 邓大松、刘昌平：《新农村社会保障体系研究》［M］，人民出版社 2007 年 7 月出版，222 页

③ 邓大松、刘昌平：《新农村社会保障体系研究》［M］，人民出版社 2007 年 7 月出版，224—225 页

④ 石秀和等：《中国农村社会保障问题研究》［M］，人民出版社 2006 年 12 月出版，213—214 页

同生活的家庭成员人均纯收入低于最低生活保障标准来认定的，许多学者指出，当前的主要问题在于难以界定低保对象，如何菊芳指出：一是有劳动能力的保障对象的隐性收入核算难；二是困难农户外出务工人员收入或临时性收入计算难；三是确定农户具有法定赡养、抚养关系并且在一起共同生活的全体人员收入难；四是因经营不善等原因而陷入生活困境的人员、因超生被罚款而造成家庭生活困难的人是否列入保障范围存有争议。① 洪凯认为，现行低保对象的甄别和管理机制难以防范低保制度实施过程中的“道德风险”和“逆向选择”。随着农村低保制度的实施，一些地方开始出现子女不再负担老人养老金，而将赡养责任推卸给地方政府的现象。一些农村基层组织和基层干部囿于地方利益、个人利益的需要，或多或少地降低政策标准、扩大低保标准，或将原高于低保标准的“五保户口”也归入低保范围以减轻自身负担，此外，如何有效避免农村低保制度“养懒汉”是一个必须正视的问题。解决此问题的途径是，要建立简便有效的农民实物收入、劳务性收入、财产性收入和赠予性收入申报评估制度和相关评估标准，提高对农民实际收入的评估准确性，并切实降低调查成本；要进一步完善农村赡养抚养制度；要完善监管制度，防范道德风险。② 何菊芳认为，最低生活保障对象的认定应以最低生活保障线为依据，但并不是说低于最低生活保障线的农村家庭都应实施保障救助，核定保障对象需要结合贫困形成的原因。重点应对那些无劳动能力、无收入来源、无依无靠的孤老、孤残、孤儿、弱智低能户和意外事故、恶性重病或因自然灾害造成生活水平低于最低生活保障标准的对象实施保障；对农产品市场竞争生产经营不善而生活面临困境，或由于乡镇企业破产倒闭，在乡镇企业工作的农民工一时生活陷入困境，也可享受低保，对尚有一定收入，但家庭人均年收入低于当地农村最低生活保障标准的，实行差额补助。而对那些由于游手好闲、超计划生育或因奢侈浪费造成生活困难的则不予以保障。为准确核定保障对象，在具体操作中应采取调查摸底与群众评议相结合的办法进行。③ 杨秋林等也认为，解决低保对象的认定问题需要在科学合理地制定农村最低生活保障标准、建立和完善“低

① 何菊芳：构建农村最低生活保障制度的构想［J］，《当代经济研究》2005 年第 9 期，70—72 页

② 洪凯：农村最低生活保障制度实施中的难点问题探讨［J］，《经济纵横》2008 年第 4 期，23—26 页

③ 何菊芳：构建农村最低生活保障制度的构想［J］，《当代经济研究》2005 年第 9 期，70—72 页

保”公示制度、改进低保对象家庭收入的调查方法等方面改进低保对象的甄别机制。①

关于最低生活保障标准问题，也是一个值得探究的问题，何菊芳指出，确定保障标准，既要保证低保对象基本生活的需要，又要克服完全依靠低保的依赖思想；既要考虑地区间标准大体一致，又要考虑地区间的发展差距带来的标准上的差距。因此，各省可以设立不同的保障线，建议采用基本生活必需品费用计算最低生活保障标准，即主要是根据居民最基本的食品衣着和少量零用钱合计，结合当地居民的消费水平、政府财政负担能力、集体经济收入和农户提留中可用于救济的资金来确定。② 邓大松等提出，在具体制定保障标准时应主要参考：维持农民基本生活的物质需要、当地经济发展水平和财政承受能力、当地物价水平、农民自我保障能力等因素。③ 吕学静认为，较为科学可行的最低生活保障线应为基本生活费支出占农民人均收入的28%左右。由于各地的经济发展水平不同，参照系数亦有差异。经济发达地区以26%为宜；经济欠发达地区以30%左右为宜，因此，农村最低生活保障线以县市为单位画线为好。④

关于保障资金来源问题，从各地实施农村居民最低生活保障制度的情况看，一般都把资金的筹措作为该项工作的重点，肖云等指出，当前的问题在于，虽然国家鼓励和支持多渠道筹集农村低保资金，但是农村低保费分担方式仍然是县（区）、市、省三级财政为主，中央对贫困地区实行补助。由于没有形成多渠道筹资体系，导致农村低保资金缺乏。解决的办法是：（1）在加大各级政府财政投入的基础上，合理确定中央、省、市、乡镇政府财政支付贫困县农村“低保”资金的比例；（2）发展慈善事业，鼓励个人和企业捐赠；（3）不断壮大乡镇经济和集体经济，增强乡镇集体的筹资能力；（4）建立健全脱贫扶助体系；主要是建立健全农村低保的配套体系；（5）努力开拓农村低保资金的其他来源渠道，如部分福利彩票销售收入应纳入农村“低保”资金，还可考

① 阳秋林、邹树梁、邹长城、肖东生、胡海波：刍议我国农村最低生活保障对象的界定——以湖南省为例［J］，《南华大学学报》（社科版）2007年第6期，28—31页

② 何菊芳：构建农村最低生活保障制度的构想［J］，《当代经济研究》2005年第9期，70—72页

③ 邓大松、刘昌平：《新农村社会保障体系研究》［M］，人民出版社2007年7月出版，68页

④ 吕学静：完善农村居民最低生活保障制度的思考［J］，《经济与管理研究》2008年第1期，73—77页

虑将部分个人收入所得税纳入农村“低保”资金，等等。① 何菊芳认为，一方面，中央政府和省市各级政府要加大对贫困地区农村最低生活保障资金的投入力度；另一方面，由于国家财力有限，难以全部负担广大农村低保人口，因此在保障资金来源上应实施地方财政和村集体共同负担，并由各地根据实际情况确定各级财政和村集体的负担比例。除此之外，征收社会保障税、遗产税及赠与税等办法，也不失为解决最低生活保障基金筹集问题的有效渠道。② 李辉认为，中央财政农村低保转移支付侧重点应有所选择，他建议应把重点放在中西部省份，特别是不发达地区，以确实保障这些地区绝对贫困人员的生存权。经济发达省份可以不予补助或少量补助。③

关于保障方式问题，张平提出，农村低保方式的总体设计应着重于有主有辅的制度结构，具体为：（1）货币低保为主，实物低保为辅：由于货币低保方式比实物低保方式更有效率，因此各地尤其是财力较好的地方在选择农村低保方式时，应以货币低保为主，实物低保为辅，实物低保可以超市消费卡形式发放。少数贫困边远地区可采取粮款结合的方式，首先满足人均口粮的救助，以粮抵款，差额部分发给现金。除了定期定量的物质救助外，各地还可针对实际情况出台一系列配套政策，如住房、就业、医疗、子女教育、税收、水电等优惠扶持政策，多方扶助困难群众。（2）差额低保为主，全额低保为辅：即用保障线标准减去年家庭人均收入，得出保障对象救助标准，按时发放。除了少数无依无靠无生活来源、无劳动能力的孤老残幼和失去劳动能力的重残人员可领取全额低保以外，其余农村贫困人口均应享受差额低保来鼓励其学习知识、参加劳动技能培训以提高自身再生产能力，提高家庭收入。政府在发放低保时除了“授人以鱼”，更要“授人以渔”，这样才能从根本上扶贫，防止贫困人口“恋贫”和脱贫后再“返贫”。（3）单纯性低保为主，有条件低保、“负所得税”为辅：由于我国农村低保对象总体上是以没有或丧失劳动能力的贫困人口为主，因此，单纯性低保、无条件低保是我国农村低保方式的主体。对那些有一定劳动能力，游离于温饱线的低保对象，必须选择那些富有效率的激励性低

① 肖云、赵红梅：拓宽农村最低生活保障筹资渠道研究［J］，《农村经济与科技》2008 年第 9 期，7—8 页

② 何菊芳：构建农村最低生活保障制度的构想［J］，《当代经济研究》2005 年第 9 期，70—72 页

③ 李辉：农村低保制度资金供给分析［J］，《商场现代化》2007 年第 30 期，290—391 页

保方式，即“负所得税”方式和有条件低保方式。① 李辉婕等也主张将农村低保的部分现金支付改为实物支付，包括食品和衣物在内，建议发放食品支票之类的配给证券，在指定的商店与有效的证件配合使用。② 不少学者还主张将农村最低生活保障制度与合作医疗、扶贫等制度进行配套、保障生活与扶持生产相结合。贺大姣认为，只有解决了与农村贫困人口生活困难相配套的子女就学、就医、就业等方面的实际问题，才能从根本上解决农村贫困人口的生活问题和“这边发钱，那边收钱”的尴尬局面，因此，实施农村最低生活保障制度还应努力营造扶贫济困的社会氛围，形成财政、劳动保障、工商、税务、教育、卫生等部门齐抓共管，社会互助互济的社会氛围。③

综上所述，从进入21世纪以来，国内理论界关于农村社会保障问题进行了广泛、系统、深入的研究，特别是2007年党的十七大提出加快推进以改善民生为重点的社会建设、加快建立覆盖城乡居民的社会保障体系，促使农村社会保障的研究成果更加丰硕，由此可看出，国内农村社会保障研究的一个突出特点，就是紧密结合党和政府的方针政策，联系农村社会保障的进程，寻找问题、分析原因、提出对策与建议，其研究成果必将为进一步推进农村社会保障制度建设发挥应有作用。与此同时也应认识到，具有中国特色的农村社会保障理论体系尚未丰满，有待于进一步完善。研究中的主要问题，一是有些研究成果的理论底蕴稍感不足；二是学者们较多地从宏观角度对农村社会保障问题进行定性分析，而对于农村社会保障中观及微观层面的实证分析和定量分析方面的论著较少；三是对于特定地区农村社会保障问题的研究较为薄弱，对少数民族地区农村社会保障的研究尤显薄弱。今后的研究应进一步开阔视野、不断实现理论的创新，为构建具有中国特色的农村社会保障理论体系而努力。

---

① 张平：中国农村贫困人口最低生活保障方式相关问题解析［J］，《中央财经大学学报》2008年第4期，24— 41页

② 李辉婕、吴自明：对我国农村最低生活保障保障制度的思考［J］，《安徽农业科学》2007年第33期，54—55页

③ 贺大姣：构建农村最低生活保障制度的保障措施探析［J］，《云南行政学院学报》2008年第3期，111—113页

第　二　章

民族地区农村社会保障的变迁与发展

第一节　古代与民国时期民族地区农村社会保障

一、中国古代社会保障的思想渊源与民族地区的保障行为

（一）中国古代社会保障的思想渊源

长期的历史进程中，我国各民族共同创造了灿烂的中华文明，在博大精深的中华文化中，保障弱势群体的生存占有一席之地，这可以从一些古代先哲的思想中窥见一斑。春秋战国时期，我国涌现出像老子、孔子、墨子、庄子、孟子、韩非子等一批著名的思想家，创立了儒学、法学、道学、墨学等学说流派。这些学说流派的一个共同之处，就是所谓“民本思想”。其中，先秦时期孔孟的“农本”理念和“孝悌”伦理，反映出先哲们对于养老保障问题的思考。“孝悌”体现了丰富的家庭养老思想，孔子认为，“孝”就是子女要树立养老意愿，他要求子女“事父母，能竭其力”，“生，事之以礼；死，葬之以礼，祭之以礼”。① 而孟子在继承孔子“孝悌”基础上，提出了“善养”问题，他认为，养老问题，除了要解决愿养的问题之外，还要保证子女有能力赡养老人与妻儿，国家须帮助每一户家庭拥有一定的产业，“故明君制民之产，必使仰足以事父母，俯足以畜妻子，乐岁终身饱，凶年免于死亡”，② 在当时条件下，百姓能购置的产业就是土地。墨子从“兼爱”的观念出发，认为人人相

① 陈国庆、何宏注释：《论语》［M］，第8—9页，合肥，安徽人民出版社，2005年

② 金良年：《孟子译注》［M］，第16页，上海，古籍出版社，2006年

爱，互相关心是促成社会稳定的重要条件；老子更是明确提出了“施恩布德，世代荣昌”，主张老、弱、孕、残、幼应得到社会的保护。儒家思想长期以来占据中国政治思想的主流地位，所强调“仁德”、“忠孝”，所倡导的贵老、敬长、慈幼，一直都是历代有作为的封建王朝行政的秘籍，对我国境内各民族也产生了深远的影响。

我国各民族所信仰的宗教教义中，也有这方面的内容，以对我国各民族影响较大的佛教和伊斯兰教为例，佛教所强调的“慈悲利他”可解释为使众生快乐，解除众生苦恼和痛苦，因而鼓励人们扶危济困、造福社会。在此影响下，一些民族地区的佛教寺院时常行些赈济灾民之善举；伊斯兰教也主张对社会“行善”，在家庭伦理关系中强调孝亲，在具体的行为规范上，告诫信众要宽厚仁慈、慷慨大方并善供养父母。① 佛教与伊斯兰教教义思想与中国传统文化体系相结合，为民族地区的尊老慈幼、扶危济困行为提供了重要的道德伦理支撑。

（二）中国古代民族地区的社会保障行为

古代中国，少数民族地区具有普遍意义的社会保障行为主要有三种：

一是社会救济。这是一种官方形式的社会救助，主要由封建王朝以及地方官吏制定救济、救助的相关法规，以保障老弱病残、生活贫困者获得经济上、生活上一些帮助的社会保障形式。根据史料记载，历代中央王朝几乎都或多或少地采取一些救助措施，如设立“社仓”，储备大量的粮食，以备重大灾害发生时开仓赈济。有的朝代甚至设立专门机构来负责这方面的事务。

二是民间的互助。中国古代，统治者除了动用政权的力量用于上述保障项目外，还提倡基于血缘、地缘关系的农村村民组织以及宗教组织进行互助自救。中国自古就是一个自然灾害频发的国度，在与自然灾害抗争的过程中，各族群众认识到了群体互助的作用，因此，少数民族地区各类基于血缘和地缘关系的各类组织一般都具有赈济灾民、养老慈幼的职责。值得一提的是，我国少数民族中，不少民族都有扶贫济危的优良传统，对于本民族和本地域因自然灾害或年老、疾病、生育而处于困境之时，能及时获得互助团体的帮助。

三是以家庭养老。我国少数民族地区长期以来实行的是以家庭和家族为主要形式的养老保障，其中又可分为：父系家庭保障，如黎族、土家族、苗族、

① 周燮藩：伊斯兰教伦理：传统形式及其现代意义［J]，《世界宗教研究》2005 年第 4 期

瑶族、侗族等，如海南省黎族家庭中的长辈男性为一家之长，主掌家政，赡养老人的义务由儿子承担，据20世纪50年代对海南省东方县西方乡的调查，黎族子女成家后有的仍与父母住在一起，即使分家，生产资料一般不分，父母还能劳动的与子女一起劳动，丧失劳动能力的老人由各子女轮流抚养，或随幼子一起生活，其他子女则提供一些生活物质。① 无儿有女的，由女儿和上门女婿承担；母系家庭保障，如部分纳西族、普米族、景颇族、德昂族、佤族等，在母系大家庭中，家庭成员全是女性，财产按母系继承，家庭财产和生活资料的分配由母亲负责，舅舅实际上扮演了父亲的角色，对外的交往活动由舅舅做主。母亲及其姐妹、舅舅共同承担抚养上下辈家庭成员的义务，子女成年后则共同承担赡养母亲、外婆、姨妈、舅舅的责任。② 家族或宗族保障是指：以一定的血缘关系为基础，形成的具有亲戚关系的直系、旁系和姻亲关系的社会成员之间的互助形式，这种形式在许多民族被广泛采用。这类家族成员一般居住在共同的地域，并且具有较强的凝聚力和向心力，家族中任何一家老人的赡养都被视为全族的事情，不仅如此，遇到其他的事情，如某一家庭缺少劳动力，家族内部采取换工等形式予以支持，碰到婚丧嫁娶、建房盖屋、子女升学、重大疾病，其他成员一般也会主动送钱送物，给予帮助。

从中国古代民族地区流行的社会保障思想看，既有发源于汉族的先秦民本思想、儒家的仁德忠孝思想以及墨家的兼爱思想；也有各民族人、族群与自然和谐的思想；还有各自所信仰的宗教思想的影响，由此构成了中华各民族养老、互助、救济等社会保障思想的基础，成为中华民族传统美德，并一直延续至今。

中国古代少数民族地区具有普遍意义的各类社会保障事业一般情况下以“官办”为主，如养老、赈灾、救助等，这是由于开展这类活动要耗费大量的钱财，民间无力担负，只能由中央王朝从国库里拨付，再由地方官府统一组织、协调、发放。而民间互助一般限于对家族、村落的老人、孤儿、受灾户进行救助、帮扶。

---

① 《海南岛黎族社会调查》（下卷）［M］，广西民族出版社1992年，416—417页

② 唐新民：《民族地区农村社会保障研究》［M］，人民出版社2008年，173页

二、民国时期民族地区农村社会保障

（一）孙中山的社会保障思想及其特点

1911 年，最后一个封建王朝被推翻，中国社会从此进入了共和时期。伴随着社会的巨大变迁，近代西方各种社会思潮蜂拥而至，其中包括了社会保障思想。这些思潮给予一些先进的中国人以启迪。这一时期里发生的“新文化运动”以及“五四运动”，极大地促进了人们思想的解放。伟大的革命先行者孙中山更是将民生问题纳入到“三民主义”思想体系之中，他在 1924 年 1 月召开的中国国民党第一次全国代表大会上，在重新解释的民生主义时就特别强调对农民、工人以及其他弱势群体的救助：对农民，“国家当给以土地，资其耕作，并为之整顿水利，移植荒徼，以均地力”；对工人中的失业者，“国家当为之谋救济之道，尤当为之制定劳工法，以改良工人之生活。此外如养老之制、育儿之制、周恤废疾者之制、普及教育之制度，有相辅而行之性质者，皆为努力以求其实现，凡此皆民生主义所有事也”。① 他还亲自督促和主持了许多重大的救灾活动。孙中山是近代中国系统阐述社会保障思想并力行实践的革命家，他的社会保障思想特点：一是以民为本、关怀民生；二是主张社会保障应是政府行为；三是强调社会救济的制度化与法制化；四是放眼世界，吸纳先进经验（王娟 2005）。② 孙中山的上述主张与实践对于这一时期我国初创社会保障制度产生了重要影响。

（二）国民党统治区的社会保障

民国时期，中国工业化浪潮进一步兴起，在新的经济因素的推动下，在十月革命的影响下，各族人民空前觉醒，中国共产党领导的新民主主义运动，将争取和维护广大劳苦大众基本生存权利作为斗争的一项重要内容，迫使北洋军阀政府和国民政府制定和颁布了一些有关社会保障的法律法规，并成立了有关机构负责实施。虽然这是针对全国的，但少数民族地区无疑被纳入其中，对民族地区农村产生影响的主要有：

1. 制定救灾条例，成立救灾机构。民国时期是全国自然灾害频发的时期，

---

① 《孙中山全集》第 9 卷 [M]，中华书局 1985 年版，120—123 页

② 王娟：孙中山的社会保障思想与实践 [J]，《华南师范大学学报》（社科版）2005 年第 1 期，27—32 页

加之战争的破坏性影响，灾民、难民人数巨大，实为历史所罕见。从 1912 年至 1937 年的 26 年间，全国共发生自然灾害 77 次，平均每年 3 次之多，使得农村的生命财产遭受重创，1929 年至 1930 年，全国各省因灾饿死人口达 600 多万，农业损失达数亿元，地处偏远地区的农村居民纷纷出逃，国民经济也遭受重创。面对如此严重的自然灾害和对国民经济的巨大冲击，北洋军阀政府以及国民政府初步建立起了以总统制为核心的中央一级专职救灾体制。1914 年，北洋政府颁布了《勘报灾歉条例》，规定地方政府须及时如实地勘报灾情；其内务部于 1913 年和 1914 年分别发布了《灾赈奖章条例》和《义赈奖劝章程》，1920 年，鉴于中央财政支出日拙，北洋政府又颁发了《各省区筹赈办法大纲》，将救灾款项由中央拨付改由各地方解决，规定救灾款物由中央财政拨给和省、县分别筹集和募捐，赈灾办法主要是采用平粜、施与、工赈、遣送等。南京国民政府建立后，1929 年成立了赈灾委员会，1930 年改称赈务委员会，从此我国中央政府机构中首次有了专职救灾机构。各省也成立了相应的机构——赈务会。1928 年国民政府颁发了《勘报灾歉条例》，规定了勘灾、报灾的期限和具体办法。国民政府实行的救灾措施主要有，灾荒发生时进行急赈、平粜、工赈、农赈，无灾荒时兴修水利、造林、移民垦殖和储谷。

2. 政府创办社会救济和社会福利事业。国民政府时期，社会救济与社会福利的政府主管机构是内政府和社会部，其中内政府偏重于社会救济，社会部偏重于社会福利。地方主管社会救济与福利的机构，省级为民政厅和建设厅，县级为民政科和社会科。

在社会救济方面，1928 年，国民政府内政部颁布了各地方《救济院规则》，规定各省、市、县“应依规定设立救济院，各县、乡、区、屯、镇人口较繁处所，也得酌量情形设立”。还规定救济院分设养老所、孤儿所、残废所、育婴所、施医所等。据 1933 年《申报年鉴》载全国救济机关 834 所，由中央政府创办 132 所，地方公办 409 所，私人创办 293 所，17 个省常年救济人数 114196 人，其中少数民族较多的省份收养人数为：湖南 32617 人，辽宁 57 人，吉林 380 人，黑龙江 260 人，绥远 3518 人，察哈尔 13800 人，新疆 1143 人。

在社会福利方面，在一些民主进步人士的促动下，国民党五届八中全会通过了《实施公医制度以保证全民健康案》，将公医制度的确立作为国家卫生行政的目标之一。抗日战争爆发后，国民政府颁布了一系列法令，对享受社会福利的对象、设施、方法、经费等做了规定，如 1941 年颁布了《奖助社会福利事业暂行办法》，规定凡公私主办之社会福利事业成就优异者均给予一次或经常性补助金，以资鼓励。

须指出的是，尽管国民政府颁布了不少社会救济和社会福利的法令法规，但这些法令法规基本上只适用于城镇，实际上国民政府并未建立起涵盖城乡的比较完整的社会保障制度，而且真正实施并取得成效的并不多，对于地处偏远的少数民族地区的作用就更加有限，究其原因，一是国民党积极内战，加上八年抗日，整个社会千疮百孔，经济萧条，导致政府社会事业支出十分有限，广大人民深受生活没有保障之苦；二是由于该政权的反动本质决定了它不可能真正关心包括少数民族在内的广大群众的疾苦；三是有的少数民族地区，如西藏实行的是更加黑暗的农奴制度，广大农奴连起码的生存权利都保证不了，更枉谈社会救济与社会福利了。

（三）革命根据地的社会保障

1927 年大革命失败后，中国共产党将武装革命的重心转移到了农村，并创建了革命根据地。为了动员农村根据地的各族群众积极投身革命，党在各根据地初创了社会保障体系。1931 年 11 月 7 日至 20 日，在江西瑞金召开的第一届苏维埃共和国工农兵代表大会上，通过了中华苏维埃《劳动法》，并于当年 12 月正式实行。该法规定，在根据地“实施社会保险制度，雇主每月拨出工资总额的 10%—15% 作为保险金”。

抗日战争时期，中国共产党在创建的各根据地积极探索建立社会保障制度。由于中共中央并未制定统一的组织法规，统一各根据地的社会保障机构，所以各抗日根据地的社会保障机构、涉及的社会保障内容和具体的操作方式都有很大的区别。就一般而言，社会保障事务由民政部门兼管，社会保障主要是围绕着赈济救灾和拥军优属进行。陕甘宁边区政府除直接救济灾民和难民外，还出台奖励政策，鼓励难民垦荒，并积极劝导群众建立“义仓”以实现民间储备余粮，救济饥荒，尤其是对于边区的妇女和儿童尽可能地实施救济和福利。

为了激励前方将士，抗战时期各抗日根据地政府都制定了优待抗日军人家属和拥护军队的条例，例如，根据陕甘宁边区政府 1937 年颁布的《抗日军人优待条例》，抗日军人及其家属享受的优待包括：免纳一切捐税、免纳房屋租金、享受共办商店 1% 减价的优待、在必需品缺乏时有优先购买权、子女读书费用全免、抗属缺乏劳动力耕种土地，边区人民应尽代耕代收之义务，等等。1943 年 1 月 17 日，颁布了《陕甘宁边区优待抗日军人家属条例》，明确界定了受优待的军人和抗属范围，提高其优待的质量。1940 年又颁布了《陕甘宁边区抚恤暂行办法》，对于直接参加抗日的军人老病伤亡人员及其直系遗属规定了抚恤办法。

革命根据地在十分艰苦的环境下所颁布实施得的上述措施，取得了一定的成绩，特别是对于困难群众和抗战将士及其家属的生活境况的改善成效明显，根据地政府社会保障机构、内容和方式也在运行过程中得到逐步的完善。革命根据地在社会保障方面的努力和探索，为新中国成立后的社会保障事业奠定了基础。

（四）解放区的社会保障

解放战争时期是中国共产党领导下的解放区社会保障制度进一步发展时期，并带有该时期的鲜明特点。

抗战胜利之初，鉴于国内阶级矛盾日益尖锐，国民党军队对解放区的武装进犯愈演愈烈，为了广泛动员工人、农民、知识分子和一切主张和平、坚持进步的力量制止国民党的大举进攻，中国共产党适时调整了方针政策，包括社会保障政策。

解放区农村的社会保障围绕着土地改革运动展开，抗日民族统一战线土地政策的减租减息已不能满足农民的要求，为了满足广大农民对土地的渴望，以获得农民的最大支持，1946 年 5 月 4 日，中国共产党发出了《关于土地问题的指示》即著名的“五四指示”，指出要“坚决拥护广大群众这种直接实行土地改革的行动”，“坚决拥护农民一切正当的主张和正义的行动，批准农民获得和正在获得土地”，强调“各地党委必须明确认识，解决解放区的土地问题是我党目前最基本的历史任务，是目前一切工作的最基本环节。必须以最大的决心和努力，放手发动和领导目前的群众运动来完成这一历史任务”。“五四指示”是中国共产党由抗战时期的减租减息向没收地主的土地分配给农民的过渡性的土地政策，主张通过反奸、清算、减租、减息、退租、退息等方式使农民获得土地。并规定了不可侵犯中农的土地，对富农和地主、地主中的大中小、恶霸非恶霸应有所区别。对抗日军人及抗日干部的家属，属于豪绅地主成分者或与我党合作而不反共的开明士绅，在运动中应适当照顾。尽管如此，“五四指示”的意义依然十分重大，在我国农村社会保障缺失的情况下，土地成为农民维持生计的唯一保障形式。但在旧中国，约占农村人口 10% 的地主富农占有 70%—

80%的土地，占农村人口90%的雇农、贫农和中农只有20%—30%的土地[①]，土地的集中是造成地租率畸高的重要原因，农民的剩余劳动甚至必要劳动被地主占有，陷入极端贫困的状态。解决了土地问题，就能够唤起农民对革命的支持和生产的积极性。“五四指示”发出后，各解放区根据指示精神，迅速开展土地改革运动。到1947年2月，各解放区已经有2/3的地区解决了土地问题。

1947年，国共内战已全面爆发，为了彻底推翻国民党反动统治，实现新民主主义革命的目标，9月13日，中国共产党全国土地会议通过了《中国土地法大纲》，同年10月10日公布施行。规定废除封建剥削土地制度，实行耕者有其田。没收地主的土地财产，征收富农多余的土地财产；废除一切祠堂、庙宇、寺院、学校、机关团体的土地所有权和乡村在土地改革以前的一切债务；以乡或村为单位统一分配土地，数量上抽多补少，质量上抽肥补瘦，所有权归农户所有。《中国土地法大纲》公布后，各解放区迅速掀起土地改革运动的高潮，土地改革运动使农民从封建生产关系中解放出来，生产积极性空前提高，解放区农村经济面貌和农民的生活得到明显的改善。

解放区城镇的社会保障工作一是对公营企业职工继续发展社会保险事业，所涉及的项目涵盖了职工养老、疾病、工伤、死亡、生育等；二是对私营企业，则主要体现在保障职工劳动权益和劳动报酬两个方面。抗日战争胜利后，为有效地降低失业率，各解放区对在岗雇工的就业权做了初步的规定。到解放战争后期，这些政策法规更为详尽，如要求各行各业普遍订立集体合同，资方若解雇工人及职员，须按集体合同和劳动契约办理，并发放遣散费。在保障雇工收入方面，解放区政府工作的主要思路是：在确立基本工资标准的基础上，主要通过劳资合作分红制增加雇工收入，提高实际生活水平。与此同时，各解放区还探索建立失业救济制度。

解放战争时期解放区实行的上述社会保障政策为新中国建立后城乡社会保障制度的建立奠定了基础，指明了路径。

---

① 最近有学者认为，以往的资料对农地集中的程度估计过高，实际上地主、富农占有的土地占有的土地大致为50%—60%，自耕农占有土地约为50%—60%左右。见吴玲、梁学庆：土地改革阶段的农地产权制度选择及绩效，《山东农业大学学报》（社会科学版）2007年第1期，84页。

第二节　少数民族地区农村社会保障体系的初步建立

中国农村社会保障体系的构建是解放以后，新中国成立以来，在党和人民政府的领导下，包括少数民族地区在内的农村社会保障体系从无到有，逐步发展。

中华人民共和国在第一部宪法中明确规定："劳动者在年老、疾病，或者丧失劳动能力的时候，有获得物质帮助的权利"，从而为在中国农村建立社会保障制度奠定了法律基础。

在这个时期，国家在农村建立了公益金制度，敬老院、福利院也在这一时期出现。少数民地区农村开始由过去单一的家庭保障形式转变为家庭保障为主，农村集体经济为依托、国家适当扶助的社会保障机制。在新中国成立初期，广大少数民族地区农村逐步建立了社会救济和农村"五保"供养、困难补助、生活补贴等项制度。

一、中国共产党的民族理论与民族政策

中国共产党的民族理论与民族政策是民族地区社会保障工作的基础理论和指导思想。党的民族理论与民族政策是在经历了长期而又艰辛的探索过程中形成的，并且在领导中国新民主主义革命和社会主义建设的过程中而不断发展和完善。

新民主义主义革命时期是中国共产党民族理论与民族政策形成和发展的重要时期。建党初期和土地革命时期，中国共产党遵循马克思主义关于民族平等的原则，把解决中国民族问题作为中国革命的一个重要组成部分和党的崇高使命。1922 年 7 月党的"二大"《宣言》中，第一次提出党的反帝反封建的民主革命纲领，其重要内容之一，就是解决国内民族问题。土地革命战争时期，我党通过与少数民族的实际接触，对国内民族问题有了进一步的认识，提出了以民族平等、民族的自由联合取代民族压迫的主张。1931 年 11 月，中华苏维埃第一次全国代表大会通过的《中华苏维埃共和国宪法大纲》中规定，在苏维埃政权领域内，"不分男女民族宗教，在苏维埃法律前一律平等"。该时期党的民族纲领主要体现在全国以联邦制的形式将国内各民族团结起来的主张，并强调

民族自决权。由于该时期我党的活动区域还十分有限，民族工作尚未切实开展起来，因此，对民族自决和联邦制的内涵并未做具体的诠释。为了实现民族纲领，该时期我党十分重视民族政策的制定，《中华苏维埃共和国宪法大纲》中明确提出，苏维埃政权要在少数民族中发展他们自己的民族文化和民族语言。

抗日战争时期，中国共产党领导下的抗日根据地已包括了部分少数民族聚居区，党根据国内形势的变化、建立和巩固全国抗日民族统一战线的要求和对民族问题认识的深化，提出了有别于前期的民族纲领和政策。毛泽东在1938年召开的六届六中全会上做了《论新阶段》的报告，指出：“允许蒙、藏、苗、瑶、彝、番等民族与汉族有平等权利，在共同对日原则之下，有自己管理自己事务之权，同时与汉族联合建立统一的国家。”该时期，中国共产党关于在少数民族地区实行民族区域自治的思想逐渐成熟，1941年5月，经党中央批准，陕甘宁边区政府颁布了《陕甘宁边区施政纲领》，其中规定：“依据民族平等原则，实行蒙回民族与汉族在政治经济文化上的平等权利，建立蒙回民族的自治区。”为了加强对民族工作的领导，六届六中全会后不久，为从组织上加强对民族工作的领导，党中央在1939年初成立了西北工作委员会，主持陕、甘、宁、青、新、蒙等地区的少数民族工作和地下党工作。

抗日战争时期里，党的各项民族政策进一步得到发展和丰富。1940年4月，中共中央西北工作委员会拟定了《关于回回民族问题的提纲》；同年7月，又拟定了《关于抗战中蒙古问题的提纲》，这两个提纲经中共中央批准，成为我党指导民族工作的纲领性文件，主要内容有：（1）唤醒和提高回、蒙民族坚决抗日的决心的信心；（2）在政治上与汉族一样享有平等权利，反对大汉族主义，也反对狭隘民族主义；（3）开放民主，保障回、蒙民族人民（包括抗日的上层贵族）有言论、出版、集会、结社等自由；（4）尊重民族的风俗、习惯、宗教、语言、文字，保护清真寺、藏传佛教寺庙；（5）帮助改善和提高回、蒙民族人民的生活；（6）帮助建立回、蒙民族自己的武装和组织抗日的军队；（7）实施抗战教育，培养回、蒙民族自己的抗战建国人才；（8）帮助发展民族经济；（9）改善回、蒙民族与汉族及其他民族的关系，巩固各民族之间的抗日团结。[①] 这是我党民族政策的第一次系统完整的阐述。

---

① 刘建禄：延安时期我党民族问题理论与实践的成熟和发展［J］，《实践》（思想理论版）2009年第6期，14页。

抗日战争胜利后，国民党发动了全国内战，在中国所面临两种命运、两种前途决战的形势下，我党审时度势，在民族团结政策的旗帜下建立少数民族统一战线，1945 年 10 月 27 日，晋察冀中央局在给党中央的报告和请示中提出："成立内蒙古人民解放协会作为一个包括各阶层的统一战线的群众团体，主要为了扩大影响，开展其他各地蒙古工作，对不很反动的王公采取团结方针。" 1946 年，中共中央东北局指出，为了集中力量反对国民党反动派和民族分裂势力，"应该联合一切可能的同盟者（包括反对国民党的王公、贵族、喇嘛），结成广泛的强大的民族统一战线"。① 根据党中央的指示，1947 年 5 月 1 日，内蒙古自治区作为我国第一个省级少数民族自治区正式成立。

新中国成立前夕，中国人民政治协商会议第一届全体会议上通过了《共同纲领》，正式确定各少数民族聚居地区应实行民族区域自治，并将民族团结政策明确规定为新中国的一项重要政策。

新中国成立后，随着中国共产党的工作重心由新民主主义革命向社会主义革命和建设的转移，党在关于民族工作的基本观点为：社会主义的本质是解放生产力，促进各民族的共同繁荣。

1957 年，时任国务院总理的周恩来在民族工作座谈会上指出："我们这个多民族的大家庭要建设成为一个强大的社会主义国家，必须在民族繁荣的基础上前进。""我们社会主义的民族政策，就是要使所有的民族得到发展，得到繁荣。所以，我们国家的民族政策，是繁荣各民族的政策。"②

进入改革开放新时期后，以邓小平同志为首的党的第三代领导集体，围绕着发展生产力、实现现代化这一社会主义初级阶段的社会总问题，提出了民族工作的中心任务是以经济建设为中心，全面实现民族发展的思想。

党的十一届三中全会后，邓小平领导全党拨乱反正，在恢复和确立解放思想、实事求是的党的思想路线，将全党的工作重点从"以阶级斗争为纲"转移到社会主义现代化建设上来。邓小平明确提出了民族工作也必须以经济建设为中心，全面实现民族的发展。当时的历史条件下，民族团结是民族地区社会稳定的基础，实现民族团结就要让经济发展起来，各族群众的生活富裕起来。1987 年中共中央、国务院在批转《关于民族工作几个重要问题的报告》的通

---

① 《民族问题文献汇编》[Z]，中共中央党校出版社 1991 年出版，1042—1043 页

② 《中国共产党关于民族问题的基本观点和政策》[Z]，民族出版社 2002 年，第 248 页

知中明确提出新时期民族工作的根本任务是：“以经济建设为中心，全面发展少数民族的政治、经济和文化，不断巩固社会主义的新型民族关系，实现各民族的共同繁荣。”① 邓小平认为，改革开放是少数民族和民族地区经济发展，各民族共同富裕的根本途径，在谈及少数民族地区改革时，邓小平特别强调要把中央的政策与少数民族地区的实际结合起来，要从实际出发。为此，《中共中央关于经济体制改革的决定》中明确规定：“各少数民族地区经济体制改革如何进行，尤其应充分考虑本地区的特点。”② 在少数民族地区经济发展方式上，邓小平倡导国家帮助和自力更生相结合。他指出，少数民族地区发展经济的基础差，在人力、物力、财力方面都很困难，要想加快发展的步伐，必须由国家和先进地区的帮助，帮助少数民族地区发展经济和文化是我党的一贯政策，“我们帮助少数民族地区发展的政策是坚定不移的”，③ “国家应当从各方面给予帮助，特别要从物质上给予有力的支持”。④

以江泽民同志为首的党的第三代领导集体把加快各民族特别是少数民族和民族地区的经济社会发展促进各民族的共同繁荣作为新时期民族工作的根本任务，江泽民同志指出：“现阶段，我国的民族问题，比较集中地表现在少数民族和民族地区迫切要求加快经济文化的发展”，“少数民族和民族地区的经济社会发展，直接关系到我国整个现代化建设目标的顺利实现”，“要千方百计地加快民族地区经济发展，逐步缩小民族之间的发展差距，逐步实现各民族的共同繁荣。”⑤

21 世纪初，我国全面进入建设小康社会新的历史时期，胡锦涛同志于 2005 年 5 月 27 日在中央民族工作会议暨国务院第四次全国民族团结进步表彰大会上就新时期的民族工作做了全面深刻的阐述，把各民族“共同团结奋斗，共同繁荣发展”作为新世纪新阶段民族工作的主题，他指出：“加快少数民族和民族地区经济社会发展，促进各民族共同繁荣发展，是全面建设小康社会、

① 《新时期民族工作文献选编》［Z］，中央文献出版社 1990 年，第 304 页

② 《十一届三中全会以来经济体制改革重要文件汇编》（上册）［Z］，改革出版社 1990 年出版，第 27 页

③ 《邓小平文选》第 3 卷［M］，人民出版社 1993 年出版，第 377 页

④ 《十一届三中全会以来经济体制改革重要文件汇编》（上册）［Z］，改革出版社 1990 年出版，第 34 页

⑤ 《中国共产党关于民族问题的基本观点和政策》［M］，民族出版社 2002 年，第 305—306 页

加快推进社会主义现代化的必然要求，是巩固和发展全国各族人民的大团结、确保党和国家长治久安的必然要求，也是开创中国特色社会主义事业新局面、实现中华民族伟大复兴的必然要求。”针对各民族发展水平的差距问题，“我们要采取更加得力的政策措施，加快少数民族和民族地区经济社会发展，逐步缩小差距，实现区域协调发展，最终实现全国各族人民的共同富裕”。① 党的十六届五中全会上，中共中央提出了以科学发展观统领经济社会发展的全局，按照以人为本的要求推进社会主义和谐社会建设和社会主义新农村建设，从认真解决人民群众最关心、最直接、最现实的利益入手，注重社会公平，加大调节收入分配的力度，妥善处理不同利益群体的关系，努力缓解地区之间和社会成员之间收入分配差距扩大的趋势，扩大公共财政覆盖农村的范围，强化政府对农村的公共服务，大力发展公共事业，加大扶贫力度，改善贫困地区人民群众的基本生产生活条件，并明确地提出，有条件的地方要积极探索建立农村最低生活保障制度，建立新型农村合作医疗制度，对丧失劳动能力的贫困人口建立社会救助制度。

基于党的民族理论与民族政策，我国政府对少数民族和民族地区长期坚持了分类指导和加大扶持的政策措施。早在新中国成立初期，党对部分少数民族和民族地区就采取了区别于汉族地区的政策措施，如暂不进行土地改革，实行直接过渡等。进入社会主义时期后，我国采取了民族区域自治制度，并制定了一系列加快民族地区发展的优惠政策，并且随着综合国力的增强，不断加大实施的力度，1992 年，江泽民同志在中央民族工作会议上明确指出：“党和国家对少数民族和民族地区已经实行的各项优惠政策，要继续执行，并且根据不断变化的情况及时完善和改进。”胡锦涛同志于 2005 年进一步指出“支持少数民族和民族地区加快发展，是中央的一项基本方针，也是推进西部大开发的首要任务。加大国家对少数民族和民族地区的投入，是加快少数民族和民族地区经济社会发展，实现区域协调发展、改善各族群众生产生活条件的重要举措。随着国家综合实力的不断增强，中央将继续加强随少数民族和民族地区经济社会发展的扶持”。

由此可看出，民族地区的社会保障工作是党的民族理论和民族政策的重要

① 胡锦涛：《在中央民族工作会议暨国务院第四次全国民族团结进步表彰大会上的讲话》［M］，人民出版社 2005 年。

组成部分，应从巩固和发展各民族大团结，确保党和国家长治久安的战略高度予以认识。在民族地区社会保障制度的建构策略上，应根据少数民族和民族地区的实际，按照分类指导、加大扶持的要求，给予特殊的制度安排。

二、新中国成立初民族地区社会保障事业的发展

（一）民族地区农村的社会救济

包括少数民族地区在内的中国农村社会救济基本是从20世纪50年代开始起步的，主要包括灾害救助和生活困难救助，其最基本的形式灾害救助、五保户供养和生活困难救助等。

受地理因素和自然环境的影响，中国是一个自然灾害频发的国家，像洪涝、干旱、地震、泥石流、雪灾、霜冻、风灾、病虫害等自然灾害几乎每年都有发生，每年的受灾人口数以亿计，地处山区、河谷、草原、大漠等地理环境中的少数民族地区发生灾害的情况尤为突出。从1840年至1949年，中国处于长期的战乱之中，各种防灾设施被严重损坏，极大地威胁着广大群众的生命和财产安全，因此，在新中国成立之初，社会救助的主要内容之一就是救灾。

早在新中国成立之初，1949年12月19日，当时的政务院就发布了《关于生产救灾的指示》，要求各级人民政府成立生产救灾委员会以开展救灾工作，并指出，当前的救灾工作方针是："节约防灾、生产自救、群众互助、以工代赈。"次年2月，中央救灾委员会正式成立，各级民族自治地方政府随后也成立了相应的救灾机构。在此基础上，党中央多次出台救灾工作的相关指示和决定。

我国五保供养的政策法规形成于20世纪50年代，1956年《高级农业生产合作社示范章程》就提出了对于农村中无生活来源、无劳动能力、无法定抚养义务人的老人和孤儿实行保吃、保穿和柴火供应、保障年幼的受到教育和年老的死后安葬，使他们生老死葬都有依靠，发展到现在的五保内容为：保吃、保穿、保住、保医、保葬（幼儿保教）。1978年以前，少数民族地区的五保供养主要是由集体经济负担。

生活救助制度是少数民族地区普遍实施的又一项社会救济，这是一种为解决一部分农村居民因人口较多、劳动力缺乏、因病丧失劳动能力或其他原因导致生活贫困的问题而建立的社会保障制度。党和政府十分关心包括民族地区在内的广大农村居民群众的基本生活保障问题，早在新中国成立之初，

就已开始对这部分困难群众实施了生活救助。不过，这种救助全国还没有形成一套规范的制度，就民族地区而言，这项保障主要由当地民政部门负责施行，普遍采取临时救助措施，而且存在救助标准偏低、操作不规范、资金不足和覆盖面窄等问题。

（二）民族地区农村的医疗保障

新中国成立后，我国一些地区的农村居民在集体经济的支持下，以互助合作为基础，按照自愿、受益、适度的原则筹集医疗保健费用。在人民公社化运动中，农村合作医疗由农民互助、个人筹资为主过渡到群众出资、生产合作社公益金补助相结合的方式，这种形式在20世纪50年代中期召开的全国农村工作会议上得到了肯定，1958年人民公社化后，合作医疗在少数民族地区的发展很快，从1958年起，民族地区在人民公社的基础上，普遍建立起福利院，合作医疗体系也初步形成，经过简单培训，粗略掌握一些疾病诊疗技能的“赤脚医生”。资金筹集进一步转化为集体经济出大头的形式。

在这一轮合作医疗发展过程中，土家族聚居的湖北省长阳县成为全国先进典型，1968年，毛泽东主席亲自批示了湖北省长阳县乐园人民公社举办合作医疗的经验，称赞“合作医疗好”，极大推动了少数民族地区农村合作医疗的发展，覆盖面随之而不断扩大。20世纪60年代末至70年代中期，农村合作医疗事业达到了第一次辉煌，研究显示，1976年，包括少数民族自治地方在内的全国90%以上的农村行政村（寨）都实行了合作医疗。对于少数民族地区而言，这种合作医疗是在计划经济体制下推行的政策，集体经济是合作医疗运行的主要经济来源，由于个民族地区集体经济实力不一样，导致不同地区合作医疗的发展水平差异很大，并且，传统合作医疗主要立足于农村居民的自我保障，因而在筹资能力、保障水平和管理体制等方面都存在着明显的缺陷，尽管如此，合作医疗对于改善民族地区农村医疗卫生条件仍然起到了积极的作用，并为新型农村合作保险制度在少数民族地区的推广实施积累了经验。

（三）民族地区农村的社会福利

新中国成立初期，中西部民族地区农村社会福利集中体现为社会救助、医疗服务和扶贫等方面。

在社会救助方面，由于中西部民族地区农村的生产水平极其低下，各族群众的生活极端困苦，有的地方几乎每年都有几个月断粮。为了帮助少数民族群众克服生产和生活上的困难，人民政府发放了大量的救济粮和救济款，如在广西，从1950年到1952年，就拨给救济粮750万公斤，1952年，中央、中南和广西省人民政府拨给民族地区各种生产救灾专款共823万元，各族群众用这些钱购买了耕牛8900头、添置农具20多万件，购买种子15万多公斤。①

在医疗服务方面，长期以来，中西部民族地区各种传染病十分猖獗，在内蒙古、青海、新疆、西康、四川的一些少数民族中，性病患者约占全人口的50%左右，个别地方高达90%以上，鼠疫、天花和其他传染病也很流行。而在西南、中南地区的部分少数民族中，疟疾的流行也极为严重，如西双版纳，据解放初期的调查，疟疾发病率高达50%以上。② 中西部民族地区的医疗卫生事业十分落后。由于疫病流行，又缺医少药，造成少数民族人口大量下降，如内蒙古伊克昭盟的蒙古族人口，在清朝乾隆年间有40万，到解放初期已不足8万，青海省海晏县果洛藏族原有200余户，到解放初期只剩下30余户。云南省的思茅县城在20世纪30年代还有3万多人，到解放时只剩下100余人。新中国成立后，人民政府十分重视改善民族地区的医疗卫生状况，从1950年到1952年，中央政府就拨出1000万元的专款，用于少数民族地区的卫生事业，并先后派出8个防疫大队和医疗大队，到民族地区开展工作。有关各省和地区也派出卫生工作队、巡回医疗队和疟疾防治队，到民族地区送医送药，免费医疗。中央人民政府还专为少数民族地区恢复和新建卫生机构，20世纪50年代初，仅在内蒙古、青海、新疆就建立卫生院94所，医院24所。为了有计划、有针对性地开展民族地区的医疗卫生服务工作，中央卫生部于1951年8月在北京召开了全国民族卫生工作会议，制订了《关于建立和发展少数民族地区卫生工作的决定》和《少数民族卫生工作方案》。会议后，中央卫生部集中力量消灭蒙古族、藏族地区的性病，西南、中南少数民族地区的疟疾及妇幼疾病。为此，除继续派出巡回医疗队和卫生工作队外，在内蒙古、青海、甘肃、西康（于1955年撤销该省。——编者注）各设一性病防治站；在西南、中南地区成立疟疾防治所8所。民族地区县一级的卫生基层组织也于1952年普遍建立起来。在一系列措施的作用下，各族群众享有的医疗救治、公共卫生、妇幼保健等医疗福利水平显著提高，少数民族地区的卫生面貌焕然一新，如内蒙古自

① 黄光学等：《当代中国的民族工作》（上）［M］，当代中国出版社1993年3月出版，第72页
② 黄光学等：《当代中国的民族工作》（上）［M］，当代中国出版社1993年3月出版，第75页

1950 年开展性病防治，经过两次大规模的普查普治，许多原已失去生育能力的患者经治疗后又恢复了生育能力。在西南、中南民族地区，曾经猖獗的疟疾和其他传染病也基本得到了控制。

在扶贫方面，新中国成立初期，云南、贵州、西康、广西、湖南等省的少数民族生产方式还处在极其原始的“刀耕火种”阶段，生产工具主要是竹制器或木制器，铁器很缺，收获量极低。为了帮助民族地区发展生产力，改善各族群众的生活境况，西南军政委员会于 1952 年召开了少数民族经济工作会议，拨款 400 余万元购买农具免费发放给少数民族群众，使其生产水平有了显著的提高，例如，贵州荔波县瑶族农民过去用木犁木耙耕地，改用铁制农具后，生产效率提高了 10 倍，产量显著增加。中共中央对此给予了肯定，并向全国批转了他们的经验。中央在批语中指出：“在生产极端落后的少数民族农业区解决、改善农具和耕作方法，是使这些地区摆脱落后的生产状况，改善群众生活的重大措施，”号召各有关省重视和研究这一经验。① 中央及各级民族自治政府还大力兴修水利、修筑公路、养育草场以及发展适合于民族地区的相关产业，以期使民族地区农村群众的经济收入不断提高。对于贫困人口，则主要采取发放一些钱物，以解燃眉之急。不过，这时期对贫困人口的扶持基本属于临时性的，真正把反贫困作为国家的一项战略性任务，则是在改革开放以后。

新中国成立初期，中西部少数民族地区农村社会保障整体上呈现出三大特点：第一，民族地区有了现代意义上的社会保障。长期以来，中西部民族地区农村盛行的是家庭和家族保障，即家庭和家族在养老、医疗、生育、救助等领域内承担着基本的保障功能。新中国成立后，民族地区各级人民政府承担起社会保障制度建设的职能，同时中央政府为民族地区制定了特殊的政策并给予了大量的支持，从而为民族地区农村社会保障提供了社会保证。于是，中西部少数民族地区农村的家庭或家族保障与社会保障之间呈现出此消彼长的趋势。尽管在此以后，民族地区的家庭、家族保障形式并未彻底消解，但由国家和农村集体经济组织提供的社会保障已占据了主导地位。第二，这一时期中西部民族地区农村社会保障事业由于刚刚起步，因而具有社会保障管理体制不健全、有些保障措施只针对部分地区且带有临时性，普遍实施的保障项目较少。第三，建国之初，由于我国经济社会发展水平低下，加上二元社会结构，导致绝大多

① 黄光学等：《当代中国的民族工作》（上）[M]，当代中国出版社 1993 年 3 月出版，72—73 页

数农村居民基本处于国家主导的社会保障系统之外，民族地区也不例外。总的来看，这一时期民族地区社会保障基本属于低层次的救济型，高层次的改善型社会保障，如社会保险尚未启动。

第三节 少数民族地区农村社会保障体系的发展与完善

从1978年开始，我国进入了改革开放的新时期，这一时期里，少数民族地区社会保障事业得到长足的发展，表现为：社会保障制度逐步完善，新的保障项目逐步增加，保障水平日益提高，社会保障覆盖范围逐步扩大。进入21世纪后，随着综合国力的不断增强与党和政府对民生问题的更加关注，少数民族地区的社会保障事业呈现出新的发展势头。

一、民族地区的社会救济功能的不断拓展

改革开放后，民族地区的社会救济迈上了新的台阶，1983年，第八次全国民政会议确定了“依靠群众，依靠集体，生产自救，互助互济，辅之以国家必要的救济和扶持”的救灾方针，逐步建立了具有中国特色的抗灾救灾体系。改革开放后，我国的国力得到极大地增强，2006年11月在全国第十二次民政会议上，时任国务院副总理的回良玉同志提出了“政府主导、分级管理、社会互助、生产自救”的新的救灾工作方针，这一方针确立了政府在救灾工作中的主导地位，这意味着少数民族地区各级政府的抗灾救灾工作中担负着更加重要的责任。进入21世纪后，我国少数民族地区用于自然灾害救助的资金有了进一步的增加，2005年，全国自然灾害的生活救助资金达62.58亿元，其中内蒙古1.79亿元，广西3.09亿元，贵州2.02亿元，西藏0.54亿元，青海0.87亿元，宁夏0.83亿元，新疆3.39亿元，与此同时，各级民族地方政府应付自然灾害的紧急处理能力以及救灾工作的时效性和规范性也得到了增强。

1978年至2000年，民族地区的五保供养采取以乡统筹，由群众负担，2000年农村实行税费改革后，又改由地方政府财政负担，但每个时期都辅以国家必要的救济和补助，救济标准原则上不得低于当地群众的一般生活水平。五保供养制度的实行极大地改善了少数民族地区农村无依无靠人员的生活处境，尤其是改革开放后，随着民族地区经济和社会的发展，各级政府对农村五保供

养的财政支持力度不断加大，如新疆维吾尔自治区由于历史、自然和经济因素的影响，全区共有12000多孤儿，大部分散布于农牧区，其中维吾尔族居90%以上，为此，2003年和2005年，自治区民政厅会同财政厅、发改委公布福利院儿童供养标准，使儿童福利院供养标准由以前的每人每月110元提高到340元。2003年，自治区人民政府还对南疆三地州进行改扩建，同时鼓励社会力量举办福利机构，至2005年，全区共收养孤残儿童4500名，使“双亲孤儿”收养率达到40%。并且，这项制度对于促进农村地区的文明和进步也具有重要意义。

改革开放后，随着少数民族地区经济社会的发展进步，农村生活困难救助开始向最低生活保障制度过渡。2005年10月11日《中共中央关于制定国民经济和社会发展第十一个五年规划》的建议明确要求：“有条件的地方要积极探索建立农村最低生活保障制度”，“对丧失劳动能力的贫困人口建立救助制度”。2006年12月，中央农村工作会议明确提出要“积极探索建立覆盖城乡居民的社会保障体系，在全国范围内建立农村最低生活保障制度，鼓励已建立制度的地区完善制度，支持未建立制度的地区建立制度”。到2006年末，我国已有24个省区、2400多个县初步建立了当地的农村低保制度，纳入低保的达到1300多万人。2007年，中央又决定在全国范围内建立农村最低生活保障制度，使全国2000多万困难群众受益。并且，这项制度正朝着更加制度化和规范化方向发展，有的地区已实现了定期定量发放生活补助。但同时也应看到，目前民族地区的最低生活保障水平还是低下的，根据调查，大多数民族地区普遍实行的是627元的绝对贫困标准，不仅远低于人均1天1美元的国际贫困线，而且也低于国内785元绝对贫困线。值得一提的是，一些省或自治区根据自己的情况出台了对少数民族地区社会保障予以重点扶持的政策，如云南省委、省政府于2005年发布《关于进一步加强民族工作加快少数民族和民族地区经济社会发展的决定》指出：“云南加快发展的重点和难点在边疆民族贫困地区。要继续按照‘五个统筹’的要求，有重点地加大对民族自治地方、边境地区、散居民族地区、7个人数较少特有民族聚居和民族‘直过区’经济建设和社会事业发展的力度。不少地方也都把建立和完善农村最低生活保障制度作为政府为群众所办的实事之一。”

二、民族地区农村的养老保障的起步和曲折发展

相对于社会保障的其他项目，养老保障在我国民族地区农村的推广实施相对滞后。民族地区农村养老保障从20世纪80年代起从无到有逐步建立，并在实践中不断探索。我国探索建立农村养老保障制度起始于1986年，1991年，全国开展了建立县级农村养老保险制度的试点，1992年，民政部出台《县级农村养老保险基本方案（试行）》，提出了个人、集体、国家三方共同付费，由社会统筹解决农村养老问题的新思路。根据这一思路，各省区政府也相应出台了文件予以规划落实，如云南省人民政府办公厅于1992年下发了《关于开展农村社会养老保险工作的通知》，决定首先在昆明、曲靖、潞西、建水等市县试点，1995年年底，有68各县开展了这项工作，70万农民参加了养老保险。截止到2005年，云南105个县开展了农村养老保险工作，参保人数138万，占农民居民总数的4.3%，领取养老金人数为5万多人。1998年，国务院决定农村社会保险业务管理由民政部移交到新成立的劳动与社会保障部。但不久，中央发现1991年开始建立的农村社会养老保险计划所制定的标准过低，根本起不到保障农民在60岁以后的基本生活需要；并且该方案在各地实施中出现了混乱的状况；农村养老保险的互济性不理想，而且计划承诺的8%—12%的年投保利率在银行利率连续降低与缺乏投资渠道的情况下根本无法兑现，大大影响了农民参保的积极性。参保人数急剧下降，这说明我国农村地区暂不具备大规模实施养老保险制度的基本条件，加上政府政策扶持不到位，财政不兜底，这种情况下，农村养老保险基金若继续运行下去，将可能会发生崩盘。于是中央决定暂缓实施农村养老保险。尽管如此，一些经济条件较好的民族地区在中央方针的指导下仍在积极探索适应于本地区的农村养老保障路径。2006年，根据前一段工作的经验教训和农村社会发展面临的新形势，国家颁发《劳动与社会保障事业发展“十一五”规划纲要》，对农村养老保险制度框架重新进行设计，2009年全国新一轮农村养老保险试点工作已正式启动。

三、民族地区的医疗保障的发展与完善

改革开放后，民族地区的合作医疗保障面临新的形式，1978年后，我国农村经济体制由“三级所有，队为基础”向家庭经营制度转变，农村联产承包责任制的推行瓦解了旧的集体经济体制，民族地区旧有的农村合作医疗因此而无所依

托，难以为继，使得农村合作医疗保险覆盖面出现了大滑坡，由90%缩减到不足20%，广大农村居民一时间又成为了自费医疗群体，由于近些年来地处偏远的民族地区各族农牧民收入增长相对缓慢，农民自我保障能力较低，更难以承受日益上涨的医疗费用，使得民族地区农村医疗卫生状况恶化更显突出。在我国新型农村合作医疗保险制度建立之前，民族地区农村居民基本上没有医疗保障，据统计，2003年，中国农民的平均收入为2622元，而一次住院的平均费用为2236元。导致40%至60%的农民看不起病或因病致贫。这还只是全国农村的一般状况，在少数民族聚居的西部地区，看不起病的农民更高达60%至80%。

中国农村医疗卫生状况恶化的情形引起了中央及各级地方政府的高度重视，从20世纪80年代后期开始，一方面不断加大对农村医疗卫生事业的财政投入，另一方面，根据新的形势改革与完善农村合作医疗保险制度。1993年，中共中央在《关于建立社会主义市场经济体制若干问题的决议》中提出，要“发展和完善农村合作医疗制度”，1997年，卫生部等部门向国务院提交了《关于发展和完善农村合作医疗若干意见》并得到批复，2002年10月，中共中央、国务院在《关于进一步加强农村卫生工作的决定》中，提出要建立新型农村合作医疗制度，2003年，新型农村合作医疗保险制度的试点开始在全国推行，少数民族较为集中的云南省和吉林省被作为首批试点省。到2005年12月31日，全国31个省（自治区、直辖市）新型农村合作医疗试点县为678个，占全国总县（市区）数的23.7%，覆盖农村居民2.36亿多，而且试点范围不断扩大，截至2006年6月30日，全开展新型农村合作医疗保险的试点县（市区）达到1399个，占全国总县（市区）数的48.9%，共有3.96亿农村居民参加了新型农村合作医疗保险。到2008年，这项惠及广大农村居民的社会保险事业已在各少数民族自治地方普遍推行，根据本课题组在湖北、湖南、广西、贵州、云南、青海、宁夏、西藏等省（区）少数民族聚居地区的调查，农牧民的参合率已普遍达到87%以上，有效缓解了群众看病难、看病贵的问题，促进了民族地区医疗卫生事业的发展。

四、民族地区农村社会福利事业的成就

改革开放后，尤其是进入21世纪后，随着综合国力的增强，中央进一步加大了对民族地区的转移支付，使广大农牧民群众享受的教育水平和医疗水平不断提高。2004年，国家西部地区“两基”攻坚计划正式启动，几年间，中

央投入100亿元建设8300多所寄宿制学校，解决学生“进得来”的问题，实施“两免一补”政策，解决学生“留得住”的问题。与此同时，为了解决中西部农村师资匮乏的问题，鼓励更多的优秀青年终身投入教育事业，2007年秋季，教育部6所直属师范大学实行师范生免费教育，2007年，3万多名高校毕业生应招到西部攻坚县农村学校任教①。在民族地区农村公共卫生医疗方面，随着中央及各级民族自治政府不断加大对农村三级医疗网的建设，目前，包括宁夏、青海、甘肃等西部省区在内的西部民族地区的村寨都普遍建立了卫生室，乡镇卫生院的医疗条件普遍得到改善，县级医院则基本上能够满足群众的绝大部分疾病治疗，不少民族地区已基本实现了群众小病不出乡，大病不出县，从而大大减轻了群众看病的费用负担。不仅如此，国家还抽调大批医疗卫生人员并配发巡回医疗车，组成巡回医疗队，常年深入偏远农牧区，为广大农牧民群众免费义诊看病，并普及卫生健康知识，使得当地一些常见病、多发病得到有效的控制和治疗。

第四节　民族地区农村社会保障进程历史脉络的梳理

一、民族地区农村社会保障制度的历史变迁

从原始社会到封建社会这一漫长历史时期里，尽管我国各少数民族先哲及思想家们很早就产生了对社会弱势群体实施保障的思想，也出现过若干保障行为，但是，这些保障思想散见于他们对各项社会事务的议论中，且未触及严格意义的社会保障本质，因此，还谈不上构建了社会保障理论体系，可视为少数民族社会保障思想的萌芽。从历史上所出现的保障行为来看，大都属于基于血缘或亲缘关系的救助与帮扶。至于封建中央王朝对少数民族地区的保障行为，虽可以冠以“社会”，但集中于赈灾济危，所实施的地区和效果十分有限。

1911年中国封建王朝被推翻，中国进入了民国时期，在工业化进程的推动下，在新民主主义运动的影响下，国民政府先后颁布了一些社会保障法规

① 引用资料数据来自《人民日报》2008年9月1日第一版：城乡义务教育学杂费实行全免——教育提速惠及民生

与条例，其社会保障内容也有了进一步的扩充，表现在：一是中央建立了专门的救灾机构；二是保障项目由救灾延伸至社会福利。只是这些社会保障法规条例大多只适用于城镇居民，因此一般只是在发达地区或大中城市周边推行，很少惠及对于地处偏远的少数民族地区农村居民。由于这一时期战乱频发，加上其政权的反动性，国民政府颁布的这些社会保障措施真正实施并取得成效的并不多。

新中国成立后，在中国共产党和人民政府的领导下，少数民族地区农村才具有了现代意义的社会保障制度。追溯新中国成立以来少数民族地区农村社会保障制度的发展历程，大致可分为以下几个阶段：

第一阶段（1950 年至 1977 年），这是少数民族地区农村社会保障制度初步建立的时期。由于二元经济社会结构的制约，中国农村采取了不同于城镇的社会保障模式，即在政府政策的支持下，农村居民以家庭保障与土地保障为主、集体保障为辅的模式，并探索建立了包括灾害救济、合作医疗、五保供养、优抚安置等相应的保障制度。这一时期还经历了“文化大革命”运动，十年动乱期间，我国民族地区社会保障事业总的讲出现了停滞和倒退，但也有一些项目在那个特殊的年代里，艰难地向前发展，如农村合作医疗的覆盖面有所扩大，被称作“赤脚医生”的农村基层专业卫生人员的数量也有所增加。

第二阶段（1978 年至 1985 年），这是少数民族地区农村社会保障事业调整时期。十年动乱的结束，1978 年党的十一届三中全会召开，标志着全党工作的重心转移到经济建设上来，中国的社会保障事业进入了恢复和调整时期。同年，中央政府机构设立民政部，主管包括社会救济、社会福利和优抚安置等社会保障事务在内的民政工作，1982 年，全国人大五届五次会议上通过了第四部宪法，该宪法突破了前几部宪法将社会保障权利仅仅局限为“劳动者”的缺陷，如第 45 条规定：“中华人民共和国公民在年老、疾病和丧失劳动能力的情况下，有从国家和社会获得物质帮助的权利。国家发展为公民享受这些权利所需要的社会保险、社会救济和医疗卫生事业”，“国家和社会保障残废军人的生活，抚恤烈士家属，优待军人家属”，“国家和社会帮助安排盲、聋、哑和其他有残废的公民的劳动、生活和教育”。这些条款是对我国社会保障理论和实践的完善，代表了中国现代社会保障制度的发展方向，也是中国建设真正意义上的现代社会保障体系的开端。

第三阶段（1986 年至 1994 年），这是我国少数民族地区农村社会保障改革的起始阶段。在这一阶段里，中国农村发生了新的变化，一方面，随着经济体制改革和农村家庭联产承包责任制在民族地区的普遍推广，农村经济获得了快速发展，为社会保障事业发展提供了坚实的物质基础；另一方面，原有的以生产队为基础的农村集体所有制被新的经济体制所取代，使得架构在原有体制上的社会保障体系失去了依托，因而必须根据新的形势改革农村社会保障制度。

在灾害救助方面，民族地区第八次全国民政工作会议确立的救灾工作改革原则，进行了救灾款使用管理的改革，在保障灾民基本生活的前提下，实行有偿与无偿相结合，改变了原来的救灾款筹集完全由政府包下的局面，提高了救灾资金的使用效率，增强了救灾工作的活力。1993 年，中央召开了全国救灾工作座谈会，提出了改革救灾管理体制的要求，根据这一要求，各个少数民族地区结合本地实际，逐步形成了救灾工作分级管理、救灾款分级负担的新体制。

在生活救助方面，一些地区还将此项工作与扶贫开发结合起来，通过多种方式扶持贫困户发展生产，增加收入，从而改变了过去那种单纯发放生活救济的方式。“六五”期间，全国累计扶持 1700 多万户、帮助约 800 万户脱贫，民族地区也有不少农户因此而受益，如贵州省黔东南苗族侗族自治州黄平县通过扶持农户养良种鸭、引种优质果树等农业扶贫开发项目，成功地帮助数万户农户摆脱了贫困。

在社会养老保障方面，1987 年 3 月，民政部下发了《关于探索建立农村社会保障制度的报告》，标志着我国农村养老保障试验开始启动。1991 年 11 月，国务院决定选择一批有条件的地区开展建立县级农村社会养老保险制度的试点，民政部根据中央的指示制定了《县级农村养老保险基本方案（草案）》，到 1992 年年底，农村养老保险试点工作在全国 950 多个县市展开，云南、贵州、内蒙古、甘肃、宁夏、新疆等省（区）也加入其中。

第四阶段（1995 年至 2008 年），这是民族地区农村社会保障深化改革和稳步发展时期。这一时期里，根据国家“九五”计划的要求，民政部把建设农村社会保障体系作为 1996 年的重点工作，一方面，在总结前一时期全国推进农村社会保障体系建设情况的基础上，积极组织在发达、中等发达和欠发达三类地区进行农村社会保障的县市级试点；另一方面，着手进行相关制度建设，在深入基层调研的基础上，1996 年底制定了《关于加快农村社会保障体系建设的意见》，该文件附有“农村社会保障制度建设基本方案”，以期对全国农村社会保障体系建设进行规范和指导。1997 年，农村社会保障体系建设按照巩固、扩大东部试点，积极启动西部试点，抓两头，带中间，因地制宜。稳步发展的总体要求，国务院相关部门分别在东部、北部和西部召开片会，会上交流了各地的经验，研究部署了不同类型地区的农村社会保障工作，这次会议对于推动西部民族地区农村社会保障制度建设的健康稳步发展发挥了积极作用。

这一时期里，少数民族地区社会保障事业成就最突出的，是新型农村医疗保险制度的普遍建立，极大地缓解了广大农牧民群众看病难、看病贵和因病致贫的问题，因而受到群众的欢迎。在社会救助方面，救助范围进一步扩大，救助制度进一步规范，尤其是内蒙古自治区率先实施了农村最低生活保障制度。农村养老保险在这一时期里从无到有并蓬勃开展起来，后虽然由于各种原因而暂停，但是，建立农村社会化养老保障体系的必要性已成为民族地区干部和群众的共识，农村养老以家庭养老为主，社区养老和社会养老为辅的路径也已明确。当前，各级民族地区自治政府在总结前一段工作经验的基础上，按照中央的部署，正着手进行新的方案设计。

这一时期还初步形成了农村最低生活保障制度，1995 年，民政部为了帮助农村的贫困户解决衣食之忧，开始在部分地区进行最低生活保障制度的试点工作，至 2005 年 1 月底，在已开展农村居民最低生活保障的地区，已有 473. 3 万的村民得到了最低生活保障。

从以上对中国少数民族地区社会保障制度的历史进程中可以看出，这项制度的建立始于新中国成立后，在此之前，民族地区基于血缘或地缘的传统组织形式履行着一定的保障责任，中央王朝以及国民政府对民族地区实施了一些灾害救助措施，但这都不是现代意义上的社会保障。

新中国成立后，人民政府开始在农村建立社会保障制度，这种制度所涵盖的项目由最初的社会救助，逐步扩大到社会医疗保险、社会养老保险、社会优抚和社会福利以及最低生活保障等，社会保障体系由此而基本形成。

纵观从新中国成立后少数民族地区农村社会保障制度的历史变迁中可以看出，这一过程具有渐进、反复、试点先行，逐步推广等特点。由于我国少数民族地区生产力水平发展程度较低，社会保障体系的路径选择只能低标准起步，分阶段逐步完善，其间经历了由简到难、由低到高、由点到面、由东部发达地区到中西部欠发达地区，逐步推进的过程。社会救助从灾害救助开始，逐步发展到涵盖灾害救助、五保供养、孤残救助、生活困难救助，其中生活困难救助又逐步演变为农村最低生活保障制度的建立，可以说社会救助的内容不断丰富，救助范围逐渐扩大，社会救助的法制化也取得了明显的成绩。农村医疗保障和养老保障从试点到全面施行，其间经历了发展、挫折、反复，说明对少数民族地区乃至全国农村社会保障事业的发展不能急于求成，尤其是相关政策如果不稳定，势必挫伤群众的积极性，这要求各级政府对农村社会保障体系的方针和路径选择应持积极、谨慎的态度，认真对待工作中的各种问题，不断深入探索其规律，只有这样，民族地区农村社会保障事业的成果才能得以巩固。

二、当前中西部民族地区农村社会保障制度的问题与路径选择

新中国成立来，尤其是改革开放以来，少数民族地区农村社会保障制度的建构和实施，明显改善了各族群众的生活状况，促进了民族地区社会的发展和进步。但同时也应看到，民族地区社会保障制度还不够完善，并且这项制度的推进过程中也还存在一些亟待解决的问题，当前存在的主要问题是：

1. 社会保障体系不健全，保障项目少于其他地区

民族地区实施的社会保障尚未形成完整的体系，根据调查，2007 年以前，中西部民族地区普遍实施的社会保障项目主要是社会救济、社会优抚、五保赡养和新型农村合作医疗，最低生活保障制度只有在内蒙古自治区内全面推行，真正意义上的社会养老保险基本上还是空白。保障体系的不健全，制约着民族地区农村居民生活状况的改善。如在养老保障方面，由于社会化养老保障的缺失，导致广大农村至今仍然是以土地为保障、以家庭为依托的传统养老形式，但是随着农村年轻夫妇与独生子女组成的核心家庭比重日益增大以及人口老龄化日益突出，传统的养老模式面临困境。研究工作于2007 年7 月对贵州省黔东南苗族侗族自治州黄平县5 个镇共15 个村庄的农户展开调查，共获得有效样本490 个。从收集整理的调查数据看（见下表），少数民族地区农村传统的家庭养老形式正面临前所未有的挑战，表现在：

第一，家庭养老成本在不断增大，这主要是由于民族地区农村居民寿命的延长、子女数减少以及土地收益的下降。调查户中仅有 19．93%的人认为养老没有负担，接近一半的人认为养老负担过重。养老成本不断增大对于除农业收入外没有其他收入来源家庭的影响尤其明显，有的已不堪重负；第二，农村中家庭养老出现了新的形势，黄平县农村的家庭养老一般有三种形式：一是父母共同随某一子女一起生活；二是父母在各子女家庭轮流居住一段时间；三是父母分别投靠各子女家庭；第三，出现了家庭的“空巢”化现象。样本户中希望

与子女一起生活的老人比例约为72.46%。但调查数据却显示，黄平县农村青壮年外部打工的比例一般占全村该年龄段人口的50%—70%左右，许多农村家庭户只剩下老人与学龄儿童常年留守家中，外出打工者定期或不定期地给父母孩子邮寄生活费，虽然一定程度上为家庭养老提供了更多的经济支持，但却使老年人口的生活照料、病期护理以及精神慰藉等失去了依托；第四，农村家庭养老观念日益淡漠。少数民族传统的尊老养老伦理道德观念与孝道文化正受到拜金主义、个人享乐主义的冲击，使得家庭养老的思想基础发生动摇。部分青壮年敬老重家的观念开始淡漠，有人长年在外，个别子女甚至不愿提供赡养父母的生活费用。在农户调查中发现，仅有20.65%的中青年人才按时给父母赡养费，还有22.83%的人根本就不给。在低于当地农村平均生活水平的贫困人口的年龄结构中，60岁以上的老人占有相当比重，已丧失劳动能力和生活自理能力的"空巢"老人生活尤其艰难，有21.74%的老人生活完全依赖自己作农活的劳动所得。

表2-1　样本户对农村养老看法的描述性统计结果

	选项	户数	比例
养老是否是家庭负担	没有负担	55	19.93
	有一定的经济负担	95	34.42
	有很重的负担	126	45.65
中青年人对给父母赡养费的态度	按时给	57	20.65
	有时给（自己有收入时、父母生病时、逢年过节时）	156	56.52
	不给	63	22.83
老年人的收入来源	完全靠自己劳动所得	60	21.74
	完全靠子女赡养费	34	12.32
	其他	182	65.94
老年人希望与儿女生活的愿望	希望	200	72.46
	无所谓	54	19.57
	不希望	22	7.97
样本数	276		

我国中部民族地区也存在同样的问题，在湖南湘西土家族苗族自治州，农村社会保障只是在社会救助、救灾、优抚安置、五保赡养等方面有所体现，养老保险基本上还是空白。根据学者的调查，土家族和苗族聚居的农村地区社会养老保险缺失的情况下，农民主要以靠家庭保障和自我保障的方式，85%以上的老年人靠子女赡养，10%的老年人靠退休收入，5%的老年人靠社区或政府赡养。由于养老负担集中在家庭，使得该地区老年人生活质量无法得到保障。①

以上说明，在社会转型的大趋势下，少数民族地区农村社会保障体系不健全的问题正日益成为一个影响民族地区农村居民生活质量的重大民生问题。

2. 社会保障筹资渠道单一，保障资金严重不足

目前，农村社会保障资金严重不足的问题是困扰少数民族地区的一个主要问题，这既是源于民族地区，尤其是中西部民族地区社会经济处于欠发达状态，地方政府财政收入较低；也与政府职能“越位”和“缺位”有关。目前国家级贫困县中的大部分为中西部少数民族聚居地区，其中县财政收入未过亿元的居多，有的县甚至未过千万元，由此导致政府社会保障财政支出的压力相当大。一些地方在偏经济、轻民生的发展思路下，政府民生方面的资金责任没有很好地履行。

导致民族地区社会保障资金严重不足的另一个重要原因，是社会保障的筹资渠道单一，由于中西部少数民族地区集体经济实力较弱，难以负担农村社会保障的资金责任；由于我国尚未开征社会保障税，加上中西部地区的慈善事业不发达，社会资金没有大规模地进入社会保障领域，这些因素制约了完备的农村社会保障体系的建立和持续稳定发展。以农村最低生活保障为例，根据国务院2007年发布的《关于在全国建立农村最低生活保障制度的通知》，农村最低生活保障资金的筹集以地方为主，实行地方人民政府负责制，按属地进行管理。目前中西部民族地区施行农村低保面临的突出问题是：一方面，该地区因贫困发生率则较高，农村低保资金需求远大于东部发达地区；而另一方面，中西部民族地区贫困县居多，列入《国家八七扶贫攻坚计划》592个扶贫开发重点县中，有257个是少数民族自治县，占总数的43.4%。目前中西部少数民族

---

① 李琼：民族地区农村社会保障问题研究——以湘西土家族苗族自治州农村为例［J］，《湖北民族学院学报》（哲学社会科学版）2007年第4期，135页

贫困县财政拮据，50%以上须靠中央和省级的转移支付维持；乡（镇）级财政普遍存在“空壳化”现象，行政事业费主要靠上级财政拨付。中西部民族地区农村低保出资能力十分低下可从与东部地区农村低保筹资结构的比较中看出：

东部地区农村低保筹资结构，一种是由市、县、乡（镇）三级财政负担，负担比例一般为各出1/3或者为5∶3∶2，同时省级财政对财政困难县市给予一定补贴，如山东、福建等省；另一种是由市（县）、乡（镇）两级财政负担，如江苏省苏州市农村低保资金由县级市（区）和乡镇各负担50%，福建省泉州市则是按7∶3或8∶2出资。可见，在东部地区农村低保金分级负担体系中，市、县、乡三级地方财政承担了主要的出资责任。

而在中西部民族地区，农村低保金主要来源于省（含中央）的财政补助。2009年贵州省农村低保支出28.62亿元，为全国各级地方财政农村低保支出的26.5%；其中省级财政安排农村低保资金23.24亿元，地（州）、县两级财政配套资金仅有5.38亿元，可见近90%由省级财政（含中央补助）负担。其次为县，如黔东南苗族侗族自治州2007年三、四季度发放农村低保金6793.1万元，其中省级财政拨付6013.4万元，州级财政拨付66.82万元，县级财政拨付712.82万元。[①] 该州农村低保资金实际负担比例为8.9∶0.1∶1，这一筹资结构在中西部民族地区具有普遍性，如广西壮族自治区农村低保区、市、县三级财政负担比例为8∶0.5∶1.5。即使在中央及省级财政担负了90%农村低保资金的情况下，县级财政的出资压力依然十分沉重，更难以跟上全国农村最低生活保障标准和支出水平逐年调高的步伐。

3. 保障覆盖面较为狭窄，保障水平相对较低

社会保障资金严重不足所导致的必然后果，就是少数民族地区社会保障覆盖面较为狭窄，保障水平相对较低。目前除五保供养和新型农村合作医疗保险在中央及各级地方政府的强力推动下已基本覆盖全国农村地区外，其余的社会保障项目大都只在部分地区小范围内实行。如青海省海西藏族自治州海晏县由于地处偏远，经济欠发达，县级财政收入每年不足900万元，财政支出的70%依靠中央及省级财政的转移支付。该县总人口仅3万余人，而农村贫困人口规模较内地农村要高得多，社会救助的缺口较大，只能优先满足

① 邱存双：农村低保暖人心——黔东南州农村最低生活保障制度纪实［N］，《贵州日报》2008年3月24日

无儿无女的孤寡老人和孤残儿童，而年收入600元以下的特困户（不包括五保户）享受到政府救助的仅为5.25%。2007年新疆维吾尔自治区享有城镇居民最低生活保障的居民人数为628660人，而农村居民最低生活保障人数仅为9645人，城乡最低生活保障的覆盖率约为33:1；与全国城乡最低生活保障覆盖率22:1相比，已经落后很多。① 回、东乡、保安、撒拉、土家、藏等少数民族聚居的甘肃临夏县，2007年全县农村最低生活保障应保人数为77739人，实保人数为15260人，保障覆盖率仅为19.63%。② 湘西农村贫困面普遍较大，2006年，龙山县的两个调查乡符合低保标准的人口占农村户籍人口的7.5%，泸溪县更是达到10%以上，沅陵县和辰溪县也在7%—8%左右。但因湘西土家族苗族自治州经济发展落后，农村低保资金严重不足，无法将所有贫困人口纳入其中，只得采取配额制，即按低保对象占所有户籍人口的5%的比例下达低保指标。③ 由此可见，中西部少数民族地区实现将贫困线之下的农村居民全部纳入最低生活保障范围内仍是一项十分艰巨的任务。当前，一方面，中央财政和省区财政应加大对民族地区贫困县市的转移支付力度；另一方面，将目前以乡镇或县为单位筹集社会保障基金扩大到州或地级市，以增强基金的社会共济性，尽可能地将难以维持基本生活的农村贫困人口纳入保障体系之内。

在社会保障水平方面，中西部民族地区与东部发达地区相比呈现较大差异。在农村低保省级标准上，根据民政部公布的2010年10月的数据，全国平均标准为87.8元/月，最高的是上海市，为平均每人300元/月。而在少数民族较为集中的西部省区中，只有内蒙古自治区、广西壮族自治区、贵州省高于全国平均标准，其余均在标准线以下，最低的宁夏回族自治区为69.30元，只及上海市的23.1%。④

① 宁聪慧、王明明：新疆城市化进程中农村社会保障体系的构建［J］，《经济研究导刊》2009年第6期，第45页。

② 马子量：制约民族地区农村社会保障体系发展的因素分析——以甘肃临夏县为个案［J］，《宁夏社会科学》2009年第2期，74页

③ 张永亮、刘峰：农村低保政策的现实困境及对策思考——基于湘西部分地区调研的思考［J］，《贵州财经学院学报》2008年第6期，65页

④ 10月份农村低保省级标准［DB/OL］，民政部网：http：//files. mca. gov. cn/cws/200910/20091023195712640. htm

表 2-2　2010 年 10 月全国部分地区农村低保标准①

地区	农村低保省级标准（元/月）
北京市	270.00
上海市	300.00
江苏省	240.56
浙江省	230.26
广东省	166.04
内蒙古自治区	148.41
广西壮族自治区	94.94
湖北省	91.90
湖南省	75.72
海南省	166.19
四川省	82.08
贵州省	104.94
云南省	69.96
西藏自治区	64.16
甘肃省	72.63
青海省	78.04
宁夏回族自治区	69.30
新疆维吾尔自治区	79.76

国家民政部网站相关数据显示，2010 年 10 月全国农村最低生活保障人数为 5106.1 万，总支出为 33.6 亿元，人均支出水平为每人月均 65.8 元。但地区间农村低保支出水平悬殊较大。东部地区经济发达，农村贫困群体规模较小，而投向农村最低生活保障的资金量比较充裕，农村低保支出水平水涨船高。如

① 农村低保 10 月份省级标准［DB/OL］，民政部网：http：//files2. mca. gov. cn/cws/201011/20101103095825826. htm

上海市2010年10月农村最低生活保障人数为8.1144万人，最低生活保障资金累计支出额达1408.1万元，低保金人均支出水平为183.3元/月。①与此形成鲜明对比的是，中西部民族地区经济落后，农村贫困群体规模较大，而投向农村最低生活保障的资金量有限，导致低保支出水平较低。如同期宁夏回族自治区农村最低生活保障人数为32.6290万人，最低生活保障资金累计支出额为1759.9万元，全区低保金人均支出水平为53.9元/月（见表2－3）；又如湖北鄂西土家族苗族自治州2010年10月农村最低生活保障人数为2.6029万人，最低生活保障资金累计支出12293.8万元，低保金人均支出水平为57元/月，湘西土家族苗族自治州农村最低生活保障人数为1.31455万人，最低生活保障资金累计支出水平为5984.5万元，低保金人均支出水平为56元/月，只及上海市的31%。② 可见，造成目前全国农村最低生活保障标准悬殊过大的主要原因是各地区间农村贫困群体的规模差异很大，财政负担严重不均衡。

表2－3　2010年10月份全国部分地区农村低保支出③

地区	农村低保人数（万人）	本月计划支出（万元）	支出水平（元/人）
北京市	7.6819	1408.1	183.3
上海市	8.1144	1035.6	127.6
江苏省	139.5479	15288.4	109.6
浙江省	57.9475	7747.4	133.7
广东省	177.0012	13321.5	75.3
内蒙古自治区	118.7618	16015.00	134.8
广西壮族自治区	313.6363	16602.50	52.9
湖北省	207.9990	11746.70	56.5
湖南省	264.7478	13127.40	49.6
海南省	313.6363	16602.5	52.9

① 2009年第三季度江苏民政事业统计季报表［DB/OL］，江苏省民政厅网：http：//www.jsmz gov.cn/submodule/unitivedocument/news/attachment/20100514155426.htm

② 2010年10月份全国县以上农村低保情况［DB/OL］，民政部网：http：//files2.mca.gov.cn/cws/201011/20101119151047280.htm

③ 2010年10月民政统计月报［DB/OL］，民政部网：http：//files2.mca.gov.cn/cws/201011/20101119145830321.htm

续表

地区	农村低保人数（万人）	本月计划支出（万元）	支出水平（元/人）
四川省	391.8213	22330.40	57.0
贵州省	515.4045	31926.20	61.9
云南省	345.1014	20956.00	60.7
西藏自治区	23.0	1109.20	48.3
甘肃省	310.0683	16217.00	52.3
青海	38.0	2891.80	76.1
宁夏回族自治区	32.6290	1759.90	53.9
新疆维吾尔自治区	132.2653	9175.40	69.4

长期以来，我国城乡二元经济社会结构使得广大农村居民游离于国家提供的社会保障制度之外，其自身保障主要依靠土地、家庭。改革开放后，进入21世纪后，随着农村步入现代化步伐加快，这种状况有了一定的改善，但与城镇人口相比，农村居民的社会保障水平相对较低。而与内地相比，地处偏远、经济欠发达的中西部少数民族地区农村贫困人口的比例较大，根据调查，青海省天峻县2008年农村家庭平均收入785元以下者约占农村人口的10%左右，导致其社会保障水平就更低，民族地区农村普遍实施的大多为较低层次的社会保障项目，即使是社会救助，目前仍然没有做到应保尽保，如贵州黄平县除了“五保”老人外，其他农村贫困家庭中的老年人若发生基本生活费用短缺，只有在亲友也无力接济时，各村寨一般依据传统习惯或村规民约进行资助，若费用仍然短缺，由县乡民政部门视情况给予一次性补助，能够获得这种救济的人员不多，资助金额偏低，不能从根本上改善这部分老人的生活境况。

由以上可见，我国少数民族农村地区社会保障事业推进中面临着一些突出的问题和特殊的困难，有些问题虽然在其他地区也存在，但在少数民族地区表现更为突出，由此带给我们的思考是：在国家社会保障总体设计的框架内如何兼顾少数民族较为集中地区的突出问题和特殊困难。例如，我国新型农村合作医疗保险制度基本是以县为单位进行资金统筹的，这在人口密集、经济相对发达的东中部地区是适宜的，但在西部地区一些人口稀少，甚至不足10万人的县，新型农村医疗保险基金的规模明显偏小，基金运行的风险较大，在这些地区是否适当扩大医保基金筹集的行政范围？又如，目前少数民族地区普遍遇到了农村贫困面广，社会救助资金入不敷出的困扰，迫切需要中央及省（自治区）的财政扶助。与此同时，为了解决农村社会保障资金筹资规模较小、筹集渠道单一的问题，市县级政府能否出台相关政策鼓励社会资金进入该领域？根据我们研究调查发现，即使是中西部少数民族地区，自改革开放以来，随着区域经济的发展，社会资本存量已具有一定的规模，这在一些资源丰富的市县体现得尤为明显，如青海省天峻县境内的煤矿开采企业，近年来因煤价不断攀升而获利颇丰，问题在于如何通过适当的方式引导有条件的企业支持当地改善民生，造福于各族群众，这需要各级地方政府进行政策层面的调研和思考。

第　三　章

贫困与民族地区的农村社会保障建设

第一节　中西部民族地区农村贫困与反贫困：1978—2008年

一、我国中西部民族地区农村贫困的历史凸现：从一般宏观性贫困到特殊区域性贫困

农村扶贫开发是我国实施的一项重大战略性举措，是一项包括改善农村基础设施，促进农业经济发展，提高农民收入水平，缩小乃至消除农村贫困的系统工程。从1978年到2008年，我国中西部民族地区农村扶贫开发大致经过了五个阶段：

第一阶段：体制改革推动，间接瞄准扶贫阶段（1978—1985年）。改革开放之初，我国贫困发生率高达30.7%，农村贫困人口为2.5亿人，占农村总人口的1/3，大多数农民均为低收入群体。造成这一阶段农村贫困的主要原因是农业经营体制不能适应生产力发展需要，农民生产积极性低下，加上长期的工农业剪刀差使得农民和市民之间收入差距显著。这一阶段里，我国民族地区同其他地区的农村贫困状况表现形式较为相似，民族地区农村贫困问题并未凸显。推动制度变革是缓解农村居民普遍贫困的必由路径，为此，我国进行了土地经营制度变革，以家庭承包经营制度代替人民公社经营制度，以此激发农民劳动热情，提高农业生产效率。

农村土地经营制度的变革极大促进了我国农村生产力的提高，全国粮食产量从1978年的30477万吨增加到1985年的37911万吨（1984年为40731万

吨）；农民人均年纯收入由 133.57 元增加到 397.60 元；生活消费支出由 116.06 元增加到 2317.42 元。同期农村贫困人口也由 2.5 亿人下降到 1.25 亿人，贫困发生率由 30.7% 下降到 14.8%，全国农村的普遍贫困得到相当程度的缓解。

须指出，在第一阶段，我国农村在推行家庭联产承包责任制过程中，仍保留了计划经济时期许多直接增加收入和享受公共服务的制度安排，如农村医疗制度、特殊人群的社会救济制度（如“五保”），政府向贫困人口直接提供物质和资金的救济，等等。但是另一方面，也应看到这一阶段的扶贫是普惠制的，改革本身的目的并不是扶贫，而是着眼于发展。因此，实际上是一种外力在推动着农村的脱贫，因此只能将其视为“间接扶贫”。

第二阶段：项目开发推动，区域瞄准扶贫阶段（1986—1993 年）。经过前一阶段的工作，中国农村绝大多数地区凭借自身优势，解决了贫困问题。剩下的贫困农民主要分布于资源、区位劣势地区。有学者对中国社科院经济研究所收入分配课题组 1988 年居民收入抽样调查数据进行了测算，结果显示，西部农村贫困人口占全部农村贫困人口的比例为 37.11%；而中部农村贫困人口的比例比西部还要高出 4.1 个百分点。数据还显示，20 世纪 80 年代末，尽管民族地区与汉族地区的贫困差距在缩小，但它们的贫困发生率仍高于汉族地区 15 个百分点。① 为此，我国的扶贫开发聚焦于上述地区：1986 年国家确定了 699 个贫困县，包括 331 个国家重点扶贫县，141 个少数民族贫困县被确定为国家重点扶贫县，占 42.6%，主要分布在内蒙古、新疆、广西、贵州、云南、青海、湖北、湖南等 14 个省区，标志着我国扶贫进入了区域化阶段，但这阶段民族地区的贫困问题并未作为一个单独的问题提出。

为促进这些贫困区域的进一步发展和内生性发展，也为了改变计划时期救济性扶贫带来的扶贫资金使用的低效问题，我国确定了开发式扶贫的基本方针：1985 年 4 月，国务院同意并批转了民政部等九部委《关于扶持农村贫困户发展生产治穷致富的请示》，确定了扶贫信贷资金来源；1986 年 5 月又成立了国务院贫困地区经济开发领导小组，负责拟定贫困地区经济开发的方针、政策和规划。这使我国扶贫开发逐步走上了规范化、制度化和标准化的道路。

---

① 李实、古斯塔夫森：80 年代末中国贫困规模和程度的估计［DB/OL］，中国扶贫信息网：http：//www. help-poverty. org. cn/helpweb2/fpwz/w2-3. htm

第三阶段：“八七扶贫攻坚阶段”（1994—2000 年）。经过大规模开发式扶贫，我国贫困人口进一步减少，使得农村贫困人口的分布地域进一步集中于西部地区，从地理分布上看，主要为：西南喀斯特岩溶区、西北黄土高原区、秦巴山区以及青藏高原区，这些均为我国少数民族主要分布地区，由此可见，我国贫困地区和民族地区在地域上合在这一阶段里已凸显出来。

这一阶段，国家将民族地区作为扶贫的重点区域。1989 年 8 月，国务院批转了国家民委、国务院贫困地区经济开发领导小组《关于少数民族地区扶贫工作有关政策问题的请示》，决定将少数民族贫困地区作为扶贫主战场。1989 年 9 月，经国务院批准，国家民族事务委员会和国务院贫困地区经济开发领导小组联合召开了全国少数民族地区扶贫工作会议。江泽民同志在会议上的讲话中指出：“搞好少数民族地区的扶贫工作，对于巩固和加强民族团结，维护祖国统一，促进各民族人民的共同富裕和幸福，建设有中国特色的社会主义，都有着重要意义”，“今后的扶贫工作大量的是在少数民族地区，一定要抓紧抓好，争取尽快解决这些地区群众的温饱问题”。① 1990 年，中央财政设立“少数民族贫困地区温饱基金”。1992 年，国务院决定在原“支援经济不发达地区发展资金”的基础上，每年新增加 6000 万元，有偿使用于民族地区的农、水、路等基础设施及企业技术改造。1994 年，国务院实施《国家八七扶贫攻坚计划》，对少数民族贫困地区从政策、资金、物质、技术等多方面给予倾斜，通过放宽标准而使享受优惠政策的少数民族贫困县增加了 116 个，总数达到 257 个，占全国的 43.4%。

第四个阶段：县域瞄准反贫困阶段（2001—2005）。八七扶贫攻坚计划目标的基本实现，使我国基本上解决了集中成片的贫困问题，但随之而来的是贫困展现出新的特征：一是遗留下来贫困人口的分布状况呈现出“小集中，大分散”特征，即：集中分布于西部地区，特别是少数民族地区，民族地区每个县几乎都有贫困人口；二是前一阶段的开发式扶贫战略实施一定程度上加重了对自然环境的负担，中西部一些地区的耕地、牧场被过度开发，这种做法具有不可持续性，很容易使农村居民重新回复贫困状态；三是仍然处于贫困的农户的致贫原因各不一致，更多的是由于人口素质和生存风险造成的贫困，很难通过

① 江泽民：在全国少数民族地区扶贫工作会议上的讲话［DB/OL］，人民网：http：//cpc. people. com. cn/GB/64184/64186/66699/4495292. html

单一的扶贫开发手段使其脱贫；四是这一时期农村还存在大量低收入群体，农户抗贫困风险能力较弱。

2001 年颁布的《中国农村扶贫开发纲要》，标志着我国农村扶贫进入了脱贫致富阶段。2001 年国家正式把扶持重点县与扶贫到村、扶贫到户结合起来。现阶段，虽然仍然存在贫困县，但是扶贫对象已经具体到了农村贫困户。这一阶段里，政府调动各种社会资源，采取各种手段开展扶贫，如开展贫困地区的综合扶贫行动，建立吸收贫困人口参与制定扶贫规划的制度，有针对性地结合具体地区寻找扶贫途径，等等。

进入新世纪，国家进一步加大对民族地区扶贫开发工作的支持。2000 年 6 月，国务院实施《中国农村扶贫开发纲要（2001—2010）》，按照集中连片的原则，一方面，国家把贫困人口集中的中西部少数民族地区、革命老区、边疆地区和特困地区作为扶贫开发重点，并在上述四类地区确定扶贫开发工作重点县。在确定重点县时，为民族地区增加了 10 个名额，总数达到 267 个，占全国的 45%，同时将西藏的 74 个县（市、区）作为特殊片区整体列入国家扶贫开发重点扶持范围。民族地区成为新时期国家扶贫开发工作的重中之重，在扶贫资金、建设项目等方面得到了较多的扶持。另一方面，国家正式把扶持重点县与扶贫到村、扶贫到户结合起来。此阶段的扶贫对象已经具体到了农村贫困户，政府调动各种社会资源，采取各种手段开展扶贫，如开展贫困地区的综合扶贫行动，建立吸收贫困人口参与制定扶贫规划的制度，有针对性地结合具体地区寻找扶贫途径，等等。

第五个阶段：特困民族地区重点扶持阶段（2005—当前）。该阶段扶贫开发工作的重点是紧紧瞄准贫困人口。2004 年，国家民委在针对遗留下的特困民族地区问题开展调查研究的基础上，提出了包括减免农业税、将特困村优先纳入实施整村推进扶贫规划、加大基础设施投入、加大教育投入与特困学生实行两免一补、缺乏生存条件的实行易地搬迁、对部分特困群体提供最低生活保障等特殊政策和措施。2004 年后，中央加大了向少数民族地区的资金投入和工作力度，重点向农村特困群体较为集中的内蒙古自治区、广西壮族自治区、西藏自治区、宁夏回族自治区、新疆维吾尔自治区、云南省、贵州省和青海省 8 个多民族省区倾斜。2005 年，国家共向内蒙古、新疆、广西、西藏、宁夏 5 个自治区和贵州、云南、青海 3 个民族聚居省份投入中央财政扶贫资金 48.4 亿元，比 2004 年增加 4.7 亿元，占当年中央财政扶贫资金总额的 40.2%，并通过实施整村推进扶贫规划、培训促进劳动力转移等重点工作，少数民族地区的扶贫工作取得重要进展。全年少数民族地区未解决温饱和低收入贫困人口共减少约520万人。在2006—2010年的“十一五”期间，我国继续完善对少数民族地区的扶贫开发政策、措施，基本解决了少数民族贫困地区人畜饮水难、看病难和上学难的问题，实现通电、通路、通电话、通广播电视的目标，使少数民族贫困居民的生产、生活条件明显改善。在2006扶贫资金计划安排上，国务院扶贫办进一步加大了倾斜力度。除继续安排实力较强的省市对口帮扶少数民族省区、全国帮助西藏外，还进一步强化了省级机关和大企业对口帮扶少数民族地区的力度。此外，国家还将动员和安排中央国家机关和大型国有企业、事业单位对口帮扶少数民族地区。

二、我国中西部民族地区农村反贫困：从一般性政策到特殊性政策

除扶贫开发战略外，我国政府还专门针对中西部地区，特别是民族地区制定并实施了一些促进经济、保护环境、改善民生的特殊政策。

（一）中西部区域特殊政策：西部大开发与退耕还林

1. 西部大开发与反贫困

20世纪90年代末开始的西部大开发，基本涵盖了我国西部12个省区和中部地区的市州级民族自治地方，地域上恰好就是我国中西部民族人口分布地域。国家制定这一战略的意图是通过一系列优惠政策和大量投资带动不发达地区的经济发展，从而对该地区群众的脱贫致富带来积极作用。西部大开发主要包括：增加西部基础性设施投资，加强西部生态环境保护投资，加大人力资源开发，促进产业结构调整；优惠政策主要包括：税收优惠政策，外商投资优惠政策等。

实施西部大开发对区域经济增长的促进作用是毋庸置疑的，并且有力地推动了西部地区的反贫困事业：通过组织实施油路到县、送电到乡、沼气到户、人畜饮水工程、节水灌溉等农村中小型建设工程，初步改善了当地群众脱贫致富的生产生活条件，对于促进当地特色农牧产业发展以及增加贫困人口收入发挥了重要作用；通过组织实施国家重点生态建设工程，既促进了西部贫困地区自然生态环境的修复，也推动当地许多贫困农牧民初步解决了吃饭、烧柴、增收等紧迫问题；通过加强贫困地区教育、卫生、医疗等社会公共事业，改善和

提高了农民的文化素质和身体素质。

但也应指出，目前困扰西部地区贫困与落后这两个方面的问题依然存在：一是大开发背景下西部地区的经济增长效应并未达到追赶东部的理想状态，尽管西部地区在这项政策的带动下经济发展取得了明显的成效，但与东部发达地区比任重而道远；二是西部地区广大群众的经济收入依然偏低，这在偏远的少数民族地区尤为明显。目前西部地区人口（3.71亿人）占全国的近30%，人均GDP（约为7728元）不到东部地区（19351元）的40%，农民人均纯收入(2129元）不到东部地区（4564元）的50%。全国农村有2/3的贫困人口都在西部地区，还有2000余万人没有解决温饱问题，其中少数民族农村贫困人口就达1245.6万人，占全国贫困人口总数的47.7%。① 强区富民是西部大开发的战略目标，当前应在总结前一段工作的基础上，一方面通过制定新的政策为西部发展注入更加强大的动力；另一方面要努力让西部人民，特别是农村居民从西部经济发展中得到更多的实惠。

2. 退耕还林与反贫困

20世纪90年代后期，在我国经济发展的同时，对环境的破坏作用显现出来。尤其是中西部贫困地区，我国扶贫政策的核心和基础是开发式扶贫，《纲要》基本方针中专门提出：扶贫开发必须与资源保护、生态建设相结合。但在实践中，往往存在环境保护与经济发展矛盾，使得现行的扶贫战略过分突出了经济开发与生产条件改善方面的功能。因此，这种发展思路使我国中西部本已十分脆弱的生态环境进一步恶化，尽管短期内依托资源开发，使得脱贫人口增加，但长期看，这种以环境恶化为代价的发展战略布局有可持续性，很容易使已脱贫的群众重返贫困。为此，中央主要在中西部地区实施了退耕还林工程。

退耕还林工程自1999年在四川、甘肃及陕西3省率先启动试点以来，迅速在全国展开，目前已覆盖全国25个省（市、自治区）、2万多个乡镇、10万多个村，涉及2000多万农户，近1亿农民。退耕还林涉及的区域不少属于贫困地区，从缓解贫困的角度审视退耕还林的意义：一是政府对退耕农户的钱粮补贴有助于贫困农户获得稳定可靠的收入来源。从时间上看，经济林补助期限结束与经济林产生收益在时间上基本可以接续。即在补助期内，退耕农户拿政府的钱粮补助维持生计与日用开支，根据计算，补助期内农户钱粮补贴折合现金，

① 徐贵恒：主体视界下的民族地区贫困问题分析［J］，《中国民族》2004年第4期，50—51页

长江流域约为500元，黄河流域约为350元，加上退耕农户的口粮、畜牧业收入、林业套种收入，可以达到637元，已非常接近西部农村最低生活保障标准，再加上农村社会救助，从而解决了农户的基本生计问题。补助期过后，农户可以从权属于自己的经济林木的市场收益中保障收入来源，其生活水平不会因此而降低。二是解除了土地对农村劳动力的束缚。对退耕农户来讲，还林后最大的收益是时间成本，即劳动剩余，农民不仅可以通过多样化选择利用土地增加收入，防止陷入贫困，而且还可以在非农产业中做出空间更大的选择。退耕农户只要具备一定的技能即可以从事非农就业，获取打工收益，进一步拓宽了西部农户收入来源的途径与选择渠道。三是生存风险降低。退耕还林实施以前，农户土地用途较为单一，一般用于种粮（包括口粮和其他杂粮）并附带从事一些副业以及畜牧业活动。因农民收入来源相对较为单一。农牧产品市场的价格波动使得农户收入极不稳定，这也是部分农户致贫的诱因。而退耕还林以后，土地用途的多样化优势显现，农户可以按照机会成本最小来选择生产品种结构，从而可以为农户带来更多的收入，有助于减少和分散农户的经营风险，增强微观经济结构的转换能力，从而减少农村贫困现象的发生。

尽管退耕还林政策对中西部地区缓解贫困具有一定作用，但是由于该政策是以保护生态为导向的，反贫困只是客观效应，从反贫困的角度看，一方面，补助中止期限已临近，国家一旦中止补贴，能否实现由林木收益以及附产品收入替代？如果政策上把握不当或未及时加以调整，可能会出现农户生计转换时序的空缺，从而使退耕农户陷入贫困。从补助类别而言，让生态受益者为生态提供者补偿费用是生态市场机制运行的必要条件，也是世界许多国家通行的做法，由于我国市场化的生态补偿机制没有建立起来，因此无法实现区域间的生态补贴。另一方面，由于国家钱粮补助总额是固定的，而技术失当会造成树苗成活率低，此项损失则是不可控的，因此，如果农户造林水平太低，技术运用不当，将会使农户造林成本上升，而补助又没有相应地提高，这种情况一旦发生，将可能使退耕农户陷入贫困状态。

（二）民族地区扶贫政策

与其他地区相比，国家对西部民族地区的扶贫政策具有下列特点：

（1）贫困县界定标准更宽。1986年，国务院确定国家重点扶持的贫困县的标准是：一般贫困地区1985年全县农民人均纯收入150元以下，但对革命老区和民族自治地方则放宽到200元（牧区300元）以下。全国因放宽标准而被列入国家重点扶持的贫困县共 62 个，其中，少数民族自治地方有 51 个，占 82%。

（2）扶贫力度更大。国家新增加的农业投资、教育基金、以工代赈、温饱工程等扶贫资金和物资，少数民族贫困地区的分配比例应明显高于其他地区。据统计，1995—1997 年 3 年间，国家对民族八省区共计安排 142 亿元扶贫资金，加快了民族地区的脱贫步伐。国家在安排“以工代赈”资金时，将中、西部地区和少数民族贫困地区作为投放的重点。通过实物投入的方式，使少数民族贫困地区的基础条件得以改善，为脱贫致富创造良好的外部环境。据统计，3 年间，国家对少数民族比例较大的 8 省区共投入以工代赈资金 50 亿元，占全国以工代赈资金总数的 41%。除此之外，我国对少数民族贫困地区的银行贷款规模和化肥、柴油、农膜等农用生产资料的安排优先给予照顾。

（3）扶贫政策更优惠。放开国家计划外农、林、牧、矿产品的销售；允许少数民族贫困地区积极兴办适合当地资源优势的中小型企业，经审批允许根据当地的特点和优势对国家的产业政策作某些补充；继续减免贫困户的农业税，对没有偿还能力的贫困户所欠的扶贫贷款，适当延长其还款期限，停止逾期罚息，并允许停息挂账；尽量减少贫困县购买国库券任务，对贫困户免国库券；核定贫困县上缴税收基数，超收全留等。对民族贸易企业继续实行低息、低税，对民族贸易企业经营的农副产品和少数民族生产生活必需的工业品继续实行价格补贴。扶贫信贷部门对解决群众温饱确有成效的农林牧开发项目，视其生产周期，在还贷期限、自有资金比例等方面放宽贷款条件，尽量简化贷款手续，保证贷款资金随扶贫项目实施进度及时到位。

（4）牧区扶贫工作得到加强。我国少数民族自治地方有草原 45 亿亩，占我国草原总面积的 90% 以上，占少数民族自治地方总面积的 49%，我国的六大草原基本上都在少数民族自治地方。1987 年，国务院召开“全国牧区工作会议”，制定了牧区扶贫的有关政策措施，落实了每年 5000 万元的牧区扶贫专项贴息贷款，确定了 27 个重点扶持的牧区贫困县（其中 26 个县是少数民族自治地方），将牧区的扶贫工作纳入到全国扶贫工作的整体规划之中。同时，国家有关部门也积极扶持牧区建设，从 1986 年到 1993 年，中央和地方仅投放在内蒙古、新疆、青海三省区的“防灾基地”建设资金就达 53458 万元，帮助这些地区进行以水、草、料、棚、饲料加工、牧民定居为主要内容的牧区基本条件和基础设施建设。1995—1997 年，国家对牧区草原建设各项补助专款共计

42680万元，极大地促进了牧区的经济发展。

（6）扶贫方式更多样。一是设立“温饱基金”：针对国家当时重点扶持的141个少数民族自治地方贫困县的特殊问题和困难，为了帮助他们尽快解决温饱问题，国家从1990年开始设立“少数民族贫困地区温饱基金”，由国家民委会同有关部门共同按项目管理。自1990年至1993年，共安排温饱基金21286万元，实施扶贫开发性项目221个，这些项目覆盖了141个少数民族贫困县中的117个县，占82%。这些项目的实施，使30万贫困群众解决了温饱，有100万贫困群众不同程度的增加收入，促进了民族地区的扶贫工作。1994年，《国家八七扶贫攻坚计划》开始实施，“温饱基金”的使用范围从141个少数民族自治地方贫困县增加到257个，资金规模也相应增加，从1990年的4500万元增加到1997年的1亿元，从1990年至1997年，温饱基金共计安排54035万元，实施项目563个。“温饱基金”的设立，极大地改善了少数民族贫困地区的基础设施和基本生产条件，促进了当地支柱产业的形成和发展，有效地带动了少数民族贫困群众解决温饱问题。二是发动全社会力量参与民族地区的扶贫工作。中央统战部、国家民委联合各民主党派、工商联，利用自身的优势，开展智力支边活动，帮助少数民族贫困地区培训人才、制定规划、进行项目论证和咨询、提高项目管理水平等，重点联系广西的左右江地区、贵州省的黔西南州和毕节地区，帮助这些地区解决了许多扶贫工作中的实际问题和困难，提高了少数民族贫困县干部的科技素质，为促进贫困地区的脱贫致富做出了积极的贡献。

（三）民族地区特殊扶持政策

一是在资金投入上，一方面加大国家财政对民族地区的转移支付，通过扶持民族地区发展来增强民族地区化解贫困的能力。60年来中央和地方各级政府逐步加大对民族地区的财政转移支付力度。从20世纪50年代开始，国家对民族地区实行“统收统支、不足补助”、提高预备费的设置比例（比一般地区高2个百分点）等优惠财政政策。1980年至1988年，中央财政对5个自治区和少数民族较为集中的贵州、云南、青海等省实行年递增10%的定额补助制度。1994年，国家进行分税制改革，对民族地区实行政策性转移支付。2000年起，除按照相关规定拨付一般性转移支付和专项转移支付外，还设立民族地区转移支付。据统计，1978年至2008年，中央财政向民族地区的财政转移支付累计金额达20889.40亿元，年均增长15.6%。其中，2008年为4253亿元，占全国转移支付总额的23.8%，在西藏自治区，据不完全统计，从实行民主改革的1959年到2008年，中央所给予的财政补助累计金额达2019亿元，年均增长近12%；新疆从自治区成立的1955年到2008年，中央给予的财政补助累计金额达3752.02亿元，年均增长11%，其中2008年达685.6亿元。

此外，国家还通过设立各种专项资金帮助解决特殊困难，支持民族地区加快发展。比如，1951年设立少数民族发展教育补助费，1955年设立民族地区补助费，1964年设立民族自治地方机动金，1977年设立边境建设事业补助费，1980年设立支援经济不发达地区发展基金，1992年设立少数民族发展基金，等等。

另一方面，中央财政直接安排定向扶贫资金，直接作用于民族地区贫困问题。1990年，中央财政设立"少数民族贫困地区温饱基金"，重点扶持全国143个少数民族贫困县。2005年，国家共向内蒙古、广西、西藏、宁夏、新疆5个自治区和贵州、云南、青海3个少数民族人口较多的省份投入财政扶贫资金48.4亿元，比上年增加4.7亿元，占全年中央财政扶贫资金的40.2%。2006年，中央财政扶贫资金投向民族地区的数额达51.5亿元，比上年增加3.1亿元。2008年民族自治地方全年扶贫资金总额为116.0亿元，已完成整村推进扶贫规划的贫困村为22322个（除云南、西藏），云南整村推进以自然村为单位，全省有5914个自然村已完成整村推进扶贫规划；西藏有60个乡已完成整乡推进扶贫规划。民族自治地方有625.0万人解决了饮水安全问题。中央的资金投入促进了少数民族地区经济社会各项事业不断发展，各族群众生产生活条件进一步改善，农牧民收入增加，生活质量提高。

二是在项目扶持上。1979年，国家制定实施《边疆建设规划（草案）》，提出在8年内安排边疆建设资金400亿元。1992年，国家实施沿边开放战略，确立13个对外开放城市和241个一类开放口岸，设立14个边境技术合作区。1996年，国务院制定促进边境贸易发展和对外经济合作的优惠政策。1999年，国家实施旨在振兴边境、富裕边民的兴边富民行动。2005年，国家制定并实施《兴边富民行动"十一五"规划》。2009年，国家决定推进兴边富民行动覆盖全国所有边境县和新疆生产建设兵团边境团场。截至目前，中央政府累计投入兴边富民行动专项资金14.46亿元，兴建项目2万多个。2007年，国家制定《少数民族事业"十一五"规划》，规划建设11项重点工程。2009年，国家实行新的扶贫标准，扩大覆盖范围，对民族地区农村低收入人口全面实施扶贫政策。此外，国家通过实施以工代赈、易地扶贫、游牧民定居、农村危房改造、农村安全饮用水工程以及城乡最低生活保障制度，不断加大对民族地区的支持力度。

改革开放以来，中央还积极引进海外资金，帮助民族地区发展经济、改善民生。“八七计划”以来，国务院扶贫办先后组织实施了世界银行3期扶贫项目，援助总规模达6.1亿美元。在项目覆盖的全国9个省区中，有广西、内蒙古、宁夏、云南、贵州、青海等6个少数民族聚居的主要省区。2006年11月，由国家民委、商务部国际经济技术交流中心和联合国开发计划署驻华代表处合作的“中国少数民族扶贫项目”，为期4年，项目资金为700万美元。该项目通过在云南、青海和新疆3省区少数民族地区进行干部领导能力建设和在省社区各级发展民族工业和文化旅游，支持在以上地区的少数民族扶贫工作。此外，该项目通过在5个“人口较少民族”集中居住的8个村实行整村推进式扶贫，使这些地区的少数民族村民能够根据自己需要参与村务规划和决策，找到适合本地特色的脱贫方式。

三、我国中西部民族地区农村贫困的现实状态：“贫困固化与返贫深化”现象并存

历时20多年扶贫开发取得了重大的成效，但我国中西部民族地区的贫困问题仍然不容忽视，尤其是在新的形势下，中西部民族地区的贫困现象呈现出新的特征，具体表现为：

1. 民族地区农村贫困区域固化凸显。随着“八七”扶贫攻坚计划的完成，我国民族地区贫困人口大大减少，剩下的绝对贫困人口和相对贫困人口主要集中分布在西南和西北两大片地区。在全国贫困人口不断减少的情况下，中西部民族地区的贫困人口占全国贫困人口的比率在持续增加，成为我国农村贫困群体集中的地区，民族地区农村贫困问题日益凸显。

从少数民族贫困县、旗（市）占国家重点扶贫县、旗（市）的比重来看，在国家“八七扶贫攻坚计划”所列592个贫困县、旗（市）中，少数民族贫困县、旗（市）为257个，其中西部12省区总共有375个，占全国63.3%；民族贫困县、旗（市）共有224个，占全国扶贫开发工作重点县总数的37.8%和少数民族贫困县的87.16%。中部地区共有贫困县（市）141个，占全国贫困县的25.5%，其中少数民族国家重点扶持贫困县（市）主要有湖北恩施土家族苗族自

治州的恩施市、利川市、建始县、巴东县、宣恩县、咸丰县、来凤县、鹤峰县等6县2市、宜昌市的长阳土家族自治县和湖南湘西土家族苗族自治州的永顺县、保靖县、花垣县、桑植县，约占全国扶贫开发重点县、旗（市）的2.2%和少数民族贫困县、旗（市）的5.06%。①

从贫困分布地理区域上看，我国西部地区大多数的贫困人口连片分布地区包括内蒙古努鲁尔虎山地区、陕北地区、甘肃中部地区、宁夏西海固地区、秦岭大巴山地区、横断山地区、滇东南地区、桂西北地区和西藏地区；而中部地区的贫困人口主要分布于武陵山区。这些地区绝大部分为少数民族地区，并且涵盖了我国几乎所有的少数民族。

2. 民族地区农村减贫率逐渐趋缓。目前，少数民族地区不仅贫困人口比例较大，而且是全国贫困发生率最高的地区。2007年全国平均标准贫困发生率为2.56，贵州为5.2，陕西为3.8，云南为4.6，全国平均标准贫困发生率降幅为2.1，而贵州则上升到5.3，陕西为3.2，全国极度贫困发生率为0.62，陕西却为1.2。

表3-1　中西部地区国家扶贫重点贫困县和民族贫困县分布概况

省份	国家扶贫重点贫困县	民族贫困县	比重
内蒙古	31	31	100.0
广西	28	28	100.0
重庆	14	5	28.6
四川	36	20	55.6
贵州	50	36	72.0
云南	73	51	60.3
陕西	50	0	0
甘肃	43	14	32.6
青海	15	12	80.0
宁夏	8	8	100.0
新疆	27	27	100.0

① 《国家八七扶贫攻坚计划》少数民族贫困县名单［DB/OL］，中国民族宗教网：http：//www.mzb. com. cn/html/report/16501-1. htm

续表

省份	国家扶贫重点贫困县	民族贫困县	比重
西藏	74	74	100.0
河北	39	5	12.5
山西	35	0	0
吉林	8	4	50.0
黑龙江	14	1	7.0
海南	5	5	100.0
湖北	25	9	36.0
湖南	20	11	55.0
全国	592	341	58.0

3. 民族地区农村贫困程度相对加深。我国民族地区历来就是我国贫困强度指数最高的区域，尤其是与东部沿海地区经济社会迅速发展形成反差，中西部民族地区的农村贫困程度相对加深。在世界银行的人类贫困指标排名中，我国沿海地区人类贫困指标为8，北京为12，已相当于新加坡等极低人类贫困指标国家的水平。而西部少数民族地区人类贫困指标高达36，其中贵州约为42，相当于索马里等极高人类贫困指标国家的水平。西部部分民族地区至今还沿袭着传统的农业生产方式，云南、贵州、广西、西藏、青海等少数民族贫困地区甚至残留着极其落后的游牧迁徙，刀耕火种的生产方式，农牧业产量极低，导致一些群众的生活极端困难。中西部一些民族地区的生存条件十分恶劣，如高山峡谷、高原荒漠、高寒、高热、高湿地区，而且这些地区往往还是地方病、传染病的高发区，缺乏人类生存的基本条件。

4. 民族地区农村返贫现象频繁发生。我国西部民族地区是返贫率最高的区域，返贫具有频繁性与易发性的特征，几乎每年都要发生一两次大的返贫，这说明脱贫稳固率较低，某些不利的自然或社会因素一旦出现，往往会造成部分农村群众恢复贫困状态；从地域上来看，尽管总体上我国无论是贫困面积大的连片地带，还是贫困面积小的零星插花地带都有返贫现象，但是返贫的分布是不均匀的。目前，在我国西南、西北两大贫困板块中，少数民族地区农村返贫率高达60%以上，西北有个别地区甚至出现过返贫人口超过脱贫人口的情况。

5. 民族地区贫困人口多为少数民族。西部地区是我国农村贫困分布集中的区域，而农村贫困人口又集中于少数民族，由此形成了少数民族地区和贫困人口分布在空间上的重合。如2006年年底，贵州省的极贫人口几乎全部是少数民族。宁夏南部山区90%以上的贫困人口是少数民族。云南25个边境县（市）有16个民族跨境而居，是全国跨境民族最多的省份，由于地理、历史等原因，边境民族地区发展滞后，贫困人口多，有20个是贫困县（市），贫困人口中绝大多数是少数民族。西藏300万贫困人口中，有90%以上是藏族。

四、我国中西部民族地区农村贫困治理趋势：从经济性贫困治理到脆弱性贫困治理

通过对新中国成立以来，尤其是改革开放以来反贫困历程的回顾可知，扶贫工作多是针对加厚贫困农户的家底——尤其是强化有形的、生产性资产方面而采取的措施。实践证明，农村扶贫开发必须与农村社会保障制度建设组合推进，方能收到理想效果。从当前的总体情况来看，中国的贫困人口越来越集中于少数民族地区，并且相对于一般的汉族居民区域，少数民族地区农村家庭的贫困程度更深、贫困家庭更加集中；这些贫困家庭的生活极其艰苦，抗风险能力相当脆弱，贫困代际传递明显，返贫率极高，基本上处于“持续性贫困”的态势，致使社会安全网的社会保障制度缺失问题凸显。因此，现阶段的反贫困工作应该更多地关注农户脆弱性，尤其是我国西部民族地区农村贫困治理工作的重心应从经济扶持转向脆弱预防上来。其理由是：

1. 我国反贫困重心转为降低返贫率，民族地区农户脆弱保障问题凸显。从我国民族地区贫困现状看，绝对贫困人口已经降低到773万人，虽然近年来随着农村社会救助制度、最低生活保障制度的建立，在一定程度上解决了这部分人的温饱问题。但是，返贫率过高成为民族地区反贫困核心问题：一方面，我国民族地区贫困人口主要表现为绝对贫困，且脱贫稳固性较差，脱贫后，因多种风险的冲击，容易重新陷入贫困；另一方面，我国民族地区还存在相对贫困人口，他们抵御风险的能力也较弱。根据国家民委对5个自治区、25个自治州、85个自治县农村贫困的检测结果，2007年年末，民族自治地区农村绝对贫困人口733.6万人，贫困发生率为6.4%；初步解决温饱但还不稳定的农村低收入人口1481.2万人，占农村人口的12.2%。从全国同口径人口的比重看，民族自治地区农村绝对贫困人口占全国农村绝对贫困人口（1478.8万人）的52.3%，贫困发生率比全国平均水平（1.6%）高出

4.8 个百分点；低收入人口占全国低收入人口（2840.7 万人）的52.1%，低收入人口占农村人口的比重比全国平均水平（3.0%）高出 9.2 个百分点；两项合计人口占全国相应项目人口总数（4319.5 万人）的比重为 52.2%，占农村人口的比重比全国平均水平（4.6%）高出 14 个百分点。①

有学者分析认为，民族地区农户的持续性贫困首先表现为贫困持续时间较长，一般在5年以上；其次表现为极端贫困；再次为致贫原因复杂，且多种因素相互交织。② 因此，只有将开发性扶贫与农村社会保障保障制度建设有机地结合起来，才能根本上缩小贫困人口比重，降低返贫率，从而巩固反贫困成果。

2. 民族地区农户面临风险冲击更为频繁，农户的脆弱风险被放大。由于历史、地理和市场等方面的原因，我国民族地区农户承受着更多的风险冲击，并且这种风险冲击的周期逐渐变短。从自然风险看，我国民族地区大多位于地理区位不太理想，地质特征不太稳定的西部高原、山地和牧区，历史上就是自然灾害较多的地区，并且受全球气候变化影响最大的也是这些地区，其自然灾害年发生频率逐渐提高。从健康风险来看，我国民族地区处于地方病和传染病多发地区，农户更易遭受健康风险。从市场风险来看，我国民族地区农户普遍缺乏驾驭市场的能力，农业生产经营中存在盲目性，极易因市场变化而遭受损失。

3. 民族地区经济性反贫困政策存在局限，无法降低农户脆弱程度。我国民族地区扶贫政策以“开发式扶贫”为主，主张根据贫困地区发展的需要，以贫困人群为主体，从基础设施建设、产业开发、社会事业发展、环境治理等多个方面促进贫困地区的经济发展。尽管这种扶贫方式取得了较大的成效，但因扶贫的目标仅为经济收入增加，其开发方式也多为资本投入，因而有明显的局限性，表现为：当农户在被纳入扶贫开发项目资助计划时，其收入增加，一旦该项目计划完成，则收入下降，这反映出当前民族地区脱贫人口的自我发展能力仍然较弱。

---

① 《国家公布2008年民族自治地方农村贫困检测结果》［EB/OL］，国家民委网：http：//www.seac. gov. cn/lsnsjg/jjs/R03index_ 1. htm

② 陈全功、李忠斌：少数民族地区农户持续性贫困探究［J］，《中国农村观察》2009 年第 5 期，39—48 页

第二节 中西部民族地区农村贫困影响因素分析

一、中西部民族地区农村致贫因素的理论分析

中西部民族地区农村贫困的形成原因是复杂的，包含自然、地理、社会、历史等因素的综合影响，这些因素直接造成了目前西部民族地区农村贫困的多因性。

（一）区域地理因素

中西部民族地区广大农村居民生存环境有别于其他地区，该地区集中了全国主要的大山、高原、沙漠、戈壁、裸岩、冰川以及永久性积雪地域。这些地区旱、水、雪、风、雹、沙尘暴等自然灾害频繁，生态环境十分脆弱。以新疆、青海、西藏为中心的沙漠高寒山区，海拔高，缺氧，气候寒冷，水资源严重缺乏。如少数民族聚居的青海省青南地区海拔多在4000米以上，气候寒冷、风雪灾害频繁，每年牲畜因饥饿寒冷而死亡的现象比较严重，当地群众贫困成因的40%以上与多种自然灾害有关；① 又如新疆伊犁哈萨克自治州昭苏县喀拉苏乡，无霜期不足100天，一年一熟都很难，风调雨顺之年小麦单产也仅100公斤左右，油菜单产80公斤左右，该乡平均两年遭受一次冰雹灾害，② 该乡虽然土地面积很大，但群众生活极为清苦。广西、云、贵、川等西南地区的少数民族生活在典型的喀斯特岩溶地区，山高沟深，耕地极少，土质极差，群众生活相当艰难，如四川阿坝藏族羌族自治州金川县因受高寒、自然灾害频繁的影响，正常年景下的返贫率高达40%。③ 地处武陵山区的中部少数民族地区则因地处偏僻、山高坡陡、交通不便、信息闭塞，导致群众普遍贫困，如湖北恩施土家族苗族自治州目前仍有124万贫困人口占农村人口的36.36%；其中，绝对贫困人口（不包括鳏寡孤独等民政救济对象）49.5万，占农村人口的14.5%；低收入人口74.6万，占农村人口的21.8%。该州宣恩县长潭河侗族

---

① 余永英：青海民族地区贫困成因及脱贫途径［J］，《柴达木开发研究》2002年第2期，28—31页

② 刘磊磊、李万明、杨强：新疆边境地区贫困的形成机理［J］，《经济研究导刊》2008年第17期，63—64页

③ 杨明洪、王永莉：西部民族地区贫困问题的现状及其形成原因［DB/OL］，中国网：http：//www. china. com. cn/zhuanti2005/txt/2005-11/03/content_ 6019119. htm

乡陈家台村，至今不通公路，一条“毛坯路”也是晴通雨不通，全村贫困人口850人，占总人口的84.7%。① 中西部民族地区同时又是地方病高发区，如高原地带易发肺心病、大骨节病；山区易发低氟病、碘缺乏病、风湿性关节炎、鼠疫等病症。地方病和传染病流行，致贫因素多，贫困程度深，出现“丰年越温，灾年返贫”的普遍现象。一些地方常年返贫率15%以上。

（二）自然生态因素

1. 森林覆盖率不断下降。由于过度开荒放牧，森林面积缩小，草场退化，致使中西部民族地区的生态环境日益恶化。新疆近50年来，森林遭到掠夺性破坏。据统计，1950—1980年，全区砍伐商品材近千万立方米；1994—1998年，全区毁林开垦面积3816.74公顷。现在天山中部已林木稀疏，大多数山谷森林带下限上移100—200米。目前，新疆森林覆盖率仅为1.68%。西藏是我国森林面积最大的省区之一，但森林覆盖率也仅为9.8%。全区历年采伐面积已达120万亩，加上森林火灾和火烧迹地面积，累计154.5万亩的森林面积需要恢复。宁夏森林覆盖率为6.40%，内蒙古为14.82%，均低于全国16.55%的平均水平。地处内陆的武陵山区，是我国土家族、苗族等少数民族的聚居之地。在20世纪50年代初，这里还是一片茫茫林海，森林覆盖率达60%以上。1958年以后，由于毁林开荒、滥砍滥伐，森林资源遭到惨重破坏。到20世纪90年代，黔江地区（现重庆黔江区）森林覆盖率下降为21.6%，最好的鄂西恩施州也只有39.4%。湘西州的森林蓄积量从1957年的2641万立方米，下降到1995年的1510万立方米，减少了约42.8%；水土流失面积则由2670平方公里上升到5014平方公里，增加了约87.8%，占该地区总面积的32.4%，全区连片岩石裸露面积急剧增加。②

2. 草原植被遭破坏，荒漠化严重。中西部民族地区草原广阔，是我国主要的牧业生产基地，但近几十年来，由于垦草种粮、超载放牧、滥伐树木和滥挖药材等行为，造成了草原植被的严重破坏，加剧了西部一些以牧业为生计来源的少数民族贫困化。在内蒙古7880万公顷的天然草原中，退化面积达到4673

---

① 湖北省民宗委：武陵山区贫困状况调查与思考［DB/OL］，武陵山区少数民族经济社会发展试验区网：http：//www. hbmzw. gov. cn/structure/wls/jyjl/zw_ 14900_ 1. htm

② 雷振扬：民族地区自然生态利益探析［J］，《民族研究》2004年第3期，38—46页

万公顷，占草原总面积的59%，并且每年还在以数十万公顷的速度退化、沙化。① 目前，内蒙古荒漠化土地面积已占到土地总面积的60%以上，其中沙漠化土地面积达420万公顷。② 在西藏，8亿亩可利用草地中，35%已经退化，5000万亩沙化。20世纪60年代，那曲地区草甸草场每公顷产草2760公斤，90年代减少到1107公斤。③ 宁夏全区有65%的面积和90%的人口受到不同程度的荒漠化威胁，荒漠化面积达125万公顷；260万公顷草地的97%存在不同程度的沙化和退化，盐渍化土地面积已经占到了灌区耕地面积的26%。④ 青海省沙漠化面积目前已达1252万公顷，潜在沙漠化面积98万公顷（主要集中在柴达木盆地、共和盆地和黄河源头等民族地区），沙漠化面积正以每年13万公顷的速度扩大着。青海约有90%的草地出现不同程度退化，总面积达833.3万公顷，比上世纪70年代初增加了两倍，不同区域单位面积产草量分别下降30%—80%。⑤ 四川阿坝藏族自治州若尔盖草地沙化面积1980年还只有7.25万亩，1995年增加到38.4万亩，2001年则进一步增加到70万亩，而且沙化面积正以每年11.8%的速度递增。⑥

在恶劣的自然环境和不断恶化的生态环境的共同作用下，中西部民族地区农牧业经济收益不断下降，进而又促使进一步过度开发的恶性循环中。2005年全国谷物产量42776万吨，而西藏和青海分别只有89.6万吨和49.1万吨；2005年宁夏的豆类产量只有全国0.28%；2005年全国棉花产量为571.4万吨，而广西和贵州都只有0.1万吨（见表3-2）。

表3-2 2005年西部地区主要农产品产量（单位：万吨）

地区	谷物	豆类	薯类	棉花	油料	甘蔗	甜菜	烟叶
内蒙古	1342.1	164.1	156.0	0.2	122.2		138.3	2.0
广　西	1384.9	40.3	62.1	0.1	63.2	5154.0		3.3
重　庆	845.8	42.2	280.3		42.7	11.5		9.0

① 郅振璞、吴坤胜：让绿色家园更秀美［N］，《人民日报》2002年12月22日

② 沙金：内蒙古生态恶化得到遏制［N］，《中国民族报》2003年6月24日

③ 南文渊：《中国藏区生态环境保护与可持续发展研究》［M］，甘肃民族出版社2002年版，第77—87页

④ 马汉文：《中国西部概览——宁夏》［M］，民族出版社2000年版，第17页

⑤ 王娟、朱建军：青海生态环境亮起“红灯”［N］，《中国民族报》2003年6月24日

⑥ 董峻：不能以环境破坏为代价［N］，《人民日报》（海外版）2003年2月18日

续表

地区	谷物	豆类	薯类	棉花	油料	甘蔗	甜菜	烟叶
四　川	2581.4	131.5	498.2	2.5	232.3	132.9	0.3	18.2
贵　州	901.2	37.8	213.1	0.1	84.9	67.8		36.9
云　南	1259.2	77.2	178.6		36.2	1415.0	0.4	79.1
西　藏	89.6	3.2	0.6		6.1			
陕　西	963.9	37.1	42.0	7.8	45.4	0.2	0.1	5.9
甘　肃	605.4	41.7	189.9	11.1	50.3		14.5	3.4
青　海	49.1	11.8	32.5		31.9			0.1
宁　夏	266.3	6.0	27.5		12.2		0.1	0.1
新　疆	843.0	25.4	8.2	187.4	38.9		419.1	0.1
2005年合计	42776	2157	3468	571.4	3077	8663	788.1	268.3

表中数据来源于《中国统计年鉴》(2006版)。

（三）人口素质因素

1. 身体素质较差，文化素质低。人口身体素质与医疗、保健和营养状况有密切关系。由于中西部民族地区农村医疗卫生事业大大落后于实际需要，加上生活条件差，中西部民族地区存在着明显的饥饿、营养不良和生活困难等问题，直至20世纪90年代，一些偏远民族地区依然人畜同居，农业生产方式极其原始，撒种后不进行任何田间管理，不会使用化肥，平日里以煮食土豆、玉米为生，导致农村人口身体素质低下，健康水平提高缓慢，死亡率较高，据2000年全国第五次人口普查资料，少数民族自治地方死亡率为8‰，高于非少数民族地区死亡率。中西部民族地区是我国的疾病高发区，据本课题组2008年7月对青海省海北藏族自治州海晏县和海西蒙古族藏族自治州天峻县5个乡镇的调查，由于高原缺氧，夜宿潮湿的草原等原因，当地牧民患有肺心病和风湿性关节炎两种疾病的比例高达60%以上，每年数额不菲的治疗费用吞噬了牧民微薄的收入，因病致贫、因病返贫的现象比较普遍。又如四川省甘孜藏族州2005年脱贫人口中因病返贫率高达5.3%，巴塘县因病返贫率更高达6.1%。①

① 成卓：四川少数民族人口素质状况及开发思路研究［J］，《宝鸡文理学院学报》（社科版）2009年第1期，86—89页

文化素质低是导致西部地区产生贫困的又一重要因素，虽然新中国成立以来，少数民族的文化素质有了显著提高，但中西部民族地区人口平均受教育年限仍低于其他地区。从民族地区“普九”实施情况看，青海少数民族适龄儿童入学率只有60%左右。低入学率和高辍学率导致文盲、半文盲的比例相当高，根据2005年的人口抽样调查，15岁以上文盲人口比重，2005年全国平均水平为11.04%，西部地区的12个省市的文盲率：内蒙古为11.25%、广西为8.64%、重庆为11.65%、四川为16.61%、贵州为21.64%、云南为20.07%、西藏为44.84%、陕西为10.33%、甘肃为20.83%、青海为24.07%、宁夏为18.71%、新疆为8.32%。湘西土家族苗族自治州的永顺县两岔乡茶溪村共有劳动力650人，其中文盲、半文盲就有400人，占劳动力总数的60%以上。与之形成强烈对比的是：北京的文盲率为3.92%，上海的文盲率为5.24%。中西部民族地区文盲人口比重不仅高于北京、上海等东部地区，而且高于全国平均水平，如表3-3。

表3-3　2005年全国15岁以上文盲人口比重（单位：人、%）

地　区	15岁及以上人口	文盲人口	文盲人口占15岁及以上人口的比重
全　国	13664737	1508706	11.04
北　京	182650	7152	3.92
内蒙古	262000	29476	11.25
上　海	214169	11213	5.24
广　西	470371	40625	8.64
重　庆	293816	34244	11.65
四　川	849493	141104	16.61
贵　州	353816	75750	21.41
云　南	446987	89713	20.07
西　藏	26656	11953	44.84
陕　西	396108	40903	10.33
甘　肃	263000	54780	20.83
青　海	54595	13143	24.07
宁　夏	58454	10935	18.71
新　疆	203235	16919	8.32

本表数据来源于2005年全国1%人口抽样调查样本数据，抽样比为1.325%。

2. 教育总体水平发展滞后，人才缺乏。人力资本存量不足制约了西部民族地区的自我发展能力。西部地区基础教育发展整体水平较低，高等教育、职业教育发展滞后，人才流失严重已经成为制约地区经济发展和社会进步的重要因素，据不完全统计，全国民族院校培养的少数民族大学生，毕业后选择留在经济发达地区的，1999 年为 78%，2000 年为 84%。① 西部民族地区人力资源方面的问题不仅表现在数量上，而且表现在结构上，主要指专业技术人员结构不合理，特别是中高级专业技术人才严重不足。

3. 科技水平发展落后，知识应用层次低。据有关研究，若将全国知识发展水平的平均数设为 100% 的话，新疆相当于全国平均数的 68.85%，宁夏为 54.7%，云南为 56.6%，内蒙古为 48.75%，青海为 44.18%，而北京、上海则相当于全国平均水平的 5 至 6 倍。② 中西部民族地区科技知识资源开发层次低的问题进一步加剧了贫困，拉大了差距。

（四）经济结构因素

其一，中西部地区发展县域经济，特别是乡镇经济面临着很大的困难，城镇化进程极为艰难，这使得西部反贫困缺乏坚实的经济基础。我国东部地区的经济发展历程证明，乡镇企业是农村工业化的基础，农村劳动力转移的载体，中西部地区乡镇企业起步晚、发展慢、规模小、产值低。从 1998 年东西部地区乡镇企业主要指标的对比分析中不难看出：东部地区有乡镇企业 685.5 万个，占全国比重的 34.2%，西部有 542 万个，占全国比重的 27.0%，东西部相差倍数约为 1.26∶1，仅从数量看，两地区的差距不太大，但主要问题在于：西部乡镇企业所吸纳的劳动力和创造的工业产值都大大低于东部，1998 年东部乡镇企业的职工人数达 5667 万人，占全国比重的 45.2%；西部只有 2301 万人，占全国比重的 18.4%，东西部相差倍数 2.46∶1。东部乡镇企业工业总产值为 45898 亿元，占全国比重的 66.4%，西部为 5143 亿元，占全国比重的 7.4%，东西部相差倍数为 8.92∶1。西部地区乡镇企业的素质与东部存在如此巨大的差距，有一个原因值得注意，那就是西部地区的城镇化进程大大落后于东部和中部。一般而言，城镇是工业的载体，城镇化过程就是工业化、现代化的过程。

---

① 何宏珉：民族地区大学生外流的原因与对策［N］，《中国民族报》2003 年 7 月 29 日

② 吕红平等：《中国少数民族地区人口状况研究》［M］，中国社会科学出版社 2010 年 3 月，226 页

乡镇企业一般是城市大工业的延伸和附属，一般要受到城市现代产业辐射的影响，因此，城镇化发展与乡镇企业发展呈正相关关系。因受各种因素的影响，我国城镇化进程滞后于工业化发展，如果按照霍利斯·钱纳里的标准，1998年我国的工业就业人口占总就业的23.5%，相应的城镇化水平应为49.0%，1998年中国工业产值在GDP中的比重为48.7%，相应的城镇化水平也应为63.4%。而实际上，该年城镇化水平仅为33.26%。而西部地区这一表现更加突出，1998年，全国共有城市668个，西部10省区（除内蒙古、广西外）仅有121个，城镇化率为26.12%，低于全国7.09个百分点。而且城镇化的推进速度慢于全国，1979—1997年全国年均增加城市26.4个，东部增加12.9个，西部仅增加4.5个。从非农人口增长的速度看，1988—1998年，全国从20.5%上升到25.1%，西部地区从16.0%上升到19.1%；从市区非农人口增长比重看，全国从12.9%上升到18%，西部从8.8%上升到11.6%；从城市总人口增长速度看，全国从27.7%上升到44.5%，西部从19.7%上升到30.4%。可见，无论从哪个角度来分析，西部地区与全国城市化速度的差距都在30%左右。由于乡镇企业发展缓慢、城镇化率低，使得中西部民族地区农户非农收入的获得主要通过前往东部沿海地区打工的方式，农户生计转型成本因此而增大。

其二，中西部民族地区农村单一的农村产业结构制约了农牧民收入水平的提高。由于自然条件、现代产业不发达、城市化水平较低等综合因素的影响，造成西部民族地区产业构成基本上是以农牧业为支柱产业，其他产业比重极低，经济发展水平低，经济总量小，绝大多数地方财政不能自给，长期靠国家补贴，很难彻底脱困解贫。西部地区的牧区县占全国的86%以上，而牧区是少数民族贫困人口相对集中的地区，牧民的生活来源几乎完全依靠畜牧业，其贫困状况综合了民族地区贫困形成的各种因素。牧区大多地处高海拔、高纬度，各种灾害频繁，加上长期粗放式的放牧方式以及人为破坏，草原退化、沙化、碱化（三化）日益严重，生态环境不断恶化。牧区的生产方式也较为落后，有的牧区的牧民至今依然过着逐水草而居的游牧和半游牧的生活，牧民抗灾抗病能力弱，加上当地缺乏对牧产品的加工能力，只能运往外地加工，致使牧户收入十分不稳定，即使脱贫后返贫率也极高。

（五）制度层面因素

1. 市场经济制度不完善。从目前情况看，少数民族地区的市场经济制度建设远远落后于全国其他地区，没有建立起有效地保护机制帮助农户规避市场风险的冲击。在市场规模方面，目前许多民族地区农副产品交易仍然是通过“赶场”、“赶集”的传统形式进行，其交易规模小、交易时间少、间隔时期长，导致农户手中的农产品和土特产品难以及时售出并卖到理想价位。在市场参与、市场意识、市场竞争、市场风险防范方面，少数民族地区的发展水平也都还很低。尤其是少数民族贫困农户抗市场风险能力普遍较差，近年来，在农副产品价格大幅波动的冲击下，不少农户的贫困状况有所加剧，如湖北恩施州和长阳县，因受2008年以来的“柑橘蛆虫”事件、生猪价格动荡的影响，广大农户柑橘和生猪销售困难，损失巨大；2009年爆发的全球金融危机导致大批农民工返乡，农户创收渠道急剧萎缩，有的农户因此而返贫。

2. 社会保障制度不健全，保障能力不足。社会保障是国家为全体公民构建的一张社会安全网，在公民遇到仅凭自身的力量无法克服的困难时保障公民的基本生活需求。对于中西部民族地区而言，农村社会保障，尤其是新型农村合作医疗和最低生活保障两项制度对于化解贫困农户的风险，阻止其贫困化更具有特殊的意义。但目前，中西部民族地区农村社会保障体系不健全、保障能力不足的问题比较突出，当前民族地区农村最低生活保障实施中的一个突出问题是覆盖面小，保障水平低。由于农村低保资金不足，只能优先保障最贫困者，覆盖率尚未达到30%，如甘肃省临夏回族自治州临夏县2007年农村最低生活保障应保人数有77739人，实际保障人数为15260人，①仅占应保人数的19.63%。而保障水平，普遍存在每人每月5—10元/月的标准，这种低水平的保障标准对改善贫困户的生活作用不明显。新型农村医疗保险实施中的问题主要为：缴费农民的实际受益面小，医疗费用报销比例低，当地医疗卫生服务质量差。如重庆市酉阳土家族苗族自治县参保农民生病时，到乡镇级医院看病治疗，可报销全额费用的50%；但到县级医院看病却只能报销20%的费用。②上述这些问题阻碍了社会保障制度反贫效应的发挥。

---

① 马子量：甘肃省民族地区农村社会保障现状实证分析［J］，《科学经济社会》2009年第3期，22—25页

② 张红梅：浅析我国西部少数民族地区医疗保障制度——以重庆市酉阳土家族苗族自治县为例［J］，《贵州民族学院学报》（哲学社科版）2007年第4期，80—82页

（六）累积效应因素

由于中西部民族地区特殊的地理环境，致使贫困地区单位铁路里程、公路里程都还远远低于全国的平均水平。此外，水利灌溉程度低、电力供给不足、住房条件差等问题长期得不到很好的解决，农民无法改变传统陈旧的生活方式。据统计，我国西部一些贫困山村仍然存在着不同程度的不通公路、不通电、不通电话、没有广播电视覆盖、甚至连饮用水都难以保证等远离文明的现象。由于交通通信的不畅，导致地区间货物流通受阻，交易费用居高不下。限制了贫困地区区域经济的发展。中西部少数民族贫困地区医疗卫生条件差，地方病及各种传染病高发，致使贫困人口处于贫病交加的状况。

中西部民族地区的自有资金积累能力低，财政自给率低。从我国各地区的国内生产总值和增长速度看，西部低于东中部。2000 年全国的国内生产总值为 89403.5 亿元，其中东部地区为 52527.14 亿元，中部地区为 26250.19 亿元，西部地区为 13091.98 亿元；2001 年，西部地区国内生产总值提高到 14329 亿元，占全国的 13.5%，仅相当于东部的 22.6%，东部是西部的 4.3 倍。东中西部三大地带人均 GDP 增长速度，1991—1999 年东部为 12.21%，中部为 10.06%，西部为 8.72%，三大地带增长速度之比为 1.40∶1.15∶1。西部地区人均 GDP 的累积增长也低于东部地区，以 1978 年为基数，到 1997 年，沿海 7 省区人均 GDP 累积增长 6.67 倍，西南和西北地区分别为 4.47 倍和 3.75 倍，这意味着 1978—1997 年间，沿海 7 省区人均 GDP 增长幅度比西南和西北地区分别高出 49 个百分点和 77.9 个百分点。从地方自有资金积累能力看，2001 年西部地区财政收入总额为 1022.5 亿元，仅占全国财政总收入的 13.1%，分别相当于东部地区和中部地区的 19.7% 和 64.1%。贫困县财政自给率一般都低于 50%，财政支出的大部分靠中央政府和上级政府补贴。财政支出几乎都用于行政事业费或人头费上，用于生产性支出的比例很小，被喻为“吃饭”财政。不仅如此，西部地区资本投入要素的增长弹性系数也低于东部地区，有专家计算，资本要素增长率每提高 1 个百分点，沿海 7 省区 GDP 的增长可提高 1.439 个百分点，而西部仅提高 0.318 个百分点；沿海地区要素投入增长率提高 1 个百分点，GDP 的增长率可提高 1.388 个百分点，而西部地区仅提高 0.256 个百分点。由此计算的东部内涵系数为 0.388，而西部的内涵系数为 -0.744。这说明，东部地区经济发展已由外延扩张型转变为内涵增长型，而西部仍然属于外延扩张型经济。其结果是，科技投入不足，农村固定资产投入增长缓慢，社会化服务体系不健全，社会保障制度不完善，发展后劲不足，自我积累、自我发展的能力较低，推动地方经济发展的能力极为有限。如果没有中央政府的支持和外来资金的注入，中西部地区农村，尤其是贫困地区农村，很难自我摆脱贫困，走上全面小康之路。

从民族地区贫困的形成机理来看，尚未摆脱贫困的农户，一般都处在某个封闭的社区内，处于一种难以自我摆脱的贫困再循环圈之中。贫困循环圈表现形式之一为家庭、社区贫困再生产循环圈；表现形式之二为一般贫困的外循环圈，如下图。

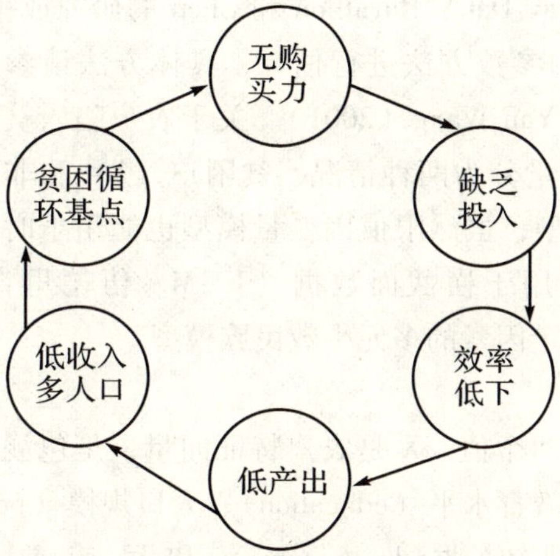

图 3－1　家庭、社区贫困再生产循环圈

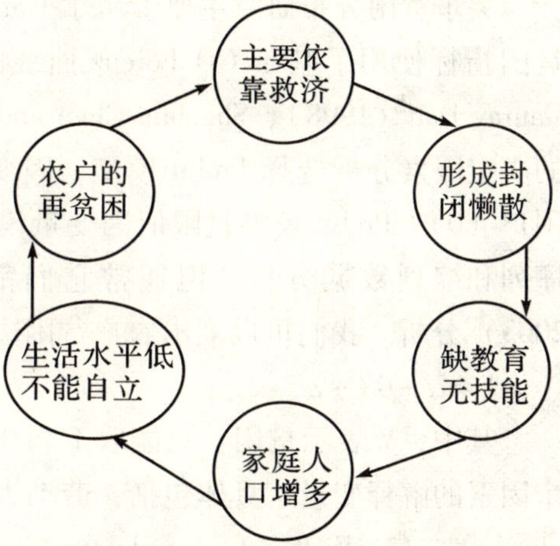

图 3－2　一般贫困的外循环圈

上述这两个贫困循环圈构成了贫困地区和贫困人口形成的两个相互关联的循环关系。一个是贫困农户、社区内部的贫困循环，另一个是一般性总体的外部贫困循环。两者相互联系、相互制约。一般而言，要想打破外部的一般贫困状况，就必须首先改变第一个“家庭、社区贫困再生产循环圈”，从而才能突破“一般贫困循环圈”。这就需要我们找准这些循环格局中的突破口和启动点，从而打破贫困的再循环，启动致富的循环。

二、中西部民族地区农村致贫决定因子的实证解析

（一）调查地点、调查方式与数据来源

实证解析所使用的数据来自课题组 2007 年和 2008 年暑期，在广西、青海、云南、贵州和湖北 5 省进行的农户问卷调查，在进行正式调查前，课题组成员

于2007年暑期进行了预调查。样本数据是按照统计学的方法从科学抽样中获取的。具体的抽选过程分为两个阶段：第一阶段是县抽村，以全县所有村前三年的人均纯收入排队，相对应的农村人口作为辅助资料累计编制成抽样框，根据确定的样本量，采取随机起点，对称等距抽样方法抽选出调查网点。第二阶段是村抽调查户，用全村农户的上年的生产性纯收入排队，逐户累计，编制成抽样框，采取随机起点，对称等距抽样方法抽选确定调查农户。

（二）变量选择与方法

1. 方法

关于贫困分布研究主要参考了Gaurav Datt、Ravallion和Chen的研究成果，贫困指标使用了基于GQ Lorenz曲线的参数方法进行估计，具体方法请参见Gaurav Datt（1998）、Shaohua Chen and Yan Wang（2001）。关于农户陷入贫困的决定因素分析选择Probit模型，因变量分为两种情况：贫困户（1）和非贫困户（0）。Probit模型是限值因变量模型，虽然限值因变量模型也能用于时间序列和综列数据分析，但通常它们都用于横截面数据（J. M. 伍德里奇，2003）分析。我们可以列出农户贫困决定因素的多元少数民族模型：

$$Y=\alpha+\beta X+\varepsilon$$

其中，Y表示贫困，只能取1和0两个值。X是农户特征向量，是包涵多个因素的解释变量，具体包括：劳动力教育水平（education）、人口规模（population）、健康程度（sickness）、非农收入（wage）和民族差别（nationality）等。

2. 解释变量

解释变量反映农户特征信息，即农户获得收入的能力。给出解释变量的目的是研究农户基于能力的角度的贫困成因，主要包括：

（1）教育水平。按照劳动力最高文化程度，将劳动力划分为：文盲半文盲、小学、初中、高中、大专及以上。少数民族回归分析使用家庭劳动力平均受教育年限表示教育水平指标，具体计算公式为：

农户教育水平 =（文盲半文盲劳动力人数 ×0 + 小学劳动力人数 ×6 + 初中劳动力人数 ×9 + 高中劳动力人数 ×12 + 中专以上劳动力人数 ×12 + 大专以上劳动力人数 ×16）/农户劳动力总数。研究假设为：假定其他要素保持不变，随着农户的劳动力受教育年限增加，农户人口质量提高，获得收入的能力增加，从而该农户陷入贫困的概率下降，其预期的作用方向为负。

（2）人口规模。人口规模指家庭的人口数量，如果一个家庭人口数量增加，人均获得收入的能力没有提高，农户可能陷入贫困。按照农户人口规模划分为：4 人及以下家庭、5 人家庭、6 人家庭、7 人及以上家庭。按照农户家庭结构划分为：单身或夫妇家庭、夫妇与一孩家庭、夫妇与二孩家庭、夫妇与三个以上孩子家庭、单亲与孩子家庭、三代同堂家庭、其他家庭。由于家庭结构较难量化，我们仅使用人口规模指标进行少数民族回归分析，研究农户人口每增加一人，贫困发生的概率将如何变化。假设为：如果农户人口规模增加，但农户人均获得收入的能力没有降低，农户不会陷入贫困，如果农户人均获得收入的能力降低，农户陷入贫困的可能性增大。一般来说，如果农户短期内不能相应提高人均获得收入的能力，随着农户家庭规模的增大，其陷入贫困的概率增加，其符号作用方向为正。

（3）健康程度。在中国的农村贫困户中，"因病致贫"户占了较大比例，该比例从 1998 年的 21.61% 上升到 2003 年的 33.4%（卫生部统计信息中心，2004）。家庭劳动力受到疾病冲击对其获得收入的能力影响是多方面的：一方面，患病者在一段时间内劳动能力的丧失和家庭成员因看护而导致劳动时间的损失；另一方面，生病可能直接影响当年的生产性投资和对子女的教育投资等，从而长期影响收入水平的提高。以患病后是否影响到正常的劳动为基准，可分为当年患病户和非患病户，患病户用 1 表示，非患病户用 0 表示。研究假设为：由于患病户在短期内丧失了获得收入的能力，所以比非患病户更容易陷入贫困，预期作用方向为正。

（4）非农收入。非农收入可以划分为两个部分：其一是农村非农产业的发展，其二是到外地打工获得的收入。本次调查发现，西部民族地区农村贫困户来自非农收入的比例普遍较小。西部地区农村非农产业发展非常落后，农民外出打工收入是非农收入的主要部分，按照家庭是否外出务工，可将其划分为无外出务工户和外出务工户（包括外出 1 人、外出 2 人及以上农户）。为了更加准确描述农业以外的收入对贫困的影响，我们使用了非农收入占农户家庭总收入指标。研究假设为：虽然农业收入是贫困户的主要收入来源，但是贫困户增加收入的主要渠道应该是非农收入，非农收入比重越大，表示农户获得收入的能力越强，农户陷入贫困的概率下降，因此预期的作用方向为负。

（5）民族差别。民族差别是指少数民族和汉族有着不同的传统文化和农耕文明。少数民族传统文化习俗是在长期的历史发展中的，这些传统习惯与社会条件、自然条件的共同作用，决定了少数民族的经济行为，不同民族间经济行为的差异会导致收入能力的差异。研究少数民族地区贫困问题，有必要考察少数民族特有的传统文化对贫困的影响。采用的研究方法是将农户分为汉族和少数民族两个类型，在控制其他变量的条件下，探究少数民族传统文化对农户收入的影响，进而分析汉族和少数民族哪个更容易陷入贫困。由于以往的相关研究没有专门对少数民族传统文化的计量检验，所以很难从经验判断究竟是汉族还是少数民族更容易陷入贫困。本研究假设没有确定预期的作用方向，有待进一步的验证。

3. 控制变量

控制变量是除了农户特征变量以外其他影响农户收入的变量，具体包括资产存量、粮食单产、耕地面积、自然灾害、地形地貌、退耕还林和区位条件等。

资产存量使用上年末各村人均生产性固定资产原值。与粮食生产紧密联系的几个变量是：粮食亩产、人均耕地面积、退耕还林面积、是否遭受自然灾害等。

由于退耕面积是逐步推行的，国家的退耕补贴也是逐年发放的，使用截面数据不能准确反映当年因退耕因素影响下农户的实际收入，因此，我们仅简单地分为退耕户和非退耕户，退耕户定义为1，非退耕户定义为0。

由于本次调查区域当年的自然灾害主要是旱灾，因此，我们主要以旱灾对农户收入影响的数据为依据，遭受旱灾影响的农户定义为1，未受旱灾影响的农户定义为0。

农户收入的控制变量还有地形地貌和地理位置等，关于地理位置对于农户收入的影响，研究假设为：农户与县城和乡镇的距离由近及远而呈收入递减的分布态势，但考虑到本次调查获得的数据尚不足以支撑这一论断，故未将其列入。

表3-4　各变量的定义及其对农户贫困的预期作用方向

变量类型 解释变量	变量含义	预期作 用方向
教育水平（education）	农户劳动力平均受教育年限（年）	负
人口规模（population）	家庭常住人口数（人）	正
健康程度（sickness）	当年生病户；非生病户	正

续表

变量类型 解释变量	变量含义	预期作 用方向
非农收入（wage）	非农收入占总收入的比重（%）	负
民族差别（nationality）	少数民族；汉族	
控制变量		
资产存量（assets）	上年末各村人均生产性固定资产原值（单位：百元）	负
粮食产量（food）	粮食亩产（公斤/亩）	负
耕地面积（land）	人均耕地面积（亩）	负
自然灾害（disaster）	当年遭受自然灾害的农户；非自然灾害	正
地形地貌（physiognomy）	阴湿半阴湿；其他（干旱半干旱和有效灌溉）	正
退耕还林（forest）	退耕户；非退耕户	负

（三）统计描述

设定 14 个决定贫困的变量进行少数民族回归分析（有些虚拟变量在设定哑变量时，有两个以上的属性，因此虚拟变量可能设定为多个，这样决定贫困的变量可能比 14 个更多）。我们对决定贫困的变量进行统计性描述，研究贫困户和非贫困户在贫困决定因素方面的差异，指出决定贫困的变量特征。表 3－5 是贫困决定因素的简单统计性描述。

表 3－5 农村贫困决定因素的统计性描述

变量类型	非贫困户 样本容量	均值	标准误	贫困户 样本容量	均值	标准误差
教育水平（education）	539	6.09	2.71	181	5.73	2.75
人口规模（population）	539	5.09	1.39	181	5.59	1.38
健康程度（sickness）	539	0.23	0.42	181	0.46	0.5
非农收入（wage）	539	31.98	23.8	181	22.87	20.81
民族差别（nation）	539	0.29	0.46	181	0.43	0.5
资产存量（assets）	539	14.78	6.07	181	13.05	5.37

续表

变量类型	非贫困户 样本容量	均值	标准误	贫困户 样本容量	均值	标准误差
粮食产量（food）	539	206. 58	145. 83	181	176. 41	124. 3
耕地面积（land）	539	6. 31	5. 01	181	5. 4	4. 98
自然灾害（disaster）	539	0. 3	0. 46	181	0. 38	0. 49
地形地貌（physiognomy）	539	0. 2	0. 4	181	0. 23	0. 42
退耕还林（forest）	539	0. 92	0. 27	181	0. 91	0. 28
农村（country）	539	34. 38	27. 01	181	32. 55	21. 89
城镇（town）	539	7. 92	6. 62	181	7. 28	5. 89
交通便利（station）	539	7. 85	11. 78	181	6. 64	10. 25

数据对比分析发现，5 个具有显著特征的变量是：非贫困户的劳动力平均受教育年限是 6. 09 年，比贫困户高出 0. 36 年；非贫困户非农收入比重的均值是 31. 98%，比贫困户高出 9. 11 个百分点，非农收入比重小的农户更多地陷入了贫困；从户均常住人口数的比较看，非贫困户是 5. 09 人，贫困户是 5. 59 人，贫困户的人口规模更大；从生病的可能性比较看，非贫困户是 23%（虚拟变量把生病户设为 1，生病户的均值是指非贫困户中生病的户数占非贫困户总数的百分比，下面涉及到虚拟变量的统计性描述具有类似的意义），贫困户高达 46%，生病户比未生病户更多地陷入了贫困；从民族差别的比较看，非贫困户中少数民族的比例是 29%，贫困户中少数民族比例是 43%，少数民族比汉族更容易陷入贫困。控制变量的统计性描述发现，非贫困户和贫困户之间的显著差异性特征。从资产存量分析，非贫困户人均生产性固定资产存量比贫困户多 173 元；从粮食生产分析，非贫困户比贫困户不仅人均耕地面积多 0. 91 亩，而且平均每亩粮食产量高出 30. 17 公斤。

外部环境和农户特征决定了农户陷入贫困的概率。对贫困影响因素研究的目的之一是：在控制外部环境变量的条件下，分析农户特征如何影响贫困分布的。樊胜根、张林秀和张晓波（2002）的一项研究认为，与其他国家相比，中国农村的一个显著特点是个人和家庭特征对贫困的影响相对较小。

不同家庭结构和家庭规模的农户，其贫困发生的可能性以及收入分布状况存在着显著的差异性，按照劳动力最高文化程度分组研究农户的收入分布差异性较小。从家庭结构分析研究贫困指标发现，夫妇和三个及以上孩子家庭无论是贫困发生率还是贫困分布权重，都占有很大的比重。夫妇及三个以上孩子家庭大多数属于超生家庭，这种类型的家庭人口负担重，占有耕地少，人均收入非常低。夫妇及三个以上孩子家庭占样本户的33.89%，贫困发生率达18.06%，贫困人口中该类型家庭贫困人口占48.74%，明显高出其他家庭。夫妇及一个孩子家庭在各种家庭类型中收入最高，夫妇及两个孩子家庭在各家庭类型中贫困发生率最低。

农户家庭规模分解贫困指标发现，家庭人口越多的农户贫困发生率越高，4人及以下家庭贫困发生率仅为5.07%，5人和6人家庭贫困发生率差异较小，随着家庭人口规模进一步增加，贫困发生率明显上升，6人家庭贫困发生率为14.53%，7人及以上家庭为19.13%。从贫困人口分布看，4人及以下家庭贫困人口占贫困总人口的12.64%，这部分贫困人口主要是新分家户，受分家、婚姻、生育影响，人均占有耕地少，大都是农业生产中缺乏土地的农户。5人及以上家庭贫困人口占贫困总人口的87.36%，这部分贫困人口结构复杂，结合家庭类型中夫妇及三个以上孩子家庭的贫困发生状况，基本可以判断超生是农户致贫的一个重要因素。

文化程度分解贫困指标发现，文盲与半文盲的农户贫困规模大，而初中及以上劳动力文化程度农户贫困规模有所减小，但差异不显著。家庭劳动力全是文盲的户贫困发生率达15.85%，小学户为15.41%，初中户为12.10%，高中户反而增加到14.25%，可见劳动力素质对贫困分布影响没有表现出显著的特征。大多数的贫困人口集中分布在劳动力是小学和初中以上农户中，该类型农户数在调查总体中占有较大比重。外出打工户的贫困人口略低于无外出打工的农户。测算结果表明，无外出打工农户的贫困发生率为16.74%，外出打工农户为11.36%，1人外出打工农户的贫困发生率仅为10.93%，2人及以上外出打工农户的贫困发生率为12.19%。可见，农户非农就业的劳动力数量，对农村贫困发生概率存在一定程度的关联，其原因可能是：在外打工者对自身、对家庭中其他劳动力获得收入的能力都能产生一定的影响。

以上分析不难看出，以农业收入为主的农户贫困发生率更高。中西部民族地区工业落后，非农收入的主要来源是外出打工，由于外出打工者务工时间长短不同，并且各城市、各企业的薪酬标准也存在差异，因此我们认为，农户非农收入的比重要比农户是否外出打工更加准确地体现农户获得非农收入的能力。非农收入占其总收入的比重在25%以下的农户比其他农户的贫困发生率高8.52%，这说明贫困主要发生在以农业收入为主的农户。

当年生病户比未生病户贫困发生率更高。当年生病户占样本总数的28.47%，占贫困人口的37%，说明贫困地区农户大量存在“因病致贫”的现象。患病的农户贫困发生率是18.12%，而未患病农户贫困发生率是12.17%。表3-6和表3-7是不同贫困线的模拟分析：

表3-6 调查区不同农户特征贫困指数和贫困人口分布

分解标志	样本户数	样本户构成	人均纯收入	H	PG	SPG	GINI	贫困人口构成
农户家庭结构分组：								
单身或夫妇家庭	14	1.94	2189.76	15.48	6.29	5.18	56.20	2.40
夫妇与一孩家庭	37	5.14	2206.30	5.61	2.01	1.45	35.56	2.29
夫妇与二孩家庭	142	19.72	1773.84	4.50	1.47	1.06	29.98	7.07
夫妇与三个以上孩子	244	33.89	1343.24	18.06	6.40	3.76	30.91	48.74
单亲与孩子家庭	6	0.83		0.00	0.00	0.00	0.00	0.00
三代同堂家庭	142	19.72	1430.75	11.74	2.72	1.11	30.08	18.44
其他家庭	135	18.75	1516.53	14.10	5.34	3.66	31.98	21.06
农户家庭规模分组：								
4人及以下	224	31.11	1873.04	5.07	1.67	1.17	31.91	12.64
5人家庭	217	30.14	1427.31	14.93	5.45	3.54	30.42	36.08
6人家庭	159	22.08	1504.10	14.53	4.68	2.12	31.34	25.73
7人及以上	120	16.67	1233.88	19.13	5.10	2.19	29.82	25.56
最高文化程度分组：								
文盲半文盲	35	4.86	1341.25	15.85	4.75	2.37	29.13	5.83
小学	180	25.00	1377.53	15.41	5.27	2.62	30.95	29.16
初中	349	48.47	1483.73	12.10	3.85	2.29	30.40	44.37

续表

分解标志	样本户数	样本户构成	人均纯收入	H	PG	SPG	GINI	贫困人口构成
高中	123	17.08	1429.17	14.25	4.62	2.54	29.20	18.42
大专及以上	33	4.58	2727.77	6.39	1.48	0.48	31.35	2.22
家庭外出务工分组：								
未外出务工户	280	38.89	1502.34	16.74	5.74	2.79	35.28	48.40
外出务工户	440	61.11	1494.49	11.36	3.39	1.85	29.50	51.61
外出1人户	294	66.82	1471.54	10.93	3.40	2.01	28.71	64.34
外出2人及以上	146	33.18	1535.86	12.19	3.39	1.61	30.85	35.65
非农收入比重分组：								
非农比重25%以下户	342	47.50	1303.126	18.25	6.13	4.36	31.51	62.90
非农比重25%以上户	378	52.50	1670.754	9.73	2.98	1.68	30.52	37.10
农户健康程度分组：								
生病户	205	28.47	1283.806	18.12	6.73	3.92	32.44	37
未生病户	515	71.53	1586.993	12.17	4.46	2.56	30.80	63

表3-7　调查区农村不同民族贫困指数和贫困人口分布

民族分类	样本村数量	样本村构成	均值	GINI	H	PG	SPG
全部	72	1.00	1497.92	31.56	14.06	4.18	1.75
少数民族	24	0.33	1364.43	33.94	19.61	6.49	3.03
汉族	48	0.67	1567.59	30.27	11.17	3.13	1.24

（四）模型分析

根据表3-8的模型，以2007年全国农村低收入贫困线为标准，设为1027元，如果样本户人均纯收入低于1027元，定义为贫困人口，取值为1，非贫困人口则取值为0。表8是农户贫困决定因素的Probit模型输出结果，最后一列反映了各影响因素的边际变化对农户陷入贫困的边际概率影响。从表8中可以看出，该模型总体显著性较好，似然比统计量为109.69，且在1%的水平上显著。建立贫困决定因素模型的目标是研究农户特征对陷入贫困概率的影响。5个解释变量给出了农户特征信息，解释变量中除教育水平之外的人口规模、健康程度、非农收入比重和民族差异对农户是否贫困具有很强的统计显著性影响，其中，人口规模、健康程度和非农收入比重在1%的水平上显著，民族差别在5%的水平上显著。教育水平没有通过显著性检验，其边际概率的符号和大小并不值得相信。

教育水平没有通过显著性检验，其边际概率的符号和大小并不值得相信。关于教育投资对农村地区回报率方面，理论界看法不一，Chow（2001）对中国20世纪90年代初期的教育投资对农村地区的回报率测算结果为4%；Fleisher and Wang（2001）认为，Chow（2001）的研究大大低估了中国教育投资的农村回报率，其测算表明，教育投资的回报率大致在30%—40%左右。最近国内的研究有一些趋同的结论，认为中国农村教育投资的回报率是很低的。张林秀等（2005）研究表明，中国农村劳动力平均受教育年限为6年，教育回报率为4%左右，而整个亚洲农村劳动力教育年限为8年，教育回报率超过10%，非洲的劳动力教育年限为5.5年，教育回报率接近14%。目前政府的开发式扶贫关注的是通过多种扶贫措施来促进对农村有形资源的开发，开发式扶贫如何与发展农村教育结合起来，通过提高农村教育适龄人口的教育水平来促使其摆脱贫困，这一问题值得关注。Cheng FANG，Xiaobo ZHANG，Shenggen FAN（2002）针对农村地区的状况对各种公共投资的扶贫效应进行了计量检验。结果表明，在政府的各种投资中，教育投资的扶贫效应是最显著的。

表3-8　农户贫困决定因素：基于户级数据的概率单位模型估计结果

解释变量	系数	标准误	z	P>|z|	dF/dx
教育 education	-0.0015	0.0241	-0.0600	0.9500	-0.0004
人口 population	0.1242	0.0414	3.0000	0.0030	0.0359
疾病 sickness	0.6160	0.1170	5.2600	0.0000	0.1946
收入 wage	-0.0172	0.0028	-6.2400	0.0000	-0.0050
民族 nationality	0.3249	0.1459	2.2300	0.0260	0.0979
控制变量资产 assets	-0.0176	0.0108	-1.6300	0.1040	-0.0051
食品消费 food	-0.0017	0.0005	-3.1500	0.0020	-0.0005

续表

解释变量	系数	标准误	z	P > | z |	dF/dx
耕地面积 land	-0.0578	0.0179	-3.2300	0.0010	-0.0167
受灾面积 disaster	0.3993	0.1568	2.5500	0.0110	0.1216
地形地貌 physiognomy	0.2878	0.1589	1.8100	0.0700	0.0885
林地面积 forest	-0.3816	0.2062	-1.8500	0.0640	-0.1234
乡村5公里 county5	0.2165	0.3438	0.6300	0.5290	0.0667
乡村10公里 county10	0.1802	0.2846	0.6300	0.5270	0.0495
城镇5公里 town5	0.0178	0.1547	0.1200	0.9080	0.0052
城镇10公里 town10	-0.0618	0.2003	-0.3100	0.7580	-0.0176
车站10公里 station5	0.2918	0.1608	1.8200	0.0690	0.0829
车站5公里 station10	0.0187	0.2013	0.0900	0.9260	0.0054
_ cons	-0.4409	0.5213	-0.8500	0.3980	
Number of obs = 720			Prob > chi2	= 0.0000	
Wald chi2 (17) = 109.69			Pseudo R2	= 0.3588	
pred. P = 0.2111 (at x - bar)					

表3-8中边际效应结果显示：

（1）在其他变量保持不变的条件下，农户家庭的常住人口每增加1人，农户陷入贫困的概率平均增加0.04。但须指出，农户家庭作为一个生产单位，其拥有土地和资产状况等不同，会有不同的最优人口规模，也就是说，农户常住人口每增加1人，农户陷入贫困的概率并不相同。通过相关系数检验发现，家庭常住人口数与劳动力负担系数呈正相关，相关系数为0.2357（在1%显著性水平上两个变量的相关系数为0.081），家庭人口规模大，劳动力负担相对比较重，人均收入水平下降，因此农户的人口规模越大，则陷入贫困的可能性也越高。

（2）在其他变量保持不变的条件下，家庭成员当年患病使得农户陷入贫困的概率增加0.19，可见，因病致贫是农户陷入贫困的一个主要因素。患病对农户收入的影响可分为短期影响和长期影响。输出结果中边际概率的影响仅仅反映了短期影响，实际上，健康对农户收入的影响是深远的。关于健康与收入的关系，Strauss and Thomas（1998）有比较详细的论述，国内学者相关研究的代表性成果主要有：张车伟（2003）测算了健康对农户种植业的影响；魏众（2004）测算了健康状况对农户非农就业和工资的影响；高梦滔（2005）测算了大病对农户长期收入的影响以及健康风险冲击持续的时间，这些研究成果显示，中国农村因病致贫和因病返贫的现象十分普遍。一些学者对农村地区的典型调查也表明，农村中1/3以上的贫困户是由于疾病造成的（何晓军，简小鹰，2005）。

（3）在其他变量保持不变的条件下，农户非农收入比重每增加一个百分点，农户陷入贫困的概率下降0.5%。贫困农户的收入主要来自农业收入，他们长期依赖农业生产，参与非农生产的机会比较少。少数民族地区村办企业和乡镇企业发展十分落后，农户获得非农收入的主要来源是外出务工收入。考虑到仅从农户外出务工人数尚不能分析出其工作的时间，且外出务工的城市发展水平和企业薪资对其收入的影响，为了客观地表示劳务输出对减缓贫困的作用，我们使用了非农收入比重指标。Anders Danielson（2001）的经验检验证明，农业增长的减贫效果大于其他产业。陶然等（2002）研究认为，家庭收入越低的农户对农业收入的依赖越大。其中，收入低于800元样本组的农户收入为522.4元，来自农业的收入占家庭总收入的比重为86%。两项研究表明，贫困农户主要的收入来源是农业收入，他们主要从事农业生产活动，家庭内部的剩余劳动力没有充分转移到其他产业上来，因此，帮助贫困户获得非农收入有着非常重要的意义。

概率单位模型的输出结果表明，保持其他变量不变，从汉族农户到少数民族农户的变化，农户陷入贫困的概率增加9.79%，这表明，少数民族农户更容易陷入贫困。中国55个少数民族中的多数分布于祖国的边疆或边远山区、边远牧区，这种地理分布状况，以及历史因素、文化因素等，是少数民族农户贫困发生率高于汉族的主要原因。

第三节 贫困视角下的民族地区农村社会保障制度建设

一、贫困视角下的民族地区农村社会保障制度缺失

（一）贫困民族地区农村社会保障形式单一、覆盖面小，保障水平低

新中国成立以来，尤其是改革开放以来，我国民族地区的社会保障事业取得了很大的成绩，但也应看到，中西部民族地区农村社会保障制度建设相对滞后，表现为：社会保障制度残缺不全、保障形式单一、覆盖面小。现行的保障项目仅限于农村社会救济（包括农村“五保”）、社会优抚，以及近年来实施的新型农村合作医疗保险，保障对象基本上是“困难的人”、“光荣的人”和“患大病的人”，由于社会保障制度尚未覆盖民族地区大多数农村居民，他们承受着更大的社会风险。调查发现，随着农村家庭结构的变化，“空巢”家庭近年来不断增多，因养老保障制度的缺失，民族地区农村“空巢”老人的生活境况堪忧。民族地区农村社会保障水平也十分低下，如贵州省农村“五保户”有60多万人，大部分处于分散供养状态，国家给予的人均生活补助费2009年约为71元，据本课题组测算，贵州省民族地区农村每月最低食品开支为每人80元左右，可见这部分“五保户”依然处在贫困境况中。从新型农村合作医疗保险实施情况看，因受医疗报销起付线标准较高的制约，民族地区农户中真正享受到医疗保险费用补贴的不多。

（二）民族贫困地区农村社会保障社会化程度低、保障功能差

目前在西部少数民族地区普遍实施的农村社会保障主要项目是社会救助和新型农村合作医疗保险。由于西部地区贫困面广、贫困程度深，而筹集的救助资金十分有限，不少地方只能采取以收定保的措施，使得社会救助对象有限，救助标准过低。西部民族地区农村“五保户”和“空巢”老人的社会化供养比例远比东部发达地区低，一般都是靠村集体和乡亲的帮助解决其生活照料问题。新型农村合作医疗保险制度虽然解决了部分群众“病有所医”的问题，但对于西部少数民族地区而言，一些地方病、慢性病的诊断和治疗费用，患者仍要承担较大比例。例如，本课题组于2008年在青海省海晏县和天峻县的调查发现，当地60%的牧民不同程度地患有肺心病、风湿性关节炎，需要常年用

药，当地“合管办”给每名患者报销600元的药费，约占其全年药费支出的1/4，其余的由个人负担。2009年我国正式启动农村养老保险的试点工作，先期覆盖范围约为10%，计划到2020年在全国普遍推行。根据制度的设计，现行的农村养老保险、新型农村合作医疗保险等实行方式为根据农村居民的意愿选择是否参加。这种做法虽然打消了农民的一些顾虑，但是也给农村社会保障制度的推行带来了更大的工作负担，使社会保障基金的互济功能难以充分地发挥。对此我们认为，强制性是社会保险的基本特征之一，社会保险制度运行遵循“大数法则”，参保率决定着社会保险风险分散能力和互济功能的有效发挥。而且实行农村养老保险、医疗保险的个人强制性缴费是取之予民、用之予民，与农村乱收费有本质的不同，因此，应对农村社会保险自愿参加的方式进行再思考。

（三）民族贫困地区农村社会保障缺乏统一管理、效率低下

我国民族地区农村社会保障管理体系不统一，多头管理、政出多门的现象十分突出。从管理机构上看，部分在国有企业工作的农村职工的社会保障统筹归劳动部门管理；医疗保障由卫生部门和劳动者所在单位或乡村集体共同管理；农村社会救助、农村养老和社会优抚归民政部门；一些地方乡村或乡镇企业也建立了社会保障办法和规定；有的地方，商业寿险公司也参与农村社会保障，形成了“多龙治水”的管理格局。由于这些部门所处地位和利益关系不同，在社会保障的管理和决策上经常发生矛盾，导致相互扯皮、办事效率低下的状况。

二、反贫困与中西部民族地区农村社会保障制度建设

鉴于中西部民族地区仍有不少群众处于贫困状态，因此，反贫困应成为该地区农村社会保障制度的一项重要功能。如何进一步调整和优化现行的农村社会保障体系，为各族广大群众构筑起一张“社会安全网”；如何将社会保障与扶贫开发有机地结合起来，以帮助贫困农户尽快脱贫，是当前中西部民族地区农村社会保障研究应着力思考的几个问题。

（一）加强民族地区农村社会救助制度建设

由于民族贫困地区自然条件恶劣，自然灾害频繁，相当数量的农民生活处于贫困线以下，没有自救能力，进一步完善以满足人的基本生活需要这类低层次的社会保障制度对于西部民族地区农村而言，具有特别重要的意义，尤其是

灾害救助制度、医疗救助制度、老年救助制度、最低生活保障制度等为中西部少数民族农村地区所急需，应重点推进，要争取尽快实现贫困人口全覆盖，并逐步提高保障标准。

社会救助的责任的主体是国家，其资金来源主要靠中央及各级地方政府的财政拨款。为保证社会救助资金的足额发放，中央及省（区）财政应设立社会救济的专项预算支出科目，并划定特定的收入来源，从而使得社会救济成为具有法律约束力的预算科目。农村社会救助资金可通过以下三方面予以筹措：第一，个人所得税收入分成。目前个人所得税每年均以几十个百分点的速度递增，2008 年我国该税种收入已达 3185 亿元，如此大的规模和增长潜能决定了它有能力提供相当部分的资金。该税种设立的意旨在于调节高、低收入者的贫富差距，防止社会两极分化，而通过提取一定比例的税收收入，亦可以进一步强化国民收入再分配效用。第二，工业性返还收入。可要求大型国有企业按利润的一定比例向国家支付红利，为政府公共支出的重点项目提供资金支持，其中的适当部分可直接划归社会救济支出科目。第三，社会捐款。一方有难，八方支援历来都是国人的优良品德。目前社会上轰轰烈烈进行着的“希望工程”其实就是一种民间救济方式。国家可设立或委托某种机构操作其运作，使之规范化、法律化，并最终纳入社会救济的统一范畴内。

（二）积极探索民族地区农村扶贫的政策创新

现代意义的“社会救助”，其概念内涵已不同于传统的“社会救济”，具体表现为：第一，承认并表明贫困现象主要是由于社会原因造成的，因此，国家和社会必须履行对贫困群体基本生活需求予以保障的责任；贫困者有从国家和社会获得救助的权利。第二，社会救助强调建立被救助者的个案资料，从中找出贫困的原因，以对症下药，根治贫困。第三，社会救助不但重视意外发生时对贫困群体应急补救措施，而且更强调多方面的、积极主动的援助扶持，以消除救助对象的贫困根源，以帮助贫困群体建立起完全自立的信心和能力。第四，社会救助包罗了社会保障“现金补偿”和“提供服务”的双重含义。从“贫民救济”到“社会救助”不是一个简单的概念替换，而是一种观念上的飞跃。二战之后，社会救助作为社会保障内涵的一大变革，已为全世界普遍接受。

开发式扶贫旨在根除特定区域内的普遍贫困现象，从这个意义上，也可将近年来我国不懈进行的“开发式扶贫”理解为社会救助的一种形式，它与生活资料救助类形式的结合，共同为民族地区农村群众撑起脱贫的希望。有人把开发式扶贫概括为“六位一体”的扶贫，即思想扶贫、人才扶贫、科技扶贫、教育扶贫、资金扶贫、改革扶贫。社会救助的内涵因此而更为明晰。2000年底我国政府发表的《中国21世纪人口与发展》的“行动计划”关于“缓解和减少贫困现象”指出：“根据不同时期、不同地区的贫困原因、制定适当的扶贫政策，使扶贫工作由解决贫困人口的温饱转向提高贫困地区的经济社会发展水平，”这一表述充分展现了我国社会救助制度的目标与路径。

我国农村扶贫工作是在国家政策的指导下，在保障贫困户最基本的生活需求的基础上，利用专项资金和技术帮助贫困地区和贫困户发展生产的社会活动。它产生于50年代，盛行于80年代。1978年，民政部肯定了各地扶贫的做法。1983年，全国第八次民政会议召开，国务院成立了全国扶贫开发工作领导小组，扶贫工作引起重视且获得了组织和资金的保证，实现了由救济式扶贫向开发式扶贫的战略转移，扶贫工作得以在全国普遍开展起来。此时期，我国农村扶贫工作形成了政府两套扶贫组织系统，并且越来越制度化、社会化和市场化。

（1）救济式扶贫。由民政部门组织实施的扶贫对象是具备经扶持短期内可以达到脱贫潜在能力的贫困户。这种被称为“小扶贫”的方式，通过政府和社会组织动员经济资源，直接针对贫困人口，具有社会保障的色彩。但由于扶贫资源并未主要配置在“小扶贫”方面，影响了救济式扶贫功能的充分发挥。

（2）开发式扶贫。开发式扶贫系统由国家农业建设委员会负责，掌握着支援经济不发达地区发展资金，新增财政扶贫资金、以工代赈资金、扶贫信贷资金、“三西”农业建设专项资金等主要扶贫资源。20世纪80年代初开展大规模扶贫工作伊始，我国农村绝对贫困形成的经济因素甚于社会因素，主要表现为资源制约的区域性贫困。政府相应制定了以开发式扶贫方式促进贫困地区农村经济发展来实现消除绝对贫困目标的战略，扶贫资金初期主要投向于农业部门，这主要是考虑到农产品短缺背景下，期望农业增产进而带动农民增收，并且当时家庭经营制度在促进农业发展方面显示了巨大的潜力，农民生活因此而得到显著的改善，所以，在实现贫困地区经济增长的同时，也实现了农民收入迅速提高，农村绝对贫困人口温饱问题大量解决的目标。然而，受市场格局变动的影响，1988年以后，我国农村扶贫资金倾向于乡镇企业，县办工业和基础设施建设，开发式扶贫演变成了贫困地区的工业投资战略，偏离了解决贫困人口温饱的目标。贫困地区财政压力的加剧，扶贫组织效率的降低，也吞噬了大量的扶贫资金。由于扶贫目标的偏移，贫困地区公路等基础设施虽有显著改善，但靠天吃饭的局面并未得到根本改变。农村绝对贫困人口数量减少的速度逐步放慢。实际上，开发式扶贫的效率导向原则，决定了它主要针对贫困地区中处于相对贫困的群体，通过地区经济增长实现利益主要流向绝对贫困阶层的设想很难行得通。实践证明，改造传统农业和开展劳务输出是消减绝对贫困的两个主要的途径。

（3）社会化扶贫。通过政府、社会和市场等多种渠道动员社会资源参与扶贫工作，是分配格局多元化后反贫困工作的客观需要，它有利于建立多层次的扶贫制度，提高扶贫效率，扩大扶贫范围。狭义的社会扶贫是具有中国特色的社会扶贫措施。从20世纪80年代中期开始，中央和贫困地区政府用行政手段，通过“对口”、“挂钩”、“结对”等方式把社会组织与特定的贫困地区和贫困户联结在一起，通过制定扶贫责任制，定点帮扶，限期脱贫。这些社会组织在政治上成为贫困地区与贫困群体利益的代表，在经济上为帮扶对象捐款捐物，并且为贫困地区提供了项目合作、劳务输出、信息传递、干部交流等发展的机会。社会扶贫呈现出范围逐步扩大、责任逐步明确、目标逐步细化的特征。对口扶贫的主体从部门扶贫发展到东西部协作扶贫，扶贫目标从包县、包乡、包村发展到包户。并通过由我国政府担保的世界银行等扶贫贷款，社会组织发起的“希望工程”、“春蕾计划”以及社会福利募捐等更为社会化、市场化的方式动员扶贫资源，社会化扶贫展现出广阔的前景。

（三）改革与发展民族地区农村医疗保障制度

长期以来，我国贫困地区农村医疗社会保障制度发展迟缓，不能满足广大农民基本的医疗需求。全国农村有病未医的占28%，在贫困地区农村，有病未医的则占72%。该住院医治而未住院的占89.2%，因病致贫、因病返贫的占贫困户总数的30%—40%，个别地方达60%。据有些地区抽样调查，农民年人均医疗消费仅50元。贫困地区农民看病难的问题突出，关键在于缺少医疗社会保障制度。

20世纪50年代，随着农业合作化运动的开展，湖北、山西、河南等地农民首创“合作医疗”形式，并得到党中央的肯定，其后全国其他农村地区也都兴办起了“合作医疗”。到1976年，我国农村90%以上的农业生产大队都办起了合作医疗。1983年以后，由于农村实行联产承包责任制，三级所有、队为基础的农村集体经济体制让位于家庭承包制，使得农村合作医疗所依托的制度与组织基础不复存在，农村合作医疗制度呈现大幅度的回落，到1986年前后，我国大部分农村地区的合作医疗解体，仅有5%的农村地区仍然保留了合作医疗制度，这些农村地区主要集中在经济相对较为富裕的苏南、上海和浙江部分农村。

农村生产经营体制的变革使农村三级医疗预防保健网络出现“底破线断”的局面，许多地方的村集体卫生室基本承包给了赤脚医生，同时社会办医开禁，个体诊所大量涌现，一方面为方便群众就医、缓解就医矛盾起了重要作用；但另一方面，也出现了一些问题亟待解决，如许多地方的乡村医务人员专业素质低下，甚至根本不具备行医资格；农村医疗服务机构的进药渠道混乱，致使大量假冒伪劣药品流入农村；各级医疗卫生单位已经从合作关系变成了竞争关系，县乡两级医院门诊量下降，设备利用率低，人才大量外流，农村再度出现缺医少药的局面，医疗价格大幅上升。由于农村合作医疗制度的衰落，使得90%以上的农民沦为自费医疗群体，这对于处于落后贫困状态的西部民族地区的影响相当大，不少人因无钱看病吃药，健康状况因此而恶化。到20世纪80年代末，农民看病难看病贵以及因病致贫已成为一个突出的社会问题，引起了中央政府的重视，1993年，中共中央在《建立社会主义市场经济体制若干问题的决定》中提出，要发展和完善农村合作医疗制度。1997年1月，中共中央、国务院在《关于卫生体制改革与发展的决定》中，提出了要积极稳妥地发展和完善合作医疗制度，力争到2000年在农村多数地区建立起各种形式的合作医疗制度。随着政府对农村合作医疗的重新肯定，以及国家“2000年初级卫生保健”战略的实施，新型农村合作医疗制度从2003年起在全国部分县（市）试点，并逐步向全国农村推进，农村居民参加合作医疗保险的比例不断上升。

新型农村合作医疗保险制度是指以农村居民为对象，由国家和个人共同出资的农村医疗保险制度，主要解决农村居民患病，尤其是患大病所需的医疗费用问题。与以前的农村合作医疗相比，新型农村合作医疗保险制度一是突出了政府的出资责任主体地位，形成了“政府出大头，个人出小头”的农村合作医疗的资金结构，从而改变了“个人出大头、集体出小头、政府政策支持”的筹资格局；二是在支付环节确立了“保大顾小”的医疗费用补偿原则，以保证农民患大病时可以住院治疗，又能适当补偿门诊医疗费用，有效解决了农村居民因病致贫及小病不看拖成大病的问题，而传统的合作医疗主要是解决农村缺医少药问题；三是在县乡级政府中建立了农村合作医疗管理委员会，负责农村合作医疗制度运行管理。可见它已不是新中国成立初期农村合作医疗的简单恢复，而是农村医疗健康保障制度的创新与发展。

民族地区农村医疗保健事业的发展应朝着集“医疗保险、医疗救助、医疗服务”于一体的综合卫生保健体系的方向迈进。进一步完善新型农村合作医疗保险制度，要不断激发广大农民参加合作医疗的积极性，巩固现有的参合率；考虑到民族地区农村居民患病率高、收入普遍偏低的实际情况，合作医疗保险筹资结构中应适当加大政府的出资比例，个人筹资额度一般应控制在当年农民人均纯收入的1%—3%。要尽快建立农村医疗救助制度，让那些无钱参保的特困群体也能享受起码的医疗服务。要加强县乡（镇）两级医疗服务机构的建设，努力提高服务质量，规范服务行为；要将当地多发病的基本药品纳入新农合基本用药目录并降低药品价格。

（四）进一步完善民族贫困地区农村居民最低生活保障制度

最低生活保障的目标是解决贫困群体的基本生活需要问题，在国家实施的开发性扶贫工作带动下，经过不懈努力，民族地区的贫困人口已从1985年的4000多万减少到2008年的770多万人。据有关统计，目前尚未脱贫的农村人口中，约1/5为五保户，1/3强为残疾人口或常年患病者，超过1/4居住在不适宜人类生存、条件恶劣的地区。这意味着，现有的农村贫困人口已被严重边缘化，以普遍增长为目标的区域开发式的扶贫已不适用于这些边缘化的贫困人口，因此，需要一种比开发式扶贫更加直接的救助方式来帮助他们脱贫，解决他们的温饱问题，建立农村居民最低生活保障制度是最适宜的选择。

农村最低生活保障制度是国家和社会建立的新型社会救助制度，其保障对象为收入难以维持最基本生活的农村贫困群体。与传统救济制度所不同的是：传统的救济方式一般不规范、不统一，实施中具有很大的随意性，救济方式以临时救济为主，定期救济以集体救济为主；而农村最低生活保障制度则是以科学的方法确定保障线标准，使得生活水平低于保障线的农民都能够理所当然地获得最基本的物质需要，过去那种有钱多救助、无钱少救助的状况有了明显的改观，扩大了保障对象的覆盖面，提高了保障标准。可见，农村最低生活保障制度是对传统农村社会救济制度的创新与发展。这种制度的建立为农村居民筑起了“最后一道”安全网，体现了国家和社会对人的基本生存权的尊重和保护。对于中西部民族地区而言，实行农村最低生活保障制度尤显必要，其特殊意义体现在：

第一，农村最低生活保障制度是惠及西部民族地区众多农户的一项社会制度。这主要是由于西部民族地区是我国贫困较为集中的地区，这里的农村居民贫困面广，贫困程度深。根据本课题组2010年7月对贵州黔东南苗族侗族自治州麻江、三穗两县的调查，收入常年低于低保标准线的农户比例为11.5%；当年低于低保标准线的农户比例约为25.0%左右。关于两县农村最低生活保障制度实施情况，麻江县农业户籍人口数为19.36万人，最低生活保障标准为1200元，据国家民政部网站提供的数据，该县2010年7月纳入最低生活保障的共4.8922万人。所占人口比例为25.3%。三穗县农业人口为19.11万，最低生活保障标准线为1196元，2010年7月纳入最低生活保障的人口为4.8736万，所占人口比例为24.9%。[①] 调查发现，两县最低生活保障制度的实际覆盖范围远高于这一比例。这主要是由于有相当一部分农户的年收入波动于最低生活保障线上下，使得农村最低生活保障制度惠及的实际人口比例在40%以上，根据对麻江县龙山乡、杏山镇、下司镇和三穗县台烈镇的调查，近三年享受或曾经享受农村低保待遇的农户达到40%—60%。

第二，农村最低生活保障制度在帮助贫困农户改善生活境况方面的作用明显。关于农村最低生活保障制度对于改善西部民族地区农户生活境况的作用，从此次调查收回的104份有效问卷中分析出：农户对自己生活境况改善帮助最大的政策选项认知排序列第一位和前三位的比例见表3-9。

表3-9 样本户对农村公共政策选项认知排序统计结果

政策选项	认知排序列第一位比例（%）	认知排序列前三位比例（%）
新型农村合作医疗	44.1	77.1
农村最低生活保障	17.5	37.8
农业基础设施建设	5.6	33.9
农产品价格补贴	7.3	22.6
小额农业贷款	0	7.7
农业科技	0	0

① 2010年7月份全国农村低保情况［DB/OL］，民政部网：http://files2.mca.gov.cn/cws/201008/20100820100723912.htm

由上表可见，61.6%的被调查者将农村社会保障政策列为第一位，其中将农村最低生活保障政策列在第一位的比例为17.5%，仅次于新型农村合作医疗。

2007年年初，党中央、国务院决定在全国建立农村最低生活保障制度，国务院2007年7月11日颁发的《关于在全国建立农村最低生活保障制度的通知》指出：建立农村最低生活保障制度的目标是：通过在全国范围建立农村最低生活保障制度，将符合条件的农村贫困人口全部纳入保障范围，稳定、持久、有效地解决全国农村贫困人口的温饱问题。农村最低生活救助对象确定为家庭年人均纯收入低于当地最低生活保障标准的农村居民，主要是因病残、年老体弱、丧失劳动能力以及生存条件恶劣等原因造成生活常年困难的农村居民。在低保对象审核环节中，部分县市又规定七个“不定”，有效地抑制了问题户的“搭便车”行为。凡符合保障条件的农户，由本人申请，村民会议讨论，村委会上报，乡镇政府审查，张榜公布，报请民政部门审批后实施。资金问题是建立农村最低生活保障制度的核心问题，国务院的通知规定，农村最低生活保障资金的筹集以地方为主，地方各级人民政府要将农村最低生活保障资金列入财政预算，省级人民政府要加大投入。地方各级人民政府民政部门要根据保障对象人数等提出资金需求，经同级财政部门审核后列入预算。中央财政对财政困难地区给予适当补助。

目前的问题是，农村贫困群体主要分布于西部地区，各地经济发展程度不一样，东中西部农村最低生活保障待遇差距较大。由于对贫困人口的救助是一个长期过程，单纯依靠民族地区各级地方财政和中央的资助还是远远不够的。因此，可以考虑建立全国低保基金跨省调剂机制来缓解西部地区筹资难的问题。这种筹集方式具有标准统一、力度大等特点，同时体现了互助共济的社会功能，有利于消除中西部地区农村与东部地区之间以及民族地区内城乡之间最低生活保障待遇过大的差距。

第四章

农户经济发展与中西部民族地区的农村社会保障

农户经济是我国中西部民族地区农村经济的基本单元，这是由农村经济的特点所决定的。因此，无论从哪一个角度来看，农户经济的发展将是我国中西部民族地区农村经济发展的前提条件，并关系到整个国民经济的发展。农户经济与农村社会保障的关系是：一方面，农户经济的发展程度决定着农民对社会保障缴费率的承受程度，进而影响到社会保障覆盖面及保障水平；另一方面，社会保障制度会对农户在市场风险条件下的生产经营行为产生影响。因此，研究民族地区农户经济问题对于农村社会保障制度建设具有重要意义。本章拟从理论与实证两个方面研究民族地区农户经济特点及增长模式与社会保障制度的关系。

第一节 中西部民族地区农户经济增长与社会保障建设

一、中西部民族地区农户经济增长对社会保障建设的决定作用

在中西部民族地区，农户经济增长对农村社会保障制度的发展具有重要的意义，农户经济增长速度和增长水平制约着中西部民族地区农村社会保障制度发展及其深化。农村社会保障制度必须与农户的经济发展水平相适应，它既不能超越也不能滞后于农户经济发展水平。

一方面农民收入水平直接决定着农民缴纳社会保障费的能力，影响着农村社会保障有效需求的实现和供给水平的高低。一般来说，只有在农民收入扣除用于生产投入、生活消费的支出后有较多剩余的情况下，农民才有可能发生社

会保障缴费行为，或购买商业保险。农民收入的剩余量，直接制约着其社会保障参保水平的高低。农民收入水平越高，则缴纳社会保障费的能力越强，社会保障水平就越高。也就是说，农民收入增加为在农村建立社会保障制度提供了资金支持。农民有能力负担社会保障资金的个人缴费部分，为建立农村社会保障制度提供了个人缴费资金上的保证，也为最终健全由政府、集体和农民个人共同出资的农村社会保障体系创造了条件。此外，随着农民收入水平的提高，农村贫困人口将相应减少，从而大大缩小农村社会救助的范围，相应提高农村养老、医疗保险等方面的社会保障水平。

另一方面农户经济发展的变化和发展决定了社会保障制度的深化。对此，有国内学者指出，当前我国小农经济地区需要比城市产业化经济更大规模的社会保障制度。其中的逻辑在于农户自我经营性特征导致了农户对于风险厌恶的增加，并且生产经营预付资金使得农户从负向冲击中恢复的困难更大，同时借贷约束更加严重；而为人力资本储蓄动机使得从负向冲击中恢复所付出的成本更高。这些结果都导致增加社会保障规模能够极大地提高经济中个体的福利水平。① 与其他地区相比，中西部民族地区农户经济又有自身的特点，如家庭收入结构中，自营性收入比例很高，而雇佣性收入比例很小；家庭支出结构中，产生经营性支出和食品消费支出占有较大比例，劳动剩余的弹性空间很小，一旦遭受市场风险，生产经营和家庭生活都会受到比其他地区农户更大的冲击，且恢复期较长，等等，这些都是在中西部民族地区建设农村社会保障制度不能不考虑的重要因素。

二、中西部民族地区社会保障建设对农户经济增长的关系

农户经济发展现状对社会保障的作用是决定性的，同时社会保障制度也能对农户经济产生影响。社会保障制度作为一种社会制度，其作用是正向还是负向，取决于是否与经济发展相适应，是否“适度”，即设计适当的社会保障体系能够促进农户经济发展；相反，设计不当的社会保障体系也可能阻碍农户经济增长。

① 李彬、于泽：我国农户行为特殊性与最优社会保障规模［J］，《经济理论与经济管理》2008 年第 5 期，61—67 页

（一）适度水平的社会保障对经济发展的正向影响

社会保障制度作为现代市场经济体制的重要组成部分，它是经济持续增长和稳定发展的重要保证。社会经济的发展离不开健全的社会保障制度，适度水平的社会保障制度促进经济的发展具体表现在以下几个方面：

（1）社会保障为经济发展提供了稳定的社会环境。没有稳定的社会环境就谈不上社会经济的发展。在社会经济发展过程中，由于各社会成员自身条件、劳动能力、负担和参与市场竞争能力不同，因而在经济收入和生活水平上会产生巨大的差别和不平等。一方面，有些社会成员收入少，生活贫困。例如有些劳动能力弱而家庭负担重的劳动者，劳动收入少，生活贫困；有些暂时或永久丧失劳动能力的劳动者，没有劳动收入，陷入生活的困境；有些在市场竞争中因经营不善而面临亏损或破产，其生存受到威胁；有些失去工作而处于失业状态的劳动者，失去收入来源，无法生存。另一方面，有些社会成员收入多，生活富裕。特别是在我国东中西部经济发展差距明显和城乡二元社会经济结构下，收入分配不公平和收入差距的两极分化问题十分突出。这种巨大的收入差别及其扩大，可能导致社会矛盾激化，从而对社会秩序稳定产生不良影响，也不利于实现各民族的共同繁荣进步。社会保障可以对地区间、社会成员间的分配不公，收入水平和贫富差异的过分悬殊进行适当的调整，使社会成员的基本生活需要得到保障，从而有效地防止部分社会成员陷入极度贫困的境地，使他们解除生存的危机，增强生活安全感、心理平衡感、社会公平感，起到了社会稳定器的作用。社会保障有利于消除社会矛盾，避免社会矛盾激化，维护社会安全和社会稳定，促进民族团结，为社会经济发展提供了一个和谐稳定的社会环境。但中西部民族地区农村社会保障制度建设也不能脱离现实，需视本地区经济发展现状确定社会保障项目、覆盖范围及保障水平，并在经济发展的基础上逐步推进。

（2）社会保障通过其基金供需变化，可以对社会总供给和总需求进行调节，从而促进社会经济健康持续发展。社会保障作为一项社会经济政策发源于近代欧美国家，尤其是1929—1933年资本主义世界严重的经济危机期间，凯恩斯主义盛行于资本主义各国。凯恩斯认为，造成危机的原因是有效需求不足，要彻底解决这些问题，政府必须扩大财政开支，刺激需求增加。在这一理论的指导下，欧美各国政府把扩大社会保障规模作为增加需求的重要途径，将社会保障制度作为政府宏观调控的经济工具，调节社会需求与消费结构，帮助本国走出经济危机。萧条时期里，经济增长放慢甚至下降，企业开工率下降，就业人数减少，失业增加，劳动者及其家庭收入水平下降，因此，社会保障基金中用于失业救济和家庭补助的补助金增加。同时，对工作报酬所征的保险税收入大为减少，这一支一出，社会保障基金当期收不抵支，出现赤字，就会动用其结余基金，使原本处于储备状态的一部分基金重新被纳入到经济运行中，家庭收入增加，购买力增强，社会总需求上升，有助于恢复经济增长，使经济走出低谷。也就是说，在萧条时期自动释放需求，改善有效需求不足的状况。在经济高涨时期，经济增长加快，企业开工增加，就业人数增加，劳动者收入水平提高，使得社会保障基金中用于失业救济和家庭困难救济的补助金大为减少，保障基金收入大于支出，出现结余。相对减少了家庭的货币收入，削弱其购买能力，有助于减少社会总需求，抑制经济的增长速度，也就是说，经济高涨时自动缓解需求压力，抑制增长速度，从而起到平抑经济周期的作用。由此可见，健全的社会保障制度对社会宏观经济具有一定程度的调节作用，是促进社会经济正常平稳运行的重要调节力量和重要调节手段，对社会经济的正常平稳运行起着重要的保障作用。但如果一国的社会保障制度不健全，发展严重滞后的情况下，政府是难以利用社会保障基金这个工具对宏观经济运行进行有效调控的。

2008 年爆发的世界金融危机对中国经济产生了严重影响，在这种情况下，我国政府采取应对措施，千方百计扩大内需。国内需求包括投资需求和消费需求。一方面政府通过发行国债直接进行投资，另一方面，政府采取了一系列的措施来启动居民消费，然而，我国的消费市场始终难以真正活跃起来。消费市场难以启动的一个重要原因就是我国社会保障事业发展严重滞后，尤其是农村社会保障制度体系残缺不全。中西部民族地区农户风险发生的可能性要比一般地区更大，由于没有建立健全完善的社会保障制度，农村居民即使手里有点钱，也因后顾之忧而不敢增加即期消费，因此，要启动消费，必须通过建立健全农村社会保障制度来消除广大农村居民的后顾之忧，增强其消费信心。

（3）社会保障通过对劳动者多方面的保障也直接促进着经济的发展。社会保险既是劳动力资源配置的关键性机制，又是促进劳动者身心及技能素质提高的重要保障机制，从而对经济发展起着直接促进作用。欧盟的前身欧洲经济共同体在 1983 年的一份文件中就明确指出：社会保险不能简单地看作是对国家的一种负担，而应该把它看作是为了在经济中使工作能力、效率和动力保持高水平的一种手段。事实也的确如此，社会保障的许多项目例如生育保险、养老保险、医疗保险以及有关社会救助等项目，使劳动力在养育阶段和丧失劳动力阶段得到基本的生活保障，从而可以保障劳动力再生产过程的正常进行，使社会拥有符合生产需要的劳动力数量并且不断进行补充更新，满足物质资料再生产运动对劳动力连续投入的需求。此外，社会保障制度还能促进劳动力的自由流动与合理配置。在西方发达的市场经济国家，由于实行普遍的社会保障制度，覆盖面广，减少了劳动力流动的风险，促进了劳动力的自由流动和合理配置。包括民族地区在内的中西部地区农村已成为我国劳动力资源的“蓄水池”，适时建立农村社会保险制度对于提高我国劳动力素质，促进农业剩余劳动力的转移，推进城市化进程具有重要意义。但须指出，社会保险属于个人缴费性社会保障项目，须根据民族地区农村居民的缴费能力和缴费意愿来确定社会保险项目以及费率水平。

（4）社会保障通过收入再分配可直接增加农民收入。在农村社会保障制度建设过程中，国家通过相应的财政转移支付，促进农民收入增加。这主要由两个途径来实现：一是现金补助，包括养老金和其他救助款项；二是提供服务，如基本医疗保障等。健全农村社会保障体系，还可以降低农民个人支出风险，减轻意外事件对个人和家庭收入的影响。同时，农民患病有医疗、贫困有救济、养老有保证，可以使农村劳动力再生产得以顺利进行，不仅对农民个人生活而且对整个社会经济运行也是有利的。在中西部民族地区，大多数农民社会保障缴费能力低下，集体经济不发达，地方财政困难，所能筹集的社会保障资金极为有限，这使得农村社会保障制度建设所遇到的困难远比其他地区要大，因此，进一步加大中央财政对民族地区农村社会保障的支持力度十分必要。

（二）非适度水平的农村社会保障制度对经济增长的负向影响

与经济发展水平不相适应的社会保障制度对经济发展的阻碍作用主要表现在两个方面：一方面，如果社会保障超前发展，则可能成为经济发展的负担，损害经济增长的持续性和企业乃至国家的竞争力。另一方面，如果社会保障发展严重滞后，则可能影响社会稳定，阻碍劳动力的自由流动和合理配置，使社会保障不能成为政府对宏观经济运行进行调控的有效工具，这样一来也制约了经济发展。

社会保障超前发展对经济发展造成的负面影响在国际上是有先例的。在实行社会保障制度方面，西欧各国起步最早，发展最快，在西方经济迅速增长的黄金年代，特别是20世纪60年代和70年代初，西欧绝大多数国家都迅速扩大了社会福利开支，其增长幅度超过了经济增长的速度，并宣称建成了“福利国家”。过度发展的社会保障制度，对这些国家的经济发展的负面影响是十分明显的，给这些国家经济发展带来了诸多问题，主要有：

（1）加重政府财政负担，影响资本积累。社会保障的过度发展导致政府开支急剧增加，从而加重政府财政负担。社会保障福利的过度消费造成了收不抵支的支付困难，政府财政压力增大。欧洲共同体各国社会福利开支占国内生产总值的比重不断上升，高达40%，北欧甚至达到50%以上，使更多的经济资源被用于消费，影响了资本积累，造成了积累基金与消费基金比例失调。“哈罗德—多马经济增长模型”（Harrod-Domar model）在论及一国经济持续稳定增长所具备的条件认为，投资（储蓄率）是经济增长最重要的因素，亚洲经济增长较快的东南亚国家，其储蓄积累率普遍较高；而欧美国家过度的社会保障水平则影响了资本积累，从而拖累了经济的发展。

（2）影响经济效率，使经济发展失去动力。西欧国家的社会保障制度，特别是那套“从摇篮到坟墓”的社会福利制度，使一些国家陷入了“福利危机”。当一个人认为自己已经能够获得足够的养老金，继续工作却要支付高额税收时，那么他就会宁愿选择退休甚至提前退休。在欧洲高福利国家，失业救济金给得过多，工作与不工作之间的收入差别不大，这种做法不利于调动人们工作的积极性。自20世纪70年代以来，欧美各国由于在业工人的实际工资收入增长速度普遍降低，而社会福利津贴还在继续提高，使得人们更多地依靠社会福利而非工资收入过活，这样可能会使更多的在业工人宁可选择休息而不选择工作。在西欧各国高福利企业里，工人的缺勤率、请假率一般比那些低福利国家企业高得多。

（3）削弱了企业的市场竞争力。在许多西欧国家，社会保障费用在劳动力成本中的比重很大。如奥地利、法国、德国、意大利和瑞典等国，社会保障费用已占劳动力成本的25%—30%，过高的社会保障费用显然会削弱企业的市场竞争力。同时，企业担心因过高的社会保障费用影响其竞争力从而裁减员工，对就业率产生不利的影响。另一方面，西欧高福利国家普遍实行高补贴、高福利、高保护政策，这在企业中尤为严重。政府把大量精力、财力用于救济和维护落后企业，而这些被保护的企业大多是效率较低、成本较高的工业企业，它们的产品虽然缺乏竞争力，但由于有了国库做靠山，使得这些企业不愿冒风险改进经营管理、提高效率、扭亏为盈，其结果是财政补贴助长了亏损，进一步削弱了企业的市场竞争力。

低于“适度”水平的社会保障也会对社会经济产生不利影响，由于社会保障覆盖面窄，保障水平低，使得下层群体普遍缺乏抵御社会各种风险的能力，导致风险对劳动者及其家庭的危害程度无形中被放大。就当前而言，中西部民族地区社会保障制度发展问题不是“过度”，而是“不足”，因此，大力推进社会保障制度建设是民族地区面临的主要任务，各级民族区域自治政府应对这项工作给予足够的重视；但同时社会保障制度建设也应与本地区社会经济发展水平相适应，要注意吸取欧美国家的教训，不可犯冒进错误。

（三）正确处理社会保障与经济发展的关系

社会保障和经济发展存在紧密的联系，从总体上讲，社会保障和经济发展是相互作用、相互促进的。经济发展是基础，它决定着社会保障制度的产生和发展，社会保障又反作用于经济发展。与经济发展水平相适应的社会保障制度能促进经济发展；反之，与经济发展水平不相适应的社会保障制度则会阻碍经济发展。正确处理两者关系，对于建立健全社会保障制度和促进我国经济发展具有重大意义。在处理两者之间的关系时，我们首先要注意使社会保障必须与经济发展相适应。因为社会保障是社会经济发展到一定阶段的产物，一定的社会经济条件是社会保障发挥作用的物质基础和客观条件。我国中西部民族地区农村经济发展程度低，广大群众收入水平不高，缴费能力和缴费意愿较弱，集体经济和地方政府财力薄弱，无论从社会保障本身的合理性出发，还是从现实的国情国力出发，都决定了我国中西部民族地区农村社会保障制度建设须遵循低水平、广覆盖、促发展的原则和分清主次、有先有后、逐步推进的发展策略。

第二节　中西部民族地区农户经济“内生性”增长分析

一、关于我国农户经济“内生性”增长的一般性研究

农业经济“内生性”增长是指依靠土地等自然资源、资金、生产技术、人力资源等生产要素实现的增长。内生增长理论认为，农业经济的长期增长是由

一系列内生变量所决定的，这些内生变量对政策（特别是财政政策）是敏感的，并受政策的影响。20世纪90年代初期形成的“新增长论”，更是把技术进步、人力资本等要素内生化，认为长期增长率是由内生因素解释的。此后，内生增长理论得到进一步的发展，如刘易斯提出了“二元经济结构理论”，将农村贫困归咎于劳动力数量过多，提出了依靠城乡之间的外部分工来转移农村剩余劳动力的发展思路；舒尔茨则把农村贫困归咎于劳动力质量太低，提出改善人口质量、加大人力资本和知识投入的内生性增长思路。

近年来，国内一些学者将“内生增长理论”运用于分析20世纪80年代末以来我国农业经济发展与农户收入增加的“瓶颈”问题。

（一）农地经营规模对农户经济的影响分析

在现行的中国农村土地经营制度下，农户土地经营规模是怎样影响农户生产绩效，影响程度如何？胡初枝、黄显金等对江苏省铜山县的土地经营规模进行了调查，并运用Eviews5.0软件，对调查区域内的相关数据进行OLS回归分析后得出：在14.17亩内，农户土地经营规模每增加一亩，农业净收益则增加31.841元；超过14.17亩，则随土地经营规模扩大呈现农户报酬递减的趋势。研究结论是：土地经营规模对农业生产绩效的贡献大于其他变量。[①] 钱桂霞、李宁辉通过对河北、辽宁、吉林、黑龙江、江苏、安徽、山东、河南、湖北和四川10个粮食主产区30个县共计3000农户的抽样调查，认为10亩应是农户适宜规模的下限，理由是：“从规模报酬系数来看，<3亩耕地的规模报酬系数是0.91，其边际收入小于边际投入，即投入增加的比例大于收入增加的比例，报酬递减。3—5亩、5—10亩耕地的规模报酬系数都为1，规模报酬不变，从一个方面表明目前我国家庭承包经营制度存在的合理性，但一个农户家庭仅靠3—5亩或5—10亩耕地的收入是很难致富的。10—20亩和≥20亩两个组的规模报酬系数都大于1，报酬递增，但后者比前者高。因此，为了提高规模效益，应使规模扩大到10亩以上。”[②] 以上研究均表明，在排除化肥、劳动力、农业机械、种子等其他因素的条件下，土地

① 胡初枝、黄显金：农户土地经营规模对农业生产绩效的影响分析——基于江苏省铜山县的分析［J］，《农业技术经济》2007年第6期，81—84页

② 钱桂霞、李宁辉：粮食生产经营规模与粮农收入的研究［J］，《农业经济问题》2006年第6期，57—60页

适度经营规模对农业生产效率具有正效应，这是由于土地经营规模扩大可以实现土地与资金、土地与劳动力的优化配置，并带来全要素节约。

（二）农业投资对农户经济的影响分析

在土地经营规模一定的条件下，包括资金、技术、劳动力等在内的农业投资对农户经济发展具有重要的影响。张天舒、李玉荗通过计量经济模型的分析发现，农业投资、扶贫基金和教育投资的弹性系数均为正值，分别为15.53、0.95和0.84，说明农民收入随着这三项投资的增加而增加。具体而言，对农业投资每增加1元，农民收入将增加15.53元；每增加1元扶贫基金，农民收入将增加0.95元；每增加1元教育投资，农民收入将增加0.84元。由此可看出在农业投资、教育基金、扶贫基金这三个因素中，农业投资是对农民收入增长影响最大的因素。① 当前，农业投资已成为制约我国农业经济发展、影响农民收入增长的最主要因素，在我国，农业投资可分为国家财政投资、集体经济投资和农户个人投资，就农户个人投资而言，盛海燕、张士云以安徽省为例，运用CD生产函数研究认为，农民纯收入和农产品上期销售收入跟农户投资存在正相关关系；农民生活消费支出、税费支出、土地规模等因素跟农户投资存在负相关关系，② 尹文静、王礼力的研究也证实了这一观点，即“随着家庭纯收入的增加和两项支出减少，农民的生产投资将有效增加，毋庸置疑，收入是影响农民生产投资的决定性因素之一”。③ 上述研究结果表明，要增加农民收入，必须加大农业投资的力度，包括提高农民个人投资的积极性。

（三）非农产业活动对农户经济的影响分析

当前，非农产业活动已成为我国农民家庭收入的一项重要来源，非农产业活动既包括农民个体从事季节性非农生产、农民外出打工；也包括单个农户从事工、商、运输、餐饮等行业的经营活动。依据非农产业收入占农户收入的比重可将其分为务农兼业户和非农兼业户两类。国内学者研究发现，在

① 张天舒、李玉荗：农业投资对农民收入增长的影响研究［J］，《全国商情》（理论研究）2010年第2期，94—95页

② 盛海燕、张士云：安徽农户投资行为影响因素实证分析［J］，《华东经济管理》2007年第5期，14—17页

③ 尹文静、王礼力：农民生产投资的影响因素分析——基于监督分组的主成分回归分析［J］，《农业技术经济》2011年第2期，19—26页

土地经营规模极为有限、农业技术条件和市场环境相对稳定的情况下，我国农户收入的增加愈益依赖于非农产业活动，越是发达地区，这种情形就越为明显，如朱玲在调查中发现："江苏、广东、天津、浙江、北京和上海等城市和地区，样本户合计还不到样本总体的1/5（17.6%），却拥有非农兼业户的37%。"非农产业活动的发展既提高了农户的收入，也扩大了地区间农户收入的差别；而农业土地经营规模的大小之别，不能成为显著影响非农收入高低的因素。① 韩俊则指出，在一些经济发达地区，农户完全脱离农业的客观物质条件已经基本上具备，但就大多数地区而言，目前农户家庭内部劳动力的转移还很不充分，非农就业风险还很高，农民完全脱离农业的客观条件尚不具备。这种状况在短期内还难以改变。这就决定了农户兼业化在相当长的一个时期内将是我国农村所无法回避的选择。②

（四）人力资本素质对农户经济发展的影响分析

人力资本素质无疑是影响农户经济发展的又一重要影响因素，美国著名经济学家、诺贝尔经济学奖获得者西奥多·W. 舒尔茨在长期研究农业经济问题中发现，从20世纪初叶到50年代，促使美国农业生产量迅速增加、农业生产力显著提高的主要因素已不是土地、劳动力数量或资本存量的增加，而是人的知识、能力和技术水平的提高。人力资源是指一个国家或地区能够作为生产要素投入到社会经济活动中，为社会创造物质财富和精神、文化财富的劳动人口，包括数量和质量两个因素。在农村，家庭是以劳动分摊与收入分摊为特点的，劳动分摊解释了农村中不存在公开失业的原因是因为家庭成员分摊了劳动负担，所以家庭收入也是在家庭成员间分摊的，因此，单个劳动者的绝对收入是由内生变量——家庭平均生产力确定的，而不是由这个劳动者的边际生产力确定的。从质量上看，如果农村人口素质普遍较低，其从业渠道因其自身素质低而受到限制，将难以转入其他行业。

我国学者的研究结论支持了舒尔茨的论断，对劳动生产率进行研究（以文盲的劳动生产率为1进行计算）得出这样的结论：小学文化程度的劳动生产率为1.43；中学文化程度的劳动生产率为2.08；大学文化程度的劳动生产率为

① 朱玲：非农产业活动对农户收入分配格局的影响［J］，《经济研究》1988年第4期，23—30页

② 韩俊：我国农户兼业化问题探析［J］，《经济研究》1992年第3期，38—42页

4。这一研究结果告诉我们，人的文化素质的高低直接影响人的劳动效率。在我国，农村劳动力文化程度提高的农民确实收入水平也较高。

表4-1 农村住户劳动力人均纯收入与劳动力文化程度构成（单位：元、%）

劳动力人均纯收入	不识字或识字很少	小学程度	初中程度	高中程度	中专程度	大专以上程度
平均	7.6	31.14	48.88	9.65	2.02	0.61
3000元以上	5.4	29.27	49.70	11.30	2.88	0.90
2000—3000元	5.06	28.11	53.69	10.73	1.91	0.50
1500—2000元	10.54	36.17	43.67	7.71	1.59	0.32
1500元以下	18.37	33.78	37.33	6.51	2.30	1.70

注：3000元以上地区有上海、北京、浙江、天津、江苏、广东、福建；2000—3000元的地区有山东、河北、辽宁、湖北、湖南、黑龙江、江西、海南、吉林、河南、安徽；1500—2000元的地区有四川、内蒙古、重庆、山西、广西、宁夏、新疆、青海、云南、甘肃；1500元以下的地区有陕西、贵州、西藏。

资料来源：《中国农村统计年鉴》2002年。

王宏杰在对湖北、河南、江苏、浙江等省548个农户禀赋对家庭收入的影响的调查数据进行数学模型的分析发现："在农户所在地区、户主的文化程度、距离市场距离和附近公路等级4个对农户收入有显著性影响的因素中，农户户主的文化程度对家庭收入的影响最为显著，且呈现正相关，"影响系数为0.211，① 说明受教育程度越高的农户，其家庭收入越高。龙翠红则利用湖南省农村社会经济调查队的调研信息构建面板数据，探讨1995—2001年农民收入持续增长的原因和决定性因素中发现："家庭拥有的资产——土地、劳动力、资本对农户净收益都有贡献，尽管总资本的系数在统计上不显著。在总的生产要素保持不变的前提下，如果资本和劳动力在两部门之间的配置已达到最优，它们在任何部门之间的重新配置对收益都不会产生任何影响。为正的且在统计上显著的系数表明，在中国农村经济结构调整的过程中，两种要素的配置还没有达到最优状态。在非农活动中增加10%的劳动力的投入，农户净收益会增加2.5%；在非农活动中增加10%资本的投入，农户净收益将增加约3.8%。"而

① 王宏杰：农户禀赋对家庭收入影响的实证分析［J］，《经济论坛》2011年第2期，54—56页

农户受教育程度对农户收益的影响最为显著，如果“最高受教育程度由小学增加到高中，农户净收益将会增加10.26%”，他认为，中国农户受教育的收益主要来自于要素配置决策，即“学校教育在提高农民对市场变化的反应效率上起到了关键作用，有家庭成员受到更好教育的农户能够迅速地对市场变化做出调整，把更多的资本和劳动力投入非农活动中，获取更高的收益”。①

上述关于当前我国农户经济“内生性”增长的一般研究的意义不仅仅揭示了在某一特定时期内实现农户经济增长的有效途径；而且对于分析当前中西部民族地区农户经济发展与农民收入提高的困境具有启示作用。

二、当前中西部民族地区农户经济“内生性”增长的困境

（一）耕地资源极度稀缺影响了农户经济的发展

我国中西部民族地区属于人均耕地资源极度稀缺的地区，根据全国人大农村与农业委员会发布的资料，2011年我国现有耕地面积为18.26亿亩，人均耕地面积仅1.38亩，只及世界人均耕地的40%。② 2008年民族自治地方耕地面积（不含草原、草山、草坡）为2033.13万公顷（3.1亿亩），③ 人均约1.7亩，虽高于全国平均水平，但耕地质量较差，且分布零散。受此制约，我国中西部民族地区粮食生产水平在农业技术没有明显突破的情况下已不可能大幅度提高。因此，近期粮食产量增加的空间有限，其他非主流农产品可能会有较快的增长，但不可能从根本上改变农产品总量增长空间不大的现实。中西部民族地区农民的第一大收入来源是农牧业，粮食及农牧产品产量增长情况对纯收入影响很大。调查显示，1980年至1996年，粮食总产量增长了57%，农民人均纯收入增长了9倍，年均增长15.5%。而1997—1999年粮食产量几乎没有增加，对纯收入增长的贡献也几乎为零。

（二）收入渠道单一制约了中西部民族地区农民收入的增长

鉴于中西部民族地区农业耕地数量少、质量差的状况短时期难以改变，扩大非农产业的比重是解决中西部民族地区农户经济发展与收入持续增长的有效途

---

① 龙翠红：教育、配置效应与农户收入增长［J］，《中国农村经济》2008年第9期，35—43页

② 邹声文、周婷玉：中国人均耕地面积仅为世界的40%，18亿亩红线面临挑战［DB/OL］，新华网：http：//www. chinadaily. com. cn/dfpd/shehui/2011－02/25/content_ 12076270. htm

③《中国民族统计年鉴》（2009）［R］，民族出版社2010年6月出版，301页

径。而现实的情形是，中西部民族地区农户收入来源非常单一。在黔南布依族苗族自治州，据调查，2002—2007 年虽然家庭经营性收入每年以 5% 的速度下降，劳务及工资性收入所占的比重呈不断上升的趋势，但整个收入格局并未发生根本性的变化，家庭经营收入是农民纯收入的主要来源，家庭经营收入在总收入中的比重平均高达 77%，而家庭经营收入中来自第一产业的比重平均高达 66% 以上；财产性收入与转移性收入所占比重偏低，变化不大。据人民日报 2008 年 8 月 29 日报道，2007 年全国农民人均家庭经营收入占总收入的 52.60%；人均工资性收入占总收入的 38.55%；人均财产性收入占总收入的 3.09%；人均转移性收入占总收入的 5.36%。与全国同期水平相比，黔南州农民人均家庭经营收入占总收入的比重高 24%；人均工资性收入占总收入的比重低 19%；人均财产性收入占总收入的比重低 2%；人均转移性收入占总收入的比重低 1%。[①] 这种收入水平与收入格局在中西部民族地区具有普遍性，如湖南湘西州麻阳苗族自治县 2003 年农民人均纯收入为 1428 元，只及全国农民人均收入水平的 54.46%（同年全国农民人均纯收入为 2622 元）。农民人均纯收入来源中第一产业收入、劳务收入所占的比重为：第一产业收入为 956 元，劳务收入为 423 元，分别占 66.9% 和 29.6%，两者合计占 96.5%。而在第一产业收入中，农业占 75.8%，牧业占 14.6%，林业占 7.5%。[②] 又如四川省松潘县进安回族乡 2002 年农户纯收入 6912 元，人均纯收入 1535 元，其收入水平处于温饱阶段，但与四川省乃至全国平均水平相比仍有明显差距。从收入结构看，第一产业和第三产业的收入是农民家庭经营收入的主要来源。2002 年农民家庭经营收入中第一产业所得为 372.4 万元，占总额的 52%；第二产业所得为 28.6 万元，占 3.99%；第三产业所得为 271.1 万元，占 37.87%；外出劳务所得为 17.7 万元，占 2.47%；其他渠道所得为 26.3 万元，占 3.67%。[③] 由以上可见，中西部民族地区农户收入结构中比例最大的仍为家庭经营性收入；其次为外出打工收入，其他收入所占的比例很小，这种收入结构是当前中西部民族地区农户经济发展遇见“瓶颈”

---

① 王晓燕：民族地区农民增收难的原因及对策分析——基于黔南州农民增收现状的分析［J］，《安徽农业科学》2010 年第 27 期，15328—15330 页

② 王德靖、田代武等：湖南民族地区农民收入现状与特点［J］，《民族论坛》2005 年第 6 期，16—17 页

③ 杨晓纯：西部民族乡农民收入状况考察——以四川省进安回族乡为例［J］，《青海民族研究》2006 年第 4 期，158—162 页

的一个重要原因。

(三) 人力资源素质较差制约了中西部民族地区农民收入结构的调整

与全国其他地区农村一样，中西部民族地区农民收入增长在很大程度上依靠非农产业活动所带来的收入，而非农产业收入的实现又取决于农民的文化素质。据吕玲丽、覃海珊对广西壮族自治区5个山区县309个农户的调查发现，即使在民族地区，农户收入水平也存在明显的差距，其中，“高收入农户的主要收入来源为林业收入和外出打工收入，这两项收入占了高收入样本农户总收入的59%，其中林业占34%，外出打工收入占25%。其他收入来源占总收入的比重相对较少，都不到10%。另外，生产性收入占了51%，务工打工收入占了36%。低收入农户的收入来源主要有养殖收入、水稻收入、林业收入及旱作物收入，四项收入共占了总收入的68%，其中养殖收入占的比重最大，为25%，水稻收入和林业收入占的比重是一样的，都是18%，旱作物收入为14%，打工收入也占了总收入的11%”，造成这一差距的原因在于：高收入农户走入的是良性循环，农户早期由于家庭劳动力相对较多，较早地占有了更多的土地，通过经营土地农户获得了资本，然后对劳动力（主要是子女）进行投资，劳动力具有较高的素质之后更容易通过各种经营活动积累资本，而由于家庭中有部分劳动力外出从事非农活动，因此在家中的劳动力人均土地面积更多，从而又进入了新一轮的投资。低收入农户由于早期家庭劳动力相对较少等原因，所占有的土地相对较少，经营土地获得的资本较少，从而缺乏对人力资本（主要是子女）进行投资，成年后的子女由于素质不高，从事各项经营活动的能力也偏低，大多数子女有了新的家庭后仍以从事农业为主，导致家庭人均土地面积更少，经营土地获得的资本仍然不高，从而导致了新一轮的恶性循环。① 唐定燕等人对云南红河哈尼族彝族自治州农村住户收入不平等问题的调查也显示，劳动力的培训比例、教育水平、经验分别能解释4.15%、4.11%、2.38%的收入不平等。② 目前，世界上发达国家都把提高国民素质放在极其重要的位置，这些国家农民的文化素质都很高。如：受过大学、中学及良好的职

① 吕玲丽、覃海珊：山区农户收入差距实证分析——基于广西五个山区县农户调查的资料［J］，《学术论坛》2009年第2期，18—23页

② 唐定燕、力兴绪、杨定华：西部少数民族地区农村收入不平等分析——基于云南红河州农村住户数据［J］，《南方经济》2011年第1期，51—60页

业技术教育的农民，德国占67%，日本占59%，英国占78%。与之相比，我国中西部民族地区农民的科技文化素质相差甚远。2003年湖南民族自治地方农民人均纯收入仅为1487元，只有全省的58.7%，全国的41%，这一落后状况与农民文化素质普遍较低、思想观念保守落后有密切关系，民族地区人口素质发展进程普遍比全省水平落后6—7年，特别是同在民族地区，农村人口受教育平均年限要比城镇少3.6年。① 陈亮在对甘肃省民族地区农牧民收入问题的调查发现，该地区农民受教育程度仅为小学水平，这导致了农牧民接受先进科学技术的能力较弱，农业科学技术的推广普及应用率较低，缺乏及时掌握和运用农业科学技术的本领。② 令人忧虑的是，随着科技、信息的发展，中西部民族地区又出现了新的功能性文盲（即不懂科技、外语、电脑的人才），直接影响着当地农户经济的发展和农民收入的提高。

（四）农业要素投入缺乏影响了中西部民族地区农户家庭经营性收入的提高

1. 科技对农业的贡献率低制约了农民收入增长。中西部民族地区农业生产方式落后，亟须引入先进农业技术来提高生产效率，进而增加农户的收入，但因地处偏远，交通不便，科技信息传播渠道不畅，加上小农意识的影响，使得先进农业技术的推广困难重重。据不完全统计，1979—1998年期间，中西部民族地区确认的科技成果就达5万多项，这本应成为促进农业发展的重要资源，但农业科技推广工作的实际效果却因各种因素的制约而大打折扣，科技进步对中西部民族地区农业的贡献率仅为30%左右，而同期东部发达地区科技进步对农业的贡献率在50%以上。较低的科技推广水平已成为制约我国中西部民族地区农业和农村经济发展的一个重要因素，也是导致农户收入增长缓慢的一个重要原因。

2. 农业资金投入不足制约了农民收入增长。增加农业资金投入是发展农业、提高农民收入的另一个要素。中西部民族地区农业发展不稳定、农村经济发展迟缓的一个重要原因是资金投入不足。农业的资金投入主要来源于国家投入和农户投入，近年来，我国对农业的资金投入不断增加，投入的领域主要是

① 王德靖、田代武等：湖南民族地区农民收入现状与特点［J］，《民族论坛》2005年第6期，16—17页

② 陈亮：甘肃民族地区农牧民收入问题研究［J］，《开发研究》2010年第3期，88—93页

农田水利等基础设施建设、农业综合开发、农业服务配套等。而民族地区农户由于经营规模小、收入低下，一般只能应付当年的生产费用补偿，并且资金投入很分散，效益低。

第三节　中西部民族地区农户经济“外生性”增长分析

与“内生性”增长方式相对应的便是“外生性”增长方式，根据“外生性”增长理论，政府行为和竞争性环境衍生出来的外生动力是农业发展的“外生性”因素。两种增长方式在作用于农户经济发展上所形成的关系是：“内生性增长”是农户经济可持续发展的根本和基础，同时为外生性因素的流入创造条件；而“内生性”增长的实现则要以外生性因素的流入、支持为外在推力。这里，拟从制度与政策两个方面研究政府行为对中西部民族地区农户经济发展的影响。

一、制度环境因素

1. 城乡二元体制的弊端。历史上形成的城乡二元体制造成中西部民族地区农民收入持续不前体现在两个方面：

从经济结构看，民族地区农民的产业活动空间狭窄，主要从事种植业或牧业生产，农村经济结构单一。由于民族地区农业生产技术水平低、商品化程度和专业化程度不高，农村工业化和城市化进程缓慢，制约了农民增产增收。

从社会结构看，二元经济社会结构对农民收入的影响主要体现在以下两个方面，首先，城乡分割的户籍制度把中国人口分为农业人口和非农业人口；城镇居民持非农户口，农村居民持农业户口，持农业户口的人向城镇迁移受到诸多限制，也难以在收入较高的二三产业实现稳定就业，这不仅阻碍了农民阶层的分流和分化；也造成了农业劳动的低生产率，使得农民收入徘徊不前。其次，因二元社会结构导致的城乡社会保障方面的差别，使农民获得收入的外部环境不良，表现为生活成本高，生存风险大，发展机会少，难以实现收入的持续稳定增长。

2. 金融制度的缺陷。金融制度的缺陷制约了农村经济尤其是农村非农经济的发展。金融对农村经济的发展起着十分重要的作用。但现实的情况却是：2002 年年底，在中国所有金融机构的贷款余额中，农业部门所占的份额只有5.24%。2002年，农村所创造的增加值占中国GDP总量的46.1%，获得的贷款却只占全社会贷款总额的10.4%，这与农业的基础地位极不相称。近年来，除了农业政策性金融外，国有商业银行机构网点纷纷退出农村市场，中西部民族地区县以下金融机构网点不断萎缩。目前，无论从网点数量，还是服务质量，县域内金融机构均表现得不尽如人意，导致农村资金短缺的矛盾非常突出。有学者调查发现，一方面，经济欠发达地区农民需要贷款，但又达不到金融机构的贷款条件，导致农民贷款难、金融机构难贷款。如在湖南湘西土家族苗族自治州，根据有关规定，信用社贷款利率可以上浮50%—100%，融资成本甚至超过了某些"高利贷"，很多从事农业生产的农户因此不敢贷，该州2003—2005年三年完成68亿元的农业增加值需要信贷投入53.86亿元，而实际累计投入仅29.6亿元，满足率只达到55%。① 造成这种矛盾局面的原因主要有：一是农村金融生态环境有待进一步改善；二是农民贷款抵押担保不足，整体抗风险能力差；三是农业保险滞后，风险补偿机制尚未建立；四是农村金融存在空白点，金融服务不到位。如四川省甘孜藏族自治州面积为15.3万平方公里，与辽宁、山东等省面积相当，但18个县只有一个县支行，全州主要金融机构就是农村信用社。② 又如青海省海东藏族自治州目前有1/3的乡镇没有金融机构，大多数乡镇只有农村信用社一家金融机构，不仅满足不了农村金融需求，而且形成了事实上的垄断经营，不利于农村金融服务能力和质量的提高。③ 金融制度的缺陷影响了农村经济的发展，制约了农民收入的增长。

3. 土地制度和农村基本经营制度的局限性。以家庭联产承包责任制为内核的土地制度及农村基本经营制度曾经为中国农村的经济发展做出了重大的贡献。但是，随着农村改革的不断深化，这种农村基本经营制度的局限性逐渐暴露。一是家庭联产承包责任制是以单个家庭为其生产主体，生产势力单薄，不利于生产的集中和经营的规模化，因而无法取得农业经济的规模效益。二是家庭联产承包责任制所造成的分散的小规模生产主体，无法适应现代化大生产所

---

① 张万志：民族贫困地区农业信贷投入的效率约束与路径选择［J］，《武汉金融》2005年第2期，56—58页

② 徐珺：民族地区农村金融萎缩的瓶颈效应［J］，《农村经济》2003年第12期，50—52页

③ 赵建生：欠发达地区农村金融服务的难点于解决途径［J］，《农业发展与金融》2009年第6期，59—61页

需要的生产手段和生产方式，导致生产效率的低下。三是家庭联产承包责任制的主体——农户不仅投融资能力低下，而且获取信息的能力低下，容易造成信息的不对称。四是家庭联产承包责任制根本无法承受农业现代化带来的高成本，而且还容易造成农业发展中的重复投资和资源浪费。

目前，我国的土地制度是所有权和使用权分离，土地在农业领域的产权关系模糊，表现为农民对土地无占有权和处置权，土地的资本、资产价值无法体现，产权主体的保护功能弱化，这是农业体制中的致命缺陷，对农业发展产生消极影响。首先，削弱了农民对土地连续投入的内在功力。其次，由于缺乏相关产权制度和相关的法律保障，农民的合法利益经常受到侵害，如农民有了新的投资机会和向其他产业转移的机会时，土地既不能变为资本，也不能成为产业保障。当土地资源被其他非农产业占用时，农民的权益往往得不到维护。再次，不利于土地等生产要素的合理转移，制约了农业规模化经营的步伐。最后，影响了农业的可持续性发展。

二、政策因素

1. 国家财政支农水平低，投入结构不尽合理，投入区域不均衡。建国60多年来，我国财政对农业投入的总量约5000亿元，仅占财政总支出的6.5%左右。根据国家统计局的口径，我国财政用于农业的支出主要包括支农支出、农业基本建设支出、农业科技三项费用和农村救济费四项。从绝对值上看，我国财政用于农业的支出逐年增长，由1978年的150.66亿元增加到2006年的3172.97亿元，增长了近21.06倍。然而，从相对值看，财政用于农业的支出占财政总支出的比重逐年下降。1978年财政用于农业的支出占财政总支出的13.43%，到1997年下降到8.3%。1998年回升至10.69%，之后逐年降低，截至2006年，已经降低到7.85%。从结构上看，财政用于农业的各项支出中，财政支农支出比重最大，平均占到整个财政用于农业支出的69%左右；农业基本建设费次之，平均占到整个财政用于农业支出的25%左右；农村救济费排第三位，平均占整个财政用于农业支出的5%左右；农业科技三项费用比重最小，仅占财政用于农业支出的不到1%。① 国内有学者分析财政支农对于农民收入的关系后认为，不同的财政支农项目对农民收入的影响具有显著差别，财政支

① 朱迎春：我国财政支农政策减贫效应的实证研究[J]，《天府新论》2009年第5期，42—45页

农构成中，农村救济费支出对农民增收的影响最大，这是因为农村救济费中的农村社会救济基本是针对需要救助的特殊人群以及低收入人群，灾害救济是对于受到一定程度自然灾害而影响农民收入的补偿或补贴，二者都是通过转移支付直接补贴给农民，因此对于增加农民收入或降低收入损失具有很强的直接作用。而农业基本建设支出对于农民收入并没有明显的积极效应。对此可能的解释是，中央、省级政府的农业基本建设资金绝大多数投向了大中型基础设施建设项目，而且这些大中型建设项目中带有社会性质或经济正外部性的水利、林业生态建设比重较大，很难直接受益于农村。① 但也有学者的研究得出了不同的结论，如朱迎春认为，农业基本建设支出对农村减贫的效果最为明显，农业科技三项经费对农村贫困人口的减少效果较为显著，农村救济费用没有起到农村减贫的作用。② 对此我们认为，就中西部民族地区而言，农业科技和农村社会救助对农民收入的影响较为显著。至于农业基础设施建设，按照现行的财政体制和投资体制，中央政府投资主要负责大中型基础设施项目，很难直接覆盖到广大农村，省级政府投资也主要用于同中央投资配套搞大型项目，农村中小型基础设施项目建设的职责在基层县市和乡镇政府。民族地区县乡两级政府因财政入不敷出，连国家投资项目的配套资金都难以真正落实，对农村小型基础设施的投入能力很小，难以对农民增收产生直接影响。

除了财政支出结构问题外，财政支农资金投入区域的不平衡也影响了农业的均衡发展，地区间农民收入差距日益扩大。在国家财政对农业的整个投入中，地方财政是大头，其份额往往占到80%左右，但当前的问题也主要在地方。从改革开放以来的情况看，地方财政的农业投入，从预算的安排到预算的执行都表现出很大的随意性，没有一个统一的标准或依据。从实践看，东部沿海地区财政支农的力度大于中西部地区。值得注意的现象是，近年来有些地方在财政支农相对数额减少的同时，财政支农的绝对数也在迅速缩减，这是十分令人担忧的。这种状况不加以改变，必然影响到我国农业的均衡发展，中西部地区与东部地区农业发展和农民收入的差距，也必然会日益扩大。

中西部民族地区财政支农重点不突出，投资效益低下，农民增收不明显也

① 何先平、陈硕：中国财政支农政策对农民收入影响的实证研究［J］,《统计与决策》2009年第1期，88—89页

② 朱迎春：我国财政支农政策减贫效应的实证研究［J］,《天府新论》2009年第5期，42—45页

值得关注。具体表现在：一是在当前财政较紧张的情况下，没有把农村基础设施建设和农村社会救助作为资助的重点；二是目前我国财政支农资金在财政系统内部属多头投放，没有形成整合的机制，结果导致整体目标不明确，资金投不到急需的地方，从而影响了资金投放的整体效益和农民收入的增加；三是中西部民族地区各级地方政府中，机构职能重叠、人员庞杂，行政事业费收不抵出的问题比较突出，因此当前国家的农业发展项目投资经由这些行政部门实施和管理项目时，往往被用于弥补行政事业费的缺口，如2003年国家安排300亿元用于2800万人的扶贫项目开发，人均投入1000多元，但该项目的人均费用实际只有800多元，资金漏洞很大。

2. 减轻农民负担政策仍有不到位之处。我国政府高度重视农民负担问题，近年来关于减轻农民负担的措施不断出台，但农民负担问题依然是一个值得关注的问题，有学者认为，农民负担的内涵包括两个方面：一是绝对负担；二是相对负担，二者较全面地涵盖了农民负担的全部内容。所谓“绝对负担”是指对农民直接征收的税收、提留统筹、集资摊派等所有公共产品分摊成本，即政府以显性或隐性方式从农民收入存量中“拿走”的部分。所谓“相对负担”是在面临相同的商品价格水平时，农民收入增速低于国民收入平均增速而使农民收入相对社会平均收入的下降、农民所占的国民收入分配份额下降而造成相对生活水平下降。此时，如果商品价格水平的上涨幅度超过了农民收入的增长幅度，那么，不仅是农民的相对生活水平，其绝对生活水平也将呈下降趋势。[①]当前中西部民族地区农民负担的一个重要特点表现为风险负担，有学者指出，当前农户面临的家庭经济风险可分为四类：第一类是确定性消费投资带来的家庭经济困难，这类事件往往一次性投入数额较大，因而给家庭资源较少尤其是现金收入较少的农户造成了较大的经济困难，但这类事件一般是可事先估算的，例如建房与婚嫁；第二类是意外事件带来的家庭经济困难，这类事件投入数额大且难以事先控制支出额，属难以预先控制的不确定性问题，例如大病医疗费用；第三类是经营风险损失带来的家庭经济困难，这类事件属于具有一定可预知性的风险性问题，但预测事件发生时所需要的信息不完整，例如经营亏损；第四类是没有包括在以上框架内的其他问题。农民应付上述这些风险所采

① 周立群、许清正：农村公共产品供给方式与农民负担分析——兼议免除农业税的经济效果[J]，《南开学报》（哲学社科版）2009年第1期，79—85页

取的方法具有等级性：一般而言，农户会首先减少消费，动用储蓄来应付；但如果储蓄不足，他们会首先向亲朋好友借贷；在求贷无门时，则求助于高利贷；当农户背上沉重的债务以后，农户便“自我剥削”其劳动，例如延长劳动时间，让孩子辍学打工等；如果困难仍无法有效缓解，他们就只好变卖消费性资产以换取收入，维持生计；然后是用生产性资产来换取当期的收入和消费，生产性资产的被迫变卖将产生长期的副作用；当资产被耗费殆尽时则背井离乡。①

农户在各种风险面前所显示出的脆弱性，其根源在于农村公共物品供给短缺所致。由于农村社会保障制度不健全，使得农民在应对如年老和疾病风险时承受着很大的压力。中西部民族地区各种风险发生的可能性高于其他地区，导致农民的风险支出占有较大比例，而农民收入则低于其他地区，无形中更加重了农民的负担。以农民医疗保健费用支出为例，当前欠发达地区农民因收入偏低，对卫生保健的有效需求不足。在我国西部农村有18.7%的患者在生病时没有采取任何措施，其中有62%的患者是因为经济困难。另外，近年来医疗卫生费用增长过快，这就必然抑制了农民对卫生保健的需求。②尽管民族自治地方农民的人均收入从1991年的555元增长到2005年的2287.37元，2008年又进一步增加到3368.65元，但民族地区农民包括医疗费用支出在内的各项家庭支出的增长速度远超出收入增长，广大农户的经济负担依然沉重。据学者2007年对湖北省长阳土家族自治县3个村贫困农户家庭收支情况的调查，该年农户年人均收入分别为330.1元、1121元、1152元；而家庭年人均支出则分别为742.9元、3953元、4138.4元。③因此，改革我国公共物品供给机制，加强农村社会保障制度建设，是化解中西部民族地区农民风险负担的有效途径。

---

① 陈传波、丁士军：对农户风险及其处理策略的分析［J］，《中国农村经济》2003年第11期，66—71页

② 吕炎、柯曼綦：关于影响我国农村居民医疗保健支出因素的探讨［J］，《北方经济》2008年第6期，18—24页

③ 陈全功、李忠斌：少数民族地区农户持续性贫困探究［J］，《中国农村观察》2009年第5期，39—55页

第四节　当前中西部民族地区农户生产经营风险与收入增长问题的实证分析

一、国内理论界对农户收入增长问题的研究

农户收入增长问题是当前农业经济发展和农村社会稳定所面临的重要问题，对农户收入的影响因素进行深入考察有助于认识当前农村的收入分配中所存在的问题，对于实现农户收入的持续提高有重要价值。国内一些学者已经对这一问题进行了研究，并取得了不少成果。如林毅夫将制约农户收入增长的因素归结为农村基础设施建设的滞后，认为加强农村基础设施建设是增加农户收入的重要途径。① 许经勇等研究了20世纪80年代以来我国农户收入变化的阶段性特征及其原因②，周其仁则从产权经济的角度研究得出影响产权界定明晰的一系列制度因素越来越阻碍农户收入的增长，要增加农户收入则应从产权明晰入手。③ 这些研究具有如下特点：一是研究方法一般以定性研究为主，缺乏严格的计量检验；二是研究手段局限于采用时序资料进行分析，缺乏截面数据的支撑；三是研究范围局限于农户或农业内部诸因素，而对于影响农户收入增长的自然区位条件、制度资源分布等因素考虑较少。

农户是农村经济活动的行为主体，是广大农村投资、生产与消费等经济活动的微观行为主体，是农业生产中最基本的决策单元。因此，农户的经济收入不仅受制于所处的自然环境和农业基础设施等宏观层面的各种因素，还取决于农户自身的因素，包括所拥有各种资源的数量与质量、规避化解风险的能力等。那么，当前中西部民族地区农户生产经营风险对其家庭收入有什么样的影响以及影响有多大？这是本节所要研究的内容。

---

① 林毅夫：增加农民收入需要农村基础设施的牢固［J］，《调研世界》2001年第7期，3—4页

② 许经勇、任柏强、黄焕文：我国农民收入增幅下降的阶段性结构性原因［J］，《广东社会科学》2001年第1期，1—7页

③ 周其仁：增加农民收入不能回避产权界定［J］，《瞭望》2002年第3期，44页

二、中西部民族地区农户经济发展影响因素的实证分析

2007—2008 年，本课题组成员前往贵州黔东南苗族侗族自治州黄平县、青海海北藏族自治州海晏县、海西蒙古族藏族自治州天峻县等少数民族聚居地区，就民族地区农户经济发展与社会保障相关问题展开社会调查，以下是根据本次调查所采集的相关数据所进行的实证分析。

（一）模型与变量

1. 变量的选择

农户收入的度量通常采用农户家庭纯收入指标，计算方法为：家庭纯收入＝家庭总收入－家庭经营费用支出－生产性固定资产折旧－税收－上交给集体的承包任务－调查补贴。对于自变量的选择，通过多次比较分析多个变量的试算结果，最后选定了以下几个变量作为农户收入函数的解释变量：

（1）环境因素。主要是考察地势、基础设施对农民人均纯收入的影响，此处我们用地势虚拟变量 Z_1 和 Z_2：

$$Z_1=\begin{cases}1，当农户所处位置为平原时\\0，其他\end{cases}，\quad Z_2=\begin{cases}1，当农户所处位置为丘陵时\\0，其他\end{cases}$$

（2）资产因素：资产是农民家庭以往收入的沉淀，是农民从事经济活动的结果，也是影响农民人均纯收入的重要因素。

年末生产性固定资产原值（X_1）：年末生产性固定资产包括役畜、农机具和生产性用房等。

非生产性固定资产：非生产性固定资产用年末住房价值（X_2）来表示。农户既是一个生产单位，又是一个消费单位，在农户调查中虽然可以获取农户全部资产的数据，但是要严格区分生产性与非生产性固定资产往往是比较困难的。本文借鉴陈传波等的研究方法，将农户的年末住房价值作为非生产性固定资产进行考察。

年初所经营的土地面积（X_3）：尽管现在不少农户的兼业收入比重在不断增加，但土地毕竟是农户收入的一项稳定来源，对于纯农户来说甚至还是家庭收入中唯一的来源。

（3）家庭因素。

家庭规模：用每户人数（X_4）表示。根据家庭生命周期理论，在农户家庭扩展阶段，随着家庭子女数量的不断增多，家庭的人口负担越来越重，农户经

济增长与发展受家庭消费人口负担影响，家庭经济状况总体处于较低的水平。随着子女成年转化为劳动消费人口，家庭经济负担减轻，当最后一个子女由纯消费人口转为劳动消费人口时，家庭经济状况明显好转。而到了家庭缩减阶段，家庭经济状况则再次出现恶化。这意味着农户纯收入水平与家庭规模呈一定正相关关系，因为在家庭扩展初期和家庭收缩之后，家庭人口都较少，而在完成扩展又未另立新户之前，家庭人口规模最大。

劳动力素质：用家庭劳动力平均受教育年限①（X_5）表示。教育对收入的影响可能是双向的，这主要是因教育是一种长期投资，花在子女教育上的支出在短期内不会获得收入，但教育支出会挤占可用于当前生产性投资和其他消费资金。同时在教育投资阶段，受教育者必须付出大量时间和精力，还要支付较高的学习费用，其机会成本和直接成本都较大。然而一旦形成人力资本，将给投资者带来较高的回报。

（4）经营因素

支出因素：这里用家庭经营费用表示（X_6）。家庭经营费用支出包括农户从事农工商等各业的支出，费用支出与纯收入成正比关系。其中在农业生产支出中包括化肥、饼肥、农药、地膜、生产用柴油和生产用汽油等。

收入来源虚拟变量 Z_3：

$$Z_3 = \begin{cases} 1，\text{收入主要来源于家庭经营} \\ 0，\text{其他} \end{cases}$$

全家劳动力外出从业时间（X_7）；

全家外出从业劳动人数（X_8）；

是否兼业虚拟变量 $Z_4$②：

$$Z_4 = \begin{cases} 1，\text{家庭劳动力全部从事农业} \\ 0，\text{其他} \end{cases}$$

2. 模型设定

---

① 为便于分析，按上学年数进行折算，其中：文盲半文盲 = 1.5，小学 = 6，初中 = 9，高中 = 12，中专 = 12，大专 = 15

② 日本、欧美及我国对“兼业农户”的界定是：日本是指家庭成员中有 1 人或 1 人以上从事兼业的农户；欧美是指农业经营主有从事兼业的农户；而我国是指家庭成员中有从事兼业的，且其收入超过农户总收入的 10% 以上的农户，但由于我国农户兼业收入不便统计，因此本文对于是否兼业采用日本的定义。

以前文中有关因素为自变量，以家庭纯收入为因变量，建立如下多元回归模型

$$\text{INCOME} = \beta_0 + \beta_1 X_1 + \beta_2 X_2 + \beta_3 X_3 + \beta_4 X_4 + \beta_5 X_5 + \beta_6 X_6 + \beta_7 X_7 + \beta_8 X_8 + \alpha_1 Z_1 + \alpha_2 Z_2 + \alpha_3 Z_3 + \alpha_3 Z_4 + \mu$$

其中，β_0 为常数项，β_i（$i=1, 2, \cdots, 8$），α_i（$i=1, 2, \cdots, 4$），μ 为随机扰动项。

（二）模型的求解与结果分析

1. 模型的求解

用 OLS 方法，应用 SPSS11.0 软件估计参数，得到参数估计值和统计检验指标如表 4－2：（为了阅读的方便，所有变量均用文字表述。）

表 4－2　农户收入影响因素模型①

自变量	系数	T 值	Sig.
(Constant)	98.476	0.130	0.897
是否平原	2127.590	4.861	0.000
是否丘陵	2073.473	5.313	0.000
年末拥有生产性固定资产原值（元）	0.086	2.758	0.006
年末拥有住房价值（元）	0.068	6.555	0.000
年初经营耕地面积（亩）	37.223	0.635	0.525
每户人数（人）	1430.096	10.897	0.000
家庭劳动力平均受教育年限（年）	169.336	2.424	0.016
经营费用（元）	0.110	3.363	0.001
收入来源	－2279.355	－5.728	0.000
全家外出劳动力人数（人）	－956.255	－2.670	0.008
全家外出人员劳动时间（天）	8.099	6.231	0.000
是否兼业	－109.911	－0.269	0.788

从计算结果看：$R^2=0.427$，表明模型中包含的变量解释了因变量总方差变化的 41.9%，对于横截面数据而言，拟合优度已算较高；F＝50.850，SigF＝0.000＜0.01，表明模型总体达到极显著水平；D－W 值＝1.827，变量不存在自相关。

2. 对模型结果的解释

① 该表所列数据是本课题组于 2007—2008 年前往少数民族地区调查中所采集的，关于本次调查所采集数据，详见本书第三章。

（1）地势对农户收入的影响。

在1%的显著水平下，虚拟变量 Z_1、Z_2 都是统计学上显著的，因此地势对农户收入有着重要的影响。相对于基准类山区而言，丘陵地区每户家庭纯收入比山区高出2073.473元，平原地区比山区高出2127.59元。这主要是因为平原和丘陵相比于山区基础设施为好，交通方便，土地成块有利于耕作所致。

（2）资产因素对农户收入的影响。

农户每增加1元生产性固定资产投资，当年可获得0.086元纯收入，投资收益率为8.6%。

一般来说，非生产性固定资产与纯收入可能成反比关系，因为在农户对固定资产投资额一定的前提下，非生产性固定资产投资会对生产性固定资产投资形成挤出效应。但分析结果表明，年末住房价值对农户收入的影响为正，一个可能的解释是农户生产性固定资产很少，而且投资于生产性固定资产的意识并不强，非生产性投资并未真正对生产性投资形成挤出效应。另一个可能解释是农户小生产的特点决定其生存型的经济结构，住房价值在一定程度上反映了农户的收入水平，即收入水平增加，农户倾向于改善其居住条件，因而系数为正。

农户每增加一亩耕地所带来的纯收入仅有37.223元，可见农民耕作土地所带来的收入已经很少了，另外，年初经营耕地面积的T检验值仅有0.635，表明农户家庭纯收入与年初经营耕地面积的关系并不密切，也反映出农民家庭纯收入已经很大程度上不取决于农业，而更多地取决于其他收入。

（3）家庭规模与劳动力素质对农户收入的影响。

尽管家庭规模大小与人均纯收入成反比，这种关系称之为“人口效应”，即人口对收入具有侵蚀作用，但家庭劳动力数量与家庭纯收入则呈正比，即家庭每增加一名劳动者，家庭纯收入增加1430.096元。另据有关调查，贫困农户劳动力资源虽相对充裕，但负担较重。低收入农户平均每户拥有劳动力3.0人，比农村平均水平多0.3人。但由于低收入农户的家庭规模较大，平均为5人，比平均水平多0.9人，使得每个劳动力平均负担的人口达1.7人，比平均水平多0.2人。①

① 国家统计局宏观经济分析课题组：低收入群体保护：一个值得关注的现实问题［J］，《统计研究》2002年第12期，3—8页

测算家庭劳动力素质与家庭收入的关系是：家庭劳动力平均受教育年限每增加 1 年，家庭纯收入增加 169. 336 元，显然是正向的。

（4）家庭经营方式对农户收入的影响。

农户家庭经营方式不同，其家庭收入结构也不同，根据这一特点，可将我国农户划分为：纯农业农户、兼业农户和非农农户三种类型，纯农户是指家庭全部收入来自土地耕作的农户，兼业农户使之处耕种土地外，还有非农收入的农户，其中又可分为：一人兼业、二人兼业等。非农农户是指家庭全部收入来自非农经营的农户，这部分农户除了户籍在农村外，已与传统农业彻底分离。

模型结果显示：

农户家庭非农经营费用投入每增加 1 元，平均可获 0. 11 元的纯收入，投入产出率为 11%，可见，家庭非农经营费用投入多的农户，收入也相应要高一些。

从家庭的收入来源看，收入主要来源于耕作土地的农户要比收入主要来源于其他方面的农户少 2279. 355 元，这也从另外一个侧面验证了土地对于农户收入增长的作用正在降低。

农户家庭纯收入与全家外出劳动力人数反比，每多一个在外就业人数，农户收入反而少 956. 255 元；而农户家庭纯收入与全家外出劳动时间成正比，每外出劳动劳动时间增加 1 天，可增加收入 8. 099 元。这看起来有点矛盾，其原因可能是因为农户家庭本身的缘故，收入低的农户倾向于外出打工，而收入相对比较宽裕的农户更愿意留在家乡，毕竟家里比外出有着种种的便利，但外出打工时间越长，意味着收益更高。实际情况也是如此，以青海省为例，据统计，2006 年青海省外出务工约为 537500 余人，其中 6 个月以上的农村劳动力为 42 万人，占外出劳动力比重的 78. 12%，表明外出务工时间在 6 个月以上的农村劳动力比例增加。①

兼业对农户收入的影响并不像有的文献所描述的那样：农户家庭收入水平与兼业化程度呈正相关。② 可能的原因是：一段时期里，我国农户兼业是在缺

---

① 张迎春：基于青海农村劳动力转移视角下的社会保障制度探析［J］，《经济师》2009 年第 8 期，259—260 页

② ①胡浩、王图展：农户兼业化进程及其对农业生产影响的分析——以江苏省北部为例［J］，《江海学刊》2003 年第 6 期，53—58 页；②米明浩：农民兼业——一个必须引起重视的问题［J］，《农场经济管理》2003 年第 4 期，18—19 页

乏政府引导的盲目兼业，兼业农户多从事的是低收入非农劳动。这不仅增加了农户家庭经营费用，而且降低了农业生产要素的投入，不利于农业商品化率和机械化水平的提高，导致农户因为兼业而造成收入的降低。

第五节　中西部民族地区农村社会保障建设——基于农户经济发展的视角

一、中西部民族地区农户经济发展对农村社会保障的要求

首先，农产品的需求和供给特性决定了农民收入的变化特性。以粮食为例，粮食需求刚性强、弹性低的特点。虽然社会对粮食需求量呈现不断增长的趋势，但在某一个时点上，在一定人口数量、一定消费习惯的条件下，人们对粮食的消费趋于一个稳定的量，粮食产量的增加不会使得粮食消费显著增加；反之，粮食产量的减少也不会使得粮食消费显著减少，由此可能产生农户增产不增收的问题。

其次，作为农业从业者，农民的收入主要来源于耕种土地获得的实物收入。而农产品的价值则取决于市场价格，而农产品价格的变化直接影响着农业收入的多少。从我国农产品价格的走势看，1990—2003 年，粮食的供给大于粮食的消费，导致粮食价格持续低迷，粮食价格上不去，其他农产品价格都受到不同程度的打压，从而造成农户农业收入所占比例下降。从 2003 年开始，农业收入在人均家庭收入中的比重又呈上升趋势，主要原因是市场机制在起作用，2003 年开始，因市场供求关系发生变化，主要农产品价格大幅上涨，中西部地区因农业经营主体分散、规模小，对市场信息了解程度低，交易费用高，在市场机制中农户往往得不到应有的回报。

再次，农户的兼业行为导致收入来源的多样化。农户收入模式一般分为四种，即农业推动型、农业主导型、非农业主导型、城市带动型。我国中西部民族地区虽然幅员辽阔，但不同地区的人地比例存在明显差异，在人多地少的地方，农民生活很难依靠纯农业收入，而且在一些土地资源相对丰裕的地方，农民的收入主要还是源于农业。

最后，农民往往是依托家庭对应风险，即通过家庭成员分别从事不同的产业使其家庭收入来源多样化而达到分担风险的目的。

农民的收入结构和行为特征对中西部民族地区农村社会保障制度建设具有重要意义，体现在：

第一，与城镇居民相比，农户当前所面临着巨大生产、生活风险，亟须得到制度性的保护。农村社会保障，就是对于以遭受不确定性与确定性风险包括自然风险与人为风险为常态的农民的社会保护。有学者分析认为，从生产、生活风险与需要满足相关关系看：在城乡领域并没有实现正相关关系，而是呈负相关关系，需要满足出现了严重的非均等化。社会经济市场化程度的不断提高，农村居民特有的土地保障功能正在弱化，失业风险产生并加剧。农业劳动者不仅要承受弱质产业的自然风险，而且要面临与城镇职工同等程度的市场风险。① 因此，农村居民生产生活风险的预防和抵御更应得到相应的重视和满足。而中西部少数民族地区，生态环境脆弱、实际农用地的绝对数量更少、贫困发生率高、教育发展滞后、法律意识和市场意识都极为淡漠，特殊的区情，致使民族地区农村社会保障显得比任何其他地区都重要，因为民族地区可以说是“硬环境”（如生态问题、农地问题等）和“软环境”（如法律意识问题、教育问题等）最为脆弱的地区。在这样的背景下，少数民族地区比其他任何一个地区更渴望被保障，其求生存的欲望比其他任何地区更为强烈。②

第二，农户具有自我经营性特征，这一特征要求进行农业生产必须有一个先期投入，先期投入不足将严重影响其产出，因此，一旦受到负向冲击，如自然灾害、患病等等，农户要想恢复生产，就需要进行预防性储蓄。但中西部少数民族地区农户普遍存在收入不稳定、现金收入低的问题，部分农户试图以兼业的方式解决预付资金不足的问题，农户的兼业行为、收入的不稳定性和自我雇佣等特点对社会保障制度的运行构成了一定的挑战，一是农户预防性储蓄在一定程度上会影响其社会保障缴费能力；二是农民兼业行为给缴费依据和缴费比例的计算带来了较大的难度；三是农民并不存在明显的退休年龄，为了增加家庭收入，即使年老后也并没有立即从农业生产中退出，而是在从事力所能及的劳动，这一特点是农村养老保险制度设计中应考虑到的。

---

① 钟洪亮：社会权利与需要满足：农村社会保障的一个分析视角［J］，《社会保障研究》2009年第3期，14—18页

② 李春斌：民族地区农村社会保障制度的重构——一个现实需求的视角［J］，《青海社会科学》2007年第2期，133—136页

第三，农民一般以家庭为收入单位，近年来，中西部少数民族地区的家庭结构正在发生改变，三世同堂乃至四世同堂的复合式家庭逐渐让位于一对夫妇携未婚子女的核心家庭，“空巢化”家庭所带来的社会问题日益显现，而社会保险通常以个人为缴费单位。

这就要求必须以当地农民的经济能力与行为特点为依据，以获得广大农民认可并接受为前提，以维护广大农民根本利益为目的进行农村社会保障制度的改革与创新。

二、农村社会保障制度与民族地区农户劳动力转移的适应性分析

据统计，在民族地区农村低收入群体的劳动力中，在本乡内从业的人员占90.3%，比全国农村平均水平高4.0个百分点；有外出经历的劳动力占12.2%，比平均水平低2.5个百分点，外出半年以上的劳动力占7.7%，比平均水平低3.4个百分点。低收入群体的劳动力中87.7%从事第一产业，比平均水平高13.8个百分点。从农户收入水平看，受就业结构单一的影响，低收入群体的收入来源结构也非常单一，绝大部分为务农收入。在低收入群体的总收入中，来自第一产业收入占76%，比农村平均水平高22.3个百分点；工资性收入占13.4%，比平均水平低9.9个百分点。① 可见，提高中西部民族地区农村剩余劳动力的非农转移是农户经济发展的一个重要方面，是新农村建设的重要内容，也是以城带乡、改变城乡二元结构的有效途径和解决“三农”问题的关键。当前这一转移过程中遇到了一些制度障碍，如户籍管理制度、土地流转制度、劳动力就业培训制度等，尤其是我国城乡不对接的社会保障制度不能适应农村劳动力大规模转移的需要，其不适应性在农村劳动力转移的四种形式中都有所体现。

（一）农村劳动力的内部转移：乡镇企业职工社会保障制度不明确

农村内部转移是指农村剩余劳动力向乡镇企业的转移。通过发展中西部民族地区乡镇企业带动农户经济，增加农民收入具有重要意义。目前，中西部民族地区乡镇企业对于农户经济发展的贡献率仍然偏低，据测算，全国农村人均

① 国家统计局宏观经济分析课题组：低收入群体保护：一个值得关注的现实问题［J］，《统计研究》2002年第12期，3—8页

纯收入约40%来自乡镇企业，沿海地区达到80%以上，但西部地区不足8%。① 尽管如此，少数民族地区乡镇企业职工已达一定规模，西部民族地区据统计，2008年内蒙古有乡镇企业职工1.43万人，四川有2.74万人，新疆1.44万人，广西有5.06万人，云南9.61万人，贵州有18.98万人，青海有0.36万人。中部民族地区如湖北2008年民族乡镇企业从业人员有1.00万人，湖南为4.88万人。② 目前，中西部民族地区发展乡镇企业遇到了与其他地区同样的一个问题：乡镇企业职工这一兼具农民和工人双重身份的特殊群体，如何纳入社会保障体系内尚未有一个明确的规定，其社会保障如何与农村或城镇社会保障体系相衔接仍然处于探索阶段。乡镇企业职工社会保障制度不明确的状况已经影响到了乡镇企业的发展，进一步影响到农村内部劳动力转移就业的实现。

乡镇企业职工已不是传统意义上的农民，乡镇企业职工和城市企业从业人员一样，都属于第二三产业，其所遭遇的风险结构和农民的有显著不同，它是一种和市场经济、工业化相适应的现代风险结构：他们不再经营土地，年老或生病后面临丧失生活来源的风险；与市场经济相适应，从业者在激烈竞争的环境下，时刻面临失业的危险；工业、建筑业等行业危险性大，从业者面临工伤和患职业病的危险，等等。更重要的是，在乡镇企业工作的农民不愿意离开他们的土地，是因为土地的最低生活保障功能现在还是无法替代的。③

1996年通过的《中华人民共和国乡镇企业法》第六条明确指出，国家鼓励和重点扶持经济欠发达地区、少数民族地区发展乡镇企业。第15条规定，国家鼓励有条件的地区建立、健全乡镇企业职工社会保险制度。如何解决经济欠发达的中西部民族地区乡镇企业职工的社会保障问题仍有待于继续探究。

（二）农村劳动力向城市转移：农民工基本未被城镇社保体系所覆盖

目前在全国各大中城市的打工者主要来自中西部地区，其中包括民族地区。农民工虽然户籍在农村，但工作地点则在城市，由于各种原因，大多数农民工没有被现行城镇职工基本社会保险制度所覆盖。这种情况不利于中西部地

① 敖淑清：西部民族自治地区乡镇企业制度缺陷及现状［J］，《广播电视大学学报》（哲学社科版）2002年第3期，69—71页

② 全国分地区民族乡镇企业情况（2008）［R］，《中国民族统计年鉴》（2009版），民族出版社2010年6月出版，675页

③ 蒋占峰：农村社会保障制度缺失与城镇化论析［J］，《云南社会科学》2007年第2期，87—90页

区农户经济的发展，也不利于我国城镇化的顺利推进。

随着我国劳动用人制度的改革和《劳动法》的颁布实施，传统意义上的固定概念已被打破，农民工一经雇用，用人单位本应一视同仁地为他们提供与城镇户籍职工一样的基本社会保险。但事实并非如此，统计资料显示，农民工群体纳入城镇社会保险体系的数量非常有限，据劳动和社会保障部2005年上半年的农民工社会保障专题报告，农民工参加养老保险的总体参保率为10%—15%左右，社会保险扩面征缴走在全国前列的大连市参保率也仅达到20%。从险种上看，农民工参加各险种的比例也比较低。据江苏省调查，全省参加养老保险的农民工约100万人，参保率不到20%，其中绝大部分还只是参加当地农村养老保险。截至2003年11月底，苏州无锡两市参加医疗保险的农民工达到23万人，全省估计约为80万人左右，主要集中在组织程度比较高的大型乡镇企业。农民工参加工伤、生育、失业保险的比例更低，基本上不到10%，辽宁省90%以上的农民工没有参加养老保险，几乎100%的企业没给农民工缴纳工伤保险费，出现工伤以后，多数是私了。已经参加养老保险的关系接续困难，特别是返回农村务农的，由于没有政策规定，养老保险根本接续不上，能退保的多数只能选择退保。可以说，农民工得不到基本保障。① 另外，农民工养老待遇过低，城乡差距明显的问题也比较突出，如上海市农民工养老保险2006年补贴标准为1200元，只相当于城镇职工个人账户积累额的52%，两者相比，形成强烈反差。②

（三）农村劳动力城市之间的转移：农民工养老保险跨地区接续难

近年来，我国一些地方政府已经认识到农民工对于当地经济发展的重要性，留住他们，就必须将其纳入城市社会保障体系之中，不少地方纷纷出台适用于本地区的农民工社会保障实施办法，一时间，农民工的社会保险制度呈现“百花齐放”的局面，并出现了“北京模式”、“上海模式”、“深圳模式”等。但是，由于全国没有一个统一的、可跨省转移接续的农民工社会保险制度，农民工的社会保障问题依然不能妥善解决。

---

①　华迎放：农民工社会保障：思考与政策选择——来自江苏、吉林、辽宁的调查［J］，《中国劳动》2004年第10期，22—25页

②　华迎放、徐红勤：农民工社会保险的新情况、新问题——深圳、上海的实地调查［J］，《中国劳动》2008年第2期，17—20页

农民工是我国城市中的特殊劳动群体，表现在：就业形式灵活、劳动关系不稳定、具有很强的流动性。他们不仅在同一个城市频繁地变动工作岗位，而且还经常跨地域流动。有调查显示，仅有20%至30%的进城务工农民在一个单位工作满3年以上，2004年外出农村劳动力中，有就业岗位但不稳定的务工人员占到40.6%。农民工务工3年换过两个以上单位的占67.2%，有的一年就换两三个单位，而且跨省区流动的占72.8%。① 以养老保险为例，现行的养老保险制度规定最低缴费年限为15年，由于社会养老保险实行的是区域统筹，城市与城市之间养老保险制度不对接，他们离开时只得退保。于是农民工因工作地点变换而陷入了不断地参保、退保，再参保、再退保这样一个怪圈，难以逾越缴费年限规定的门槛，养老保险对他们而言可望而不可即。令人欣慰的是，2009年12月22日国务院常务会议上通过了《城镇企业职工基本养老保险关系转移接续暂行办法》，2010年1月1日在全国施行，效果如何尚待实践检验，衷心希望该办法能圆广大进城务工者老有所养之梦。

（四）农村劳动力由城市向农村的回流：城乡间社会保障制度对接难

2007年以来，因各种原因，一些农民工放弃在城里的工作返回家乡。农民工返乡人数在2008年达到高峰，据有关统计，截止到2008年年底，返乡农民工约占农民工总量的6.5%，为780万人左右。② 当前农民工返回家乡遇到的一个问题是他们在原工作的城市参加了社会保险，但回到户籍所在地后既无法续保，也不能享受相应的待遇。这是由于我国社会保障制度是城市与农村是分开设计的，而且与城市健全的社会保障体系，较高的保障水平相比，目前农村社会保障制度目前还不成体系，中西部民族地区许多社会保障项目还处于“真空”状态。以养老保险为例，目前我国城市中已普遍建立了该项制度，但在农村，养老保险刚刚起步，导致农村社会保险制度与城市社会保险制度无法接轨。这使得农民工从城市向农村回流时，因保险关系无法接转，只能被迫选择退保。现行退保政策规定直接损害了农民工享受社会保障的对等权益。仍以养老保险为例，现行政策规定养老保险所缴费用分个人账户与社会统筹两部分，中途退保和转移养老保险关系，只退或只转个人账户部分，社会统筹归务工所

① 《经济半小时》栏目：中央电视台经济频道，2008年2月23日

② 肖晓琴：金融危机下我国农民工回流问题的影响分析［J］，《科技信息》2009年第21期，483页

在地社保部门使用。以农民工月平均工资700元计算，24%的社会养老保险费目前应有16%，即每月114元、每年1368元由所在企业负担。全国农民工社会养老保险脱保率估计有90%以上，人数接近1个亿。农民工因此而损失的社会养老保险费每年共有1368亿元。以农民工月平均工资的13%计算，每位农民工社保养老统筹账户中的钱每月有91元，1年就是1092元。以全国1000万农民工拥有社会养老保险估计，每年就会有大约200万人因退保而丧失掉自己在社保养老统筹账户中的钱，共计22亿元。

解决返乡农民工社会保障待遇问题对于促进中西部民族地区农户经济乃至区域经济发展具有重要意义，这批返乡的农民工接受过发达地区现代观念的熏陶，大多掌握了一定的技能，有的积累了一定的资本，熟悉市场，具有一定的管理经验，对于无论是农业还是工业都面临人力资源、资金、信息短缺的中西部民族地区而言，都是一次难得的补充。但目前解决这一问题的难度相当大，因为涉及不同层次的城镇间养老保险关系的转移接续，为此，中央及中西部各省（区）应当进行对返乡农民工养老保险问题的相关政策研究。

第五章

构建民族地区农村社会保障制度的原则与模式

第一节 构建民族地区农村社会保障制度模式的原则

一、公平与效率的协调

公平和效率是我国农村社会保障制度建设所面临的重大问题。公平和效率两者关系的正确定位和协调，不仅有利于我们从理论上认识农村社会保障建设中的各种复杂问题，更有利于我们在实践上制定出科学有效的农村社会保障政策。

（一）社会保障制度的核心：维护公平

公平不仅是人类追求的最高目标，而且也是社会文明进步的重要标志。社会保障作为国家的一项基本社会制度，它主要通过收入的转移，对低收入或无收入者提供必要的帮助，减少社会成员的风险及遭遇风险时的损失，来体现社会公平。首先，社会保障确保机会公平。任何一个国家的政府在进行社会保障制度设计时，都必然要考虑到社会成员参与机会的公平，只要符合法律规定的条件，都能获得社会保障的机会，而且，保障社会化的程度越高，这种社会公平性体现得越充分。其次，社会保障保证起点公平。社会保障的目标是保证社会成员基本生活需要，从而使社会成员在基本生活需求得到保障的前提下，能有一个参与竞争的公平起点，而不至于一开始即因先天不足而陷入生存困境。再次，社会保障维护过程公平。这主要体现在社会保障对社会弱势群体的扶持以及在全社会范围内分摊风险，从而促进社会的良性循环。最后，社会保障缩小结果的不公平。社会保障所具有的收入再分配功能和社会保障基金预提积累式的延期支付，在一定程度上能缩小收入分配结果的不公平。

就我国中西部民族地区农村社会保障制度而言，公平是其本质和核心。社会保障制度本身是一种公共品，从其建立之日起，就有互助互济、保障公平的固有特性。从经济学角度看，市场经济的游戏规则是“赢者通吃”，这导致各种经济组织和个人都把实现利益最大化作为追求的目标。“市场并不必然能够带来公平的收入分配。市场经济可能会产生令人难以接受的收入水平和消费水平的差异”①，造成一部分社会群体在资源配置上的弱势地位及生活的窘迫，所以需要通过二次分配实现公平。农村社会保障制度就是二次分配的重要组成部分，作为社会再分配的一种方式和重要手段，通过收入转移弥补收入分配中市场机制的缺陷，补偿和抵消垄断和竞争给农民带来的各种损害，可在一定程度上缓解市场经济条件下城乡间社会分配不公、利益分化过于悬殊的问题，起到平衡社会关系的作用。我国中西部少数民族地区农村大多属于自然条件较差的地区，不但与我国东部地区农村相比经济上存在很大差距，就是与当地汉族地区相比，经济发展上也相对滞后。因此，民族地区农村社会保障制度构建应以确保公平为首要原则。

（二）社会保障制度的保证：提高效率

1. 社会保障效率的含义

社会保障的效率包括两个方面：一是社会保障的经济效率；二是社会保障自身的效率。社会保障的经济效率主要体现在社会保障的外部性方面：首先，为经济发展创造良好的社会环境，社会保障通过其机制缩小贫富差距，缓解社会矛盾，解决社会问题，创造成一个稳定的社会环境，为经济发展提供重要的前提条件；其次，解除社会成员的后顾之忧，调动其生产积极性，这是提高社会经济效率的一个重要的基础性条件；再次，保证社会再生产所需要的劳动力供给，社会保障不仅是简单地维持劳动者的生活，而且也是劳动恢复和补充的重要条件。最后，促进劳动力市场的完善，促进劳动力的合理、有序的流动，有利于劳动力资源的有效配置，这是提升其经济效率的重要一环。

社会保障自身的效率指的是资源配置效率。“当经济体无法在减少一种产品产量的前提下生产出更多的另一种产品时，即当选择点处在生产可能性边界

---

① ［美］萨缪尔森、诺德豪斯：《经济学》（第18版）［M］，萧琛译，北京：人民邮电出版社，2008年，第33页

上的时候，我们就说该经济体的生产是有效率的”①。如果社会保障自身有效率，就会为其功能的发挥及其社会经济效率的提高奠定良好的基础，而如果其自身没有效率或效率低下，就会妨碍其功能的发挥并进而影响其经济效率。具体而言，社会保障自身的效率主要是指社会保障的收入与支出状态，当然还包括社会保障基金的运营及管理。如果社会保障的收入与支出大致保持平衡或收入大于支出，并使社会保障基金能有效地运营并保值增值，就说明社会保障自身是有效率的；否则，就表示社会保障自身没有效率或效率低下。西方发达国家自20世纪70年代以来出现的“福利危机”在很大程度上就是由于其社会保障自身缺乏效率或效率低下所致。

2. 民族地区农村社会保障制度的效率

就我国中西部民族地区农村社会保障制度而言，效率是该制度运行的重要保证。效率的任何下降，都会产生或加重农村社会保障制度的实施困难。农村社会保障的效率是指社会保障制度对经济效率的影响和社会保障制度本身的效率问题。从对经济效率的影响层面看，其一，农村社会保障可为农业经济发展创造良好的社会环境。社会保障的实施可缓解民族地区农民贫困，调节收入差距，缓和阶层矛盾，倡导和谐的社会环境，这是农业经济发展所必需的环境条件，也是提高社会效率的重要前提。其二，农村社会保障可保证农业再生产所需劳动力的供给。社会保障的实施可以提供基本的生活保障，维持农民的生活，免除农民的后顾之忧，而且通过提供健康保障和教育培训保障，提高农民的身体、心理和技能素质，从而提高农业人力资源的存量，这是提升社会经济效率的前提。就农村社会保障制度自身而言也存在效率问题。如社会保障覆盖率的高低、基金来源渠道的宽窄、给付标准合理与否、基金管理和运营完善与否、缴费义务与受益权利对等与否，都直接影响社会保障功能的发挥和自身效率的高低。尤其是民族地区农村社会保障基金的有效运营，不仅可以为提升社会效率奠定一定的投资基础，还可成为调节民族地区农业经济波动的“蓄水池”，直接服务于民族地区农业经济发展。

（三）社会保障制度的关键：公平与效率的协调

公平与效率的问题体现了民族地区农村社会保障制度的价值取向，同时也

① [美] 萨缪尔森、诺德豪斯：《经济学》（第18版）[M]，萧琛译，北京：人民邮电出版社，2008年，第12页

是解决民族地区农村社会保障一系列问题的关键所在。效率和公平既有冲突对立的一面，又有统一协调的一面，片面追求部分主体的效率，会打破社会的平衡，丧失公平；片面追求公平，极易导致平均主义，丧失效率，最终也难言公平。因此，在民族地区农村社会保障制度中必须考虑到公平与效率问题，探究民族地区农村社会保障的基本原则同样也离不开公平与效率二者关系如何协调的问题。

事实上，实现社会公平向来被视作是社会保障制度的核心目标。“缓和社会不公平、创造并维护社会公平，是社会保障制度安排的基本出发点，也是社会保障政策实践的基本归宿”①。然而，随着社会保障制度的发展，特别是西方发达国家推行普遍的福利政策以来，福利危机成为不争的事实。这样就给各国政府提出一个警示信号，使其不得不对社会保障制度进行重新审视，并对社会保障的公平倾向提出了质疑，认为不能以牺牲效率为代价去追求公平，并提出“如果公平与效率双方都有价值。而且，其中一方对另一方没有绝对的优先权，那么，在它们冲突的方面，就应达成妥协……无论哪一方的牺牲都必须是公正的”②；同时，应“在平等中注入一些合理性，在效率中注入一些人道”③。各国的社会保障制度的改革取向和方案选择之所以举步维艰，正是在公平和效率的关系中难以找到两者之间的最佳结合点。

对于我国中西部民族贫困农村地区，社会保障制度理应更加注重社会公平。这与当前我国的农村社会保障制度尚处于初步建立阶段，很多社会保障的内容都还处于从无到有的起步阶段密切相关。这就要求我们不能只着眼于当下的经济发展效率而忽视了公平。我国传统的城乡二元结构导致城市与农村的社会保障水平差异巨大。随着农村人口日益老龄化，失地农民越来越多，农民工进城打工现象的愈发频繁，面对广大农民亟待改变生活保障状况的需求，公平原则显得对我国目前的现实情况更为重要。然而，要达到公平与效率的最优化配置，我们应当根据具体情况而有所侧重。从社会保障项目来看，对于完全由国家财政负担的社会救济、社会福利、最低生活保障等农村社会保障项目，只要农民符合条件均可以享用。这些项目应当强调体现“公平优先，兼顾效率”

① 郑功成：《社会保障学》［M］，北京：商务印书馆，2000 年，第 257 页

② ［美］阿瑟·奥肯：《平等与效率》［M］，北京：华夏出版社，1999 年，第 86 页

③ 郑功成：《社会保障学》［M］，北京：商务印书馆，2000 年，第 87 页

的原则。而农村社会保障的缴费性项目如养老保险、医疗保险等费用，可以由国家、集体、个人或社会等多方来共同合理负担，使农民享受的社会保险水平既能保证农民的基本生活，又可以与其个人缴纳的费用的多少适当挂钩。对于这些项目就应强调体现“效率优先、兼顾公平”原则。

二、权利与义务相统一

建设民族地区农村社会保障制度还需要遵循权利与义务相统一的原则。权利与义务作为人际关系范畴和历史范畴并不是“天赋”的和从来就有的，而是随着人类社会的产生而产生，并且随着社会历史的发展而发展的。权利与义务作为反映社会利益分配关系的意志观念，它们的内容取决于特定的社会条件，不同的社会条件决定了不同的权利与义务的要求。

（一）权利与义务的含义

权利是一种具有或被认为不具有重大的社会效用、但必须且应该得到的利益，也就是社会主体在特定条件下向他人或社会要求某种行为或不发生某种行为。权利是受到法律保护的一种利益。并不是所有的利益都可以被认定为权利，只有那些为法律所承认和保障的利益才是权利。义务是指社会管理者依靠权力和法律加以保障的服务、贡献或付出，即社会主体在特定社会条件下，应该向他人、社会提供某种行为或不发生某种行为。在利益的增减和动态的流向上，权利就是“应当”从他人、社会中得到的；而义务则是“应当”向他人、社会提供的。权利与义务的关系是人类这一自由存在者所独有，且人类的权利与义务在量上总体是相等的。人类拥有多少权利，同时就拥有多少义务。由于权利与义务的本质是对特定的、有限的“利益”或“有价值”资源的分配，因而当一个社会主体的权利价值量增加时，必然产生其他社会主体权利价值量的减少和义务价值量的增加；当一个社会主体的义务价值量增加时，必然产生其他社会主体义务价值量的减少和权利价值量的增加。从整个社会看，权利价值量的增加或减少与义务价值量的增加或减少成正比例。具体到某个社会主体，其权利或义务价值量的增加或减少，与其他社会主体的权利或义务价值量的增加或减少成反比例。所以，任何一个具体的社会主体所行使的权利或履行的义务总是在一定限度之内的。因此我们可以看出，权利与义务关系是一种主体间的关系，并且这种总量相当的权利与义务本身还存在着在不同群体中的分配与承担的问题，进而有可能会导致社会成员之间不平等的分配或承担的问题。如果权利、义务在不同群体间的分配是平等的，即在一般意义上人类社会成员相互间享有的权利与义务是基本平等、相当的，那么这个社会就是正义的；如果这种分配是不平等的，即一部分人承担较多乃至全部义务却享有较少乃至没有权利，另一部分人则承担较少乃至不承担义务却享有较多乃至全部权利，那么这个社会就是不正义的。马克思曾表达过这种权利与义务相统一的思想，这就是“没有无义务的权利，亦没有无权利的义务”①。

（二）农民的权利与义务

之所以要把权利与义务相统一原则作为构建民族地区农村社会保障制度的基本原则之一，是因为当前我国农民身上所体现的权利与义务严重失衡。

早在中国新民主主义革命及抗日战争时期，广大农民为整个国家和民族的利益做出过重大牺牲。可以说，农民在向整个国家和民族履行自己的义务。新中国成立初期，基于在低水平的经济发展条件下要迅速推进工业化进程的考虑，国家将实现工业化视为使中国摆脱贫困、走向富强的重大战略。对于当时的中国来说，实行工业化的一个现实困难是：如何筹集巨额资金，为了解决工业化所需要的资金问题，国家只能采取暂时牺牲农民部分利益的做法。有些地方为了国防建设的需要，农村和农民再一次做出让步②，在国家“农村支援城市，工业优先发展”方针下，农民再一次牺牲自己利益，向国家履行其相对过多的义务。但是，在我国工业化建设已经取得巨大成效，国民经济水平有了大幅提升之后，经济发展成果惠及农村居民的水平远不及城镇居民。而此时的最大受益者，也就是行使权利者多为城市的居民。由于历史上农民承担了太多的义务，但是却没有享受到与之对称的权利，造成农民自身在承担义务和行使权利上的严重失衡。这种权利与义务在社会不同群体间分配的不平等，是社会不公正的体现，这与我们构建和谐社会的初衷是极其相悖的。农民与其他社会群体间的差距正在越拉越大，如果不通过有效的机制进行调整，农民的处境将更加艰难，农村的生活将更加困苦，农业的发展也会更加缓慢。通过法律的形式

① 中共中央马克思、恩格斯、列宁、斯大林著作编译局：《马克思恩格斯全集》（第16卷）[M]，北京：人民出版社，2008年，第16页

② 本课题组于2007年赴青海省海晏县进行社会调查。该县所属的金银滩被誉为“中国原子城”。1958年，中国决定研究和制造原子弹。经过再三选址，最后决定在青海省海晏县金银滩建设核武器研制、实验和生产基地。为保密起见，对外统称“国营二二一厂”。该县曾在很长一段时间内禁止对外开放，这正是农民以牺牲经济利益为代价支援国防建设的生动表现。

赋予农民更多的权利，从而平衡历史上农民权利与义务的不对称是我们能够改变农民弱势群体地位的重要途径。建立农村社会保障制度正是基于此，为了体现社会公平与正义，通过国家的二次分配的调整，来实现国家对于农村政策与法律的倾斜，从而帮助农民摆脱弱势群体的地位，有效进行社会主义新农村建设，真正实现农村的社会和谐与农业的可持续发展。

权利与义务的统一主要体现在纵向与横向两个层面上。也就是说，在社会层面上，权利与义务关系是对应的，体现为短期与长远、代际之间、群体之间的相互承担义务和享受权利。社会保障领域中权利与义务在社会层面上的统一充分体现出社会保障的互济性特征。

然而，社会保障权利与义务关系在微观层面和中观层面上往往表现为一种非对应的关系，社会保障资源在中西部贫困民族地区与东部发达地区，以及贫困者与富裕者之间的分配应该予以特别注意，即在微观层面上，并非个人尽的义务越多则其享受的权利越大，因为社会保障的供款及待遇给付上存在着少缴费多受益、多缴费少受益、不缴费亦受益等情况。在社会救助、社会福利和优抚安置中，享受社会保障权利的个人，就不一定要履行社会保障的义务，甚至是一种没有义务的权利。中观层面也是如此，不能因为中西部民族地区贫困的境况而使其游离于国家的社会保障制度之外，应大力扶持民族地区社会保障制度建设，尤其是在个人、集体、国家以及中央政府与地方政府社会保障资金负担比例上，应该采取有别于东部发达地区的特殊政策。

例如，我国当前“新农保”试点中实行的基础养老金制度就体现了国家对于贫困落后地区的关怀与照顾。根据中央的安排，国务院统一确定的基础养老金部分对中西部民族地区给予了全额补助，对东部地区给予50%的补助。补助基数每人每月55元，即每年660元。这是目前的补助水平，今后国家将根据经济发展和物价变动等情况适时调整①。基础养老金给付的绝大部分义务是由政府，尤其是中央政府承担和履行的，这既体现了社会保障制度的普惠性，也体现了农民应有的社会保障权利，对于养老保险制度缺失的中西部贫困民族地区来说意义尤其重大。

① 刘琳：《中西部“新农保”基础养老金中央买单》［DB/OL］，每日经济新闻，http：//www.nbd. com. cn/newshtml/20090819/20090819050204165. html

三、生存与发展相结合

社会保障制度源于保障人类的生存需要，使人们在生存出现危机时，由他人来提供帮助使之渡过难关。当国家出现后，政府充当了向生存出现危机的社会群体提供帮助的角色，并通过立法的形式来强制实行。现代社会保障制度，已经从单纯保障人的生存，如生、老、病、死、残所导致的生存危机，上升到了更高的层次和更广泛的领域，即保障社会的长期稳定和经济的持续发展。西方发达国家一百多年的社会保障发展历史，已充分证明了它在促进社会稳定，增强经济发展和提高人民生活水平方面的巨大作用。如今，许多国家的社会保障已将教育、提高人口素质等内容纳入社会保障的体系，并通过为公民提供各种社会福利，为未来的社会发展提供源源不尽的动力。不少国家在社会保障制度设计之初，就充分考虑到了该制度安排对个人储蓄行为的影响和社会总体储蓄水平的影响等各种社会效应，并通过资本市场进行宏观经济调控，以实现国民经济的持续稳定增长。由此可以看出，世界大多数国家的社会保障制度普遍遵循了生存与发展相结合的原则。

就我国中西部民族地区贫困农村的现实条件而言，社会保障体系也应按照生存与发展相结合的原则来建立与完善。目前我国仍有一部分群众的基本生存条件还未得到充分的保障，这些贫困人口大多数集中在中西部农村，其中不少是民族地区，中西部地区的贫困发生率大约为2%—3%，远高于东部地区，但社会保障制度的覆盖范围和保障水平则低于东部地区，贫困救助未能实现全覆盖，医疗保险费用补贴水平偏低，绝大多数农民还无法享受到已在城市普遍实施的养老、伤残、失业、生育等社会保险。因此，少数民族贫困地区农村社会保障制度建设，应首先从改善各族群众的基本生存条件入手。此外，在促进民族地区经济发展方面，社会保障的作用还远未发挥。就养老社会保障而言，一方面，我国养老保险滚存积累了大量的资金，却因受资本市场发育不完善的制约，使得养老保险基金被限定在购买政府债券和银行储蓄；另一方面，大量的企业却无法从资本市场获得急需的资金，不仅丧失了发展的机会，基金本身也难以获得理想的收益。生存是发展的基础，而发展又是为了更好地生存，如果没有发展，在国际竞争中我们就会丧失生存的机会。在我国民族地区农村的社会保障无论是生存层次上，还是在发展的层次上仍处于较低阶段的今天，尤其要使两者实现很好的结合，当务之急是尽快建立和完善农村医疗保险、农村养老保险，以及包括最低生活保障在内的农村社会救助等社会保障制度，使各族群众基本的生活需求得以保障，在此基础上努力实现社会保障在提高人民生活质量、公民身心素质和促进经济发展等方面发挥更大的作用。

从历史的角度看，突出人的生存权和发展权也是社会进步的必然要求。生存权在人权思想史和人权运动史上，是极具代际标志意义的一种人权。1919年《魏玛宪法》开头就明确规定对生存权实施保障："经济生活之组织，应与公平之原则及人类生存维持之目的相适应。"并第一次将"让人像人一样生存"明确为国家的义务，这就标志着生存权完成了其法定权利化过程而进入了制度的现实保障之中。联合国大会1948年12月10日通过的《世界人权宣言》规定：公民享有接受社会保障的权利，享有保持和保障充分生活水准的权利，享有劳动的权利、教育的权利和文化生活的权利。可见生存权的实质是保证每个人过起码的生活的权利和要求国家积极履行保障义务的权利。

我国是一个农业大国，农民是我国公民的主体部分，尤其是民族地区农村人口较其他地区农村人口的生活更加贫困，自我保障能力相对较弱，需要国家和社会对其进行基本生活需求的必要保障。对于全体公民生存权的保障无疑是现代社会保障立法的起点与归宿，这也应该成为包括民族地区在内的我国农村社会保障法律制度的一项基本原则。生存权作为一个法律概念，不仅指每一个生命得以延续的权利，即人人应当获得的基本的衣、食、住、行等物质保障的权利，并且通过把抽象的概念具体化，使得这些具体的权利如衣着权、食物权、住房权等迅速进入社会保障的视野；同时也包括人的生命不受非法剥夺的权利以及人有尊严地活着的权利。有足够维持生命的食物、健康的身体、适宜居住的处所和环境等，这是个体生存的物质基础，而获得工作、劳动、资源则是个人赖以生存与发展的手段。

除了生存权，民族地区农村社会保障制度建设还要突出发展权。生存权与发展权的关系密切相连，生存权被视为发展权的基础，没有发展的生存必然因缺乏进化的活力而萎缩。发展权实现于人的社会、离不开人的本质；人的本质又离不开人的生存与发展。人只有获得这种权利，才能摆脱动物性，而成为社会上的、法律上的人。而民族地区农村社会保障是政府通过法律和制度等规范手段，筹集社会保障基金，对农村居民在因年老、疾病、伤残、失业等而面临生活困难时给予必要的救助和保护，它的功能在于保障农民的生存权，进而为实现每个人的发展权提供基础条件。

因此，构建社会保障制度是实现中西部民族地区贫困农民生存权和发展权的重要方式，如通过建立最低生活保障制度、医疗保障制度、社会救助制度等措施，保障农民的发展权利，拓展农民的发展空间。需指出，今天的民族地区农村社会保障法律制度的理念已不再只停留在维护各族群众最基本的生存状态上，而是更关注对其发展权的保护。发展权概念的提出在人权发展史上第一次赋予了人权以动态发展的理念，它永远不能超出社会的经济结构以及由经济结构所制约的社会的文化发展，是人的个体和群体的物质文化发展需求与既有社会经济政治文化发展状况所能提供的满足需求资源之间的矛盾运动，以及主体发展权利意识觉醒并为之积极实践的必然结果。它所关注的是诸类人权在质与量上的全面提升。社会财富的分配应确立一个使所有人都能获得与其生存条件相适应的基本份额的一般客观标准，凡低于这一标准的个体或群体有向国家提出比其他具有超越生存欲望的人优先的、为维持自己生存而必须获得的基本生活资料和劳动机会要求的权利。

总之，农村社会保障制度作为我国对社会产品再分配的一种方式，必须明确国家负有给予中西部民族地区贫困农村社会保障利益的义务与解除农民困境的责任。该责任的履行首先要满足社会保障的最低标准，即人的衣、食、住、行等最低生活条件；其次要达到社会保障的一般标准，即有尊严的、体面的、能够分享改革发展成果的生活水平，这才是民族地区农村社会保障的目标所在。

四、法制化

社会保障是国家依法采取强制手段对国民收入进行再分配，以化解公民的各种风险、防范经济风险的制度安排的统称，被誉为社会发展的“稳定器”、经济运行的“减震器”和公平正义的“调节器”。社会保障制度的权威性、严肃性和强制性都需要通过法律来维护，然而我国现行农村社会保障立法严重滞后，已成为我国农村社会保障制度建设的重要障碍。

尽管我国宪法明确规定：“中华人民共和国公民在年老、疾病或者丧失劳动能力的情况下，有从国家和社会获得帮助的权利。”但长期以来，农村社会保障的实施主要依赖高度集中统一的行政管理系统，缺乏法律的规定性，法制化程度极低，主要有以下表现：

第一，法律体系不全。目前，尚无关于农村社会保障的统一立法，各相关部分和各级政府零散颁布的现行各种“条例”、“方案”、“意见”和“决定”之间各自为政、缺乏衔接，内容严重滞后且可操作性差，难以形成配套法律体系。例如，关于农村社会养老保险制度的实施，至今仍主要适用1992年民政部公布的《县级农村社会养老保险基本方案（试行）》和1995年《民政部关于进一步做好农村社会养老保险工作的意见》；关于农村合作医疗制度的实施，目前主要是依据2002年中共中央、国务院下发的《关于进一步加强农村卫生工作的决定》和2003年国务院办公厅转发卫生部、财政部、农业部《关于建立新型农村合作医疗制度的意见》展开的；关于农村抚恤优待制度的实施，目前仍然主要适用2004年10月1日施行的《军人抚恤优待条例》，凡此种种，不一而足。正是由于立法的滞后和缺失，导致农村社会保障实践中出现的许多问题无法可依、无章可循，导致我国农村社会保障制度的实施困难重重、举步维艰。

第二，立法层次低、覆盖面窄。农村社会保障立法在层次上本应由全国人大制定，但正在实施的农村社会保障规范性文件几乎都是由国务院或各部委制定的行政法规或部门规章，以及由地方制定的地方性法规。例如，由国务院2006年1月11日新修订的《农村五保供养工作条例》，民政部出台的1992年10月3日《县级农村社会养老保险基本方案》、《关于农村五保供养服务机构建设的指导意见》，民政部等三部门2003年11月18日出台的《关于实施农村医疗救助的意见》等，这些以政府及相关机构文件的形式颁行的规章不仅缺乏权威性和稳定性，更缺乏必要的强制性和约束性。此外，立法的覆盖面过于狭窄。由于我国长期形成的二元经济结构，导致广大农村，特别是中西部民族地区农村社会保障制度残缺不全，绝大多数农村人口基本处于国家社会保障体系之外。

第三，以行政代替法律。从中西部民族地区地方各级政府对社会保障体制进行管理的现状来看，社会保障政策替代社会保障法规的现象比较突出，大部分社会保障制度的相关规定多是由地方政府部门以政策、文件甚至通知、意见、复函来表现的。当然，在国家还没有统一立法的领域，为适应社会经济发展的客观需要，地方政府部门采取发布暂行规定、试行条例的方式指导实际工作，的确使民族地区的社会保障工作取得了一定的成效。但如果发展到政策越位、以行政手段替代法律的程序则是极其有害的，不利于社会保障制度的发展与完善。我国的《宪法》、《民族区域自治法》和《立法法》都赋予了民族自治地方人大依法制定自治条例、单行条例的自治立法权和立法变通，然而因各种因素所致，许多民族自治地方并没有充分行使这些权利，据了解，民族自治地方关于社会保障方面的单行条例寥寥无几，其内容也大多照搬国家法律条文，体现民族地方特色的条文非常少，这反映出民族地区的社会保障立法工作带有盲目性和形式主义倾向。

第四，社保基金监管的法律责任欠缺。基金是社会保障的核心，充足稳定的基金来源和兼顾安全与收益的资金管理是确保农村社会保障工作顺利开展的前提。然而，我国农村社会保障基金在保值增值和安全管理两方面均存在一些问题。在保值增值方面，按照现行制度的规定，农村社会保障基金只能存入银行和购买国债，收益极其有限，由此导致一些基金结余较多的地方，由于担心基金的贬值，不可避免地产生投资冲动，进而采取违规的操作；在安全管理方面，尽管政府制定了社会保障基金管理规则，但实际执行情况并不尽如人意，中西部民族地区一些地方存在挪用甚至侵占农村社会保障基金的情况，致使农村人口的“保命钱”大量流失①，产生这一问题的重要原因在于缺乏有效的监督制约法规，我国刑法尚未将农村社会保障基金列入特定款项的保护范围，对大量出现的非法侵占、挪用农村社会保障基金的违法犯罪行为无法进行严厉制裁，致使农村社会保障基金的运营处于极不安全状态。

第五，社会保障相关法律具有城乡二元特征。如全国人大常委会 1996 年 8 月 29 日通过的《老年人权益保障法》，分别就城乡居民养老保障问题指出了不同的实现路径。该法第 21 条规定：“老年人依法享有的养老金和其他待遇应当得到保障。有关组织必须按时足额支付养老金，不得无故拖欠，不得挪用。国家根据经济发展、人民生活水平提高和职工工资增长的情况增加养老金。”可见这一法律条文适用的对象主要为城镇职工。该法第 22 条规定：“农村除根据情况建立养老保险制度外，有条件的还可以将未承包的集体所有的部分土地、山林、水面、滩涂等作为养老基地，收益供老年人养老。”

---

① 吕国庆、王昆：河北 2 名官员挪用 4000 万农村社保金被判刑［EB/OL］，新浪网：http：//news. sina. com. cn/c/2009－01－02/150016966284. shtml；王勉、闫祥岭：广西三起农村低保金腐败事件追踪［EB/OL］，新华网：http：//news. xinhuanet. com/newscenter/2009－05/04/content_11307996. htm；曹健：宁夏清理农村低保“政策搭车”“优亲厚友”［EB/OL］，新华网：http：//news. xinhuanet. com/newscenter/2009－03/22/content_11049919. htm

第六，立法观念滞后。一些决策者与学者认为我国仍然是发展中国家，农村社会经济发展水平较低，建立完备的农村社会保障体系为时尚早。这一看法有失公允，社会保障不是奢侈品，而是公共必需品，“给穷人体面的供给乃是对文明的真正考验。”① 社会保障为经济困难的公民提供的是基本的生活保障。由于种种原因导致公民没有或者只有很少的收入来源，生活难以为继的情形并不是经济高度发达后才会出现的社会现象，而是与经济和社会发展同步和共生的社会现象，当前我国东部发达地区与中西部民族地区的贫富差距十分明显，国家和社会不能等到经济高度发展时来消除这种现象，而应在经济发展的过程中解决问题。这些问题的解决是经济和社会发展的前提，未能解决或者解决不好反倒会成为经济和社会发展的障碍。从世界上一些国家社会保障发展历程来看也是如此，如丹麦、瑞典、葡萄牙与西班牙分别于 1891、1913、1919 与 1947 年开始通过立法在农村建立养老保险制度，当时这四个国家的人均国民生产总值仅相当于中国 1999 年可比值水平的 79.3%、99.9%、46.6% 与 73.3%。欧盟 15 个成员国将农民纳入基本养老保障制度在时间上大致从 20 世纪下半叶到 20 世纪末。与这些国家建立农村养老保险制度的平均农业劳动力比例、农业产出、人均收入等相比，我国目前的经济发展水平和农村经济水平都达到或超过这些国家的条件②。因此，大力加强农村社会保障立法，对于推进我国社会保障事业，特别是中西部民族地区农村社会保障制度建设无疑具有重大意义。

五、适度水平

纵观世界各国社会保障史，无一不是将社会保障制度置于一定经济体制下进行总体设计并付诸实施的。我国现阶段已初步建立了社会主义市场经济体制，农村社会保障制度建设不仅应着眼于农村社会发展的需要，而且必须能在市场经济体制的模式下运行。从这个意义上讲，中西部民族地区农村社会保障的适度水平原则主要是指农村社会保障的水平和模式要与我国当前的经济发展

① ［英］罗伯特·伊斯特：《社会保障法》［M］，周长征等译，北京：中国劳动社会保障出版社，2003 年，第 1 页

② 焦开山：中国二元社会保障制度的终结［EB/OL］，光明网 2006 年 7 月 20 日，http：//www.gmw.cn/

水平相适应，与社会主义市场经济体制相适应。

社会保障水平与经济发展水平的正相关性，客观上要求建立与经济能力相匹配的社会保障制度。而且，社会保障水平呈现刚性特征，表现为社会保障规模只能扩大不能缩小，社会保障项目只能增加不能减少，社会保障水平只能提高不能降低。正因为如此，社会保障水平客观上存在一个“适度区域”，过低或过高的社会保障水平，对于社会保障制度自身运行和社会经济的发展都会产生不良的影响。适度的社会保障水平不仅能够保障大多数人的最低经济要求和社会需求，使社会保持相对稳定，为国民经济发展创造有利的环境，而且可以适当调节社会需求，推迟或抑制消费，避免高经济增长与高通货膨胀并存，推动经济发展。适度的社会保障水平，还可以充实社会保障基金量和稳定社会保障基金的运行，积累雄厚的财力为人们提供全面的保障，从而提高人们的生活质量，促进社会文明的发展。

判断是否适度的标准是社会保障制度能否在保证公民一定经济生活水平的基础上，对国民经济发展起到积极的促进作用，同时能实现自身运行的周期平衡，维持社会保障制度的良性运行。从这一标准出发，社会保障的范围、项目、待遇标准和水平以及社会保障基金的筹措，必须充分考虑当前的经济发展水平和有关方面的承受能力，并对未来几十年内的人口结构变动、就业情况变化、人口老龄化进程等做出科学的预测，然后进行合理规定，使其不仅保障社会成员的基本生活，促进国民经济持续、快速、健康发展，而且避免因过度保障拖累经济的发展。

就我国中西部民族农村地区而言，一方面，社会保障需求主要体现为低层次的基本生活保障；另一方面，社会保障供给能力较弱，因此，适度的社会保障水平意味着社会保障供给应是“雪中送炭”，而不是“锦上添花”；在对贫困群体基本生活保障实现全覆盖的基础上，根据经济发展水平逐步增加社会保障项目，提高保障水平，而不应盲目追求农村社会保障的高水平、高标准，否则必然会因保障项目过多、标准过高导致效率的损失，反而使生产力水平下降和社会财富减少。西方国家在社会保障制度建设过程中，不惜以牺牲效率为代价换取公平，直接导致一部分人成为社会寄生阶层，在挫伤就业者工作积极性的同时也导致经济发展速度减缓，税赋居高不下乃至出现财政危机和福利危机，这一教训值得反思。民族地区农村社会保障制度建设过程中，应坚持与社会经济同步发展，不能脱离当地所处的经济发展阶段。国家应针对农村各地经济水平存在的差异，在原则、项目、范围基本一致的前提下，允许各地根据自己的实际情况因地制宜地推进这项工作，并适时进行调整与完善。

从另外一个角度看，坚持适度水平原则对我国当前中西部民族地区农村社会保障制度建设而言，还蕴涵着低值起步的含义，这是建立民族地区农村社会保障制度的基本前提。国外发达国家实施的社会保障法，对维持社会稳定以及缩小收入分配差距等方面曾起到显著的作用。但20世纪70年代末以来，西方“普遍福利”政策却受到各方面的挑战，其中一个最主要的问题是社会保障标准太高，超越了国家的经济承受力，财政入不敷出，出现巨额赤字，不得不通过降低保障标准和削减保障支出以进行改革。如英国代表保守势力的撒切尔夫人1979年上台后，对社会保障制度进行了大规模的改革和调整，重点是减少政府对社会福利的供给。这一改革曾一度引起民众不满和社会混乱，但是改革的方向没有改变，布莱尔政府上台以后仍在一定程度上延续了撒切尔的改革理念。

鉴于此，我国在设计中西部民族地区农村社会保障制度中，有必要吸取他们的经验和教训。从我国中西部民族地区实际情况看，农村人口数量庞大，经济基础薄弱，社会保障制度残缺不全，加之我国还是一个发展中国家，人均财政收入不高，综合实力不强，既不可能也没有必要提供过高标准的保障。但如果社会保障标准过低，不但无法凸显社会保障的应有之义，而且可能会引起民众对社会保障制度的排斥情绪。因此，中西部民族地区农村社会保障制度设计必须确定一个适度的标准，即社会保障的均衡点。在这一点上，既能够使社会弱势群体得到适度的保障，同时又不会丧失通过劳动获得收入的动力。换言之，低标准、广覆盖、与经济发展水平相适应是构建民族地区社会保障制度必须遵循的原则，只有坚持这一原则，才能够保证稳步推进民族地区农村社会保障制度，并促进民族地区农村社会经济的可持续发展。

六、形式多元化

从单一化走向多元化是当今世界大多数国家社会保障制度的发展趋势，汤普森指出，由于“各国之间在经济、文化与社会传统方面存在较大差异，因而，……世界各国最初选取的模式各不相同，……（但）随着时间的推移，……许多国家的养老金体制都演变为一种混合模式”①。

多元化社会保障模式趋向产生的原因主要是：多元化的社会保障制度能够较好地兼顾公平和效率，较好地解决人口老龄化、社会保障基金增值与风险等难题。以养老保险为例，目前日本农村养老保险就呈现出多元化的特征，它包括三个层次：第一层为国民养老金基金制度；第二层为农民养老金基金制度；第三层为自我储蓄制度。不同层次采用不同模式，第一层次为强制性加入；第二层次采用基金制，强调自愿原则；第三层次为可选择性的补充保障。同样，德国、法国等国也鼓励农场主自愿购买补充养老保险。

建立我国多元化农村社会保障制度模式除了顺应社会保障发展趋势外，还因为我国是一个农业大国，各地经济发展水平不平衡，中西部地区与东部地区差别都很大。这就决定了试图在全国范围内建立统一标准的农村社会保障制度几乎是不可能的，因此，多元化的社会保障体系是唯一可行的路径，关于这一体系结构的具体构想可用“三支柱”体系来表示：第一支柱是全国统一的法定基本保障，含社会救助、基本医疗保险和基本养老保险，普通农民必须加入；第二支柱是省（市）级统筹的补充保障，含各种社会保障项目，各省（市）可根据经济发展水平和财政状况制定统一标准，不必强求全国统一；第三支柱是以商业性保障为主的附加保障，即商业保险，个人自愿参与。这样，既有全体农民都适用的社会保障制度；又有能分别满足东部地区农民较高层次和中西部地区农民较低层次的社会保障制度，从而实现了对东中西部农村居民社会保障需求的统筹兼顾。

多元化的社会保障首先表现在保障农民的基本生存需求，维护农村乃至整个社会大局的和谐稳定上。除此之外还有其他的社会、经济功能。如德国的农场主达到65岁就必须及时将农场移交给继承人，这是农场主领取养老金的条件之一。由此可见，德国农村社会保障制度不仅解决受保险人的养老问题，还实现了农场企业的及时移交，为实现农场主的年轻化、知识化做出了贡献。因此，我国在设计中西部民族地区农村社会保障制度时，也应尽量体现其价值功能的多重性，找出农村社会保障与农业规模化经营、增加农民收入及农村计划生育政策之间的内在联系。中西部民族地区虽然地广人稀，但是耕地低于全国

① ［美］汤普森：《老而弥智——养老保险经济学》［M］，孙树菡译，北京：中国劳动社会保障出版社，2003年，第94页

平均水平，因此可规定农民60岁或65岁以上者交出承包责任田，享受一定的养老、医疗等社会保障①，国家或集体将收回的责任田租赁给种田能手（或称农民企业家）耕种。这样既能解决老年农民的社会保障问题，有利于农村社会大局的和谐稳定，又能实现农业产业化、规模化经营，提高土地利用率，充分发挥其经济效益。又如在法律上对农村计划生育户给予更多的经济保障，既有利于增加农民人均收入，提高农民生活水平，又有利于少生优育、减轻人口压力、提高人口素质等。

除了“三支柱”体系外，少数民族地区农村社会保障制度的多元化还体现在社会保障与家庭保障的结合。家庭保障是以自然为基础，以血缘关系和家庭伦理为保证的我国农村传统的保障方式；而现代社会保障则是以社会化大生产为基础，以社会政策和法律、法规等为保证。农村社会保障实现的程度受制于农村社会化进程，从目前我国农村的实际情况看，一方面家庭仍是农民生产和经营的基本单位，这在中西部少数民族贫困地区体现得尤为明显，因此，家庭有义务也有一定能力对其成员提供生活上的保障；但另一方面，随着农村社会化进程，农村剩余劳动力大量流向城镇，主要是东部沿海发达地区，农村“空巢”家庭不断增多，家庭的保障功能正逐渐衰减。所以，中西部少数民族农村地区的社会保障必须坚持现代社会保障与传统家庭保障相组合，充分发挥家庭保障所具有的物质保障、精神保障等多重功能。从世界各国的社会保障发展史来看，尽管家庭保障在现代化的冲击下有所削弱，但是它本身仍起着举足轻重的作用，尤其对于发展中国家的贫困农村而言，在长时间内仍居主体地位。任何只强调社会保障的功能，而忽略家庭保障的功能；或只强调家庭保障的功能，而推卸社会保障责任的保障制度都是不健全的。

---

① 实际上，国务院办公厅2009年9月4日发布的《国务院关于开展新型农村社会养老保险试点的指导意见》已规定了农民养老金待遇领取条件：年满60周岁、未享受城镇职工基本养老保险待遇的农村有户籍的老年人，可以按月领取养老金。新型农村社会养老保险实行基础养老金和个人账户养老金相结合模式，国家财政全额支付最低标准基础养老金，此外实行个人缴费、集体补助、政府补贴相结合的筹资办法，地方财政对农民缴费实行补贴。这次试点的背后实际蕴涵了社会统筹国民化和个人账户全民化的改革方向。

第二节　构建民族地区农村社会保障制度模式

一、传统模式

传统的农村社会保障是指以土地保障和家庭保障为核心的保障制度。这种保障模式历史比较悠久，形式比较单一，当前这种单一性的保障模式出现了逐渐弱化的趋势。

（一）土地保障

土地保障是指当农民没有充足的财富积累，没有足够的非农就业机会和非农收入，没有健全的社会保障体系时，很大程度上必须依靠土地收获物供给基本生活资料，或者以土地收入作为维持最低生活水平和抵御社会风险的主要手段。土地的保障功能是农民在社会保障缺位的状态下被迫进行自我保障的一种理性反应。土地保障有两层含义，一是土地保障功能是以农民的财富状况、非农就业状况和农村社会保障状况为前提的；二是农民的基本生活保障和抵御风险依靠土地为载体的。由此说明土地的保障功能虽然不能与社会保障等量齐观，但是它毕竟填补了农村社会保障的空白，它与社会保障制度相同的作用都是使生产力在突发破坏性事件（如疾病、自然灾害等）发生时不至于遭到摧毁性的打击。

土地保障对于土地权利和土地的产出效率有着非常独特的影响。长期以来，土地是农民的生存之本，当农民生存存在后顾之忧时，土地就成为农民的命根子。这时，农业土地权利以长期占有和使用为目标，而不以经营状况、市场价值为目标。“土地是农户抵御生活风险的长久保证，是农户在村庄和社区内社会地位的一种表现”①，其转移与否，以农户生存保障状况为转移，转让权并没有实际需要和用途。土地保障产生于农民基本生活需求获得唯一可依赖于土地的生存困境，这种保障形式总是与自然经济和家庭保障模式紧密结合在一起的，小块土地、简单的手工业与有限范围的集市贸易相结合是以土地为本的典型生产方式，在这种生产方式下，先进的科学技术和生产手段难以得到推广

① ［英］弗兰克·艾利思：《农民经济学》［M］，胡景北译，上海：上海人民出版社，2006年，第9页

和应用，无法实现土地的规模经济效应，土地产出效率十分低下。但对于中西部民族地区而言，土地保障形式仍然具有现实的意义，在农户非农收入占其总收入的比例明显低于全国平均水平的条件下，如果取消了农户生存之本的土地保障，又没有相应的社会保障制度替代，这不仅意味着放弃了对农民生存的任何社会保护，而且从制度上否定了农民享有任何确切的生存物质保证的必要和可能，导致农户基本生活保障无所依托，有可能引起各种社会矛盾，影响社会安定。因此，这种低效率的土地保障对于我国中西部民族地区而言，仍应作为一个特殊历史阶段的必然选择而继续存在。

在我国农村社会保障发展历程中，土地曾发挥了积极作用。1978 年，农村生产经营体制变革，实行土地集体所有，家庭承包经营，建立了统分结合的双层经营体制。在变革中坚持了土地保障性均分的原则，将土地作为保障农民基本生活需要的主要资源。在具体操作中，丈量土地面积，合理分等定产，主要以人口划分或人劳结合划分，尽量连片。据国内学者 20 世纪 80 年代初对 253 个村的调查，按人口、人口和劳动力结合、劳动力三种标准包干到户的村分别为 69.4%、25%、4.37%①，可见土地承包表现出明显的保障性。同时，将土地这一重要生产资料的经营、转让及收益权赋予了农民，农民拥有了稳定的土地使用权，土地的收入成为农民最基本、可靠的收入来源，也是家庭保障最重要的经济基础，从而为农村居民提供了土地保障的制度安排。客观地说，来自于土地的收益或多或少地为农村居民提供了一定程度的生活保障。特别是在我国农村社会保障严重缺位的情况下，在工业化进程加快以及农村剩余劳动力艰难转移的过程中，农村之所以没有出现大的问题，没有产生“拉美化”现象（即拉美国家在工业化过程中，无地农民涌向城市，在城市周围形成大规模的贫民窟，社会犯罪现象严重，导致社会不安定等），土地承包制所起的作用功不可没。土地承包制不仅具有人们所普遍认同的充分调动农民生产积极性、大大解放生产力、提高农业经济效率，促进农村经济发展等重要作用，而且在保障农民基本生活，维护农村乃至全社会的稳定，减缓工业化过程中的社会阵痛方面发挥着不可替代的、无法估量的作用。

中国是一个农业人口大国，多数人口从事农业生产，中西部民族地区农村

---

① 段庆林：中国农村社会保障的制度变迁（1949—1999）[J]，《宁夏社会科学》2001 年第 1 期，22—30 页

的务农人口更是占绝大多数，在国家财政一时还难以满足农村社会保障资金需求的条件下，继续将土地资源作为农民养老保障之源，其政治上的积极作用显而易见。

在认识中国农村土地养老保障制度存在的政治必要性的同时，也不能否认其在经济上的局限性，这种局限性主要表现为：

第一，土地保障是一种低水平的保障制度。首先，土地是一种多功能的、不可再生的资源，随着非农用地的增加，农用土地面积将逐渐减少；其次，一定时期内的单位土地面积的收获物数量是有限的，由此决定了土地保障只能是一种低水平的保障。在我国中西部少数民族地区，土地除了农业生产性的功能外，还承载着许多非生产性的功能，如生态平衡的功能、可持续发展的功能等。改革开放以来，我国土地效益不断得到放大，但随之而来的生态失衡进而影响整体效益的问题日益突出，因而，恢复生态平衡成为国家的一项重要的任务。在中西部民族地区大力实施的“退田还湖”、“退田还草”、“退耕还林”等多项生态保护工程在改善我国生态环境的同时，也在一定程度上弱化了土地对于农民的保障功能。

第二，土地保障对农村经济影响有限。现行的农户土地承包制无法实现规模经济，由于我国耕地面积绝对值不大，人口数量大，土地分配制度是按人口平均分配，所以人均占有耕地面积较小。西部地区农业市场组织缺乏，农业产业组织体系没有形成，农户之间经济联系薄弱，农业生产陷入了极端的分散化状态，形成了马克思所描述的“马铃薯堆积型”社会经济运行结构①。据最近人口普查数据显示，我国最少有4.99亿人生活和发展要依靠人均不到0.1公顷的耕地。这样我国的土地处于高度分散化的状态，尤其是西部民族地区，多属于山区、荒漠或高海拔地区，人均耕地更少。小块土地制度“按其性质来说就排斥社会劳动生产力的发展，排斥劳动的社会形式、资本的社会积累，排斥大规模的生产和科学的不断扩大应用”②，从而无法实现规模效益。同时，这种土地制度强化了农民对土地的依赖性，制约劳动力自由流动。从当今世界各国现

① 中共中央马克思、恩格斯、列宁、斯大林著作编译局：《马克思恩格斯选集》（第1卷）［M］，北京：人民出版社，1995年，第677页。

② 中共中央马克思、恩格斯、列宁、斯大林著作编译局：《马克思恩格斯选集》［M］，北京：人民出版社，1972年，295—316页

状分析，没有任何一个经济强国的农业人口占整个国家人口较大的比例。随着中国农村经济实力在不断发展和壮大，农业人口分化是一种必然的趋势，依靠土地保障的人口将越来越少。

第三，土地保障出现虚化问题。所谓土地保障的虚化，指的是土地收益在农民收入中所占比重下降从而对农民生活保障的实际功能逐渐衰减的现象。对于非农就业机会较多、非农收入不断增加的农户来说，土地所能起的保障作用已日益弱化。这反映了工业化进程和农村剩余劳动力转移的必然发展趋势。土地保障的虚化现象在沿海发达地区农村表现得更加明显。当然，也不可过分夸大我国农村土地保障的虚化现象，即便在经济发达的苏南农村，目前仍有89.7%的人拥有土地。在这些拥有土地的农户中，认为土地对家庭有保障作用的仍占68.7%①。那么，在广大内地农村，尤其是中西部少数民族贫困农村地区，土地的保障作用就更是无可替代了。特别是土地使用权流转后，增加的土地收益将进一步提高土地保障水平。因为，土地的保障作用与户均耕种面积以及土地总收益成正比。土地保障的“虚化”现象在一家一户耕种小块土地、劳动生产力水平低的条件下表现得较为突出。而当土地使用权流转，实现规模化、产业化经营之后，土地收益将会提高，农民由此得到的收入也会增加，从而将在一定程度上抵消虚化的趋势。

第四，土地的保障功能被高估。因为农业生产本身的风险因素也很多，频繁的自然灾害、波动的市场行情等因素都影响着土地的收益，土地的保障功能本身并不强。此外，土地既作为生产要素，又作为基本生活保障的双重职能抑制了农业科技的推广，因为新技术应用所带来的风险与农民以土地收益保障基本生活存在矛盾。土地保障形态的农业生产方式不但具有小农经济的一切特点，而且还具有小农经济所不具有的对土地使用不负责任的低投入和低效率，这种状态显然与农业现代化格格不入。

长期以来，土地承担着一部分农村家庭基本生活保障的职能，农民在其生命波折期，比如年老、生病、伤残或失去在城镇的工作时，土地发挥着保障其基本生活的“兜底”作用。1996年之后，有些地方曾试图收回农民手中分散的土地然后由少数村民承包以达到规模化目的的经营，但立即引起了公愤。尽管当地的大多数村民的收入来源是务工与经商而非纯农业，但因没

---

① 梁鸿：苏南农村家庭土地保障作用研究［J］，《中国人口科学》2000年第5期，32—39页

有政府或集体为他们提供的社会保障，夺走土地就等于斩断了他们生命波折期的生活之源。由此，“土地承包期30年不变”① 的政策确是民心所向。农民以土地作为自己的基本生活保障，是农民理性地判断风险环境后的行为安排，也就是说，农民对自己所处环境可能的各种风险进行判断，然后做出了理性的未来预期，并决定了对风险合理规避的行为选择——保留自己手中的土地。

然而，土地保障的弊端已经十分明显：一方面，土地小规模经营导致农业生产收益率低下又导致大量土地抛荒；另一方面，离开土地便失去了基本生活保障的现实又使得广大农民又不愿意出让土地使用权，土地流转深受制约，由此形成了世界上绝无仅有的民工潮，抑制了中国的城市化进程。

改变土地保障模式，必然要求改变农民对生活风险的应付观念和规避手段，即推进以农业现代化为基础的保障制度创新。由于土地保障只是我国农村社会保障制度建立过程中的一个过渡形式，不是真正意义上的社会保障，因而是不稳定的，从长期看，它必然随着工业化、城镇化和农村剩余劳动力非农化就业的发展逐步向具有现代意义的社会保障制度过渡。因此在民族地区农村迫切需要建立一种能替代土地保障的社会保障制度。

（二）家庭保障

家庭是以血缘关系为纽带而联结的群体。从法律上讲，家庭成员之间负有一定的权利与义务，如长辈对晚辈的抚养、晚辈对长辈的赡养、财产的继承等等。同时，家庭也是社会的基本单元，它通过向社会提供人力资本换取必要的生活资料以延续生命。

家庭在农村个人生活保障中的作用主要体现在三个方面：第一，给家庭成员资金和实物保障。这项保障包括为家庭供养对象提供必需的生活用品和资金，支付医疗费用，或为他们缴纳社会养老保险费和医疗保险费等。第二，给家庭成员提供服务保障。此项保障包括为家庭供养对象提供必需的生活照料服务，配合医院、专业服务机构及其他社会组织为家庭成员提供康复护理服务。第三，给家庭老人、残疾成员提供精神慰藉。老年人生时追求儿孙绕膝的天伦之乐，死时强调有人送终。没子女在身边的老人会感到孤独、寂寞，有孩子在

---

① 《土地承包法》第20条规定：耕地的承包期为30年。草地的承包期为30年至50年。林地的承包期为30至70年；特殊林木的林地承包期，经国务院林业行政主管部门批准可以延长

身边则精神得到很好慰藉。家庭能给老人亲情温情，使老人老有所养、老有所终。

美国社会学家贝克尔认为："尽管千百年来社会、经济、文化环境已经发生了巨大的变化，但家庭却依然保留了对全部制度的最大影响。在包括现代市场经济在内的一切社会里，家庭对一半或一半以上的经济活动都承担着责任。"① 在传统自给自足的自然经济社会中，家庭中子女越多意味着生产能力越强，也意味着家庭内弱者生活更有保障。

在我国中西部民族地区农村社会中，家庭对于丧失劳动能力和生活自理能力老人的经济保障作用远比城市大得多，这与该地区农村家庭保障赖以存在的经济基础和道德规范不无关系。首先，家庭保障是一种依赖于家庭所拥有的土地提供的保障，因而也可称之为土地保障。土地之所以能提供保障，是因为土地就是一个"基金"，只要不断投入，就可以不断提供剩余的产出。土地一直以来都是农业社会中农民最重要的经济依赖，失去土地就意味着失去一切。经济供养功能的实现最主要就是依靠土地的效用。在没有从根本上解决农村剩余劳动力出路问题之前，土地仍然是农村居民主要生产资料和基本生存保障。土地对农民的效用主要集中在生活保障效用、提供就业效用、直接收益效用上。在经济落后的民族地区，土地对于农民的重要性大于其他地区。其次，家庭保障是人的生命周期权利与义务的实现形式。在未成年期有受抚养的权利，在劳动年龄期间则有赡养老人及子女的义务，进入老年后又有接受子女赡养的权利②。这种生命周期在家庭内部通过代际的权利和义务关系而得到完成。家庭保障机制就是以代际之间的互惠为伦理基础，通过家庭成员之间长期共同生活形成的情感来完成的，具有鲜明的自觉性。在一定的文化背景下，生养子女就意味着自己老年有所依靠，包括经济上的、生活照料上的、情感上的。同样，赡养年迈的父母，实际上也是为自己年迈时得到下一代人的照料奠定道德基础。除此之外，家庭保障机制还得到道德力量的强化。我国各民族传统文化中，就有家庭关系中的道德规范，特别是对于老年人的赡养，强调敬老。

我国中西部少数民族地区家庭，更注重家庭整体的利益与价值，强调家庭成员之间的互助。由于少数民族地区多为自然条件较差的地方，在这样的环境

① ［美］贝克尔：《家庭论》［M］，北京：商务印书馆，1998 年，第 3 页

② 张健、陈一筠：《家庭与社会保障》［M］，北京：社会科学文献出版社，2000 年，第 13 页

下，如果不依赖集体的力量，很难生存下去。跟其他东部地区相比，中西部少数民族地区农村家庭关系的集体主义特征更为明显。在社会保障制度缺失的条件下，家庭成员内部之间的互助共济显得尤为重要。这一点，对于家庭的稳定性以及家庭在完成赡养功能方面的作用也是巨大的。同时，家庭资源的再分配不会产生社会保障制度中转移支付过程的管理成本。这就使得家庭保障机制具有国家社会保障不可替代的效率。

事实上，我国中西部民族地区农村家庭保障曾经历了三个不同的阶段。一是家族式保障。一个典型的家族①皆拥有自己的田地，称为族田。族田是家族的公共田产，可分为祭田、义田、学田等。族田是家族各项费用开支的来源，可用来兴办族内公益事业，或救助族内贫困人口。其中，义田是专用来赈济贫苦族众的，而祭田若用于祭祀后尚有剩余，也可用于救济。救济对象一般为族内贫困者。救济形式分为集体救济和自救两种。集体救济是以家族整体的名义对个人或家庭实行救助，而自救是当某家庭发生临时需要时，由族长动员族内每个家庭以个人名义集资帮助。这种保障方式与中国封建社会的小农经济相适应，在中西部少数民族地区长期普遍存在。在现代社会保障制度缺失的条件下，它为降低民族贫困地区个人和家庭所面临的生存风险发挥了重大作用。

二是集体式保障。1958 年，我国中西部民族农村地区实行人民公社制度。在这种制度下，一个村庄的土地整齐划一，族田变为集体土地。由于族田不复存在，也就失去了救济功能，只能靠家族成员之间的自助。另一方面，农村集体拥有生产资料所有权和经营活动支配权，它先保证国家的农产品征购，然后扣足集体提留，最后实行按劳取酬。这样，集体经济促成了一种新的社会保障机制，它由口粮分配制度、自留经济、五保制度和农村合作医疗制度等组成。口粮制度分配，主要遵循“人七劳三”原则②，优先确保分配的公平性，为每个人提供基本的生活资料。自留经济也即家庭经济，指农户可利用剩余时间经营自留地或副业，以弥补集体分配的不足。自留经济有利于调动农民的生产积极性，体现了分配效率。最能体现该时期集体式保障特点的是五保制度。五保制度实质上是一种适应集体经济的集体保险，依托集体经济向特定群体提供的

---

① 家族的三个特点：有相同或类似的血缘关系，有一定的规章制度，并具有一定的组织形式

② “人七劳三”，即人口占七成，是为口粮，劳动工分占三成，是为劳粮。也即把粮食的七成平均分给每个人，剩下的三成则根据按劳取酬原则进行分配。这种分配方式显然更侧重公平

基本生活保障，具有浓厚的福利色彩。虽然目前在农村推行最低保障制度的背景下，关于五保制度的存废具有一定争议，但是该制度曾在民族贫困地区发挥的巨大作用却无可置疑。最后，在政府引导和集体经济支持下，农民遵循自愿、自助、互惠和适度的原则，建立起农村合作医疗制度，提高了民族地区农村人口的健康水平。这四种保障方式所具有的集体特点与当时的生产条件是不可分割的，随着生产力的发展，集体式保障也必然要发生变化。

三是自助式家庭保障模式。20 世纪 70 年代末期，中西部民族地区实行家庭联产承包责任制。过去以生产队为生产单位，现在则以家庭为生产单位。家庭保障的主体由集体转到个人，农产品的口粮分配制度被责任田制度代替，农户家庭不仅是消费单位，而且也是生产单位。虽然农村五保制度得以延续，但由于五保制度基础——人民公社制度下的集体经济已经衰退，所以即使有政府的支持，五保制度在贫困地区运行也大不如前①。同样，集体经济的衰退也影响到农村合作医疗制度，看病贵、看病难成为中西部少数民族农村地区面临的主要问题。无论是养老，还是医疗，这个时期的家庭保障明显是以自助为主。尽管国家制定了扶贫战略，实施了一系列的扶贫政策，但在区域经济发展不平衡的条件下，中西部少数民族农村贫困地区对社会保障的需求仍远大于供给。

无疑，家庭保障作为非正式的社会保障制度在中西部少数民族农村地区曾发挥着重要作用，但这种作用正逐渐弱化，其原因是多方面的，以养老为例：

首先是近年来土地的收益不断下降。农村养老方式可分为自养型和他养型，目前我国农村老人除一部分农村老人进城与子女共同生活外，大多数都留在了农村。农村老人依靠土地收入实现自养的前提条件是：土地产出收入能够达到满足基本养老需求的水平，而从我国的现实情况看，农产品生产成本不断提高，农产品价格提高则相对滞后，增产不增收已是一个不争的事实，土地经营收益难以满足上述条件，使得以土地保障为基础的农村家庭养老模式难以为继。

其次是城市化导致了大量农村青壮年人口流向城市，那些已定居在城市的农村户籍人口，在竞争压力、生活压力下，长年与父母分居两地；即使是返乡农民工，他们在城市中的生活和工作经历也不同程度地改变着其生活方式和价值观，也容易导致两代人分开居住。居住方式的代际分离意味着健康状况不佳

① 在中西部民族贫困地区，地方财政本身就很单薄，对五保制度的补贴也是捉襟见肘。

的老年人在经济来源问题之外，还面临着诸如日常生活不便、生病期间无人照料，以及由此而产生的精神苦闷等问题。与此同时，随着计划生育政策的实施，农村家庭规模缩小，核心家庭增多。民族地区农村“4—2—1”① 型结构的家庭呈现逐渐增多的趋势，这也在一定程度上对家庭养老模式形成了挑战，使家庭养老出现“独木难支”的情况。特别是家庭生命周期进入“空巢”阶段后、家庭的养老功能已名存实亡。

城市化还引发了两代人之间的“文化代沟”，在城市文明的熏陶下，农村年轻人的自我意识不断增强，传统的“孝道”的观念为追求更注重自身价值的实现所替代。

农村家庭收入中的非农收入所占比重越来越大，即使是从事农业生产，也更多地依赖于现代科技知识，老年人的经验、知识在生产过程中的指导作用越来越小，子女对父辈劳动技能与经验的依赖程度不断降低，这些都不同程度地导致农村以老年人为中心的文化模式的变化，老年人对家庭的控制力下降。

城市化所带来的多元文化，一方面使社会的包容度增强，社会对个人的道德约束压力减弱；另一方面，传统的价值观不断受到挑战和冲击，“孝悌”文化的衰落，使家庭养老失去了文化依托，子女在心理上弱化了对老年人的经济支持信念，这是对家庭养老模式的致命打击。

随着城市化进程的加快，子女的大部分时间是在家庭之外度过的，属于家庭成员之间的时间越来越少，陪老人聊聊天，进行一下情感交流，成为越来越奢侈的想法，对老人的情感支持也就力不从心了。在城市化影响下，农村独生子女家庭出现“代际倾斜”现象。一些青年夫妇更重视子女的教育和成长问题，有限的时间、精力和财力都向子女倾斜，产生了“重幼轻老”现象，这对老年父母的心理健康和实际的生活质量都产生了负面影响。

农村老年人口高龄化加重了家庭养老负担。人口生命周期的一般规律是，当进入老年阶段后，其健康状况开始下降，患病率、伤残率会上升，自理能力逐渐丧失，会更多地需要来自他人的日常护理、生活照料。因此，与我国人口平均寿命周期的延长相伴随的是农村家庭养老负担的加重，这反映在养老费用不断增长，生活照料和精神慰藉问题日益突出，从而导致农村家庭养老功能的弱化。

---

① 即，4 个老人、1 对夫妇、1 个孩子。

总之，在我国农村，尤其是中西部民族农村贫困地区，传统意义上的社会保障主要是由土地保障和家庭保障来提供的。随着经济的发展和社会结构的变化，这种传统的保障模式功能呈现出逐渐弱化的趋势。从长期看，这种非正式的传统的社会保障模式必然要被正式的现代社会保障模式所代替。

二、现代模式

现代社会保障模式是一种多元组合模式，具体说就是集土地保障、家庭保障和社会化保障于一体的农村综合保障模式。它以传统模式为基础，在发挥农民自我保障和农村集体组织保障的条件下，强调国家、社会等多种保障力量的作用，为农民提供制度化、社会化的养老、医疗、社会救助等保障。这种保障模式既是传统模式的延续，又包括对传统模式的改造。由于我国中西部民族地区尚不具备建立城乡一体化社会保障制度的条件，所以我国中西部民族地区的农村养老保障，在相当长一段时期内仍然要坚持以家庭保障为主，家庭保障与社会保障相结合的养老保障模式；对于医疗保障而言，要不断巩固和完善新型农村合作医疗保险制度，同时要进一步改革农村社会救助制度，大力推动农村最低保障制度建设①。

（一）建立多层次的农村养老保障体系

1. 家庭养老

哈尔·肯迪格指出：“就一些发展中国家而论，家庭以外的照顾即便有，也为数不多；而在一些比较富裕的国家，政策制定者则把家庭视为可缓和财政问题而提供照顾的途径。”② 对于中西部少数民族农村贫困地区而言，家庭养老仍然是农村养老模式的现实选择，理由是：

（1）经济来源主要由家庭提供。“对农村人口而言，在相当长的时间内，

① 有些学者广义上把农村社会保障模式分为转型模式、市场模式和目标模式，其中市场模式和目标模式是建立在经济发达基础之上（参见杨翠迎《中国农村社会保障制度研究》［M］，北京：中国农业出版社，2003 年）。虽然我国目前在 10% 的农村地区进行新型农村社会养老保险的试点工作，但是实现对农村地区的全覆盖尚需 20 年左右的时间，当前及今后一段时期里，社会养老保险在中西部少数民族贫困农村地区依然不是主流的保障模式。因此本文主要讨论贫困背景下民族地区农村社会保障的构建模式。

② ［澳］哈尔·肯迪格等：《世界家庭养老探析》［M］，北京：中国劳动出版社，1997 年，第 1 页

在养老过程中还只能是由家庭和个人发挥主要的作用"①。农民没有明确的退休年龄，对农村老人来说，真正意义上的养老是因衰老、疾病丧失劳动能力和生活自理能力后开始的，这时的经济来源问题对农村老人来说是生存的首要问题。在我国农村老龄化趋势下，社会化或半社会化养老的三大资金来源（即由国家、集体、个人共同出资）在面临规模不断膨胀的农村老年群体时都遇到了困难。首先，我国老龄化呈现出农村快于城市的特点，20世纪90年代以来农村老龄人口比例快速提高，而我国目前乃至今后相当长一段时期处于社会主义初级阶段，庞大的老年人口的保障需求与现有的综合国力不相称，依靠国家财政对众多农村老龄人口实现养老保障的全覆盖是不现实的。其次，十一届三中全会以来，农村生产经营体制发生了变化，以家庭为单位的分散经营导致了不少地区农村集体经济实力被削弱，而中西部少数民族贫困地区乡镇经济和村集体经济绝大多数处于收不抵支的状况，不少村在计划经济体制时期少量的集体积累已消耗殆尽，有的农村集体经济名存实亡，无力负担养老出资。最后，就农民个人而言，大部分刚刚解决温饱，许多农村老人仍耕作于田间，供养子辈或孙辈，无暇也无能力为自身养老积累资金。国家无财力、集体无积累、老人无余力的客观现实表明，在广大中西部农村地区，家庭内的代际赡养是一种现实又无奈的选择。

（2）由于东西方文化的差异，我国的农村老人有着与西方发达国家老人不同的幸福观，他们对来自家庭的亲情的渴望，对受到家庭成员关怀的诉求比较强烈，甚至超过了对物质的追求。与西方发达国家的老人一般更强调自我且比较独立相比，我国农村老人更注重从家庭中获得成就感和归属感，"儿女孝顺、含饴弄孙"是他们晚年生活的最大愿望和精神寄托。除了经济或物质的供养外，生活照料和精神慰藉也是养老的重要内容。提供物质生活保障只是"养儿防老"的一方面，家庭养老更为深刻的内涵是对家庭成员间基于血缘的亲情感的需要，亦即精神生活保障，这是其他任何养老形式都无法替代的。目前农村老人仍然信奉"萝卜青菜保平安"、"金窝银窝不如自己草窝"的观念。与社会化养老相比，在同等物质条件下，甚至在家庭物质供养条件较差的情况下，大部分农村老人仍愿意选择在家中颐养天年，其原因：一是受传统文化影响，导致农村老人"家"的观念比较浓郁；二是社会化养老在提供生活照料和精神

① 李珍：《社会保障制度与经济发展》[M]，湖北：武汉大学出版社，1998年，第76页

慰藉方面先天不足。不管哪一类型的社区服务，基本都是建立在以“契约”为基础的社会关系上，并受制于经济因素和道德观念的服务水准，因此都不可能替代家庭基于血缘的亲情关怀的作用；三是现有社会福利机构服务质量低劣的消极示范作用，从反面强化农村老人依靠家庭养老的心理。新中国成立后，尤其是改革开放以来，中西部少数民族地区建立了一批敬老院，对农村中无劳动能力、无生活来源、无依无靠的老人实施集体供养，当前的问题是，这些敬老院的运行资金严重短缺，一些敬老院基本上处于无稳定经济来源、无人管理、无服务人员的“三无”状态，无奈入住老人的生活质量堪忧，使得农村老人依靠家庭养老的愿望更加强烈。总之，建立在婚姻和血缘关系上的家庭既是老年人生活的主要场所，也是老年人感情和精神的主要支柱，一个亲情洋溢、和睦幸福的家庭是老年人最大的福利。

（3）家庭成员为老人提供养老的全方位支持是为人子女者的应尽职责。在中西部少数民族农村地区，成年子女对老年父母的赡养，首先是一个道德问题，其次才是一个法律问题。在我国，传统养老文化的影响源远流长，“孝”作为中国传统社会最基本的道德规范也是养老的核心内容。许多少数民族传统文化习俗中也有以孝敬老人为荣、虐待和歧视老人为耻的道德规范，这是实现家庭养老的文化基础。另外，赡养父母也是一个法律问题，我国《宪法》、《婚姻法》和《老年人权益保障法》明文规定：子女有赡养老人的义务，不履行这种义务将会受到法律的惩罚。

从世界发达国家养老社会保障的发展历程看，家庭养老模式被社会化养老模式完全取代须具备两方面条件：一是社会养老服务的提供方有能力提供全方位、高质量的养老服务；二是被服务者由于经济的、观念的、生活方式的因素对其是否认可。目前乃至今后若干年内，中西部少数民族贫困农村地区尚不具备这些条件。因此，对于当前的农民养老问题，尤其是中西部少数民族农村贫困地区的农民养老问题，不能想象舍弃家庭去构建社会化的养老模式，而应着力思考如何构建以家庭养老为基础，家庭、社区、社会多层次的农村养老保障体系的问题。延续家庭养老功能，首先应加快农村经济的发展，增加农民收入，提高家庭养老的经济支持功能。其次应建立健全家庭养老的利益诱导和激励机制，调动家庭的养老积极性。再次应强化家庭养老的道德教化力度，增强人们的自我保障意识，营造弘扬传统美德的强大的社会舆论氛围。最后，应不断完善有关家庭养老的法制建设，让家庭养老由伦理走向法制，依法处理养老问题的违法行为，让法的硬约束为农村老年人口提供强有力的外在保障。

2. 社区养老

延续农村家庭养老保障功能并不足以完全解决少数民族农村地区的老人供养问题，从长期的发展趋势来看，解决农村老人供养问题的根本途径在于实现适应于少数民族地区的社会化。而发展社区老年供养事业是缓解少数民族地区农村家庭养老所面临困境的现实可行的途径之一。社区养老不仅可以大大减轻社会养老的成本，一定程度上替代家庭养老的部分功能，而且为广大农村老年人所乐意接受。因而应成为当前民族地区实施社会化养老保障工作的重点。实际上，我国不少民族都有在家族或传统社区内的成员间互助互济的文化传统习俗，本课题组在民族地区就养老保障问题发放并回收问卷填答的统计数据也表明，村集体和家族养老在农村居民养老意愿排序的位次比较靠前，反映出农村老年人仍然把村集体与家族作为解决自己养老问题能够指望的有效途径，较高的群众认同度为社区养老奠定了基础。当前的任务是，如何将这种基于血缘和地域关系网络的传统养老形式发展成为具有现代意义的社区老年供养形式。关于少数民族农村社区老年供养体系建设的基本设想是：现代农村新型社区建设中在政府政策的指导下建立养老保障服务体系，其保障对象是已完全丧失或部分丧失生活自理能力、且家庭无力照料的本社区老年居民，采取集中与分散供养、物质救济与精神慰藉兼顾、无偿与有偿服务相结合的养老保障形式。关于有偿供养的实现形式，各农村社区可根据实际需要和农村居民的承受能力推出诸如生活照料、看病就医、卫生保健等相关有偿服务项目，由各家庭根据需要和自身经济条件购买。

3. 社会养老

在中央及各级地方政府政府主导下，建立农村社会基本养老保险制度是民族地区农村养老保障的另一项重要任务，关于民族地区农村养老保障待遇标准，根据本次调查，3 省（区）农村老年人每月最低食品支出约为 80—120 元左右，加上其他必要支出，年人均养老支出约为 1200—1500 元左右，稍高于西部大多数地区的农村低保标准，但考虑到物价因素和制度设计的前瞻性，西部民族地区农村基本养老保障的“适度”水平应设定在这一区间内。关于参保农民个人缴费数额，一是要考虑不同的家庭的养老负担水平不一样，缴费能力不一样，需设计不同档次的养老保险缴费率；二是养老保险制度运行遵循“大数法则”，参保基数越大，待遇支付能力越强，提高参保基数路径之一就是提高养老保险金统筹层次，考虑到西部地区县域人口规模普遍少于东中部地区，有的县仅数万甚至不足万人，若以县为单位进行资金统筹，基金运行风险极大，因此，农村养老保险统筹层次以省为单位较为适宜。路径之二是提高参保率，这需要充分激发广大农村适龄人口参保积极性，根据调查，可能影响中西部民族地区参保率的主要因素是农户的现金收入不稳定，为保证其缴费的可持续性，可允许参保者以实物折算货币价值的形式部分替代现金缴纳。三是为避免参保人口结构中青壮年比例低于中老年的“逆向选择”现象发生，农村养老保险待遇支付不宜采取代际赡养形式，尤其是已迈入老龄的人口已无缴费可能，因而也就没有为其建立个人账户的必要，他们的养老基本生活费用短缺问题，可通过农村最低生活保障制度予以解决。关于集体资助部分，鉴于目前西部地区生产力发展水平较低，集体经济“空壳化”现象较为普遍，现阶段可由县及乡镇财政适度出资。关于政府补贴比例，中央政府补贴以占筹资总额的70%以上为宜。西部各省也应照顾到少数民族地区的实际困难，在增加农村养老保险专项财政转移支付项目的前提下，重点扶持少数民族地区养老保险制度的建立和稳定持续运行。与此同时，民族地区县以下政府部门还应做好两项工作：一是在新形势下进一步完善农村“五保供养”和建立健全“农村最低生保障”两项制度，根据地方政府财力的增强逐步扩大其保障覆盖面，提高保障水平。二是在新型农村养老保险试点工作的基础上，抓紧制定民族地区农村社会保障事业中长期发展规划，并随着民族地区社会经济的发展和城镇化的推进，不断提高养老保险的覆盖面和保障水平。

（二）健全新型农村合作医疗制度

1. 农村合作医疗制度的变迁

20 世纪 50 年代中期，我国政府为化解农民疾病风险、满足农民对医疗保险的需求，建立了农村合作医疗制度。到 70 年代末期，农村合作医疗制度已经覆盖了 85% 的农村人口，一定程度上解决了广大农村居民的看病吃药问题，促进了我国农村卫生状况的显著改善，这是中国作为低收入发展中国家所取得的巨大成就。1978 年之后，农村家庭联产承包责任制取代人民公社，合作医疗制度因失去集体经济的依托随之而瓦解。到了 20 世纪 90 年代初，仍坚持合作医疗制度的行政村只占到全国行政村的4.8%①，农村合作医疗制度面临着“网破、线断、人散”的局面。合作医疗的解体使农民丧失了最基本的医疗保障，而农村正规和非正规的医疗保险市场又没有建立起来。在这种情况下，农民只能各自以家庭为单位，独立地承担大小疾病风险，常常深感势单力薄、捉襟见肘。

1990年以后，中国政府在农村开始恢复和重建合作医疗制度。2002年明确规定实施新型农村合作医疗制度。之后，卫生部、财政部和农业部又联合下发了《关于建立新型农村合作医疗制度的意见》，对这种新型合作医疗制度的定义是：“新型农村合作医疗制度是由政府组织、引导、支持，农民自愿参加，个人、集体和政府多方筹资，以大病统筹为主的农民医疗互助共济制度。”由此，新型农村合作医疗制度的试点工作在全国各地陆续展开。

2. 新型农村合作医疗制度的不足

农村合作医疗通过在部分中西部少数民族地区的试点，经过多次反复的修改和完善，已全面推行，并且很大程度上缓解了农民的医疗困境，但从该制度的运行情况看，仍有不足之处，主要表现为制度的设计与实施两个方面。

制度的设计方面：一是过分强调参与的自愿性原则与保险的大数定律。首先，新型农村合作医疗有着明显的社会保险的特征，而“强制性”是社会保险所固有特征，考察世界各国的社会保险制度，无论采取什么模式，都不是建立在“自愿”基础上的。其次，从保险规划的技术性上讲，保险业遵循的一个重要法则是“大数定律”，只有当样本足够大时，一个随机事件在这个样本中的实际发生率才趋近于它的总体概率，保险才具有足够的化解风险能力。再次，农村集体经济解体之后，农民是一个相对松散的群体，经济上更是完全独立，在这种情况之下，合作医疗保险如果没有强制性，其筹资是很难有保障的。当合作医疗完全自愿参与时，会影响到参合率，发生“逆向选择”的问题。新型农村合作医疗保险采取“自愿”方式的原因可能是：前些年农村各种名目的税费使农民不堪重负，导致农民与基层政府之间的信任关系出现危机，因此担心这样一项由政府补贴，旨在解决农民基本健康问题的惠民工程也会被农民认为是乱收费。所以，中央政府强调，新型农村合作医疗保险的推广一定要坚持农

① 朱晓超：农村医保风雨飘摇［EB/OL］，财经网：http：//magazine. caijing. com. cn/2008－04－16/110067724. html

民自愿参加的原则，严禁硬性规定农民参加合作医疗的指标等简单粗暴、强迫命令的错误做法。但在贯彻实施中，既要遵循参与的自愿性原则，又要保证足够高的参合率，其工作的难度很大，是中西部民族地区农村医疗合作制度中面临的一大难题。二是制度设计中向贫困者进行转移支付的初衷与现实中的劫贫济富问题。新型农村合作医疗制度采用政府补贴和个人缴费相结合的筹资制度，按照参保者医疗费用按比例、分阶段部分报销的原则，设立了较高的自付率，根据调查，中西部各民族地区一般都设立了程度不等的起付线和封顶线。这样一来，贫困家庭因无力垫付治疗大病所需的巨额费用而放弃求医，家境较好的患者由于能够承担自费部分因而愿意就医，其报销部分不仅花掉了包括贫困者在内的全体参保者共同缴纳的合作医疗基金，而且还可享受政府提供的补贴和转移支付资金。这种用穷人的钱保障富人的健康有悖于新型农村合作医疗制度设计的初衷，如不设法解决，将会严重影响广大农村居民的参保积极性。三是低水平保障与防止因病致贫的问题。2003—2004 年，全国 333 个新型农村合作医疗试点县、市第一年度运行的绩效数据显现：146 个西部县市的合作医疗资金使用率仅 42%，比东部和中部地区分别低了 22 和 25 个百分点，58% 的资金没有花掉①。为什么越是贫困地区，合作医疗基金结余率越高？这是因为西部地区的集体经济不发达，基层财政大部分都是“吃饭财政”，加之当地农民收入水平低下，所能筹集到的资金非常有限，导致农村合作医疗保险的大病保障能力低下。在这种情况下，为保证基金收支平衡，只能通过严格限制报销项目、规定较高的起付线和较低的封顶线以控制资金支出，由此可见，西部民族地区农村合作医疗保险基金的收支平衡是以缩小合作医疗保障程度来实现的，保障程度的降低势必会造成合作医疗的吸引力下降，从长远来看，这种低水平的医疗保障难以从根本上解决西部农民因病致贫、因病返贫的问题。四是以大病为主的医疗费用补偿政策与中西部民族地区农村基本卫生保健的需求不相适应。首先，中西部民族地区农村医疗卫生保健体系不健全，且存在轻预防、重治疗的倾向，而以大病为主的农村新型合作医疗费用补偿政策恰恰忽略了西部农村居民首先需要的是基本卫生保健服务。调查发现，西部民族地区普遍存在对与广大农民基本健康关系密切的常见病和多发病防治和健康教育投入

① 中国人民大学农业与农村发展学院课题组：论“能力密集型”合作医疗制度的“自动运行”机制——中国农村基本医疗保障制度的可持续发展［J］，《管理世界》2005 年第 11 期，67—81 页

不足的问题，致使小病因得不到及时治疗而拖成大病，降低了卫生资源的投入绩效。其次，较低的筹资水平也保不了大病。按照目前的制度设计，即使加上中央和地方政府补贴，西部民族地区年人均筹资额只有90多元钱，在医疗费用不断攀升的情况下，难以做到对大病患者医疗费用给予及时、足额的经济补偿，还必须由患者自付部分甚至大部分医疗费用。最后，以大病为保障对象，一般只有住院期间发生的医疗费用才能纳入补偿范围，很多地方还规定住院费用只有超过了自付阶段才可以进入统筹基金按比例补助的范围，这样一来，受益面必然较低，无法激励农民积极参保，也很容易导致参合的“逆向选择”。

制度的实施方面：一是中西部民族地区农民健康风险发生的可能性较大。民族地区的农村居民多处于高热、高寒、高湿、高原缺氧等环境中，加上近年来劳动力流动性提高、环境污染加重，使中西部农村人口健康风险因素变得日益复杂。首先，一些曾经得到控制的传染性疾病又呈蔓延趋势；其次，一些地方病，如重金属中毒、碘缺乏、氟骨症等在很多地方还没有得到有效控制；最后，各种损伤以及由职业危害所导致的急、慢性职业病居高不下。西部农村人口是遭遇上述疾病风险的主要群体，而西部农村的基本医疗保健服务指标却难以达到国家规定的最低标准。西部农民人均纯收入增长缓慢，在某些年份甚至出现下滑的趋势，而医疗保健的价格却持续攀升。在这种情况下，由于缺乏相应的资金，农民或者减少对基本医疗服务的支出，用农民的话就是有多少钱看多少病，或者因举债治病而致贫或返贫。二是处境尴尬的乡镇卫生院、素质较低的农村医疗服务人员是新型农村合作医疗服务的主要提供者。卫生部基础卫生和妇幼保健司副司长杨青披露，目前我国现有44952所农村乡镇医院，其运行状况，只有1/3还可以，1/3勉强维持，剩下的1/3处于崩溃边缘。尤其在西部民族地区，相当多的农民有病也不会选择乡镇卫生院。本书课题组2007年对青海一些农村医院医疗质量进行的调查表明，2001年到2004年以来，某些农村乡镇医院的医疗服务质量，尤其是疾病的治愈率没有得到提高，反而有所下降。① 在中西部民族农村地区，个体开业诊所的增多虽为方便农民就医，缓解就医矛盾起到一定的作用，但因小规模重复建设，医疗设备都很简单，加上农村医疗服务规范和药品流通秩序缺乏政府的有效监管，一些不具备行医资格的庸医、游医进入西部农村医疗服务领域牟利，假冒伪劣药品也使得不少群

① 资料来源于国公网：http：//www. 21gwy. com/ms/zcjd/a/5066/445066. html

众深受其害。三是中西部民族农村新型合作医疗筹资困难、筹资成本过高。按照现行的政策规定，合作医疗的资金应该是来源于农民个人的缴费、中央及省、市、县各级政府的财政补贴。从中西部各地的情况来看，经济收入是影响参合率的重要因素，人均10—20元/年的缴费数额对发达地区农民的生活水平并不会造成影响，但是对贫困的中西部民族地区而言，仍超出了部分农户的承受能力。再加之一些经济基础比较差的市、县政府的财政补贴不能及时到位。没有足够的资金保障，合作医疗制度就很难发挥分担风险、互助共济的功能。此外，新型农村合作医疗在中西部各地推行过程中，筹资工作量大，运行成本居高不下。为提高参合率，中西部民族地区无一例外地进行了广泛的宣传和动员，采取领导分片、政府机关干部包村、村干部包组的形式将参合任务分解到村到组，对村干部进行专题培训，分发宣传资料等。县、乡、村各级都有负责筹资的人员，完成各自承担的筹资任务，时间少则数月，多则半年，耗资巨大。如贵州省黔东南自治州的三穗县，教育比较落后，农民的文化水平普遍较低。在偏远的乡村，大多数苗族和侗族同胞都不懂汉语，所以他们看不懂新型合作医疗制度的宣传资料，甚至连宣传员的讲解都听不懂，必须请会讲汉语的当地人翻译。所以，在现行的上门筹资模式下，平均筹资10元钱要耗费1元钱左右。① 又如湖南湘西土家族苗族自治州，根据调查，每年的人均筹资成本约为3.4元，筹资成本占筹资总额的10%左右，新农合管理运行成本达人均9.5元左右，占筹资总额的17%左右②。四是新型合作医疗方案测算和评价缺乏关键技术支持。农村新型合作医疗实行以“大病统筹为主”的补偿方案。大病属不确定风险，目前西部民族地区的新农合方案都是凭借过去几年的数据来推算大病的发生率，农民由于收入和卫生条件的限制，不管患大病还是小病，能拖就拖，因此，大病测算率可能并不准确。另外，不同地区人群遇到的健康风险也有所差异，要想使新型合作医疗持续下去，需要有一套技术指标体系能够规范它，并实施一定的监督功能。但目前国内还没有建立衡量不同地区农民基本健康保障水平的指标体系。第五，医疗救助与新型合作医疗制度缺乏合理

① 蒲实：少数民族地区新型农村合作医疗制度探讨——以贵州省三穗县为例［J］，《现代商贸工业》，2009年第16期，58—59页

② 毛正中：新型农村合作医疗的发展状况与挑战［J］，《卫生经济研究》2009年第9期，10—11页

衔接。我国农村现有绝对贫困人口 1479 万（人均年收入不足 668 元人民币），低收入人口 2841 万人（669—924 元），对低收入人口按 49.8% 因病致贫、因残致贫、因病返贫来算，约有 1300 万人①，绝对贫困人口和因病返贫人口的 60.9% 分布在西部民族地区，按照大病平均发生率 10% 来计算，中西部民族地区每年有 306 万需要进行大病救助的人群，按照每人每年大病救助 1500 元来计算，年共需资金 45.9 亿，而中央财政每年只能拿出 3 亿元，中西部民族地区的配套资金也非常有限，资金供给和需求之间存在巨大缺口。试想这部分人群的部分治疗费用由新型农村合作医疗基金开支，势必会加重合作医疗基金支付压力，也会影响到一般农民参加新型合作医疗制度的积极性。由于中西部民族地区农村医疗救助体系不健全，且与合作医疗缺乏合理衔接，参合的“逆向选择”难以避免。

3. 新型农村合作医疗的改革

建立集医疗保险、医疗救助、医疗服务于一体的农村公共卫生服务体系，是中西部民族地区医疗社会保障当前所面临的主要任务。就进一步完善新型农村合作医疗制度而言，我们认为，应当从几个方面入手：

（1）建立稳定的筹资机制。筹资是中西部民族地区新型农村合作医疗制度运行的起点。建立可持续的合作医疗运行机制首先要解决筹资量的问题。除中央财政进一步加大对包括民族地区在内的中西部贫困地区参加合作医疗农民的补助标准外，还应充分发挥地方政府在筹资过程中的作用。根据国家最新的新农合方案精神，2010 年开始，全国新农合筹资水平提高到每人每年 150 元，其中，中央财政对中西部地区参合农民按 60 元的标准补助，地方财政补助标准相应提高到 60 元，确有困难的地方可分两年到位。农民个人缴费由每人每年 20 元增加到 30 元，困难地区可分两年到位②。同时中西部民族地区还要积极同基金会、慈善团体等社会组织发展合作、拓宽筹资渠道，有效开发各种社会资源，为新农合建设添砖加瓦。实际上，新农合同其他社会组织的合作已经在一些地方拉开序幕。例如，中国红十字基金会和国寿慈善基金会已共同启动“健康新村工程”，后者向该工程捐赠善款一千万元人民币，用于在中西部少数民族贫困地区农村捐建一百所博爱卫生院（站）、培训二百名乡村医生以及为

① 为 2008 年的数据。见中华人民共和国财政部网：“我国绝对贫困人口已经减少到 1479 万”

② 刘欢：《新农合筹资明年增至人均 150 元》[N]，北京日报，2009 年 7 月 14 日

患重大疾病的贫困农民提供医疗资助，有力推动了中国新型农村合作医疗试点工作①。除了中央和地方政府加大对新农合的扶持力度以外，在中西部一些人口稀少的偏远民族地区还应提高新农合的统筹层次。本课题组成员曾对青海省海晏县进行过相关调查，该县总人口数仅3.8万，其中农牧业人口数为1.9万。如此少的人口基数，难以体现医疗保险的“大数定律”，无法分散疾病风险。所以，对此类人口基数较少的地区，应该考虑把统筹层次提高到州一级②。

（2）制定合理有效的费用补偿机制。中西部民族地区农村医疗合作制度补偿机制的建立依赖于化解下面几组矛盾：保障农民大病与小病的矛盾（或者说门诊与住院的矛盾）、保障面与享受水平之间的矛盾和保障需求与有限资金的矛盾。其路径在于：一是要适当扩增合作医疗基本用药范围，尤其是慢性病用药范围，尽可能地让农牧民更多地享受补偿政策的好处。二是兼顾大病住院与门诊、体检的费用报销，建立为参加合作医疗农民开展定期免费健康体检制度，使参加了合作医疗但没有患大病而获得补偿的农民也能受益。三是建立科学、严谨、合理的结算补偿机制，简化合作医疗的结算补偿程序，在保证中西部新型农村合作医疗基金不出险的情况下，适当提高补偿比例，让农民真正从新型农村合作医疗制度中受益。事实上，中西部一些民族地区已经开始了这方面的尝试。例如，青海省已计划到2010年年底将新农合筹资部分达到每人150元，并通过适当提高个人筹资水平、降低起付线、提高封顶线、适当提高报销比例等一系列的措施，进一步提高合作医疗的保障水平，扩大受益面。同时，新农合将由大病统筹逐步向门诊统筹倾斜，让更多的参合农牧民得了常见病、多发病也能得到报销③。此外，青海省对新农合的报销方式也进行了改革。从2009年3月1日起，新农合实施省、州、县、乡、村五级定点医疗机构医药费用垫付直报，农牧民群众再一次感受到新农合带来的实惠④。

（3）加强对农村合作医疗基金的监管。有效率的监管不仅可以减少腐败，

---

① 孙自法：《中国千万元善款启动健康新村工程推进新农合医疗》［EB/OL］，网易网：http：//news. 163. com/07/0822/15/3MGSVIOG000120GU. html

② 青海省2008年开始了以州为统筹层次的试点，但现在尚无普及。参见青海政府网2008年4月11日的访谈《省卫生厅负责人谈新型农村合作医疗》

③ 幼丽：《青海：2010年新农合将再降起付线增报销比例》［N］，西海都市报，2009年4月8日

④ 幼丽：《青海新农合实施垫付直报五级定点机构随地报销》［N］，西海都市报，2009年3月5日

而且可以更好地让新型农村合作医疗制度造福百姓。监督主体不仅包括政府，还应包括参合农户。因为参合者是基金的最终使用者和受益者。建议成立由相关政府部门和参合农户代表共同组成的农村合作医疗监督委员会，定期检查、监督农村合作医疗基金使用和管理。定期向社会公布农村合作医疗基金的具体收支和使用情况，保证参合农民、政府等相关利益主体的参与、知情和监管的权利。

（4）建立医方道德风险的约束机制。新型农村合作医疗制度运行的最大问题是资金问题，虽然中央政府加大了对中西部民族地区农村合作医疗制度的财政转移支付的力度，但是新农合制度设计上一个重大缺陷就是忽视了从医疗服务的供给面来解决看病贵、看病难问题。诸如新农合的起付线、自负比、封顶线、药品报销目录等等，都是针对医疗服务需求方的医疗消费行为进行的约束。但却难以对医疗服务的供给方——医院或医生产生医疗费用的约束效果。由于医疗服务市场实际上是一个由医方起主导作用的不完全竞争市场，医生在医疗信息方面享有垄断优势，又具有处方配置权，而消费者一般对自身疾病的认识程度以及医疗专业知识十分有限，因而客观上形成了医患双方的信息不均衡态势，患者在寻求医疗服务时在很大程度上依靠医生的选择，而患者本人无法对医生建议的诊断或治疗方法作出有效判断，因此，医生（或医院）可以利用信息优势诱导患者的过度消费，如过度检查、过度开药和进行不必要的手术等。虽然这种制度设计的初衷是为了保障新农合基金的稳定性、安全性和可持续性，但是如果不改变医方的过度供给行为，再充足的资金也会迟早耗尽。医方作为市场条件下的“经济人”，有强大动力去提供过度、昂贵的医疗服务。

控制医方道德风险的一种有效方法是改革医疗保险费用的支付方式。目前世界各国医疗保险制度改革的一个共同趋势是，医疗保险支付方式由后付制向预付制转变。后付制的实现形式主要是按服务项目付费（FFS），即将一种疾病的完整诊疗过程（如诊断、化验、麻醉、护理等）等分解为若干部分，由医疗保险机构分别支付费用。这种支付方式下医方收入同服务项目的多少有关，医疗费用不易控制，我国目前采用的就是这种支付方式。预付制是近年许多国家纷纷采用的支付方式，主要包括总额预算、按病种付费（DRGs）和按人头付费等。

总额预算是医保机构按预先确定的年预算计划向医院支付固定经费，超出预算由医疗机构予以支付，从而将财务风险转嫁给医疗服务提供方，这种方式在澳大利亚和一些欧洲国家颇为流行。按病种付费是把疾病分成若干类，并对每种疾病制定出标准费用，并按这个价格对该类疾病的治疗全过程一次向医院支付，这种支付方式科学性最强，其最大特点就是不会激励医院提供过度的医疗服务（如图5.1），也不会故意延长病人的住院时间，这种支付方式在美国比较常见。按人头付费是指医疗保险机构按医院服务的参保人数定期向医院拨付一笔固定费用，它的最大特点是费率统一，极大削弱了按服务项目收费模式中的过度医疗动机，同时激励医生采取成本－收益性更好的医疗技术（如图5.2），这种支付方式主要流行于英国、丹麦、荷兰等国。

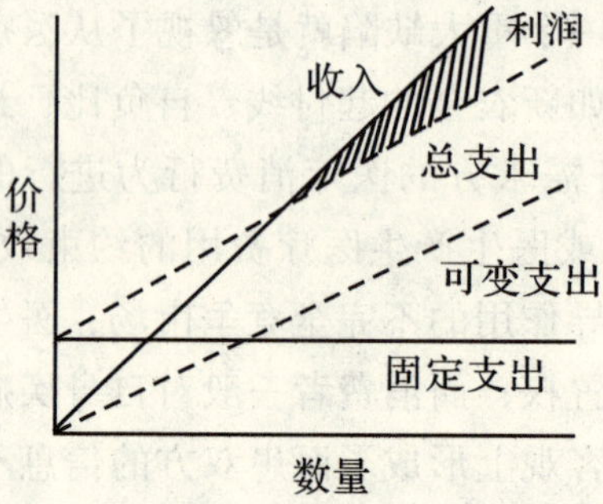

图5.1　按病种付费

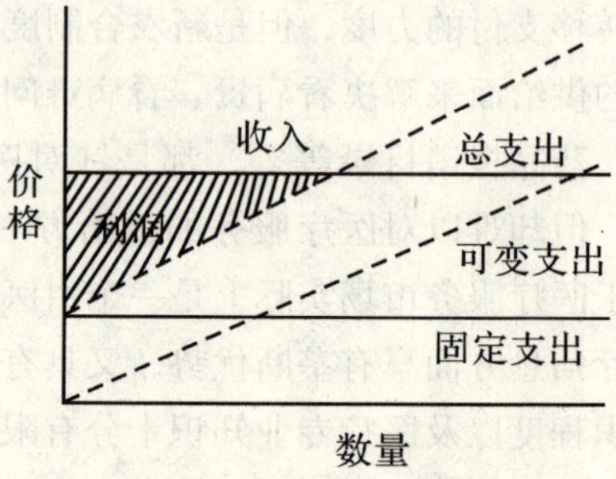

图5.2　按人头付费

因此，改革中西部民族地区新型农村合作医疗制度，应该借鉴国际上比较成功的医疗改革经验，从医疗服务的供给方着手，从根本上破解医疗价格居高不下的难题。

（三）完善最低生活保障制度

所谓最低生活保障制度，是指法律赋予每一个公民在不能维持最低生活水平时，由国家和社会按照法定的标准向其提供满足最低生存需要的物质援助。在中西部民族地区建立此项制度，是由其普遍性原则所决定的。而所谓最低生活保障制度的普遍性原则，是指不论其身份地位、有无职业，应一视同仁予以救济。因此，它是社会保障安全网面积最大、也是最后一道保障，是“兜底”制度。农村最低生活保障制度是保障农村贫困群众基本生活的新型社会救助制度，是在传统社会救济制度的基础上发展起来的。

传统的农村社会救济是一种以“五保”为核心的保障制度。第一届全国人大1956年6月颁布的《高级农业合作社示范章程》第53条规定：农业生产合作社对于缺乏劳动力或者完全丧失劳动能力，生活没有依靠的老弱、孤寡、残疾的社员，在生产上和生活上给予适当的安排和照顾，保证他们的吃、穿和柴火的供应，保证年幼的受到教育和年老的死后安葬。这标志着中国农村以“五保”为内容、以社会救济为特征的社会保障制度初步形成。由于计划经济体制实行广就业、低工资的政策，而只要有工作，就能保证基本的生活，所以，传统社会救济制度所覆盖的对象，仅仅局限于无劳动能力、无工作、无收入来源的极少数人。改革开放以来，我国的经济环境和社会环境都发生了很大变化，传统的社会救济制度已经难以适应当前民族地区所面临的新形势及各族群众的要求，主要表现在：一是实施范围窄，覆盖面小，相当部分贫困居民得不到救济和补助；二是标准偏低，难以保障救助对象的基本生活；三是民政部门经办的社会救济经费不足，根本满足不了贫困地区的实际需要。特别是进入 20 世纪 90 年代，随着经济体制改革的逐步深入，市场竞争越来越激烈，受其影响，新的贫困群体已经与原先的贫困群体有明显不同，传统的社会救济制度难以对此发挥作用，因此，建立新型的农村社会救助制度迫在眉睫。

农村最低生活保障制度与传统农村救济制度的不同之处在于：第一，接受和给予的思想基础不同。传统的社会救济使被救济者处于被动的接受状态；最低生活保障制度则是民主、法制时代的产物，因贫困而接受救济是公民应当享有的权利，也是社会和政府应尽的义务。公民只要认为自己具备享受最低生活保障的条件，就可主动提出申请。第二，覆盖的范围不同。传统社会救济主要是面对赤贫，所以只有极少数人可以享有；最低生活保障制度的覆盖范围不仅包括了绝对贫困的家庭和个人，还包括了生活水平没有达到法定最低标准的家庭和个人、一时遭受严重自然灾害和其他不幸事故的家庭和个人，以及缺乏和丧失劳动能力者，即所谓的相对贫困者。第三，依据的准绳不同。传统社会救济无法可依，操作随意性较强；最低生活保障制度是作为国家社会保障体系中的组成部分，是一种建立在立法基础上的社会事业，并成为政府一项重要的社会政策。第四，救助的形式不同。传统的社会救济既包括现金发放又包括实物发放，而且发放的项目构成复杂；最低生活保障制度主要是现金发放，比较符合社会主义市场经济的客观要求。第五，管理的严密程度不同。传统的社会救济制度基本上无任何科学的管理；最低生活保障制度则不同，它完全建立在科学化的基础上，对申请最低生活保障的对象，要经过严格的审核，特别是运用科学方法调查享受者的收入来源、项目、数量，以确定是否提供救助和提供多少救助。第六，与传统的社会救济相比，最低生活保障制度更能提高弱势群体的抗风险能力。改革和发展需要一个稳定的社会环境，而改革本身又是经济利益在全社会的重新分配过程，在利益分配过程中，一部分人会受益，一部分人会受损，或者一部分人的受益高于另一部分人的受益等，从而蕴涵社会风险，形成对社会成员的压力。但是不同的社会成员对社会风险的承受能力是不一样的，往往是生活相对贫困的群体对社会风险的承受能力不足，当这些弱势群体的基本生活受到威胁时，贫困就不仅仅是经济问题，也可能转化为政治问题。随着我国农村经济体制改革的深入，农村居民也会面临与城镇居民一样的各种风险。建立农村居民最低生活保障制度有助于解除农民群众的后顾之忧，改善农村弱势群体和贫困群体的生活，缓和社会矛盾，为经济建设和改革开放营造良好的社会环境。同时，也有利于弘扬扶贫济困的人道主人精神，有利于精神文明建设。

虽然 1996 年民政部就开始了最低生活保障的试点工作，但是由于实施范围有限，工作进展相当缓慢，农村贫困居民的最低生活保障问题至今未能得到有效解决。究其原因，一是社会对农村低保工作的重要性认识不足。目前，社会上存在这样的认识：认为农民拥有了土地保障，国家通过给予土地使用权的方式，已经给予了农民一定的保障。并且农村的家庭保障传统也比较稳固，承担风险的能力比城市居民强，所以在农村建立最低生活保障制度不如城镇紧迫，因而，在国家目前财力有限的情况下，可以对农民的生活保障不再承担更多的责任。有人甚至认为，农民以前在没有社会保障的情况下也能生存，政府不必急于去解决这方面的问题。这在一定程度上影响了农村最低生活保障制度的推进与实施。二是相关工作缺乏规范性。目前，农村最低生活保障制度基本上属于地方政府行为，缺乏统一的政策支持和法律保障。2007 年以前，指导全国农村最低生活保障制度建设的依据只有民政部 1996 年下发的《关于加快农村社会保障体系建设的意见》，由于权威性不够强，很难适应 21 世纪新时期农村低保工作发展的要求。少数民族地区农村低保工作长期处于不规范状态，导致有些地方在具体操作时，普遍存在有钱就保，没钱不保，钱多多保，钱少少保的现象，相关工作的随意性太大。三是资金筹措困难，覆盖面窄，保障标准低等问题是建立民族地区农村最低生活保障制度最重要也是最难解决的问题。目前，由于国家经济实力有限，农村低保资金一直是由县（旗）、乡（镇）、村承担。中西部民族地区县乡（镇）级财政基本上属于“吃饭财政”，村集体几乎没有收入，根本无力担负农村最低生活保障制度出资责任。因而，在民族地区的一个普遍现象是：越是贫困地区，农村中“三无”对象和贫困人口数量越多，对低保的需求越大，一些地区只能采取降低标准、缩小覆盖面的做法，以维持绝对贫困人口的低水平生存。

2007 年 7 月 11 日，国务院下发了《关于在全国建立农村最低生活保障制度的通知》，对农村低保的目标任务、原则要求、保障标准、对象范围、操作程序、资金筹集、组织机构等内容进行了规范。这标志着我国农村最低生活保障制度建设迈上了新台阶。根据该文件的精神，针对以上问题，我们认为应该采取更加积极有力的措施来健全和完善中西部民族农村地区的最低生活保障制度。

一是合理确定保障对象。农村居民最低生活保障制度以全体农村特困居民为保障对象，确定保障对象的唯一根据是其全年人均收入水平低于当地农村规定的最低生活标准。首先，凡无生活来源、无劳动能力的农村居民，或因残疾、家庭主要劳动力患有重病等不可抗拒的原因，造成自身无法维持基本生活的农村居民，均可享受低保政策；由突发性自然灾害造成一时生活困难，或因经营不善而生活面临困境，或由于乡镇企业破产倒闭而失去工作，在乡镇企业工作的农民工一时生活陷入困境，均可享受低保；对尚有一定收入，但家庭人均年收入低于当地农村最低生活保障标准的，实行差额补助。其次，无生活来源、无劳动能力、无法定赡养人、扶养人或抚养人的保障对象，其保障标准应当在当地农村最低生活保障标准的基础上增加一定的百分比，并实行全额享受。所有农村人口都有申请最低生活保障的机会和权利，当然，这并不意味着国家为每一位农村居民均提供这项福利。一方面，国家财政不允许，另一方面也不符合制定此项制度的初衷，还可能会使农村出现一批专吃低保的懒汉。故而要在全面掌握贫困家庭的成员结构、收入水平、生活费支出、致贫原因等基础上，结合最低生活保障标准，按类别、分情况制定出保障对象的条件与范围，严格按审批程序进行。

二是科学制定保障标准。制度能否发挥其应有的功能，关键在于正确制定最低生活保障标准。最低生活保障标准一般是通过贫困线来确定的，贫困线是人们维持生存所必须消费的商品和劳务最低费用的量化线。制定最低生活标准线一定要根据国情，按照既要保障贫困居民基本生活，又要克服其依赖思想的原则，其主要考量依据为：维持农民最基本生活的物质需要，农村经济发展水平、地方财政和村集体的承受能力，物价上涨指数等。在具体操作过程中，要从当地实际出发，具体保障标准由各县（市）自主确定，一般以县（市）为单位画线。实施最低生活保障制度目的是要解决贫困人口的基本生存问题，而不是为了提高他们的生活水平，因此，必须充分考虑当地政府的财力和当地农村的实际消费水平，坚持低标准起步，尽可能使最低生活保障的范围涵盖每一个实际需要的人。首要是确保生存权，随着经济实力的不断增强，可小幅调整标准，保障目标也逐步向发展权过渡，同时兼顾医疗、教育保障。

三是多渠道筹措保障资金。资金问题一直是农村居民最低生活保障制度实施并推广过程中的一大难题。鉴于此，为保证资金来源的稳定性，确保制度持续运行，应建立中央、省、市（县）、乡四级资金负担体系。中央应加大财政转移支付力度，因为对贫困人口实施救助，是政府义不容辞的责任，是政府对公民生存权的保护，这一原则即使在市场经济高度发达的国家也得到了确认。尤其是民族地区农村居民最低生活保障制度，政府应当在其中起主导作用。例如，从2006年起，内蒙古自治区开始全面推行农牧区最低生活保障制度，政府拿出1.5亿资金，首先向全区40万特困农牧民提供最基本的生活保障；从2001年至2005年，内蒙古自治区年财政总收入由156亿元增加到520亿元，政府承诺让更多的居民享受到经济发展的成果，随着自治区经济发展、财力增强，将逐步提高最低生活补助标准①。

当前的主要问题是，不同地域的农村最低生活保障水平差异较大，2008年全国农村平均最低生活保障标准为人均988元/年，从各省区已实行农村最低生活保障的情况看，东部发达地区普遍在1000—2000元以上，个别地方甚至达到3000元以上；西部民族地区则为600—800元之间，东西部相差数倍，这种现象有失社会公平。造成这一状况的重要原因是：按照制度的设计，农村低保资金筹集以地方为主，实际运行情况是，全国农村最低生活保障资金大部分采取县、乡、村三级负担。而我国东中西部地区之间农村低保的筹资水平差距过大，东部省份经济发展水平高，财力雄厚，农村贫困群体所占比例最小，且大多数处于相对贫困状态，用于农村低保资金充裕，不仅实现了低保全覆盖，保障标准也水涨船高；而西部地区农村贫困群体所占比例最大，贫困程度较深，所需的资金数额较大，另一方面，西部省区各级财政普遍吃紧，尤其是民

① 刘军：《内蒙古全面实施农牧区低保制度》［EB/OL］，新浪网：http：//finance. sina. com. cn/roll/20051231/1648475693. shtml

族自治区域内的许多市县及县以下地方财政是赤字财政，村集体几乎没有收入，难以担负农村最低生活保障的出资责任，由此造成了贫困群体越多的地方，低保覆盖面越小，保障水平越低的现象。

中西部民族地区开展农村最低生活保障工作的意义重大，而资金不足已严重影响到这项制度的推进。考虑到仅在省或自治区内建立农村低保资金的调剂机制不足以解决此问题，而靠壮大乡镇经济和集体经济，增强其筹资能力的办法又远水不解近渴，对此，我们认为：建立全国农村最低生活保障专项基金是当前解决西部经济落后、财政困难地区农村最低生活保障筹资压力的有效途径。具体设想是：全国农村最低生活保障基金来源由中央财政拨付用于最低生活保障的资金、各省区财政拨付用于最低生活保障的资金的30%汇入基金账户，以及个人、企业、社会团体的慈善捐赠形成，成立全国农村最低生活保障基金管理委员会负责管理该项基金。关于全国农村最低生活保障基金的支付，首先，应合理划定农村最低生活保障标准区间，东部地区可按照区间的上限设定最低生活保障线，西部地区则按照区间的下限设定最低生活保障线。在此条件下，根据当年筹集的基金总额除以全国各地农村获得最低生活保障资格的人数，得到农村最低生活保障资金资助的平均标准，再视各省区贫困人数计算出发放数额，然后拨付给各省区相关机构负责向农村贫困群体发放。这种农村最低生活保障资金跨省调剂机制一旦建立，不仅能够有效解除西部落后地区因资金严重不足而导致农村最低生活保障覆盖面小、保障水平低的困扰；而且对于缩小东西部地区之间、城市与农村之间最低生活保障水平的过大差距，体现国民共享经济发展成果、实现社会公平等具有重要意义。

四是坚持多元供给模式。这里的多元是指现金、实物和服务等保障形式的集成。民族地区农村贫困人口的致困因素除了收入十分低下，在生活的各个方面也都面临着自身难以克服的困境。因此，为了让最低生活保障制度最大限度地造福于贫困群体，除了向保障对象提供资金资助，还可以采取发放口粮、衣物、燃料以及进行房屋修缮等多种形式。一般而言，现金与实物救助是社会救助的主要手段，能够最大限度地满足贫困群体的不同需求，也能起到有效的救急作用。但是，对于那些缺乏生活自理能力的贫困人口来讲，如果没有来自外界的服务救助，其生活困境仍然无法得到真正解决，因此，服务救助也是社会救助不可或缺的补充手段。

五是加强配套设施建设。中西部民族地区农村居民最低生活保障制度是一项系统工程，需要一系列的改革措施与之相配套。首先，建立农村最低生活保障制度必须注重法制化、规范化建设。中西部民族地区应根据当地的实际需要制定相关条例或实施细则，以规范政府、集体及个人的责任和义务，规定农村低保工作的组织结构与人员编制，明确保障对象、保障标准、申请与审核程序、资金筹措与管理等相关内容，并进行广泛宣传，从而保证低保工作的严肃性、公正性。其次，考虑到致贫多因性和影响多面性，即使对其提供最低生活保障，也仅能维持其基本生活。要想从根本上改善贫困户的窘境，还必须改善贫困农民的生计，以及在子女就学、就医、用水、用电、住房等方面制定相关配套政策，通过灾害救助、医疗救助、教育救助、住房救助等全方位地扶助贫困群体，因此，各级民政部门要加强同财政、劳动保障、工商、税务、教育、卫生、房管及水、电等部门的沟通与协调，形成民族地区农村最低生活保障工作全社会齐抓共管的良好社会氛围。

第六章

民族地区农村社会保障制度的可行性分析

作为反贫困斗争的一个重要方面，建立完善的民族地区农村社会保障体系，无疑是及时有效地保障民族地区广大少数民族群众基本生活、促进民族地区社会经济稳定发展的客观要求。改革开放以来，民族地区农村社会保障事业已推行十余年，却仍然步履维艰、困难重重，归根结底是受到“制度”和“资金”两个“瓶颈”的制约。社会保障制度往往是和相应的经济发展水平匹配的，民族地区社会保障也必须与民族地区的社会经济发展相适应，同时体现国家对民族地区所承担的责任。总观我国民族地区的农村，生态环境脆弱，贫困人口分布广泛而且过分集中，农业经济类型单一，基础设施严重短缺，教育发展严重滞后，这些现状决定了民族地区农村的社会保障明显区别于城市的社会保障，也区别于一般农村的社会保障。那么，现阶段在我国民族地区开展农村社会保障制度的时机是否成熟？民族地区农民是否有能力为自己的养老金买单？本章主要阐述了建立民族地区农村社会保障所需的社会经济条件，并通过构建精算模型，重点分析了在中西部民族地区建立农村养老保险制度的经济可行性，在此基础上提出加强我国中西部民族地区农村社会保障制度建设性的若干建议。

第一节　建立民族地区农村社会保障的社会经济条件

一、中西部民族地区建立农村社会保障制度的时机分析

从国际经验来看，社会保障制度在各国的建立，都经历了一个漫长的从工业延伸到农业，从城市扩展到农村的制度变迁过程。比如，世界上最早正式建

立社会保障制度的德国，早在1883年就颁布了世界上第一部社会保险法，建立了针对雇佣工人的养老年金保险计划，但直到1957年才建立了农村社会养老保险制度，把社会养老保险的范围扩大到全体农民，其间经历了74年之久。再如日本，从1941年开办厚生年金保险制度到1971年建立农村社会养老保险制度，城乡社会养老保险制度的时间差为30年，城乡社会医疗制度建立也相隔了34年。其他国家如美国、加拿大等国将社会保障制度扩展到农村也用了约半个世纪的时间。

表6-1　部分国家和地区城乡社会保障制度建立的时间差及当时的经济发展水平①

国家或地区	建立社会养老保险制度的时间			建立社会医疗保险制度的时间			建立农村社会养老保险时的人均GDP（美元）
	城市	农村	时差（年）	城市	农村	时差（年）	
德国	1889	1957	68	1883	1887	4	8175.5
日本	1941	1971	30	1927	1961	34	7734.4
丹麦	1891	1977	86	1892	1969	77	10958
美国	1935	1990	55	1965	–	–	21696.2
加拿大	1927	1990	63	1958	1968	10	21481.8
波兰	1927	1977	50	–	–	–	1822
中国台湾	1950	1994	44	1950	1989	39	11603.7

资料来源：此表根据《世界经济年鉴》等有关资料整理而成。

表6-2　部分国家建立农村社会养老保险制度时的农业劳动力结构份额及人口情况②

国家	时间	农业产值份额（%）	农业劳动力份额（%）	总人口（万人）	农业人口比重（%）
德国	1957	5.7①	13.7①	–	–
日本	1971	6.0	14.7	11613	24.1②
美国	1990	2.0	–	–	–
丹麦	1977	6.9③	8.2③	511.7	20⑤
芬兰	1977	10.8④	13.3④	476.6	40⑤
波兰	1977	14.5④	–	3540	42⑤
韩国	1994	8.0⑤	–	4200	26⑥

---

①　为1978年统计数字。

②　①为1960年统计数字；②为1975年人口普查数字；③为1976年统计数字；④为1978年统计数字；⑤为1979年统计数字；⑥为1992年统计数字。

资料来源：杨翠迎，《中国农村社会保障制度研究》，中国农业出版社。

通过对表6－1和表6－2的分析，我们可以得出以下结论：

1. 世界各国城乡社会保障制度的建立几乎都不同步，遵循的规律一般为先城镇，后农村。从表6－1的数据看来，大多数国家的社会养老保险制度的城乡时间差约为50—60年左右，而医疗保险制度则由于医疗保障的紧迫性和现实性，所以建立的城乡时间差则相应较短。

2. 从表6－2的数据看来，大多数已建立农村社会保障制度的国家在该制度建立之初，都处于工业化发展的第二阶段向第三阶段过渡的时期，即“工业反哺农业”阶段。当工业和城市充分吸纳了农业剩余而有了大量资本积累，完全走上了工业化发展道路后，缓慢发展的农业开始阻碍工业的进一步发展。这一阶段的特征为：整个国民经济表现为高水平化，人均GDP很高，但农业在国内生产总值的份额急剧萎缩，农业不再在国民经济中占据重要地位，大量农村人口流向城市，农村劳动力老化，农业劳动生产率下降。所以在农业为工业提供剩余的使命结束后，工业应该也有能力为农业人口提供保障，以保证农业劳动力的数量和质量能与工业的发展相协调。

3. 从人口结构上来看，各国建立农村社会保障制度时，农业人口在总人口中的比重较低。非农业人口大大超过了农业人口。比如表中所列国家，丹麦1976年的农业人口占总人口比重仅为20%，而农业人口占总人口比重最大的波兰也只有42%。与此同时，我们也应该看到，尽管农业人口的比重明显下降，但伴随工业化、城市化的快速发展而急剧上升的人口增长仍然存在，其结果就是几十年后的“银发浪潮”。一个社会老龄化高峰到来之前的30—40年，是以储备积累方式进行社会养老保障制度建设的最佳时期，时间越短越被动。从各国建立农村社会保障制度的时间来看，正是各国老年人口压力最大的时候，这也给我们敲起警钟，如果不未雨绸缪，建立起覆盖全部人口的社会保障制度，加速出现的人口老龄化问题，将会严重制约经济发展和社会进步的进程。

按照以上分析，我国的中西部民族地区是否具备开展农村社会保障的条件呢？

第一，从建立城乡社会保障制度的时间差来看，如果我国民族地区城镇社会养老保险制度的建立以1951年政务院颁布的《劳动暂行条例》为标志，那么，民族地区建立农村社会养老保险制度已经比城镇滞后50多年。这50年中，包括中西部民族地区在内的广大农民为我国经济社会的发展做出了巨大贡献，也为国家工业化、城镇化进行了必要的资本积累。

第二，经过20多年的改革开放，我国经济实现了持续快速增长，国家综合实力明显增强，财政收入大幅提高。现在总体上进入以工促农、以城带乡的“工业反哺农业、财政反哺农民”的发展新时期。

表6－3　我国国内生产总值中的农业结构份额及农业人口情况（1997年—2006年）

年份	农业生产总值结构份额（%）	农业人口占总人口比重（%）	农业劳动力结构份额（%）	人均国内生产总值（元）
1997	18.3	68.09	49.9	6420
1998	17.6	66.65	49.8	6796
1999	16.5	65.22	50.1	7159
2000	15.1	63.78	50.0	7858
2001	14.4	62.34	50.0	8622
2002	13.7	60.91	50.0	9398
2003	12.8	59.47	49.1	10542
2004	13.4	58.24	46.9	12336
2005	12.5	57.01	44.8	14103
2006	11.7	56.10	42.6	16084

资料来源：此表根据《中国统计年鉴》（2007年）整理而成。

表6－4　2007年我国部分省（区）生产总值构成和农业人口情况①

地区	地区生产总值（亿元）	农业生产总值（亿元）	农业生产总值结构份额（%）	农业人口比重（%）	地区人均生产总值（元）
河　北	11660.43	1606.48	13.8	61.56	16962
内蒙古	4791.48	649.62	13.6	51.36	20053
辽　宁	9252.15	976.37	10.6	41.01	21788
吉　林	4275.12	672.76	15.7	47.03	15720
黑龙江	6188.90	737.59	11.9	46.50	16195
浙　江	15742.51	925.10	5.9	43.50	31874

① “民族地区”即少数民族聚居地区，我国实行国家统一领导下的民族区域自治制度，少数民族地区的行政区划包括5个自治区、30个自治州和120个自治县。此外，有些县以下还设有民族乡，我国共有1137多个民族乡，但民族乡不属于民族自治地方。考虑到有的省（直辖市）虽然不是少数民族自治地方，但一般含有民族自治县或民族乡，故也纳入本章研究的范围内。其中，中西部少数民族地区的范围主要包括：内蒙古、广西、西藏、新疆、宁夏5个省级自治区；以及贵州、云南、青海、甘肃、四川、湖北、湖南和重庆等省市所辖的自治州、自治县。

续表

地区	地区生产总值（亿元）	农业生产总值（亿元）	农业生产总值结构份额（%）	农业人口比重（%）	地区人均生产总值（元）
湖　北	7581.32	1140.41	15.0	56.20	13296
湖　南	7568.89	1332.23	17.6	61.29	11950
广　东	26204.47	1577.12	6.0	37.00	28332
广　西	4828.51	1032.47	21.4	65.36	10296
海　南	1052.85	344.48	32.7	53.90	12654
重　庆	3491.57	425.81	12.2	53.30	12457
四　川	8637.81	1595.48	18.5	65.70	10546
贵　州	2282.00	393.17	17.2	72.54	5787
云　南	4006.72	749.81	18.7	69.50	8970
西　藏	291.01	50.90	17.5	71.79	10430
陕　西	4523.74	488.48	10.8	60.88	12138
甘　肃	2276.70	333.35	14.7	68.91	8757
青　海	641.58	69.64	10.9	60.74	11762
宁　夏	710.76	79.54	11.2	57.00	11847
新　疆	3045.26	527.80	17.3	62.02	15000

资料来源：此表根据《中国统计年鉴》（2007 年）整理而成。

从近十年来我国国内生产总值构成看来，农业经济在国民经济中的地位正在逐步下降，工业和农业在我国国民经济中的地位已经发生了颠覆性的变化。1952 年，第一产业在国内生产总值中的比重为 50.5%，在国民经济中占有绝对主体地位，而到 2006 年则下降到 11.7%。经过 50 余年的工业化进程，现在在我国国内生产总值构成中，工业几乎占有半壁江山，我国的国民财富的主要来源是工业，我国国民经济结构已经彻底实现从农业经济为主体到工业经济为主体的转变。

从人均国内生产总值来看，在表 6－1 所列的国家里，波兰是开办农村社会保障制度时人均 GDP 最低的国家，但也达到了 1822 美元。而目前我国工业化的程度显然还没有达到发达国家的水平，只有内蒙古、新疆等少数几个经济比较发达的民族地区超过或接近波兰当时的人均 GDP 水平。并且在民族地区与其他地区以及民族地区之间，经济发展也存在较大的地区差异，如广东的人均国内生产总值是贵州同期数值的5—6倍；内蒙古的人均国内生产总值是贵州同期值的近4倍；贵州、云南、甘肃的人均国内生产总值均不到10000元。由此看来，我国还不具备在中西部民族地区普遍建立农村社会保障制度的条件。

第三，从人口的城乡比例看，在大部分民族地区，人口大多分布在第一产业上，以农村居民为主。如人口在10万以下的22个少数民族农业人口占总人口的82.74%，从事农业生产的人口占总人口的84.3%。① 在我国中西部民族地区，乡村人口和城镇人口比例已经从1978年的82.1∶17.9降到2006年的56.1∶43.9，这近30年来城乡人口比例的巨大的“量”的变化，已经能够反映出工业经济主导的社会经济结构的“质”的变化。以青海省为例，据第五次全国人口普查调查数据显示，1979年以前青海省城镇人口和非农业人口分别占全省总人口的19.1%和24.82%，由于实行改革开放，城镇人口迅速增加，到2000年增至34.76%和26.45%，2000年青海省总人口为518.15万，城镇人口有180.09万人，非农业人口137.03万人。青海省城镇人口比例虽高于全国平均城市人口比例，但仍低于世界水平。我国中西部民族地区目前的农业人口比例仍大大高于别国在实行农村社会保障制度时的农业人口比例，并以5.28‰的自然增长率在增长，所以，对于我国来说，在中西部民族地区建立完善的农村社会保障体系就显得更为紧迫和艰巨。

综上所述，我国目前在民族地区建立农村社会保障制度的时机已经到来，但是受我国的工业化水平和人均GDP的限制，在中西部民族地区采取“一刀切”的方法来建立农村社会保障制度并不可行，部分经济比较发达的民族地区可以早些开展农村社会养老制度，经济不太发达的民族地区则应有步骤、有分别地逐步推进农村社会保障制度的建设。

二、中西部民族地区建立农村社会保障制度的有利条件

（一）社会保障工作政策取向发生转变

在类似中国20世纪90年代初或更低的经济发展阶段时，丹麦、瑞典、葡萄牙、西班牙及希腊5个欧洲国家便已开始建立农村社会养老保险制度。同样的经济条件下，我国却没有建立起覆盖农村人口的社会保障制度，这实际上与

① 赵显人：《西部大开发与民族地区经济社会发展研究》[M]，民族出版社2001年12月，第155页

我国长期存在的“城市偏好”的政策取向、重经济增长、轻社会事业的片面发展观以及重效率、轻公平的社会取向是密切相关的。

改革开放以来近15年，由于地域条件的局限，中西部的经济结构调整明显滞后，普遍存在产业结构不合理的现象。主要表现在：其一，传统部门所占比重仍然很高，如农牧业等，宁夏、云南、贵州、广西、西藏等省区的农业比重在36%以上，而北京、天津和上海均在10%以下，广东为20%。其二，产业结构调整落后，甘肃和青海的重工业比重均在70%以上，而全国平均为51.1%，东部仅仅是48.9%。第一产业比重大，但属于粗放经营，增加值有限。第二产业则以资源主导型采掘、加工业为主体，对优势资源依赖现象严重。在市场经济条件下，这些企业有相当一部分虽然生产技术落后、效益下滑、亏损严重，却仍是地方经济的发展支柱。第三产业在发达省区是最具活力的经济增长点，但在民族地区则规模有限，其经济作用难以发挥。这种产业结构分布导致的结果是，社会保障制度在民族地区首先关注的是城市而不是农村。

党的十六大提出了全面建设小康社会的发展目标，确立了以人为本，实现经济社会全面、协调、可持续发展的科学发展观，十六届五中全会又不失时机地提出构建社会主义和谐社会和建设社会主义新农村的发展目标，这次会议上通过的“十一五”发展规划决定从2006年起正式启动农村社会保障体系的建设，这表明我国社会保障制度改革已经确立了公平的价值取向。这一决策的调整改变了过去“以GDP挂帅”的观点，从统筹经济社会发展、统筹城乡经济发展、统筹区域经济发展出发，中央政府全面筹划农村工作，决定对农村实行“少取、多予、放活”的政策，实施“工业反哺农业、财政反哺农村”的新战略。

近年来，中央财政用于农村社会保障方面的投入不断增加。按照科学发展观和“五个统筹”的要求，财政支出从主要针对城市逐步转向城乡兼顾，支持包括农村社会保障在内的各项农村社会事业发展。这一政策取向的转变同样体现在中西部民族地区的农村社会保障工作中。国家鉴于东部地区和中西部地区经济发展水平存在较大差距的现实，在社会保障制度建设上开始对中西部地区实行一定的倾斜。如为支持中西部地区建立农村新型合作医疗制度，中央财政对参与合作医疗的中西部农民每人每年补助10元，从2006年起中央财政补贴标准提高到每人每年20元，2009年更提高到40元。国家针对中西部地区农村贫困人口的社会救助，也投入了更多的财政资金。这些转变将推动我国民族地区农村社会保障事业的长足发展。但由于区域差距的形成有着复杂的原因，短期内不同地区社会保障差距较大的现实难以得到根本改变。

（二）中西部民族地区建立农村社会保障制度的实践基础基本形成

从总体上来看，农村社会保障工作经过十多年的实践和试点，目前已初步形成了以农村最低生活保障制度、新型农村合作医疗制度、农村医疗救助制度、农村五保供养制度、自然灾害生活救助制度等为主要内容的农村社会保障体系，初步建立了从中央到地方的部、省、地、市、县、乡、村六级工作网络和一支具有一定规模和实践经验的工作队伍。被征地农民、农民工社会保障工作取得了长足进展，从2009年起，新一轮农村养老保险试点工作开始启动，初步保障了农村群众基本生活。2009年4月22日国务院在第十一届全国人大常务委员会第八次会议上提交的关于农村社会保障体系建设情况的报告显示，我国农村社会保障制度的实践基础正在初步形成，主要体现在：

1. 农村最低生活保障制度基本建立。20世纪90年代，我国开始探索建立农村最低生活保障制度。这项制度是对传统农村社会救济的创新，20世纪90年代中期试点后，逐步在有条件的地区推广。1996年，民政部印发了《关于加快农村社会保障体系建设的意见》，把建立农村最低生活保障制度作为农村社会保障体系建设的重点，在全国进行试点工作。农村税费改革之后，大部分地区将原由村级承担的低保金纳入地方财政预算，实行专项管理，专款专用。党的十六大以来，中央提出要探索和逐步建立农村最低生活保障制度，东部地区和部分中西部地区开展了农村低保试点工作。2007年，国务院印发了《关于在全国建立农村最低生活保障制度的通知》，加快了这项制度的建设步伐。党中央、国务院决定在全国全面建立农村最低生活保障制度。各地贯彻落实党中央、国务院的部署，加快了农村低保工作步伐。目前已全面覆盖有农业人口的县（市、区），正向应保尽保迈进。截至2008年年底，已将4284.3万人纳入农村低保，还有63.2万农村人口享受传统的农村社会救济，686.5万人次享受农村临时生活救助。

2. 新型农村合作医疗制度建设全面建立。个人缴费、集体补助、政府资助相结合的新型农村合作医疗制度，于2003年开始试点和推广，到2008年年底已全面覆盖有农业人口的县（市、区），参合农民达8.15亿人，参合率为

91.5%，提前两年完成目标。全国累计 15 亿人次享受到补偿，补偿基金支出 1253 亿元。其中有 1.1 亿人次享受到住院补偿、11.9 亿人次享受到门诊补偿，对 2 亿人次进行了健康体检。参合农民次均住院补偿金额从试点初期的 690 元提高到 1066 元。

3. 农村养老保险制度建设不断探索推进。我国从 20 世纪 90 年代开始农村养老保险试点，后因客观条件制约而停顿。近年来，随着经济和社会发展水平的提高，一些地方开始探索不同形式的农村养老保险制度。目前，有关部门正按照党的十七届三中全会关于建立个人缴费、集体补助、政府补贴相结合的新型农村社会养老保险制度要求，研究推进新型农村社会养老保险制度建设的指导意见。

4. 农村救灾能力不断提高。我国农村自然灾害多、受灾地域广、受灾人口多、损失比较重。近年来，随着救灾应急响应、灾民生活救助、灾后恢复重建、备灾减灾、社会动员等机制的逐步建立和完善，农村救灾能力不断提高，历年救灾工作扎实有效，特别是夺取了 2008 年抗击低温雨雪冰冻灾害和汶川地震灾害的胜利。2008 年，紧急转移安置灾民 2682.2 万人，救济灾民 8000 多万人次。

5. 农村社会福利事业逐步发展。20 世纪五六十年代，各地相继建设了以集中供养农村孤老对象为主的敬老院，一些地方还兴建了集中供养在乡老复员军人的光荣院。近年来，在认真履行政府责任的同时，积极引导社会力量举办农村社会养老机构，农村社会福利事业逐步发展壮大。截至 2008 年年底，全国农村敬老院有 29452 个，收养孤老、孤残、孤儿 158.1 万人；光荣院有 1336 个，收养 4 万人。

另外，不断提高在乡老复员军人、带病回乡退伍军人补助标准，农村优待抚恤工作进一步加强。逐步改善农村残疾人服务设施，给生活困难的农村老党员发放定期补助，2009 年春节向农村困难群众发放了一次性生活补贴。

6. 农村五保供养制度继续完善。20 世纪 50 年代，我国开始建立以保吃、保穿、保住、保医、保葬为基本内容的农村五保供养制度，这是新中国第一项农村社会保障制度。改革开放以来，农村五保供养制度不断完善。2006 年修订《农村五保供养工作条例》，使这项制度实现了从农民互助共济向政府财政保障为主的重大转变。2008 年年底，全国农村五保对象有 543.4 万人，基本实现了应保尽保。

7. 农村医疗救助制度建设顺利推进。农村医疗救助是政府对患病且无力就医的贫困农民的医疗费用给予适当补助的制度。这项制度从 2003 年年底开始推行，进展比较顺利，目前已全面覆盖有农业人口的县（市、区）。农村医疗救助制度建立以来，累计直接救助 2024.1 万人次，累计资助 9458.3 万人参加新型农村合作医疗。

此外，各地区还因地制宜，在资金筹集、缴费基数确定等问题上都有许多创新之处，在创建具有地方农村社会保障制度模式方面也积累了很多经验，这些都将为中西部民族地区建立农村社会保障制度提供经验借鉴。

比如江苏省苏州、无锡等地，利用乡镇企业发达的优势，以社区保障为依托，以社会保险为取向形成的“苏南模式”。这种模式的特点在于：在社保基金财务机制上，实行大账户、小统筹，即以个人账户为主，同时建立小部分社会统筹基金；在参保比例和缴费方面，由政府财政和集体经济对参保农民给予一定比例的补贴，提高缴费标准和保障水平，以适应当地的生活水平，切实保障老年农民的基本生活。常熟市 2001 年出台《常熟市农村养老保险暂行规定》，确定缴费基数、按比例缴费、实行统账结合，养老金由统筹和个人账户两部分构成。张家港市按全市上年农村人均收入的 4%—16% 比例选择缴费，用人单位和个人各负担 50%，缴费基数的最高标准不超过上年农村人均纯收入的 300%。上海郊区农村也基本上属于这种类型。

又如广东省东莞市 2002 年建立的社会统筹与个人账户结合，保险费由市、镇、村和个人共同负担的“东莞模式”。农民基本养老金与参保人的缴费基数和缴费年限挂钩，并随社会经济发展水平做适当的指数变动。农民的缴费基数按每人每月 400 元核定，从 2002 年 1 月 1 日起，每年递增 2.5%。2001 年至 2005 年，缴纳比例为 11%，集体负担 6%，个人负担 5%。缴费比例个人部分每五年增加 1%，2016 年后保持在 14% 不变。个人缴费全部加集体缴费的 3% 记入个人账户，余下的 3% 全部记入统筹账户。养老金的月领取标准为 150 元的基础养老金，加上个人账户余额 120。

再如由政府组织引导，农民自愿参加，以个人账户为主，并建立待遇调整机制“北京模式”。“北京模式”下，个人账户资金由个人缴费、集体补助、政府补贴和利息等组成。市财政从 2006 年起，按照市与区县分税制财政管理体制，落实市级财政补贴资金，并根据经济发展，不断提高补贴标准。区县财政部门应安排专项资金对本区县参保人员进行补贴。根据参保人员的年龄不同，实行不同的补贴标准。财政每年应安排一定比例或数额的资金，作为待遇调整储备金，用于调整已领取养老金人员的待遇水平。农村社会养老保险的缴费标准，按照预期领取的养老金不低于当地农村最低生活保障标准，不高于本市上一年城镇企业退休职工养老金平均水平确定。

近年来，我国中西部民族地区的农村经济取得了较大的发展，农民人均收入水平有了大幅度提高，从而为建立农村社会保障制度提供了一定的经济基础。以广西农村的情况为例，2007 年，全区工业化率为 1.68 城镇化率为 36.24%，第一产业生产总值达到了 2053 亿元人均纯收入方面，“十五”期间广西农村居民为 3224 元，增长 16.4%，2007 年农民达到 10348 元。① 同时，宁夏、新疆等西部省区农村社会保障试点所取得的成效，为西部农村社会保障制度的建立提供了参考。各级政府对农民的最低生活保障十分关注，尤其是西部落后地区省份，如甘肃、新疆、四川等地为解决城镇化进程中所产生的失地农民权益保障问题进行了大量有成效性的探索，并进行了试点。这些都将为我国中西部民族地区农村社会保障建设的实践探索提供宝贵经验。

第二节　民族地区社会保障的经济可行性测算

我国农村社会保障制度包括农村社会救济、农村社会保险和农村社会福利等方面的内容。建立农村社会保障制度是一项复杂的社会系统工程，面广量大，不可能一蹴而就。农村的特殊性决定了养老保险、医疗保险和最低生活保障是农村社会保障体系的重点，农村新型合作医疗保险缴费和享受周期较短(通常为一年)，社会救助的需求和供给也较易估算出来，而养老保险是最基本、缴费和领取时间最长的险种，所以本节将主要就民族地区社会养老保险制度的经济可行性进行测算。

一、中西部民族地区社会养老保险费的需求测算

（一）社会养老保险精算模型

1. 基本假设

（1）保费假设。

与商业保险一样，农村社会养老保险的保险费率构成包括纯保险费率和附加

① 覃双凌：我国西部地区农村社会保障制度建设和对策取向［J］，《湖北社会科学》2009 年第 4 期，57—60 页

费两部分。纯保险费率也叫风险成本，它所对应的保险费主要用于财产的损失赔偿和人身的给付。附加保费所对应的保险费主要用于各项营业费用、管理费用支出以及取得部分利润等。与商业保险不同的是，由于社会保险的社会性和非营利性，附加费率中只包含风险加成和管理费用率，而不包含利润率。

纯保险费部分由农民交纳的保险费和政府的补贴构成，政府对纯保险费补贴的最低数额为农村社会养老保险的附加费用总额。附加费用从农民交纳的保险费中支付。

这种做法与国际上由政府补贴社会保险附加费用的做法有所不同，原因在于：政府直接补贴附加费用容易使社会保险的监督管理弱化，增加社会保险费的管理风险，同时也不利于政府对农村社会养老保险成本与效益的核算、不利于降低管理成本。但是，由政府负担部分保费是其为实施社会保障制度应当付出的成本，所以借助这种变“暗补”为“明补”的方式，可以大大增强农村社会养老保险对农民的吸引力，调动农民参保的积极性。

保险费率厘定的原则是，既要符合目前状况下被保人员的经济承受能力，又要能保证将来该人员领取养老金时的足额给付。

（2）死亡率假设。

死亡率是测定人类面临死亡的概率，作为描述一个国家、地区或特定人群死亡情况的指标。在厘定我国民族地区农村养老保险的费率时，应选择适合我国国情的生命表作为计算基础。生命表又称死亡表，是根据年龄、性别分类所观察的死亡率为基础，用来描述某人口群体死亡规律的概率分布表。纯保费即是以生命表为基础进行计算的。

由于我国保险业发展时间短暂，改革开放之初基本参照了日本的经验生命表。历年来我国寿险业采用的生命表有：台湾寿险业经验生命表（1TSO 表）；台湾寿险业第二回经验生命表（1TSO 表）及目前寿险业所使用之台湾寿险业第三回经验生命表（1TSO 表）等。

20 世纪 90 年代，中国人民保险（集团）公司组织了大量的专家，成功地编制出《中国人寿保险业经验生命表》（简称“旧生命表”），并于 1997 年 4 月 1 日起正式运用于人寿保险业务的经营核算中。2005 年，保监会向全行业正式发布了《中国人寿保险业经验生命表（2000—2003）》（简称“新生命表”），并于 2006 年 1 月 1 日起正式实施。

根据世界卫生组织公布的《2007 年世界卫生报告》中的数据，中国男性和女性的平均寿命分别为71岁和74岁，在2008年10月召开的“改革开放与人口发展论坛”上，国家人口计生委主任李斌称，我国人口平均期望寿命从改革开放之初的68岁提高到目前的73岁，达到了中等发达国家的水平。

中国人寿保险业所编制的经验生命表虽然并非国民生命表，但是毕竟比日本或我国台湾所编制的生命表更符合中国的具体情况。在“旧生命表”中，人口平均寿命为76.92岁，其中男性平均寿命为74.91岁，女性平均寿命为78.94岁。在“新生命表”中，男性平均寿命为79.7岁，较原生命表提高了4.8岁，女性平均寿命为83.7岁，较原生命表提高了4.7岁。但考虑到我国中西部民族地区大多地处偏远，经济社会发展缓慢，自然条件和医疗卫生条件都极其恶劣，营养水平远低于一般地区，群众生殖健康水平偏低，出生缺陷发生率较高，综合避孕率低，孕产妇死亡率较高，妇科疾病患病率高，人口平均预期寿命低于全国平均水平，因此，选择平均寿命较低的“旧生命表”来进行民族地区农村社会养老保险费率的厘定较为适宜。

（3）预定利息率假定。

由于养老保险制度具有长期性和延迟性的特点，所以必须厘定一个可靠的预定利息率。原中国人民保险公司曾在计算寿险率时采用年利率5.0%或6.0%，现在按中国保险监督管理委员会规定年利率低于2.5%。我国民政部在计算农村社会养老保险费时曾先后采用利率为8.8%及12%。考虑到我国正逐渐成熟的市场经济状态及保险基金投资增值情况，在这里，预定利息率的下限选定为当前保监会规定的寿险预定利率2.5%，预定利息率的上限选定为成熟市场经济国家利率上限的平均值6.0%。

（4）给付条件假设。

假设农民在x岁的时候参加农村社会养老保险，在m年后开始于每年年末领取养老金，领取养老金的年限为n年（设定$n=10$），若被保险人在参加保险后的$m+n$年内死亡，则其指定的受益人或继承人有权继续领取剩余年限的养老金，但这时领取的养老金只能存入受益人的养老专门账户，作为受益人参加农村社会养老保险的保费，专款专用，若被保险人领满n年养老金后仍继续生存，则可继续领取养老金直到死亡。被保险人缴费期自投保之日开始，至领取养老金之日为止，若在缴费期内死亡，个人交纳的全部本息，退给其法定继承人或指定受益人。

（5）给付年龄假设。

一般来说，在保障水平一定的情况下，给付年龄越小，应缴保费越多；给付年龄越大，应缴保费越少。虽然很多农民会在20岁以前获得收入，但考虑到民族地区农村传统习俗较多，婚嫁花费普遍较大，故假定农民20岁以后才具备参加保险的经济实力和动机，设定20岁为农民参加农村社会养老保险的最低年龄。

给付养老金年龄其实就是农民最佳退休年龄，它是指既能让农民在交出或让出土地后就能够享受到充足的养老金保障，同时又能保证农业劳动力的年轻化和农业生产率提高的法定养老金领取年龄。对于起领年龄的规定，各国皆有不同。但大多数国家规定的退休年龄在60—65岁左右，并且一般都是女性早于男性。①

2000年中国农村人口为8.33亿人，其中65岁及以上的老龄人口占7.36%，民族地区农村占7.56%。到2030年，6.64亿农村人口中，65岁及以上老龄人口将占17.39%，民族地区农村为18.1%，民族地区农村人口老龄化程度远高于东部农村和城镇地区，表明民族地区人口老龄化将十分严重，将直接增加民族地区农民的负担。而与东部农村和城镇老人优越的养老保障相比，民族地区农村老龄人口在年老丧失劳动能力后，家庭供养是其唯一的生活来源。据不完全统计，民族地区农村中，几乎100%的老年人要依靠家庭养老，一旦家庭经济出现困难，这种养老方式将难以为继。据专家预测，到2020年，农村老年人占农村人口的比例将高于城镇3—6个百分点，民族地区老龄人将会达到2500万左右②。对目前经济还不发达的中国来说，人口老龄化既给民族地区经济、社会带来压力，也给民族地区农村的家庭带来沉重负担。随着计划生育政策的推行和我国老年人寿命的延长，民族地区农村四代同堂现象将越来越少，取而代之的是一对夫妇携一名未成年子女的核心家庭和“空巢”家庭，“空巢”家庭的老年农民一般在60岁以后虽然还能从事农业劳动，但劳动生产力已显著下降，这更加加重了民族地区农村家庭养老的负担。所以，我们设定民族地区农民领取养老金的法定年龄为60岁。

---

① 侯文若：《社会保障理论与实践》［M］，中国劳动出版社，1991年3月

② 黄建明：浅谈民族地区农村养老保险［J］，《中南民族大学学报》（人文社会科学版），2004年第9期，75页

（6）给付水平假设。

中西部民族地区社会保障体系极其脆弱，与东部地区的差距日益拉大，也是一个引人注目的现象。有关研究人员曾对全国30个省、市、自治区1992年的社会保障水平作出了比较和评估。评估结果显示，经济发达的东部沿海地区社会保障水平远远高于西部边远地区（西部边远地区主要是民族地区）。根据24个主要指标计算的综合得分，居前列的是：上海、北京、天津、辽宁、江苏、山东、河北7省市；居最后3位的是广西、贵州、西藏。全国平均综合分是53.5分，8个民族地区除宁夏、新疆外，都低于平均线。它们是：宁夏54.5分、新疆53.6分、内蒙古49.4分、云南48.7分、青海47.2分、广西37.5分、贵州37.2分、西藏35.2分。最高是上海72分，高出西藏1倍多。按每个劳动者的社会保障费比较，上海为1326元，贵州为100元，相差12倍①。社会保障水平的地区差别，更加剧了经济与生活质量的差别。

因此，我国中西部民族地区的农村社会保障水平不可能一开始就提高到东部地区农村居民的保障水平，但应该能够在考虑通货膨胀因素和经济发展因素的前提下，保障领取者最基本的生活需要。所以，我们采用农村人口平均生活消费水平为标准，同时假设生活消费增长率为3%和5%两个等级，来确定民族地区社会养老保险的给付水平。

表6－5　民族地区农村居民家庭平均每人生活消费支出预测（以2006年为基础） 单位：元

地　区	现年生活消费	2016年生活消费		2026年生活消费		2036年生活消费		2046年生活消费	
		3%	5%	3%	5%	3%	5%	3%	5%
河　北	2495.33	3353.72	4064.89	4506.57	6620.11	6056.17	10784.82	8139.77	17567.12
内蒙古	2771.97	3725.53	4515.54	5006.18	7354.04	6727.57	11980.45	9042.17	19514.67
辽　宁	3066.87	4121.87	4995.93	5538.77	8136.41	7443.29	13255.01	10004.13	21590.76
吉　林	2700.66	3629.69	4399.38	4877.39	7164.85	6554.50	11672.25	8809.55	19012.65
黑龙江	2618.19	3518.85	4265.03	4728.45	6946.06	6354.35	11315.82	8540.54	18432.06
浙　江	6057.16	8140.82	9867.11	10939.23	16069.65	14700.73	26179.05	19758.46	42642.41
湖　北	2732.46	3660.33	4451.18	4934.82	7249.22	6631.68	11809.69	8913.29	19236.52
湖　南	3013.32	4049.90	4908.70	5442.06	7994.34	7313.33	13023.57	9829.45	21213.77
广　东	3885.97	5222.74	6330.25	7018.06	10309.48	9431.25	16795.16	12676.03	27357.23

① 朱庆芳：1992各省、市、自治区社会保障水平比较与评价［J］，《社会工作研究》1994年第3期

续表

地区	现年生活消费	2016年生活消费		2026年生活消费		2036年生活消费		2046年生活消费	
		3%	5%	3%	5%	3%	5%	3%	5%
广西	2413.93	3244.32	3932.29	4359.56	6404.16	5858.61	10433.01	7874.24	16994.07
海南	2232.19	3000.06	3636.24	4031.34	5922.00	5417.56	9647.525	7281.40	15714.62
重庆	2205.21	2963.80	3592.29	3982.61	5850.42	5352.05	9530.918	7193.40	15524.68
四川	2395.04	3218.93	3901.52	4325.44	6354.04	5812.76	10351.36	7812.62	16861.08
贵州	1627.07	2186.78	2650.50	2938.49	4316.62	3948.90	7032.197	5307.50	11454.57
云南	2195.64	2950.94	3576.70	3965.33	5825.03	5328.82	9489.556	7162.18	15457.31
西藏	2002.24	2691.01	3261.65	3616.05	5311.94	4859.44	8653.681	6531.31	14095.77
甘肃	1855.49	2493.78	3022.59	3351.02	4922.62	4503.27	8019.428	6052.61	13062.65
青海	2178.95	2928.51	3549.51	3935.18	5780.75	5288.31	9417.422	7107.74	15339.81
宁夏	2246.97	3019.93	3660.31	4058.03	5961.21	5453.40	9711.404	7329.62	15818.67
新疆	2032.36	2731.49	3310.71	3670.44	5391.85	4932.54	8783.86	6629.56	14307.81

资料来源：此表根据《中国统计年鉴》（2007年）整理而成。

2. 社会养老保险费率精算模型①

假设x岁农民投保农村养老保险，可约定n年后可于每年年初领取养老金，且不论投保人生存与否，保险人均需支付给被保险人或其受益人至少m年（次）养老金。则其费率精算模型为：

$$\text{趸缴：} m:n/a_x = \frac{D_{x+n}}{D_x} \cdot \left(1 + \frac{1-V_{m-1}}{i}\right) + \frac{N_{x+n+m}}{D_x}$$

$$\text{年缴：} m:n/P_x = \frac{D_{x+n}}{N_x - N_{x+n}} \cdot \left(1 + \frac{1-V_{m-1}}{i}\right) + \frac{N_{x+n+m}}{N_x - N_{x+n}}$$

其中，$D_x = V^x \cdot L_x$，称为生存者现值；

$N_x = D_x + D_{x+1} + \cdots + D_w$ 称为生存者现值累积；

$V = 1/1 + i$ 为现值率。

（二）中西部民族地区农村社会养老保险费测算

根据以上假设及模型，我们可以得到在预定利率分别为2.5%和6%的水平下，农民从60岁开始领取社会养老金的保险费率水平（见表6-6）。

社会保险的强制性，应要求凡符合投保年龄的农村人口都必须参加农村社会养老保险，所以我们在这里的测算是以所有农民都参加农村社会养老保险为

① 杨翠迎：《中国农村社会保障制度研究》[M]，中国农业出版社2003年10月出版，第138页

前提的。按照前面对养老保险给付水平的基本假设，并考虑到民族地区农民对社会保险并不熟悉，采用年缴费的方式更能让他们接受，所以我们根据表6-6中的不同交费年龄和不同的预定利息率对应的年缴保险费率，结合各民族地区农村居民家庭平均每人生活消费支出预测数据，并考虑经济增长因素，便可以计算出民族地区农村养老保险费数额（如表6-7）。

表6-6　60岁开始领取养老金的保险费率

开始交费年龄	费率（预定利率为2.5%）		费率（预定利率为6%）	
	趸缴	年缴	趸缴	年缴
20	5.3167	0.1907	0.9566	0.0608
30	6.8527	0.2778	1.7260	0.1204
40	8.8574	0.3816	3.1241	0.2629
50	11.61204	0.7530	5.7443	0.5704

资料来源：庹国柱、王国军，中国农业保险与农村社会保障制度研究，北京：首都经济贸易大学出版社，2002：415。

表6-7　我国民族地区农村社会养老保险费测算（年缴）单位：元

地　区	保险费（预定利率为2.5%，生活消费增长率为3%）				保险费（预定利率为6%，生活消费增长率为5%）			
	20	30	40	50	20	30	40	50
河　北	1552.25	1682.40	1719.71	2525.35	1068.08	1298.49	1740.43	2318.61
内蒙古	1724.34	1868.92	1910.36	2805.32	1186.49	1442.45	1933.38	2575.66
辽　宁	1907.79	2067.75	2113.60	3103.77	1312.72	1595.90	2139.06	2849.68
吉　林	1679.98	1820.84	1861.21	2733.16	1155.97	1405.34	1883.64	2509.41
黑龙江	1628.68	1765.24	1804.38	2649.70	1120.67	1362.43	1826.12	2432.77
浙　江	3767.94	4083.86	4174.41	6130.04	2592.66	3151.96	4224.71	5628.20
湖　北	1699.76	1842.28	1883.13	2756.23	1169.58	1421.89	1905.82	2538.95
湖　南	1874.48	2031.64	2076.69	3049.58	1289.80	1568.04	2101.71	2799.92
广　东	2417.32	2620.00	2678.09	3932.72	1663.32	2022.14	2710.36	3610.78
广　西	1501.62	1627.52	1663.61	2442.97	1033.24	1256.13	1683.65	2242.98
海　南	1388.56	1505.00	1538.36	2259.05	955.45	1161.56	1556.90	2074.11
重　庆	1371.78	1486.80	1519.76	2231.74	943.90	1147.52	1538.08	2049.04
四　川	1489.87	1614.79	1650.59	2423.85	1025.15	1246.30	1670.48	2225.43
贵　州	1012.14	1097.00	1121.33	1646.65	696.44	846.68	1134.84	1511.85
云　南	1365.83	1480.35	1513.17	2222.06	939.80	1142.54	1531.40	2040.15
西　藏	1245.52	1349.95	1379.89	2026.33	857.02	1041.90	1396.51	1860.45

续表

地区	保险费（预定利率为2.5%，生活消费增长率为3%）				保险费（预定利率为6%，生活消费增长率为5%）			
	20	30	40	50	20	30	40	50
甘肃	1154.23	1251.01	1278.75	1877.82	794.21	965.54	1294.16	1724.09
青海	1355.45	1469.09	1501.67	2205.17	932.66	1133.86	1519.76	2024.64
宁夏	1397.76	1514.96	1548.54	2274.01	961.78	1169.25	1567.20	2087.84
新疆	1264.26	1370.26	1400.64	2056.81	869.91	1057.58	1417.52	1888.43

资料来源：此表根据《中国统计年鉴》(2007年）整理而成。

从表6-7中，我们可以看出：

1. 在预定利率和经济增长率不变的情况下，投保农民越早参加农村社会养老保险，所需缴纳的养老保险费越少。比如内蒙古地区的农民在预定利率为2.5%，生活消费增长率为3%的情况下，50岁参保需每年缴纳保险费2805.32元，如果他在20岁就参保，每年仅需缴纳保险费1724.34元。

2. 在投保年龄不变的情况下，农村社会养老保险的预定利率和生活消费增长率越高，所需缴纳的养老保险费越少。比如海南省的20岁农民在预定利率为2.5%，生活消费增长率为3%的情况下，每年需缴纳保险费1388.56元，而在预定利率为6%，生活消费增长率为5%的情况下，每年缴纳保险费的数额为955.45元，与前种情况相比保险费相差433元。可见，如果政府在财力充足的情况下，按高标准确定养老保险预定利率，并且保持国民经济持续稳定增长的态势，将会使广大农民特别是中西部民族地区的贫困农民获得实惠。

3. 从不同民族地区在同等条件下所需缴纳的养老保险费数额来看，地处东部的民族地区农民所缴纳的保险费普遍高于中西部民族地区农民所缴纳的保险费额。这是因为，我们在计算保险费的时候，是以各民族地区农民的年人均生活消费支出水平来进行计算的，所以在经济发展较快的东部，保险金给付水平也就较高，对应的保险费缴纳数额也较多。在上表所列的各地区中，保险费缴纳数额排在前三位的是三个位于东部的地区，分别是：浙江、广东和辽宁，而保险费缴纳数额排在后三位的地区则是三个位于西部的地区，分别是：贵州、甘肃和西藏。而且浙江省农民的保险费缴纳数额是同等情况下贵州省农民的保险费缴纳额的3倍多，这意味着在达到将来领取农村社会养老金的法定年龄时，浙江省农民所享受的保险金水平将大大超过贵州省农民的同期水平，东部地区和中西部民族地区农民的生活质量水平差距将进一步拉大。

二、农民个人缴费能力分析

民政部1992年颁发的《县级农村社会养老保险基本方案》中规定，农村社会养老保险基金筹集以个人缴费为主，集体补贴为辅，国家予以政策扶持。根据此项政策，农村社会养老保险建立个人基金账户，农民个人缴纳的保险费和集体的补助全部记在个人名下，保险基金按一定的增值率增值。保险对象达到规定领取年龄时，根据其个人账户基金积累总额计发养老金。而在很多农村，集体经济并不发达，家庭联产承包责任制的实行也在一定程度上削弱了集体的保障能力，使得农村社会养老保险基金实际上完全依靠个人缴费。因此，这一时期的农村社会养老保险很大程度上是一种商业保险，政府支持力度太小，“社会保险”色彩很淡。而我国中西部民族地区农村经济更加不发达，许多农民仅是解决了温饱问题，还没有能力支付养老保险金，从而导致很多人没有参加农村社会养老保险，或者即使参加了，缴纳的保费也很少。

从世界各国实施农村社会养老保险的经验来看，即使是经济发达的国家，也无一例外地要让农民自己缴纳一部分保费，这是因为个人缴费是对被保险人的责任信号、约束信号和激励信号。至于农民缴纳保费的比例，则因各国的经济条件和发展程度而定。一般来说，经济发达国家的农民缴费少于经济欠发达国家的农民。但近年来福利危机的出现，也给经济发达国家敲响了警钟，各国政府也在不断调整缴费标准和缴费比例，减少政府补贴额度，以期减缓过高的社会福利带来沉重的财政负担。鉴于我国目前经济发展并未达到发达国家水平，对于农村社会养老保险，仍以个人缴费为主，采用农民自行承担纯保费，政府承担管理费用即附加保费的方式。

那么，目前我国民族地区的农民是否有能力承担起养老保险费的缴纳呢？尤其是经济发展落后，地理环境和生态环境极其恶劣的西部民族地区，农民是否有能力为自己拿出这份“养命钱”？我们将就民族地区农民投保的可行性作进一步分析。

（一）农民投保条件

按照保险理论，个人账户部分的保险基金是剩余劳动的一部分。我国民族地区农民的保险费是从其当年纯收入中进行支付的。

农民的总收入是指调查期内农村住户和住户成员从各种来源渠道得到的收入总和。按收入的性质可划分为工资性收入、家庭经营收入、财产性收入和转移性收入。农民的总支出指农村住户用于生产、生活和再分配的全部支出，包括家庭经营费用支出、购置生产性固定资产支出、生产性固定资产折旧、税费支出、生活消费支出、财产性支出和转移性支出。农民的纯收入是指农村住户当年从各个来源得到的总收入相应地扣除所发生的费用后的收入总和，反映的是一个地区或一个农户的平均收入水平。纯收入主要用于再生产投入和当年生活消费支出，也可用于储蓄和各种非义务性支出。① 用公式表示如下：

农民的纯收入 = 总收入 − 税费支出 − 家庭经营费用支出 − 生产性固定资产折旧 − 赠送农村亲友支出

可见，农民的纯收入主要用于两个方面：一是生活消费支出，二是再生产投资支出。对于农民而言，其纯收入主要是用于生活消费的开支，所以我们只考虑生活消费支出对纯收入的影响。换言之，如果某地区当年的农民人均纯收入扣除人均生活消费支出后和应缴保险费后的余额为正，那么该地区农民基本具备缴纳养老保险费的经济条件；如果余额为负，则说明在该地区开展农村养老保险还为时过早。

家庭纯收入总和≥农民家庭生活消费支出总和 + 社会养老保险费支出≥农民家庭生活消费支出总和 + 人均养老保险费 × 家庭中 20— 60 岁人数

即：

家庭规模 × 农民人均纯收入≥家庭规模 × 农民人均生活消费支出 + 人均养老保险费人均养老保险费 × 家庭中 20— 60 岁人数

我们在两边同时乘上农村家庭户数的因子，则上式可转换为：

农村家庭户数 × 家庭规模 × 农民人均纯收入≥农村家庭户数 × 家庭规模 × 农民人均生活消费支出 + 人均养老保险费 × 家庭中 20— 60 岁人数 × 农村家庭户数

即

地区农民人口总数 × 农民人均纯收入≥地区农民人口总数 × 农民人均生活消费支出 + 人均养老保险费 × 家庭中 20—60 岁人数 × 农村家庭户数

在上式两边同时除以地区农民人口总数的因子，可以得到：

农民人均纯收入≥农民人均生活消费支出 + 人均养老保险费 × 该地区 20—60 岁人口比例

---

① 《中国统计年鉴》[R]，中国统计出版社 2007 年出版

设 x 岁的某民族地区投保农民人均纯收入为 f（x），则农民投保条件的公式为：

f（x）≥当年人均生活消费水平＋年度缴纳保险费×该地区 20—60 岁年龄人口比例

只有当上述条件成立时，农民才可能购买养老保险。

（二）农民最低投保条件测算

按照上面的农民投保可能性公式，结合我们在表 6－7 中所测算的民族地区农村社会养老保险的年缴费额，以 2006 年各民族地区的农民人均纯收入与生活消费支出为基础，可以对各地区不同年龄层次的农民投保条件（最低纯收入）进行分析。分析结果见表 6－9 和表 6－10。

表 6－8　我国民族地区 20—60 岁人口占该地区总人口的比重

地　区	地区农民人口总数（人）	该地区 20—60 岁人口数（人）	20—60 岁人口所占比重（%）
河　北	49124322	27497785	55.98
内蒙古	13364514	7938013	59.40
辽　宁	18858336	11685205	61.96
吉　林	13491593	8411204	62.34
黑龙江	17565537	11030009	62.80
浙　江	23574077	14020802	59.48
湖　北	35419807	20096611	56.74
湖　南	45876336	25988188	56.65
广　东	37792615	18625793	49.28
广　西	31504242	15905926	50.49
海　南	4484387	2181074	48.64
重　庆	20417251	11921776	58.39
四　川	60037917	35040409	58.36
贵　州	26802213	13534356	50.50
云　南	32457251	17661631	54.42
西　藏	2108003	1002891	47.58
甘　肃	19105865	10392506	54.39
青　海	3263490	1764608	54.07
宁　夏	3706365	1917795	51.74
新　疆	12212038	6335225	51.88

资料来源：此表根据《中国统计年鉴》（2007 年）整理而成。

表 6-9　我国民族地区农民投保条件（预定利率为 2.5%，生活消费增长率为 3%） 单位：元

地区	2006 年人均生活消费	20 岁参保		30 岁参保		40 岁参保		50 岁参保	
		保险费用	投保条件	保险费用	投保条件	保险费用	投保条件	保险费用	投保条件
河　北	2495.33	868.95	3364.28	941.81	3437.14	962.69	3458.02	1413.69	3909.02
内蒙古	2771.97	1024.26	3796.23	1110.14	3882.11	1134.75	3906.72	1666.36	4438.33
辽　宁	3066.87	1182.07	4248.94	1281.18	4348.05	1309.59	4376.46	1923.10	4989.97
吉　林	2700.66	1047.30	3747.96	1135.11	3835.77	1160.28	3860.94	1703.85	4404.51
黑龙江	2618.19	1022.81	3641.00	1108.57	3726.76	1133.15	3751.34	1664.01	4282.20
浙　江	6057.16	2241.17	8298.33	2429.08	8486.24	2482.94	8540.10	3646.15	9703.31
湖　北	2732.46	964.44	3696.90	1045.31	3777.77	1068.49	3800.95	1563.89	4296.35
湖　南	3013.32	1061.89	4075.21	1150.92	4164.24	1176.45	4189.77	1727.59	4740.91
广　东	3885.97	1191.26	5077.23	1291.14	5177.11	1319.76	5205.73	1938.04	5824.01
广　西	2413.93	758.17	3172.10	821.73	3235.67	839.967	3253.89	1233.46	3647.39
海　南	2232.19	675.40	2907.59	732.03	2964.22	748.26	2980.45	1098.80	3330.99
重　庆	2205.21	800.98	3006.19	868.14	3073.35	887.39	3092.60	1303.11	3508.32
四　川	2395.04	869.49	3264.53	942.39	3337.43	963.28	3358.32	1414.56	3809.60
贵　州	1627.07	511.13	2138.20	553.99	2181.06	566.27	2193.34	831.56	2458.63
云　南	2195.64	743.28	2938.92	805.61	3001.25	823.47	3019.11	1209.25	3404.89
西　藏	2002.24	592.62	2594.86	642.31	2644.55	656.55	2658.79	964.13	2966.37
甘　肃	1855.49	627.79	2483.28	680.42	2535.91	695.51	2551.00	1021.35	2876.84
青　海	2178.95	732.89	2911.84	794.34	2973.29	811.95	2990.90	1192.34	3371.29
宁　夏	2246.97	723.20	2970.17	783.84	3030.81	801.21	3048.18	1176.57	3423.54
新　疆	2032.36	655.90	2688.26	710.89	2743.25	726.65	2759.01	1067.07	3099.43

资料来源：此表根据《中国统计年鉴》（2007 年）整理而成。

表 6-10　我国民族地区农民投保条件（预定利率为 6%，生活消费增长率为 5%） 单位：元

地区	2006 年人均生活消费	20 岁参保		30 岁参保		40 岁参保		50 岁参保	
		保险费用	投保条件	保险费用	投保条件	保险费用	投保条件	保险费用	投保条件
河　北	2495.33	597.91	3093.24	726.89	3222.22	974.29	3469.62	1297.96	3793.29
内蒙古	2771.97	704.78	3476.75	856.82	3628.79	1148.43	3920.40	1529.94	4301.91
辽　宁	3066.87	813.36	3880.23	988.82	4055.69	1325.36	4392.23	1765.66	4832.53
吉　林	2700.66	720.63	3421.29	876.09	3576.75	1174.26	3874.92	1564.37	4265.03
黑龙江	2618.19	703.78	3321.97	855.61	3473.80	1146.80	3764.99	1527.78	4145.97
浙　江	6057.16	1542.11	7599.27	1874.79	7931.95	2512.86	8570.02	3347.65	9404.81

续表

地 区	2006年人均生活消费	20岁参保		30岁参保		40岁参保		50岁参保	
		保险费用	投保条件	保险费用	投保条件	保险费用	投保条件	保险费用	投保条件
湖 北	2732.46	663.62	3396.08	806.78	3539.24	1081.36	3813.82	1440.60	4173.06
湖 南	3013.32	730.67	3743.99	888.29	3901.61	1190.62	4203.94	1586.16	4599.48
广 东	3885.97	819.68	4705.65	996.51	4882.48	1335.67	5221.64	1779.39	5665.36
广 西	2413.93	521.68	2935.61	634.22	3048.15	850.07	3264.00	1132.48	3546.41
海 南	2232.19	464.73	2696.92	564.98	2797.17	757.28	2989.47	1008.85	3241.07
重 庆	2205.21	551.14	2756.35	670.04	2875.25	898.08	3103.29	1196.43	3401.64
四 川	2395.04	598.28	2993.32	727.34	3122.38	974.89	3369.93	1298.76	3693.80
贵 州	1627.07	351.70	1978.77	427.57	2054.64	573.09	2200.16	763.48	2390.55
云 南	2195.64	511.44	2707.08	621.77	2817.41	833.39	3029.03	1110.25	3305.89
西 藏	2002.24	407.77	2410.01	495.74	2497.98	664.46	2666.70	885.20	2887.44
甘 肃	1855.49	431.97	2287.46	525.16	2380.65	703.89	2559.38	937.73	2793.22
青 海	2178.95	504.29	2683.24	613.08	2792.03	821.73	3000.68	1094.72	3273.67
宁 夏	2246.97	497.63	2744.60	604.97	2851.94	810.87	3057.84	1080.25	3327.22
新 疆	2032.36	451.31	2483.67	548.67	2581.03	735.41	2767.77	979.72	3012.08

资料来源：此表根据《中国统计年鉴》（2007年）整理而成。

（三）中西部民族地区农民投保可行性分析

如前所述，只有当农民家庭纯收入总额大于或等于该家庭成员生活消费支出总和与家庭中处于投保年龄段的成员所需缴纳的社会保险费之和时，农民才有可能或有条件参保。我们按照各地区不同的最低投保条件与地区农民人均纯收入作比，进行了农民投保可行性分析，见表6－11。

表6－11 我国民族地区农民投保可行性分析

地 区	2006年人均纯收入	20岁参保		30岁参保		40岁参保		50岁参保	
		情形1	情形2	情形1	情形2	情形1	情形2	情形1	情形2
河 北	3801.82	+	+	+	+	+	+	−	+
内蒙古	3341.88	−	−	−	−	−	−	−	−
辽 宁	4090.40	−	+	−	+	−	−	−	−
吉 林	3641.13	−	+	−	+	−	−	−	−
黑龙江	3552.43	−	+	−	+	−	−	−	−
浙 江	7334.81	−	−	−	−	−	−	−	−

续表

地区	2006年人均纯收入	20岁参保		30岁参保		40岁参保		50岁参保	
		情形1	情形2	情形1	情形2	情形1	情形2	情形1	情形2
湖北	3419.35	−	+	−	−	−	−	−	−
湖南	3389.62	−	−	−	−	−	−	−	−
广东	5079.78	+	+	−	+	−	−	−	−
广西	2770.48	−	−	−	−	−	−	−	−
海南	3255.53	+	+	+	+	+	+	−	+
重庆	2873.83	−	+	−	−	−	−	−	−
四川	3002.38	−	+	−	−	−	−	−	−
贵州	1984.62	−	+	−	−	−	−	−	−
云南	2250.46	−	−	−	−	−	−	−	−
西藏	2435.02	−	+	−	−	−	−	−	−
甘肃	2134.05	−	−	−	−	−	−	−	−
青海	2358.37	−	−	−	−	−	−	−	−
宁夏	2760.14	−	+	−	−	−	−	−	−
新疆	2737.28	+	+	−	+	−	−	−	−

资料来源：此表根据《中国统计年鉴》（2007年）整理而成。

注：情形1是指预定利息率为2.5%，生活消费增长率为3%时的民族地区农民投保可行性；情形2是指预定利息率为6%，生活消费增长率为5%时的民族地区农民投保可行性。“+”表示具备投保条件；“−”表示暂不具备投保条件。

表6－11的分析结果表明，在我们选取的20个地区中，在预定利息率为2.5%，生活消费增长率为3%的情况下，只有4个省（自治区、市）具备20岁投保条件，占到地区总数的20%；有2个省（自治区、市）具备30岁投保条件，占到地区总数的10%；有2个省（自治区、市）具备40岁投保条件，占到地区总数的10%；没有省（自治区、市）具备50岁投保条件。在预定利息率为6%，生活消费增长率为5%的情况下，有13个省（自治区、市）具备20岁投保条件，占到地区总数的65%；有7个省（自治区、市）具备30岁投保条件，占到地区总数的35%；有2个省（自治区、市）具备40岁投保条件，占到地区总数的15%；有2个省（自治区、市）具备50岁投保条件，占到地区总数的10%。此结果总结如表6－12和表6－13。

表 6－12　不同年龄层在不同民族地区具备投保条件的省份比（生活消费增长率为 3%）

民族地区	20 岁		30 岁		40 岁		50 岁	
	省份数	比重	省份数	比重	省份数	比重	省份数	比重
全部	4	20%	2	10%	2	10%	0	0
东部	3	42.86%	2	33.33%	2	28.57%	0	0
中西部	1	7.69%	0	0	0	0	0	0

表 6－13　不同年龄层在不同民族地区具备投保条件的省份比（生活消费增长率为 5%）

民族地区	20 岁		30 岁		40 岁		50 岁	
	省份数	比重	省份数	比重	省份数	比重	省份数	比重
全部	13	65%	7	35%	2	10%	2	10%
东部	6	85.71%	6	85.71%	2	28.57%	2	28.57%
中西部	7	53.85%	1	7.69%	0	0	0	0

1. 从民族地区所处的不同地域的视角，由上面两张图表数据可以看出，在我们所选取的 20 个民族地区中，最具有农村社会保障可行性的是位于东部的民族地区，特别是广东和海南，除了在预定利息率为 2.5%，生活消费增长率为 3% 的情况下，50 岁投保的农民存在缴费困难，其他处于劳动年龄各阶段的农民基本具备投保条件。中西部地区在预定利息率为 2.5%，生活消费增长率为 3% 的情况下，除了新疆具备投保条件，其他地区基本不具备投保条件；在预定利息率为 6%，生活消费增长率为 5% 的情况下，具备投保条件的中西部地区数量也明显少于同等情况下具备投保条件的东部地区数量。这也印证了我们在第一节提出的观点：民族地区的农村社会保障工作要分地区、分阶段、分层次地逐步推进。在有条件开展农村社会保障的民族地区可以先进行试点，比如广东和海南，试点初期可给予农民一定的利率优惠或缴费奖励，通过“以点带面”，待时机成熟，再将实验范围推广到更多的民族地区。

2. 从预定利息率和经济增长率对民族地区农民投保可行性的影响来看，在预定利息率和经济增长率较高的时候，具备投保条件的少数民族农村地区明显增多，这个结果告诉我们，要想扩大农村社会保障的覆盖面，真正调动起广大农民群众的参保积极性，增强社会保障制度的保障水平，最根本的还是要积极发展我国国民经济，高效运营筹集起来的社会保障基金，使其保持持续保值增值的良好态势。在国家财有余力的情况下，要多关注贫困落后民族地区特别是中西部民族地区的农村社会保障工作，在财政上尽量给予补贴，在政策导向上要体现民族关怀和地区倾斜，对于经济增长较慢的地区给予一定的利率或税收优惠，以帮助民族地区初步建立起农村社会保障体系。

3. 从农民投保的年龄结构带来的可行性差异来看，越早树立投保意识，投保条件就越有利，比如一个20岁的农民无论在何种情况下，他所面临的缴费压力都大大轻于50岁农民所面临的缴费压力。所以，在建设民族地区农村社会保障制度的时候，我们还应加大农村社会保障制度宣传力度，鼓励农民投保年龄结构青龄化，这样不仅对于农民个人可以减缓经济压力，同时也可以充实现有的农村社会保障基金。所以，在符合条件的民族地区，可采取“自愿+强制”的办法实施农村社会养老保险。对于符合条件的年龄层（一般是40岁以前）的农民强制投保，对于不符合条件的年龄层农民实施自愿参保。在不符合条件的民族地区，由于也存在贫富差距，可先实行鼓励自愿参保的政策，逐渐吸纳该地区部分具备投保实力的农民参加到社会保险中来，等到该地区大部分农民都具备投保条件时，再将自愿投保改变为强制投保，最终在所有民族地区建立起强制性的农村社会保障制度。

三、政府财政补贴能力分析

根据民政部1992年《县级农村社会养老保险基本方案（试行）》的文件，在农村社会养老保险基金的筹集上，实行个人缴纳为主，集体补助为辅，国家给予政策扶持的办法。而政策扶持主要是指税收优惠，国家并没有从资金上给予支持，这也使得城乡居民在养老保险待遇上存在着差异。而在世界各国建立农村养老保险的经验中，有一个很明显的共同点就是各国政府都很重视对农村养老保险制度的财政投入。比如联邦德国政府的补贴占整个农村社会养老保险总支出比例在60%以上并且有增大趋势。① 日本的厚生年金基金来源中国家财政负担1/3，法国农业社会互助金来自制度外的资金支持约占基金的3/4，其中国家支持部分接近1/2。②

自“六五”以来，我国的财政状况一直处于赤字状态，每年都有几百亿甚至几千亿的财政赤字，2006我国财政收支差额达到2162.53亿元。③ 从数据上来看，再要求财政对农村养老保险予以补贴，似乎是雪上加霜。但是，农村社

① 杨翠迎：《中国农村社会保障制度研究》［M］，中国农业出版社2003年10月，第138页

② 揭新华：国内外农村社会保险的比较研究［J］，《上饶师专学报》1997年第4期，第17页

③ 《中国统计年鉴》［R］，中国统计出版社2007年

会养老保险制度既不是传统的官办的慈善事业，也不是以契约为基础的商业行为，而是建立在社会发展进步和社会公平的基础上，保障全体国民共享经济社会发展成果的大实事、大好事。对于民族地区来说，农村社会保障不仅能带来巨大的经济效益，而且还能带来民族和谐和社会稳定的社会效益。特别是建国以后，我国采取的是以牺牲农业和农村来促进工业和城市经济发展的战略，无论是通过农业税，还是通过工农业产品价格的剪刀差，农村为国家财政和经济建设都做出了巨大的贡献。据相关资料统计，仅1979—1994年的16年间，政府通过工农产品剪刀差大约取得了15000亿元的收入，同期农业税收入为1755亿元，财政支农支出3769亿元，政府提取农业剩余净额12986亿元，平均每年从农业部门流出的资金净额达811亿元。① 目前，我国已进入“工业反哺农业”的新阶段，在这一阶段，政府有义务也有能力根据国家财力和社会发展水平来给予农村养老保险制度一定的扶持，而不是将其视为甩不掉的“包袱”。

我国已经列入中等收入国家（年人均GDP在1000美元到1万美元之间为中等收入国家）的行列，但社会保障支出比例却低于世界的一般水平。从1994—2002年社会保障和福利支出占GDP比重的年均百分比来看：美国5.4%、法国16.5%、俄罗斯9.5%、波兰17.4%、伊朗3.9%、巴西12.7%、南非1.1%、中国3%，中国的投入仅仅高于南非。这些数据反映出，我国政府对社会保障的投入比例是不高的。②

改革开放初期，中央对地方实行财政包干体制，沿海等地区财政资金净流出量比改革开放前下降了68.9%，促进了这些地区的快速发展。与此同时，中西部地区地方财政资金净流入减少，与东部沿海地区的经济发展差距越来越大。以湖南为例，1953—1979年财政资金净流入65.03亿元，占到同期全国净流入地区总量的14.8%；而1981—1991年财政资金净流入量仅为8.04亿元，只占到同期全国净流入地区总量的0.5%。财政资金净流入所占比重的显著减少，影响了经济发展，同沿海地区发展差距拉大也与此有关。近年来国家实施积极财政政策和推进农村税费改革，湖南财政资金净流入量有所增加，1994—

① 赵庆国：《中国农村社会养老保险问题研究》[M]，中国农业出版社2007年6月，第98页

② 张敬一、赵新亚：《农村养老保障政策研究》[M]，上海交通大学出版社2007年3月，第119页

2001 年占到了全国净流入地区的 4.24%，经济发展速度明显加快。① 因此，充分发挥财政的调控功能，才能逐步扭转地区差距扩大的趋势，为中西部民族地区农村社会保障建设提供有力保障。

我们选取在生活消费增长率为 5% 时的投保条件（最低纯收入）与不满足投保条件的地区不同年龄层的投保条件差额进行匡算，并与该地区当年财政收入状况作比较，从而计算出如果政府进行差额补助的支出占地方财政的百分比，借以衡量政府对农村社会养老保险的财政补贴能力。

表 6－14　不同民族地区不同年龄层的农民人均纯收入与投保条件差额　单位：元

地区	2006 年人均纯收入	20 岁参保		30 岁参保		40 岁参保		50 岁参保	
		投保条件	差额	投保条件	差额	投保条件	差额	投保条件	差额
河　北	3801.82	3093.24	708.58	3222.22	579.6	3469.62	332.2	3793.29	8.53
内蒙古	3341.88	3476.75	－134.87	3628.79	－286.91	3920.40	－578.52	4301.91	－960.03
辽　宁	4090.40	3880.23	210.17	4055.69	34.71	4392.23	－301.83	4832.53	－742.13
吉　林	3641.13	3421.29	219.84	3576.75	64.38	3874.92	－233.79	4265.03	－623.9
黑龙江	3552.43	3321.97	230.46	3473.80	78.63	3764.99	－212.56	4145.97	－593.54
浙　江	7334.81	7599.27	－264.46	7931.95	－597.14	8570.02	－1235.21	9404.81	－2070
湖　北	3419.35	3396.08	23.27	3539.24	－119.89	3813.82	－394.47	4173.06	－753.71
湖　南	3389.62	3743.99	－354.37	3901.61	－511.99	4203.94	－814.32	4599.48	－1209.86
广　东	5079.78	4705.65	374.13	4882.48	197.3	5221.64	－141.86	5665.36	－585.58
广　西	2770.48	2935.61	－165.13	3048.15	－277.67	3264.00	－493.52	3546.41	－775.93
海　南	3255.53	2696.92	558.61	2797.17	458.36	2989.47	266.06	3241.07	14.46
重　庆	2873.83	2756.35	117.48	2875.25	－1.42	3103.29	－229.46	3401.64	－527.81
四　川	3002.38	2993.32	9.06	3122.38	－120	3369.93	－367.55	3693.80	－691.42
贵　州	1984.62	1978.77	5.85	2054.64	－70.02	2200.16	－215.54	2390.55	－405.93
云　南	2250.46	2707.08	－456.62	2817.41	－566.95	3029.03	－778.57	3305.89	－1055.43
西　藏	2435.02	2410.01	25.01	2497.98	－62.96	2666.70	－231.68	2887.44	－452.42
甘　肃	2134.05	2287.46	－153.41	2380.65	－246.6	2559.38	－425.33	2793.22	－659.17
青　海	2358.37	2683.24	－324.87	2792.03	－433.66	3000.68	－642.31	3273.67	－915.3
宁　夏	2760.14	2744.60	15.54	2851.94	－91.8	3057.84	－297.7	3327.22	－567.08
新　疆	2737.28	2483.67	253.61	2581.03	156.25	2767.77	－30.49	3012.08	－274.8

① 李友志：以财政体制创新推动中西部发展［J］，《求是》2003 年第 11 期，37—39 页

表6－15　不同民族地区不同年龄层人口数

地　区	20—29岁	30—39岁	40—49岁	50—59岁
河　北	6847796	8797088	7290991	4561910
内蒙古	2347979	2457284	2051337	1081413
辽　宁	2879698	3603125	3244889	1957493
吉　林	2310438	2756284	2123745	1220737
黑龙江	3247163	3446928	2765971	1569947
浙　江	3453494	4496752	3661915	2408641
湖　北	5373080	6971970	4590503	3161058
湖　南	7015661	8841109	5860557	4270861
广　东	5923595	5917779	4168809	2615610
广　西	4739926	5075163	3462241	2628596
海　南	698595	722510	464597	295372
重　庆	3163242	3848893	2614100	2295541
四　川	9865496	10980517	7771920	6422476
贵　州	4413236	4118537	2734568	2268015
云　南	6181402	5693997	3369104	2417128
西　藏	360838	310669	185718	145666
甘　肃	3013569	3667613	2019380	1691944
青　海	657982	568576	299196	238854
宁　夏	679834	600265	376539	261157
新　疆	2295937	1976638	1160488	902162

表6－16　不满足投保条件的民族地区所需财政补贴总额统计　单位：元

地　区	20—29岁	30—39岁	40—49岁	50—59岁	总　额
河　北	－	－	－	－	－
内蒙古	316671928	705019352.4	1186739481	1038188922	3246619683
辽　宁	－	－	979404846.9	1452714280	2432119127
吉　林	－	－	496510343.6	761617814.3	1258128158
黑龙江	－	－	587934795.8	931826342.4	1519761138
浙　江	913311023	2685190489	4523234027	4985886870	13107622409
湖　北	－	835869483.3	1810815718	2382521025	5029206226
湖　南	2486139789	4526559397	4772368776	5167143889	16952211851
广　东	－	－	591387244.7	1531648904	2123036149
广　西	782703980	1409220510	1708685178	2039606494	5940216162
海　南	－	－	－	－	－

续表

地　区	20—29 岁	30—39 岁	40— 49 岁	50—59 岁	总　额
重　庆	–	5465428. 06	599831386	1211609495	1816906309
四　川	–	1317662040	2856569196	4440628356	8614859592
贵　州	–	288379960. 7	589408786. 7	920655329	1798444076
云　南	2822551781	3228211599	2623083301	2551109405	11224956086
西　藏	–	19559720. 24	43027146. 24	65902211. 72	128489078. 2
甘　肃	462311620	904433365. 8	858902895. 4	1115278726	3340926607
青　海	213758612	246568668. 2	192176582. 8	218623066. 2	871126929. 2
宁　夏	–	55104327	112095660. 3	148096911. 6	315296898. 9
新　疆	–	–	35383279. 12	247914117. 6	283297396. 7

表 6－17　不同民族地区建立农村养老保险所需财政补贴在当地财政收入中的比重

地区	各地区所需财政补贴额（亿元）	各地区 2006 年财政收入（亿元）	所占比重（%）
河　北	–	–	–
内蒙古	324661. 97	3433774	9. 45
辽　宁	243211. 91	8176718	2. 97
吉　林	125812. 82	2452045	5. 13
黑龙江	151976. 11	3868440	3. 93
浙　江	1310762. 24	12982044	10. 10
湖　北	502920. 62	4760823	10. 56
湖　南	1695221. 19	4779274	35. 47
广　东	212303. 61	21794608	0. 97
广　西	594021. 62	3425788	17. 34
海　南	–	–	–
重　庆	181690. 63	3177165	5. 72
四　川	861485. 96	6075850	14. 18
贵　州	179844. 41	2268157	7. 93
云　南	1122495. 61	3799702	29. 54
西　藏	12848. 91	145607	8. 82
甘　肃	334092. 66	1412152	23. 66
青　海	87112. 69	422437	20. 62
宁　夏	31529. 69	613570	5. 14
新　疆	28329. 74	2194628	1. 29

从各地区建立农村养老保险所需财政补贴占当地财政收入中的比重来看，

不需财政投入的额外补贴，基本可以建立起农村养老保险制度的地区只有2个省（自治区、直辖市），即河北和海南；占当地财政收入比重在5%以下，基本不会给当地财政造成很大负担的地区有4个省（自治区、直辖市），分别是：广东、新疆、辽宁、黑龙江；占当地财政收入比重在5%—10%的地区有6个省（自治区、直辖市），分别是：吉林、宁夏、重庆、贵州、西藏、内蒙古；占当地财政收入比重在10%—15%的地区有3个省（自治区、直辖市），分别是：浙江、湖北、四川；占当地财政收入比重在15%以上的地区有5个省（自治区、直辖市），分别是：广西、青海、甘肃、云南、湖南。

表6－18　不同民族地区建立农村养老保险所需财政补贴在当地财政收入中的比重汇总表

所占比例区间	省份数	民族地区覆盖面	所包含的省份
0%—5%	6	30%	河北、海南、广东、新疆、辽宁、黑龙江
5%—10%	6	30%	吉林、宁夏、重庆、贵州、西藏、内蒙古
10%—15%	3	15%	浙江、湖北、四川
15%以上	5	25%	广西、青海、甘肃、云南、湖南

根据上表分析汇总的结果，我们可以按照当地财政的不同状况，分梯队开展民族地区的农村社会保障工作，同时在各省（自治区、直辖市）内部，也可以根据各县、乡、村的具体情况进行差别参保，对于困难地区多补点，对于富裕地区少补点，真正达到社会保障制度减小贫富差距、实现社会公平的目的。

有一个值得注意的问题是，在某些经济水平较高的民族地区，建立农村社会保障制度的难度甚至高于某些中西部地区，比如浙江，按照我们测算的结果，它建立农村社会保障制度的时间表应晚于新疆、宁夏、贵州等地，但实际上浙江目前已经广泛建立了农村社会养老保险制度，原因有三：一是在测算的时候，是按照消费总额和经济增长的一定比例来设计保费率，浙江地区生活消费水平较高，所以计算出的保费率也较高，导致后来在测算中，较高的人均纯收入仍无法满足投保条件的结果；二是测算时只选取20—60岁的人作为参保对象，所选取的年龄段在不同省（自治区、直辖市）有不同的人口分布，这也将影响整体投保水平的测算结果；三是浙江的当地财政非常重视在农村社会养老保险制度方面的政策补助和财政补贴，让农民很好地分享了工业化和城市化带来的经济增长的成果。所以，各民族地区是否能顺利实施农村社会保障制度，很大程度上也取决于当地政府的政策取向。

第三节　关于民族地区农村社会保障制度可行性的若干思考

一、中西部民族地区农村社会保障制度的建立——一个漫长而艰难的过程

从前文的分析中我们可以看到，由于民族地区特殊的发展历程、生存环境和人口结构，虽然我国农村社会保障制度势在必行，但显然目前还不具备在全国所有民族地区范围内普遍建立农村社会保障制度的经济条件，这就意味着这项工作需要一个较长的时间段来逐步完成。

在有条件的省份（自治区、直辖市）可先行建立以养老保险为核心的农村社会保障制度，等待条件成熟后再全面推行。在完全不具备经济可行性、政府也不具备财政补贴能力的省（自治区、直辖市），可先行建立与完善新型农村合作医疗保险，农村最低生活保障制度和农村养老保险制度宜等待时机成熟方可推行，否则由政府主导的强制性的制度变迁极有可能导致失败。比如宁夏回族自治区的农村养老保险工作起步于1992年，1996年全面铺开，到1998年底，全区共有18个县区开展了此项业务。但截至2006年7月，已经开展农村养老保险业务的18个县区中，目前13个县区已整体退保，5个县区不同程度退保，尚有农保基金的5个县区中，有4个已经停办业务。相关部门调查显示，2001年宁夏回族自治区农保基金累计结余782.48万元，参保人数5.87万人；截至2005年11月，全区农保基金下降到324万元，参保人数约为1.1万人。① 农民集体退保的原因在于其时的农村养老保险制度已经不符合社会经济形势发展变化的实际，1992年民政部颁发的《县级农村社会养老保险基本方案》所制定的保障标准过低，根本起不到保障农民60岁以后基本生活的需要，影响了农民参保的积极性。另外该方案对个人账户积累总额的年最低增值利率是按照8.8%设计的，可是近年来由于我国银行存款利率只有2.25%，基金无法实现保值增值，缺口很大。再加上国家政策扶持不到位，村集体补助资金没

---

① 王舒怀、李鹤：农村养老困局待解［EB/OL］，人民网：http：//nx. people. com. cn/GB/channel9/46/200604/04/47077. html. 2006-10-14

有落实，难以兑现最初给参保农民承诺的养老待遇水平。2006年宁夏回族自治区享受养老待遇的农民中，最高养老金标准为300元左右，最低的仅为3元，绝大多数参保人员每月只能享受几十元，起不到养老保障作用，农民参与积极性不高。如果该项制度继续运行，将会导致农村养老基金不堪重负，基金缺口不断加大，在财政不兜底的情况下，会有崩盘的危险。在民族地区如果不处理好农民参保问题，轻则会影响民族地区农民的生活质量，重则会引发严重的民族问题。

二、构建中西部民族地区农村社会保障制度中的政府责任与主导作用

社会保障制度的宗旨就是追求并创造、维护社会公平，协调社会冲突，缓解社会矛盾，促进整个社会的稳定和安全，而这也是和谐社会的价值理念和发展目标。农村养老保险制度作为和谐社会建设的一个重要组成部分，应该确立公平性的价值取向，并且在政府的支持和推动下使公平性的理念得到充分的体现，最终建立起覆盖全国城乡的统一的社会保障制度。从农户经济发展与社会保障关系的角度分析，中西部民族地区不仅农业生产自然环境恶劣，而且家庭生产经营资本量少，组织化程度低，经营规模一般较小、导致风险的应对能力差。这种情形下，农户经济发展资本形成不足使劳动生产率难以提高，生产率低又导致农户的低收入。从目前情况看，指望中西部民族地区农户自己形成促进经济发展的有效资本是不太现实的。只有通过社会，尤其是政府，才能形成对中西部民族地区农户经济发展具有刺激作用的资本，① 这包括通过政策扶持、财政金融扶持以及社会保障制度建设等来促进中西部民族地区农户经济发展资本的快速积累。中国农村社会保障制度发展历程已经证明，政府的作用至关重要，若政府置身度外，农村社会保障制度是无法持续运行的，只有政府参与其中并发挥主导作用，社会保障制度才具有可持续性并切实发挥保障作用。

在中西部民族地区农村社会保障制度推进的过程中，政府的职责主要体现在：

首先，政府要明确自己承担的社会保障的责任。从国际经验来看，发达

---

① 侯军歧：中国西部地区农户经济增长与发展条件研究［J］，《农业技术经济》2009年第2期，41—44页

国家在工业化和现代化的过程中都建立了面向农民的社会保障制度，政府几乎无一例外地给予财政支持。而我国前一轮农村社会养老保险基金采取的是“完全积累制”筹资模式，政府不承担财政支持责任。民族贫困地区特别中西部民族地区的自然条件相对恶劣，农村人口居住分散，一个行政村人口多则上千人，少则数十人，像贵州省等省区，地处高原，崇山峻岭，山高水长，交通、通信条件较差。同时地方财力薄弱，大部分县乡两级财政甚至连“吃饭财政”都做不到，集体补助基本落空，要靠上级财政转移支付才能维持运转和进行基本建设，社会保险变成名副其实的“个人储蓄保险”，这样的保险有什么社会价值和意义呢？随着个人金融投资工具多样化，在国家、集体基本不承担责任的基础上，如此参保还不如个人理财。这样无论在投保意愿或投保条件上，都大大减弱了民族地区农村社会保障制度的可行性。因此，国家调整财政支出结构，以转移财政支付等形式扶持贫困地区农村社会养老保险是必要的。这绝不是施舍，长期的二元经济结构，农民是做了牺牲和贡献的，对奉献者给予回报是天经地义的，如同中央财政对困难地区企业养老保险资金缺口给予弥补的政策理念是一样的，说得现实一点，如果没有政府对这些地区的财政支持，就不可能有民族地区农村社会保障制度。更何况近年来我国政府财政能力不断增强，财力不足越来越不能成为不让农民享受社会保障权益的理由，而政府也应积极承担起其长期以来在农村社会保障制度中缺失的出资责任，在民族地区农村社会保障制度建设中发挥更为积极的作用。

其次，政府要明确对农村社会保障进行财政支持的重点领域。总体而言，目前我国民族地区各级财政对农村社会保障的支撑能力还处在一个比较低的起点上，在将农村社会保障纳入公共财政保障范围的同时，要坚持稳步推进、逐步发展的原则，把有限财力投入到以下几个重要的社会保障项目：（1）以最低生活保障为核心的农村社会救助及对其他弱势群体的贫困救济；（2）以大病统筹为核心的新型农村合作医疗制度；（3）以养老保险为核心的农村养老保障体系建设；（4）因城市化推进而导致的大量失地农民的社会保障制度建设等。

对于有些社会保障项目的实施，比如农村社会养老保险、合作医疗等，需要根据具体的情况和条件，视政府财力可能，逐步扩大覆盖范围和受益对象的数量，不可一步到位。

最后，政府要为民族地区农村社会保障制度提供法律保障。社会保障制度关系到亿万人民的切身利益，同时又关系到政府、集体和个人的责任，几乎在所有的国家都是立法先行。中国社会保障立法严重滞后，农村社会保障制度立法更是空白，这与我们渐进式的改革有关，但是没有法律保障的社会保障严重制约了农民参保的积极性。所以应尽快制定农村社会保障基本法，从法律上赋予农村居民与城镇居民同等的合法权益，分清国家、集体和个人在社会保障问题上的权利和义务，确定统一的社会保障制度缴费标准以及与社会经济发展水平相适应的社会保障待遇水平等。

三、坚持物质补偿与发展扶持并举以调动群众的积极性和主观能动性

作为公共产品的重要内容，农村社会保障许多项目实际上只能由地方政府直接组织并加以实施。所以，农村社会保障既是国家工程，同时也是地方工程。民族地区农村社会保障应当以中央的原则来指导和确保全国的社会保障制度建设的正确方向，以地方政府为直接责任主体来推进整个社会保障制度的发展。在民族地区社会保障改革中，要赋予民族自治政府更多的权责，充分调动地方政府改革的主动性和积极性。

一般而言，经济发展同社会保障呈明显的正相关关系。改革开放以来，我国绝大多数少数民族地区的经济虽然取得了长足的发展，然而与非少数民族地区特别是东部发达地区的差距，不但没有缩小，反而日益拉大。这种发展水平的差异对社会保障程度有着直接的影响。但这并不意味着，财政补助和救济在贫困民族地区社会保障制度建设中承担完全责任。

民族地区的社会保障制度，尤其需要正确处理生活救济与生产扶持的关系。对于欠发达的民族地区而言，中国政府一方面继续维持传统的贫困救济政策；另一方面，自 1986 年起在全国范围内掀起大规模的乡村扶贫运动。如果把前者比喻成是补血工程的话，那么后者就是造血工程。因此，我国针对弱势群体的社会政策模式应当是坚持物质补偿与发展扶持并举的原则，补偿性社会政策与发展性社会政策的结合①。前者主要是针对弱势群体的保障政策、社会救助政策、住房补贴政策及其他各种基本权利的保护政策等。后者主要是指有关促进弱势群体的社会参与机会与能力以消除社会排斥、实现

① 郑杭生：中国社会保障改革与制度建设［J］，《新华文摘》2003 年第 5 期，第 22 页

社会整合的政策，如针对弱势群体的就业政策、教育政策、积极的扶贫政策等。

四、中西部民族地区农村社会保障制度建设要因地制宜

民族地区农村社会保障事业的发展必须结合民族地区的实践突出重点、统筹兼顾。目前全国各地农村的差异性非常明显，在全国推行统一模式的农村社会保障制度显然条件不成熟。对于东部沿海地区经济发达的农村，应选择农村综合发展导向型农村社会保障模式，率先实现对农村居民的全覆盖，并在制度设计时预留农村社会保障体系与城镇社会保障接轨的空间；有条件的地区甚至可以一步到位，建立城乡一体化社会保障体系。但对于经济落后的中西部民族地区，农村社会保障制度建设则需要在加强中央财政转移支付力度的基础上，根据本地的条件，选择农业发展导向型农村社会保障或劳动力转移导向型农村社会保障制度模式，要着力体现促进农户生计转型与农村经济发展的制度安排，并根据民族地区农业经济发展和城市化、工业化推进的进程及要求，对社会保障制度进行必要的调适。具体而言，特提出以下政策建议：

中西部民族地区农户经济的特点，要求社会保障制度运作方式与之相适应。中西部民族地区集体经济不发达，东部地区由集体经济承担部分出资责任的做法在中西部地区未必适用，可改为地方政府出资；考虑到农户收入的不稳定性，在社会保障缴费方式上应采取更为灵活的方式，如允许农户采用货币与实物相结合的缴费方式，并设置不同的缴费水平，让农户有一定的选择权；为适应农民以家庭为生产经营单位的特点，凡要求全体农村居民参加的社会保障项目可试行农民以家庭形式参保。

中西部民族地区县域人口总数少，每年所筹集的社会保障经费十分有限，若农村合作医疗、养老保险等如果实行与其他地区一样，以县为统筹层次，社会救助以乡（镇）为统筹层次的话，会因统筹基金规模较小而导致运行风险增加，使得风险分散的功能下降。统筹层次偏低，也不利于社会保障基金的管理和保值增值，因此，应考虑将农村社会保障的统筹层次提升至地市级、跨地区或省级，以使其更好地发挥作用。

中西部民族地区已有一部分农户专门从事非农业经营，有的实际已在城市和小城镇居住多年，职业、生活都已有了相当的基础，和城镇企业职工已无二致，这类农民实质上已经实现非农就业转移。他们实际已和农村脱离了联系，

再让他们向家乡农村社会保障机构缴纳社会保险金已不现实，只会给当事双方造成困难和不便。对此可参照城镇个体工商户的社会保障制度进行安排。

农村社会救助制度作为保障国民基本生存权益的最后一道安全网，对于农户因遭遇灾害风险和贫困风险，生活陷入困境时，保障其基本生存需求具有其他制度无可替代的作用。现阶段中西部少数民族地区农村社会保障制度建设的重点应放在社会救助和社会优抚上。脱贫一直是民族地区社会保障的重中之重。少数民族地区由于经济发展水平较低，社会保障能力和群众承受能力都有限。为此，民族地区的农村保障必须坚持优先保障重点对象。此外，少数民族地区生态环境脆弱，抵御自然灾害的能力低，大多是自然灾害的多发区。所以，救灾、减灾也是少数民族地区社会保障的一项特殊任务。当前中西部少数民族地区农村社会救助经费筹集困难制约了这一制度功能的充分发挥，解决这一问题，除了中央政府和中西部民族地区各级政府应加大农村社会救助资金调配力度之外，对于进一步改革与完善农村社会救助制度，缩小东、中、西部地区社会救助标准和救助水平的过大差距等问题也应有新的思路。

在农村养老保障制度建设方面，构建全覆盖、保基本、有差别、多层次的农村养老保险体系，应成为我们追求的目标，但考虑到不同地区间农民收入和集体经济实力差异较大，尤其是中西部民族地区经济发展落后，农民收入低下，集体经济不发达，在这种条件下实现社会保险对农民的广覆盖乃至全覆盖的难度很大，推进新型农村养老保障制度应分步实施，逐步扩面，同时新型农村养老保险制度要与其他养老保障措施相配套，建立与地区经济增长非均衡战略相适应的农村养老非均衡保障制度。① 尤其是中西部民族地区基于生产方式与文化习俗的家庭养老方式目前依然不可替代，要进行社会养老、家庭养老、土地保障和其他保障等各种方式的有机整合，共同达到保障老年生活的目的。

在农村医疗保障制度改革与创新方面，由于我国城乡及地区之间差距极大，现阶段还不具备建立一元化的医疗保障制度的客观条件，有学者提出了构建多元化的农村医疗保障制度体系的构想：根据经济发展程度，将农村医疗保障制度模式设计为三种类型，即在经济发达地区实行的“城乡统筹挂钩型”医疗保障制度模式；在经济欠发达地区实行的“城乡统筹挂钩型”医疗保障制度

---

① 韩俊江、韩烨：建立新型农村社会养老保险制度的思考［J］，《东北师大学报》（哲学社科版）2009年第3期，123—127页

模式；在经济落后地区实行的“农合救助互补型”模式。“农合救助互补型”模式按照“风险共担，互助共济”的原则，在经济不发达地区范围内通过各级政府和农户共同集资建立集中的农村合作医疗基金，考虑到中西部民族地区农户收入普遍较低的现实，不宜实行全国统一的农户缴费标准，对没有缴纳能力的农户应由政府给予全额补贴，并大力扶持农村医疗救助制度建设。新农合改个人账户为家庭账户，用来支付参保人及其家庭的医疗、预防、保健等服务费用。① 这一构想为中西部民族地区农村医疗保障制度的创新性改革指出了路径，应进一步加以丰富和完善。

五、中西部民族地区农村社会保障制度要充分挖掘少数民族传统文化的源动力

在民族地区农村社会保障制度的建设中，要重视挖掘民族传统文化动力。文化传统成为社会保障的传统源动力。各少数民族在长期的社会经济发展中创造了各具特色的灿烂的民族文化，各民族有不同的心理、风俗、习惯、道德、宗教和婚姻家庭结构，也形成了具有民族特色的传统保障方式。在农业经济模式中，民族文化传统一直在社会保障中起着重要的作用。由于历史和自然的原因，大多少数民族居住在边疆地区，这也就形成相对封闭的文化环境。同时由于中西部民族地区经济和社会发展水平相对滞后，面临恶劣严峻的生存环境，各民族普遍形成互助互爱、尊老爱幼的传统，并在民族内部和宗族之间有一定的规范作用。尊重不同民族的传统文化是建立民族地区农村社会保障制度的基本原则之一，更是我们建设社会主义社会保障制度的宝贵资源。即使在城镇，家庭也是众多保障主体之一。因此，在构建民族地区特色的农村保障体系，秉持这一原则，深入挖掘其中传统文化的影响力，也不失为是一个好办法。

① 何秋洁：中国农村医疗保障制度多元化分析［J］，《经济体制改革》2009 年第 3 期，157—161 页

第七章

中西部民族地区农村社会保障制度保障水平的分析

第一节　中西部民族地区农村社会保障水平的衡量

社会保障水平一般是指一定时期内一国或地区社会成员享受社会保障待遇的高低程度。民族地区农村社会保障水平主要是指一定时期内某一民族地区农村社会成员享受社会保障待遇的高低程度，反映了该地区在国民收入分配中社会保障具有的份额和现实的保障水平。

衡量民族地区农村社会保障水平具有理论价值与现实意义，比较准确地衡量和测算出民族地区农村社会保障的水平，是研究民族地区农村社会保障问题的先决条件。

一、国内关于社会保障水平的研究现状

随着我国社会保障制度的初步建立，我国学者对社会保障水平的研究也已起步。最初的研究主要着眼于对社会保障水平的比较研究，对我国各省、市、自治区的社会保障水平以及主要西方国家的社会保障水平进行了对比与评价，并提出了存在的问题以及值得借鉴的经验。如中国社会科学院社会学研究所朱庆芳于1994、1995年连续两年发表了“1992年各省、市、自治区社会保障水平比较与评价”、“1993年各省、市、自治区社会保障水平比较与评价”等文章，从社会保障指标中选择了24个有代表性的重要指标组成指标体系，分成7个子系统，即社会保障水平、医疗卫生、安全网覆盖面、救济扶贫、社区福利水平、离退休职工和残疾人保障，通过综合评分法对我国各地区的社会保障水

平进行分类分和综合分的对比和评价。通过比较，朱庆芳得出结论：我国各地区社会保障水平发展不平衡，并且部分发达地区社会保障水平与经济发展水平很不协调。① 1996年资树荣发表“主要西方国家社会保障水平的比较与借鉴”，对主要西方发达国家如美国、日本、英国、法国、德国、加拿大等的社会保障水平进行了比较研究，并提出了值得借鉴的一些经验。②

辽宁大学穆怀中（1997）“中国社会保障水平研究”开创了国内社会保障水平的定量研究的先河。他在建立社会保障水平与经济发展水平之间的关系模型的基础上，运用这一模型对我国不同区域的社会保障水平进行了评估。穆怀中（2001）具体分析了社会保障水平与国内生产总值、老年人口比重、失业率、国内储蓄占GDP的比重等各项因素之间的相互关系。③ 刘钧（2003）对社会保障水平的定义、社会保障水平测量指标体系等做了系统研究。④ 杨翠迎等人（2004）对社会保障水平增长与经济发展水平之间的适应性关系进行了实证研究，他们认为：在社会保障发展初期，社会保障水平增长普遍慢于经济增长，社会保障能充分发挥其作用；在经济高速增长乃至危机时期，社会保障水平增长普遍快于经济水平增长。⑤ 穆怀中（2003）还提出社会保障水平不具有绝对刚性，而是有自己的发展曲线的假说，并且对这一假说做了实证研究。⑥ 高利平（2002）则根据山东省人口和社会经济发展状况对其现有的社会保障水平进行测算，并对其适度状况做出判断与评价，进而对山东省的社会保障适度水平做出了选择。⑦ 王元月等人（2004）应用社会保障水平理论与适度水平测算模型，对东北三省社会保障支出水平的适度性问题进行了系统分析，得出基

① 朱庆芳：1992年各省、市、自治区社会保障水平比较与评价［J］，《中国社会工作》1994年第3期，29—32页；1993年各省、市、自治区社会保障水平比较与评价［J］，《社会科学研究》1995年第5期，86—89页

② 资树荣：主要西方国家社会保障水平的比较与借鉴［J］，《湘潭大学社会科学学报》1996年第1期

③ 穆怀中：社会保障水平经济效应分析［J］，《中国人口科学》2001年第3期，48—53页

④ 刘钧：社会保障缴费水平的确定：理论与实证分析［J］，《社会保障问题研究》2003年第2期，2—10页

⑤ 杨翠迎、何文炯：社会保障水平与经济发展的适应性关系研究［J］，《公共管理学报》2004年第1期，79—86页

⑥ 穆怀中：社会保障水平发展曲线研究［J］，《人口研究》2003年第2期，22—28页

⑦ 高利平：山东省社会保障水平及其适度选择［J］，《人口与经济》2002年第5期，64—72页

本结论即保障水平偏低且结构不合理。①

现阶段的研究正在逐步具体化，由对我国社会保障水平的研究发展到了对各省、市、自治区社会保障水平的研究。并且，有些学者已经突破了仅仅研究城市社会保障水平的局限，开始对农村社会保障水平进行研究。

虽然近年来对我国社会保障水平的研究正在逐渐增多，并且逐步深入，但是，这些研究中大部分都是针对城市社会保障水平，而我国农村的社会保障水平的研究才刚刚起步。吴承平（2003）通过对农村社会保障制度建立的经济条件、农村社会保障的对象和资金来源进行的国际比较以及对印度农村社会保障体系的分析与借鉴得出结论：必须加快我国农村社会保障制度建设的步伐，政府应承担起建立农村社会保障体系的责任。同时吴承平对广西壮族自治区农村社会保障水平以及农村社会保障存在的问题做了系统研究。②

二、国内外关于社会保障水平衡量的一般理论

对于社会保障水平，国际上普遍采用社会保障支付的资金占 GDP 的比重来衡量，即为社会保障总水平或社会保障给付总水平。其公式为：

$$b = \frac{B}{GDP}$$

其中，b 为地区社会保障总水平，B 为地区社会保障支出的资金。GDP 是地区内的生产总值。

社会保障给付总水平是从宏观经济运行的角度确定社会保障制度的作用，反映社会保障与经济发展的相互关系。这一指标虽然可以从一定程度上表示一个国家社会保障的提供能力，但是并不能概括社会保障水平的全貌，无法反映社会保障微观管理层面的问题。例如，社会保障应该给付每个人多少的保障资金，个人应该承担占工资总额几个百分点的社会保障缴费等问题。

因此，中央财经大学刘钧对社会保障水平进行了进一步分析，并结合了中国的实际情况，把社会保障水平概括为三个方面：一是社会保障缴费水平，即个人承担社会保险缴费的能力；二是社会保障给付水平，即国家给予社会成员

① 王元月等：东北地区社会保障适度水平分析［J］,《人口与经济》2004 年第 6 期，68—72 页

② 吴承平：我国农村社会保障水平的比较研究［J］，《科技情报开发与经济》2003 年第 9 期，143—144 页

提供保障待遇的总体水平，用社会保障支付的资金占GDP的比重来衡量；三是社会保障各项目的给付水平，即每一社会保障项目平均给付每一保障人口资金的多少，用社会保障各项目平均给付水平或每一社会保障项目支付的资金占GDP的比重来衡量。无论是社会保障缴费水平、社会保障给付水平、还是社会保障各项目的给付水平，都从不同侧面反映了社会保障为公民提供保障的能力。

刘钧还分析测算了社会保障水平的统计指标体系，认为应该包括以下几方面：

（1）社会保障水平横向比较指标：主要指可以在国家、地区之间进行比较的指标。包括：①社会保障支出占GDP的比重；②社会保障支出的增长速度（增长率）；③政府用于社会保障支出占财政支出的比重；④人均社会保障支出占人均国民收入的比重。

（2）社会保障水平纵向比较指标：主要指社会保障水平在不同历史时期进行纵向比较的指标。主要包括：①人均社会保障给付水平；②社会保障支出总额占工资总额的比重；③最低工资标准；④居民最低生活保障标准。

暨南大学张塔兰对我国社会保障统计指标体系进行了研究，认为我国社会保障统计指标体系应该包括以下几个方面：

（1）社会保障综合指标。其中包括：①全社会享受社会保障的人数；②社会保障基金数额；③全国社会保障支出总额；④社会保障管理机构及相关从业人员数量；⑤建立社会保障网络的乡镇数。

（3）社会保险子系统发展水平评价指标。其中包括：①参加社会保险人数；②社会保险基金筹集额；③社会保险金总支出。其中，养老保险系统评价指标包括：①离退休养老人数；②养老保险金；③养老保险金总支出。医疗保险系统评价指标包括：①参加医疗保险人数；②医疗保险基金；③医疗保险费用支出。社会救助系统评价指标包括：①享受社会救助的人数；②社会救助基金。

张塔兰还将反映社会保障水平的指标体系分为以下几大类：①全社会（劳动者）人均社会保障支出；②社会保障支出占国民生产总值比。进一步细分，这一指标体系还可以包括：a. 每一种农村社会保障基金积累资金额；b. 职工人均社会保险费；c. 社会救助对象人均社会救助金；d. 职工福利费占职工工资比重；e. 每万人口城乡福利院床位数；f. 每一街道社区服务设施数；

g. 社会保险支出占 GDP 比重；h. 社会救助支出占 GDP 比重；i. 社会福利支出占 GDP 比重；j. 社会优抚支出占 GDP 比重。

穆怀中教授是我国比较早开展社会保障水平进行研究的学者之一。依照人口理论以及柯布—道格拉斯生产函数，穆怀中建立了城乡社会保障水平评估模型：

$$S=\frac{Sa}{W}\cdot\frac{W}{G}=Q\cdot H$$

其中 S 代表社会保障水平，Sa 代表社会保障水平支出总额，W 代表工资收入总额，G 代表国内生产总值（GDP），Q 代表社会保障支出总额占工资收入总额的比值，又称社会保障负担系数，H 代表工资收入总额占 GDP 的比值，又称劳动生产要素投入分配比例系数。

从目前的社会保障体系来看，社会保障主要由社会保险（养老保险、医疗保险、失业保险、工伤生育保险）、社会福利、社会优抚和社会救济项目构成。这些项目的资金支出之和构成了社会保障支出总额。穆怀中认为，从理论上讲，社会保障的“适度”水平是一个区间概念，即存在一个由上下限值构成的适度区间。这一区间上下限值的计算公式为：

$$S=0.75\ (Q_o+Z+J+M)$$

其中 S 为社会保障水平，0.75 为劳动生产要素分配系数，Q_o 为老年人口比重，Z 为失业保障支出比重，J 为工伤、生育保障支出比重，M 为社会福利、救助与优抚支出比重。按照国际经验和中国已采取的保障政策，Z 的上下限值一般为 1%—15%；J 为 0.016%—15%；M 为 1%—15%。然后再统计出不同时期的老年人口比重，就会得出社会保障适度水平的适度区间。

另外，穆怀中还提出了我国农村社会保障水平测定模型：

$$S_r=\left(U_{ar}+\frac{10}{11}M_r\right)\cdot H$$

公式中，S_r 代表农村社会保障支出水平。U_{ar} 代表城镇非农业老年人口比重，H 代表劳动生产要素投入分配系数，U_{ar} 代表农村农业老年人口比重系数，M_r 代表农村社会救济福利支出比重系数。由于农村社会保障支出中不含失业保障支出和工伤生育保障支出，同时由于社会救济福利支出城乡比例约为 1∶10，所以得出社会保障水平评估公式有所区别。

三、中西部民族地区社会保障的特征及其在保障水平中的体现

与东部发达地区相比，中西部民族地区在经济社会发展、传统文化习俗及宗教、地理环境等方面存在着一些不同的特征，而这些特征体现在民族地区社会保障建设的多个方面。很多在发达地区可行的社会保障制度和政策，在民族地区由于受到自身特点的影响而无法实施。因此，分析民族地区社会保障的特殊性对于研究民族地区社会保障问题起到了基础作用，也是探讨社会保障水平的前提和背景。

（一）经济发展落后直接制约着社会保障水平

中西部民族地区的一个重要特点是经济发展的落后性和生产方式的自然依赖性，具体表现为：首先，从民族地区经济发展水平的落后性上看，2003 年全国农村绝对贫困人口有 2900 万人，少数民族地区就有 1304 万；全国 592 个国家重点扶持贫困县、民族自治地方就有 267 个。在我国每年发布的《中国可持续发展战略研究报告》中，民族地区和少数民族人口相对较多的省份，其区域经济发展水平的排名一直以来都是靠后的，以 2004 年的发展报告为例，西藏（31）、新疆（28）、内蒙古（29）、广西（26）、宁夏（18）、贵州（30），云南（27），甘肃（23），青海（21）、四川（20）。其次，少数民族地区自然环境严酷，多为高山峻岭、沙漠戈壁、干旱少雨、高寒缺氧等气候条件，使其生产效益受外界因素的影响较大，不确定性多，“靠天吃饭”、“靠畜养人”是其生产和生活的基本方式。

经济发展上的落后对于民族地区社会保障水平的显著影响表现为：第一，民族地区社会保障资金短缺问题十分突出。因地方财政困难，导致由政府承担的社会保障资金难以及时足额到位。民族地区许多农户一般仅能维持基本生活，无暇顾及未来的生活保障，往往也难以承担个人出资部分。这种情况下，资金短缺严重制约了民族地区社会保障水平的提高。第二，民族地区需要救助的人口较多。民族地区大都处于老、少、边、穷地区，区域内贫困人口多、贫困程度深，使得民族地区社会保障所需的资金量较大。第三，民族地区灾害疾病抵御能力差。由于经济发展水平低，农户自我积蓄很少，导致民族地区因灾致贫、因病致贫的现象屡见不鲜，广大农户在各种风险而前，显得十分脆弱。第四，民族地区应保项目多。生产方式的落后性说明，在现阶段农牧业生产仍是民族地区开展灾害保险的主要方面，在社会保障中不能缺少对农牧业灾害的

保险。这四个方面基本上覆盖了民族地区农村社会保障问题的各个方面，是民族地区社会保障水平不高的自然条件因素。

（二）社会发展水平间接影响着社会保障水平

民族地区社会发展的落后性主要表现在教育、科学技术、医疗卫生和公共管理方面。首先，民族地区教育发展水平落后。2002 年，西部民族自治地方有 312 个县尚未实现“两基”，占西部未实现“两基” 372 个县的 84%。其次，民族地区医疗卫生事业发展落后。2003 年少数民族特困地区，传染病、地方病发病 16.95 万例，占总人口的 1%。再次，民族地区科学技术落后。根据《2004 中国可持续发展战略研究报告》，我国主要几个少数民族聚居区域科技能力的排名依次为：四川（17）、宁夏（23）、广西（24）、新疆（26）、内蒙古（27）、青海（29）、西藏（31），可见，5 个民族自治区的排名位次均靠后，其他几个多民族省份科技实力总体也处于劣势。最后，民族地区公共管理能力落后。民族地区社会管理人才严重短缺，观念落后，导致其公共服务和社会化管理的能力很低，以上的种种问题是导致民族地区的社会保障水平不高的社会条件因素。

社会条件因素对社会保障水平的影响主要体现在以下几点：一方面，人们对社会保障的认知有待提高。由于教育发展水平落后，人们的社会保障观念落后，参保意识不强。例如，在民族地区推行的新型农村合作医疗制度是国家投入大量资金为农民办的一件实事，但一些地方仍然有部分人认识不到合作医疗保险的好处和必要性。另一方面，社会保障基金的管理能力薄弱。社会保障基金的使用和管理是社会保障制度建设中的一个重要方面，民族地区落后的服务和管理水平达不到社会保障资金的管理和运作机制的要求。第三，疾病的预防与医疗保障建设薄弱。民族地区医疗卫生条件的落后性和自然环境的严酷性，造成了民族地区地方病、传染病流行。这就要求民族地区要不断改善医疗卫生条件，加强疾病的预防，进一步扩大医疗保障的水平和范围，但目前这方面的工作仍有不到位之处。

（三）自然环境恶劣增加了提高社会保障水平的难度

由于历史原因，少数民族大多聚集于自然环境恶劣的区域。从地理分布看，我国的少数民族主要分布在黄土高原、青藏高原和云贵高原等地区，这些地区山大沟深，环境复杂，气候恶劣，再加上多年来对生态环境的破坏，雪灾、干旱、水灾、泥石流、山体滑坡等自然灾害频频发生。

民族地区自然环境的特殊性也对社会保障水平的提高提出了挑战。（1）民族地区风险的发生概率比较大。严酷的自然环境决定了民族地区群众面临着更大的风险，这就说明民族地区的社会保障概率要远大于其他地区。（2）民族地区现代产业不发达，城镇化率低，绝大多数为农村人口，且居住分散，因此，农村社会保障是民族地区社会保障工作的重点，这就要求民族地区社会保障制度建设应以农村为主，致力于提升民族地区农村社会保障水平。

从以上分析来看，分析民族地区的社会保障水平，一方面要依据一般的社会保障水平衡量的理论，另一方面也要结合民族地区的特点，并把握其中的有利方面，两者都要注意，不可偏废。

第二节　我国社会保障水平变化的一般趋势

研究民族地区农村社会保障体系和社会保障水平，不可不把握我国社会保障水平变化的趋势。从总的方向上来看，我国社会保障水平变化的一般趋势主要包括以下几个方面：

一、起步水平低

根据穆怀中教授的观点：社会保障的性质是“保护”与“激励”的统一。[①]“低起点，高效率”的原则就是为了使社会保障水平的设计与社会保障制度的功能相辅相成，成为经济发展的动力。社会保障水平的设计要坚持“低”的起保点，这一方面是由我国的国情决定的，资金短缺，要用有限的资金建立最大覆盖范围的社会保障体系，必须坚持“低”的切入点；另一方面鉴于社会保障水平的刚性增长特性，在制度的设计初期不能定得太高，否则无法规避西方国家严重的福利危机的发生。社会保障的性质是“保护”与“激励”的统一，同时“低起点”也是与社会保障的基本功能相适应，社会保障只能保障社会成员的基本生活水平，不能导致养懒人。我国社会保障资金的支出，应该从由国家提供社会保障资金为主向以个人和用人单位（农村为集体组织）提供保险资金为主发展，因为只有与个人切身利益直接挂钩的社会保障制度，才

① 穆怀中：社会保障水平经济效应分析［J］，《中国人口科学》2001 年第 3 期，48—53 页

对社会成员具有持久的激励作用。这样，坚持“低起点，高效率”的基本原则，可以使社会保障实现保护与激励的统一，使社会保障制度既能保障社会成员的基本生活，又能对社会经济的发展起到激励作用，成为经济发展的动力。

二、保障水平发展逐步与生产力发展水平相适应

中共中央在《关于建立社会主义市场经济体制若干问题的决定》中提出：“社会保障水平要与我国社会生产力发展水平以及各方面的承受能力相适应。”确定社会保障水平必须综合考虑社会生产力的发展，国民经济容量以及国家政治统治职能的需要等诸多方面因素。

总体而言，适度的社会保障水平必须与生产力的发展水平相协调；必须有利于国家政治功能的发挥，有利于构建和谐社会，必须与社会以及公民的承受能力相匹配。

（一）适度的社会保障水平必须与生产力发展水平相协调

社会保障是国民收入的一种特殊分配方式，同其他分配方式一样，其分配水平要受制于生产力的发展水平。由此可见，社会保障水平是由生产力发展水平决定的，适度的社会保障水平必须与生产力的发展水平相适应，既不能过低，也不能过高。一般来说，社会保障支出的增长速度必须坚持“三个低于”，即：低于经济增长速度、低于劳动生产率增长速度、低于工资增长速度。

（二）适度的社会保障水平必须有利于国家政治功能的发挥，有利于构建和谐社会

和谐社会的核心在于人与人之间的和谐，社会关系的和谐是和谐社会的根本。和谐社会的本质目标是让每个社会成员都能够快乐地劳动和生活，从而应当是共享社会、正义社会、公益社会、幸福社会。如前面所分析的，过低的、不公平的社会保障水平是与和谐社会的宗旨相违背的，所以要想尽快建立中国特色的和谐社会，体现社会主义的优越性，必须确立适度的社会保障水平。

（三）适度的社会保障水平必须与社会以及公民的承受能力相匹配

社会保障水平的设定必须考虑公司企业或集体组织以及公民个人的税负，与社会经济的发展水平相适应，避免企业或集体组织的社会保障缴费负担过重，超出了公民的社会保险缴费和个人所得税负担能力。

三、保障水平变化方式宜为多次小幅增长

市场经济呼唤中国社会保障制度发展与完善，需要增加社会保障项目，逐渐扩大保障范围，适度提高保障水平，但中国毕竟是发展中国家，国家和企业或农村集体组织等又暂时拿不出足够的资金来实现这种投入。在这种情况下，我们应该采取“小步走，快转弯”的战略。“小步走”是指社会保障项目的增加，不能走得太快、太急，应先突出解决国民经济和社会发展中的重要项目，其他项目则可以暂缓，根据社会经济的发展分阶段逐渐解决。“快转弯”是指以社会保障为中心的社会保障制度的改革时机已经成熟，并且已成为当务之急，现在应该采取措施快速地由原来的社会保障“国家化”、“政府化”向社会保障“社会化”转变，把原有的社会保障资金的国家、企业或农村集体组织投入快速地过渡到社会化投入。当然，这里的“快转弯”还要与“小步走”相结合。这也如一个人走路，小步走快转弯可能不会摔倒，但如果快步跑再加急转弯就容易跌倒。中国社会保障制度改革也有这个规律。“小步走”是针对社会保障项目和程度的扩大和提高而言的；“急转弯”是针对社会保障方式和方法而言的。“小步走与快转有机结合”战略，就是指中国社会保障方式和方法的变革可以快刀斩乱麻，抓住时机迅速转变，但社会保障项目的增加和保障水平的提高过程中要稳中求妥，在“转变”前和“转变”后都要有个适当的过渡和调适期。

第三节　基于 AHP－DELPHI 法的民族地区农村社会保障水平评价体系的构建

一、AHP-DELPHI 法的基本介绍与原理

德尔菲法（Delphi Method），又名专家意见法，是依据系统的程序，采用匿名发表意见的方式，即团队成员之间不得互相讨论，不发生横向联系，只能与调查人员发生关系，通过反复的填写问卷方式，以集结问卷填写人的共识及搜集各方意见，可用来构造团队沟通流程，应对复杂任务难题的管理技术。德尔菲法通过多轮次调查专家对问卷所提问题的看法，经过反复征询、归纳、修改，最后汇总成专家基本一致的看法，作为预测的结果。这种方法具有广泛的

代表性，较为可靠。这一方法是在 20 世纪 40 年代由赫尔姆和达尔克首创，经过戈尔登和兰德公司进一步发展而成的。德尔菲这一名称起源于古希腊有关太阳神阿波罗的神话。传说中阿波罗具有预见未来的能力。因此，这种预测方法被命名为德尔菲法。1946 年，兰德公司首次用这种方法进行预测，后来该方法被迅速广泛采用。

层次分析法（Analytic Hierarchy Process 简称 AHP）是对定性问题进行定量分析的一种简便、灵活而又实用的多准则决策方法，它由美国运筹学家 T. L. Saaty 教授于 20 世纪 70 年代初期提出。它的特点是把复杂问题中的各种因素通过划分为相互联系的有序层次，使之条理化，根据对一定客观现实的主观判断结构（主要是两两比较）把专家意见和分析者的客观判断结果直接而有效地结合起来，将同一层次元素两两比较的重要性进行定量描述，而后利用数学计算方法反映每一层次元素的相对重要性次序的权值，再根据所有层次之间的排序计算所有元素的相对权重并进行总排序。该方法自 1982 年被介绍到我国以来，以其定性与定量相结合地处理各种决策因素的特点，以及其系统灵活简洁的优点，迅速地在我国社会经济各个领域内，如能源系统分析、城市规划、经济管理、科研评价等，得到了广泛的重视和应用。

AHP-Delphi 的方法，被广泛地应用于各种指标体系的构建之中，如已应用的领域包括：课程评价指标体系设计研究、确定供应商评价指标权重、区域城镇体系发展条件评价研究、KPI 赋权、研究城市灾害应急能力评价指标体系模型设计等方面的研究。本章中拟将此方法运用于民族地区农村社会保障水平的评价。

二、民族地区农村社会保障水平的评价指标体系

（一）评价指标筛选原则

民族地区农村社会保障水平评价指标体系的选取应达到两个目标：一是使指标体系能够完整、准确地反映各地区社会保障水平的实际情况；二是指标体系的简化或最小化问题。具体来说，评价指标筛选应遵循以下原则：

1. 完整性原则：指标体系应尽可能全面地反映各个地区的社会保障总体水平。

2. 简明性原则：指标概念明确、数据易得或易测，可操作性强。

3. 重要性原则：指标应是能反映地区社会保障水平的重要指标，可通过减

少指标总数的方法，使调查度量经济可行。

4. 层次性原则：评价指标体系应当能够反映待评地区社会保障水平的结构和层次，因此其本身必须具有一定的层次性。

5. 可比性原则：即要求评价指标具有时间和空间上的可比性。

（二）评价指标体系的构成

根据上述原则，民族地区农村社会保障水平的评价指标可在专家意见法的基础上加以确定，一般来说可根据基本社会养老保险、农村合作医疗、农村最低生活保障 3 个子系统进行评价，然后综合起来，对农村社会保障制度整体水平进行评价。对于每个子系统，分别从保障水平、保障制度覆盖面、产生的效益等几个方面来选取若干评价指标，这里我们参考了一些学者关于社会保障水平的前期研究成果，并结合民族地区社会保障水平研究的特点，共选取了以下 10 个评价指标作为评价基础。

民族地区农村基本社会养老保险子系统选取了 4 个评价指标：（1）基本社会养老保险支出占 GDP 的比重；（2）劳动者保险负担系数；（3）参保人数占全部农村人口的比重；（4）老年人口人均领取保费数额。其中，基本社会养老保险支出占 GDP 的比重以及劳动者保险负担系数两个指标对基本社会养老保险的保障水平进行评价，参保人数占全部农村人口的比重对保障制度的覆盖面进行评价，而老年人口人均领取保费数额对养老保险产生的效益进行评价。

民族地区农村合作医疗子系统选取了 3 个评价指标：（1）合作医疗支出占 GDP 的比重；（2）劳动者保险负担系数；（3）参保人数占全部农村人口的比重。其中合作医疗支出占 GDP 的比重以及劳动者保险负担系数两个指标对合作医疗的保障水平进行评价，参保人数占全部农村人口的比重对合作医疗的覆盖面进行评价。由于合作医疗的效益即报销医疗费用的百分比，这个数额是由合作医疗制度规定的一个定值，无规律可循，因此无法对其进行评估。

民族地区农村最低生活保障子系统选取了 3 个评价指标：（1）最低生活保障支出占 GDP 的比重；（2）保障人数占应保人数的比重；（3）人均保费负担额占人均纯收入的比重。其中最低生活保障支出占 GDP 的比重以及人均保费负担额占人均纯收入的比重对最低生活保障的保障水平进行评估，保障人数占应保人数的比重对保障的覆盖面进行评估。最低生活保障享受者领取的保障费用在一定时期和一定地域范围内是固定的，并且这是一个政策制定中确定的值，因此本章没有对最低生活保障制度的效益进行分析。

（三）评价指标权数的确定

指标权数的确定直接影响综合评价的结果，权数值的变动可能会引起被评价对象优劣顺序的改变。因而，科学的确定指标权重在多指标综合评价中是举足轻重的。本章拟采用德尔菲法和层次分析法对指标体系的权重进行分析确定。首先是将系统层次化，根据问题的性质，将问题分解为不同层次聚集组合，形成一个多层次的分析结构模型，经过数学计算及检验，获得系统分析指标层对于最高层的相对重要性权值，最后通过运用德尔菲法对于选定专家评价分值的高低排序。这样对于于主观判断法将更加客观和合理。而且由于它是逐层进行的，因而它既可以进行总体评价，又可以进行各组成部分的评价，有利于分析总体的内部构成的水平。

1. 递阶层结构的建立

本文所建立的指标体系，每层中各元素支配下一层中相应的元素，形成了一个递阶层次，同一层次中各元素相互独立，从而形成了由一个总目标层和若干个子准则层组成的“金字塔”型层次结构（见图7－1）。

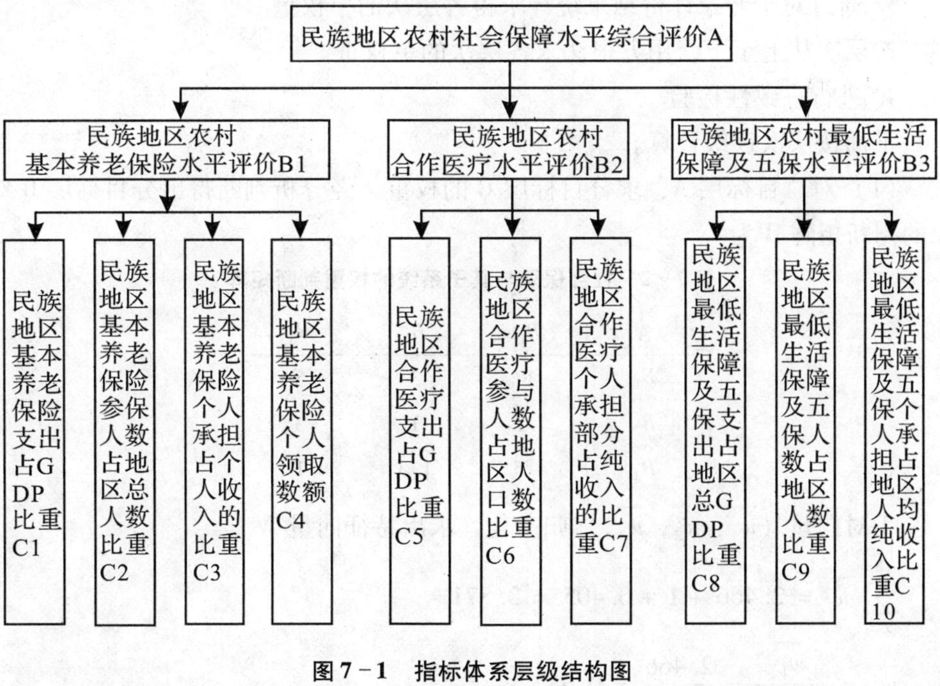

图7－1　指标体系层级结构图

2. 构造专家评价判断矩阵

判断因素的各标度值反映专家对因素的相对重要性的主观判断。相对于上一层次某个因素，在下一层进行因素的两两比较，一般采用1—9之间及其倒数的比率标注方法。对于判断矩阵两两指标度的含义如表7-1：

表7-1 判断矩阵指比较标度

标度	含义
1	表示两个元素相比，具有同样重要性
3	表示两个元素相比，一个元素比另一个元素稍微重要
5	表示两个元素相比，一个元素比另一个元素明显重要
7	表示两个元素相比，一个元素比另一个元素非常重要
9	表示两个元素相比，一个元素比另一个绝对重要
2，4，6，8	表示两个元素相比，各位上述两相邻判断的中值
倒数	因素I与j比较，得出判断 b_{ij}，则因素j与I的比较判断为 $b_{ij}=\frac{1}{b_{ij}}$

3. 通过对于专家评价结果统计求得各层次的单权重

按层次从上至下，用方根法求各层次的单权重。

4. 进行一致性检验

下面按层次逐级计算。

（1）对总目标层A，求分目标层B的权重。经分析判断得出分目标层B对A的判断矩阵B为：

表7-2 社会保障与其子系统的权重判断矩阵

A	B_1	B_2	B_3
B_1	1	3	5
B_2	1/3	1	3
B_3	1/5	1/3	1

①对向量（$\overline{w_1}$，$\overline{w_2}$，$\overline{w_3}$,）归一化，求出特征向量W。

$$\sum_{j-1}^{3}\overline{w_j}=2.466+1+0.405=3.871$$

$$\overline{w_1}=\frac{\overline{w_1}}{\sum\overline{w_j}}=\frac{2.466}{3.871}=0.637$$

$$\overline{w}_2=\frac{1}{3.871}=0.258$$

$$\overline{w}_3=\frac{0.405}{3.871}=0.105$$

特征向量 W = （0.637，0.258，0.105）^{r}，也就是分目标层 B 对总目标层 A 的相对重要性权值。

②计算判断矩阵的最大特征根 λ_{max}：

$$BW=\begin{Bmatrix}1 & 3 & 5\\1/3 & 1 & 3\\1/5 & 1/3 & 1\end{Bmatrix}\begin{Bmatrix}0.637\\0.258\\0.105\end{Bmatrix}=\begin{Bmatrix}1.936\\0.785\\0.318\end{Bmatrix}$$

最大特征根 $\lambda_{max}=\frac{1}{n}\sum\frac{(BW_i)}{W_i}$

$$\lambda_{max}=\frac{1}{3}\left(\frac{1.936}{0.637}+\frac{0.785}{0.258}+\frac{0.318}{0.105}\right)=3.002$$

③进行一致性检验：

令 $C.\ R.=\frac{C.\ I.}{R.\ I.}$，称为判断矩阵的随机一致性比例。用 $C.\ R.$ 衡量任何阶数的判断矩阵的一致性更为合理。我们可以假定，当 $C.\ R.<0.10$ 时，就认为判断矩阵具有满意的一致性。否则，就要调整判断矩阵。

综上所述，进行一致性检验的步骤为：1）计算 $C.\ I.$ 值；2）查出 $R.\ I.$ 值；3）计算 $C.\ R.$ 值；4）进行判断。

$$C.\ I.=\frac{\lambda_{max}-n}{n-1}=\frac{3.002-3}{3-1}=0.001$$

此处，$R.\ I.=0.58$

$$C.\ R.=\frac{C.\ I.}{R.\ I.}=\frac{0.001}{0.58}\approx0.002<0.10$$

故通过一致性检验。

（2）相对于基本社会养老保险，得出相对重要性判断矩阵，以及相对重要性权值。

表 7-3　基本社会养老保险指标体系的权重判断矩阵

B_1	C_1	C_2	C_3	C_4	W
C_1	1	1/3	1	1/5	0.096
C_2	3	1	3	1/3	0.249
C_3	1	1/3	1	1/5	0.096
C_4	5	3	5	1	0.558

$\lambda_{max}=4.045$，$C.\ I.\ =0.015$，$R.\ I.\ =0.90$，$C.\ R.\ =0.017<0.10$

因此通过一致性检验。

（3）相对于合作医疗，得出相对重要性判断矩阵以及相对重要性权值。

表 7-4　合作医疗指标体系的权重判断矩阵

B_2	C_5	C_6	C_7	W
C_5	1	1/5	1	0.143
C_6	5	1	3	0.714
C_7	1	1/5	1	0.143

$\lambda_{max}=3.001$，$C.\ I.\ =0.0005$，$R.\ I.\ =0.58$，$C.\ R.\ =0.0009<0.10$

因此通过一致性检验。

（4）相对于最低生活保障，得出相对重要性判断矩阵以及相对重要性权值。

表 7-5　最低生活保障指标体系的权重判断矩阵

B_3	C_8	C_9	C_{10}	W
C_8	1	1/5	1/3	0.105
C_9	5	1	3	0.637
C_{10}	3	1/3	1	0.258

$\lambda_{max}=3.037$，$C.\ I.\ =0.0185$，$R.\ I.\ =0.58$，$C.\ R.\ =0.032<0.10$

因此通过一致性检验。

5. 计算各层指标组合权重

将 C 层指标的相对权重分别乘以受 B 层指标中指标支配的元素的权重，就形成了 C 层各指标相对总目标层 A 的绝对权重（见表 6）。

进行总目标层绝对权重的一致性检验：

$$C.\ I.\ =\sum_{i-1}^{3}B_i\cdot C.I._i$$

$$=0.637\times0.015+0.258\times0.0005+0.105\times0.0185=0.012$$

$$R.\ I. = \sum_{i-1}^{3} B_i \cdot R.I._i$$

$$= 0.637 \times 0.90 + 0.258 \times 0.58 + 0.105 \times 0.58 = 0.784$$

$$C.\ R. = C.\ I.\ /R.\ I. = 0.012/0.784 = 0.015 < 0.10$$

经过检验，得出的绝对权重结果具有满意的一致性。

经过分析、确定、检验，我们得到民族地区农村社会保障子系统的相对重要性以及其评价指标体系。

三、我国民族地区农村社会保障水平评估及适度水平确定

（一）我国民族地区农村社会保障水平评估

社会保障水平即社会保障支出占国民生产总值的比例。以 S_r 代表民族地区农村社会保障水平，S_{ar} 代表民族地区农村社会保障支出总额，G_r 代表农业 GDP 的值，W_r 代表一次分配中农民劳动所得的收入。则民族地区农村社会保障水平的计算公式为：

$$S_r = \frac{S_{ar}}{W_r} \cdot \frac{W_r}{G_r} = Q_r \cdot H_r \tag{7.1}$$

其中 Q_r 为民族地区农村社会保障支出占民族地区农村居民收入的比例，称为农民社会保障负担系数；H_r 为民族地区农村居民收入占农业 GDP 的比例，称为劳动生产要素投入分配比例系数。

表 7－6　民族地区农村社会保障指标体系的绝对权重

权重 \ 分目标层 指标层	B_1	B_2	B_3
	0.637	0.258	0.105
C_1	0.096		
C_2	0.249		
C_3	0.096		
C_4	0.558		
C_5		0.143	
C_6		0.714	
C_7		0.143	
C_8			0.105
C_9			0.637
C_{10}			0.258

目前民族地区农村社会保障体系包含的项目为民族地区农村基本社会养老保险制度、民族地区农村合作医疗和民族地区农村最低生活保障制度。以 Q_r 代表民族地区农村基本社会养老保险支出占农民收入的比例，E_r 代表民族地区农村合作医疗支出占农民收入的比例，M_r 代表民族地区农村最低生活保障支出占农民收入的比例，则

$$Q_r = O_r + E_r + M_r \tag{7.2}$$

1. 民族地区农村社会养老保险水平评估

以 O_r^a 代表领取养老金的老年人口占民族地区农村总人口的比重，C_r 代表每位老年人口每年领取的养老金与其具有劳动能力时每年可获得的劳动收入的比值（即养老金替代率），则

$$O_r = O_r^a \cdot C_r \tag{7.3}$$

为了计算方便，我们取 C_r 值为一位老人年领取的养老金额与同年一名具有劳动能力的农民的年收入的比值。

根据统计资料，到 2006 年年底，我国民族地区共有 453.8 万①人参加农村基本社会养老保险，16.6 万②农村老人领取养老金，全年财政对于民族地区社会保障的支出为 157 亿元③，其中农村地区养老金支出 1.26 亿元，其中用于发放民族地区农村老人养老金的支出为 8129 万元④，平均每人领取 491.15 元⑤。同年，我国民族地区农村总人口约为 7375 万人，则可以得到 2006 年年底的 O_r^a 值为：

$$O_r^a = \frac{16.6}{7375} = 0.23\%$$

由统计资料可得 2006 年民族地区农村具有劳动能力的劳动者每人每年的劳动收入（即不含转移性收入和财产性收入在内的民族地区农村家庭人均收入）为 2518 元⑥，由此可以得出 C_r 值为：

$$C_r = \frac{491.15}{2518} = 19.51\%$$

① 通过整理综合数据得出。
② 通过整理综合数据得出。
③ 数据来源：2006 年全国少数民族和民族自治地方国民经济社会发展统计公报。
④ 通过整理综合数据得出。
⑤ 通过整理综合数据得出。
⑥ 数据来源：2006 年全国少数民族和民族自治地方国民经济社会发展统计公报。

因此可以得出：

$$O_r = Q_r^a \cdot C_r = 0.1951 \times 0.0023 = 0.000449 = 0.0449\%$$

由上式得出：2006 年我国民族地区农村基本社会养老保险水平为0.0449%。

农民基本社会养老保险负担系数也是测量社会保障水平的一个重要指标，如果负担系数过重，则农民参保的积极性将会受到很大影响，会阻碍基本社会养老保险制度的推进。根据对基本社会养老保险制度的分析，本章认为，该负担系数可以用农民年缴纳保险费数额与每年可支配现金额（即年现金收支余额）的比值来确定。根据 1992 年起在部分民族地区农村基本社会养老保险制度的相关政策规定，农民缴纳保险费时，可以根据自己的实际情况每月分 2 元、4 元、6 元、8 元、……20 元等 10 个档次缴费。此处取缴费水平的中位数即每月缴费 10 元，来计算农民的基本社会养老保险负担系数。根据统计资料显示，2006 年我国民族地区农村居民年现金收支余额为 394 元①，则基本社会养老保险负担系数为：

$$r = \frac{10 \times 12}{394} = 0.3046 = 30.46\%$$

其中 r 为民族地区农村基本社会养老保险负担系数。以我国城镇居民养老保险制度个人缴纳养老保险费的数额不高于个人收入的 20% 为参照，民族地区农村居民养老保险制度个人缴纳养老保险费的数额占其收入比例高达 30.46% 的水平，如果按照每月 10 元的缴费水平缴纳，这一制度安排使农民的负担比较重。正因为如此，民族地区农民经过“理性”分析，投保时都选择了保费最低的 2 元/月的投保档次（值为 6.12%）。在不考虑通货膨胀等因素的情况下，以投保期限 20—60 岁的收益来计算，其领取的养老金仅为 7.2 元/月，不足以支持老年人进入老年期后的基本生活。

以上计算表明，当前民族地区农村基本社会养老保险存在的最大矛盾是总体保障中农民个体保险负担系数偏高。造成这一矛盾的原因以及解决方法待后面进行讨论。

2. 民族地区农村合作医疗保障水平评估

根据上文得到的指标体系，影响农村合作医疗水平的指标主要有合作医疗

① 数据来源：2006 年全国少数民族和民族自治地方国民经济社会发展统计公报。

支出的比重、劳动者保险负担系数、参保人数占全部民族地区农村人口的比重。

2007 年以前，民族地区新型农村合作医疗筹资结构为：参保者每人每年缴纳医疗金 10 元，各级政府补贴每人每年医疗金额 30 元。那么，合作医疗农民个人负担系数的计算公式为：

$$E_r = \frac{10}{I_r} = \frac{10}{394} = 0.02538 = 2.538\%$$

其中，E_r为民族地区农村居民合作医疗负担系数，I_r为其年度可支配现金额。

根据城镇居民医疗保险制度的规定，城镇居民医疗保险缴费额不应高于个人收入的 2%，相比较来说，民族地区农村居民的负担系数仍然较高。但是考虑到医疗保障对民族地区农村居民的重要性以及农民仍有其他实物收入，这一负担系数可以认为是适合的。

如果参加合作医疗的人数为 P_r，民族地区农村居民总数为 P，则参保人员占全部民族地区农村人口的比重（即合作医疗的覆盖率）为：

$$m = P_r / P$$

根据统计资料，截至 2004 年 8 月，我国民族地区农村合作医疗参保人数为 794.5 万人①，截至同时，民族地区农业人口约为 7375 万人②，则根据上式有：

$$m = P_r / P = 794.5/7375 = 0.1077 = 10.77\%$$

由于合作医疗遵循大数法则，参保人数越多，统筹级别越高，则保障能力越强，所以，合作医疗 10% 的覆盖率相对其需求来说仍然偏低。截至 2004 年 6 月，民族地区合作医疗保险费支出额为 16.01 亿元③，同期同地区农业 GDP 的值为 5907 亿元④，则当时我国民族地区农村合作医疗保障水平为：

$$E_r = \frac{16.01}{5907} = 0.2710\%$$

在党和政府的大力推动下，民族地区新农合推进速度明显加快，到 2006 年 12 月底，民族地区新农合试点县（市、区、旗）已达 348 个。2007 年，卫

① 通过整理综合数据得出。

② 通过整理综合数据得出。

③ 数据来源：卫生部《2007 年中国卫生统计年鉴》[R]。

④ 数据来源：2006 年全国少数民族和民族自治地方国民经济社会发展统计公报 [R]。

生部进一步扩大了对民族地区新型农村合作医疗试点的范围，到 2008 年，合作医疗已基本上覆盖全国各民族地区，参保率稳定在 85% 以上，保障水平大为提高。

3. 我国少数民族地区农村最低生活保障制度水平评估

少数民族地区农村最低生活保障制度没有个人缴费部分，因此不存在负担系数这一指标。但是为了与前两个子系统的指标体系相统一，我们用人均保费支出占人均纯收入的比重来表示民族地区农村居民最低生活保障的负担系数。

假设民族地区农村最低生活保障制度覆盖人数为 P_{mr}，平均每人每年领取的保障金额为 a，则民族地区农村最低生活保障的支出为 $a \times P_{mr}$，人均保费负担数额为：

$\frac{a \times P_{mr}}{P}$，其中 P 为民族地区农村人口总数

人均保费负担数额占人均纯收入的比重为：

$$n = \frac{a \times P_{mr}}{P \times I}$$

根据统计数据，2006 年以来，全国共有 23 个省、市、自治区实行农村最低生活保障制度，民族地区享受农村最低生活保障的人数为 133.18 万人①，实际低保及其他类救济支出 12.356 亿元②，由上文可知 2006 年人均现金纯收入为 394 元，民族地区农业人口约为 7375 万人，则有：

$$n = \frac{123560}{7375 \times 394} = 0.0425 = 4.25\%$$

即 2006 年我国民族地区农村最低生活保障人均保费占人均现金纯收入的比重为 4.25%。

民族地区农村最低生活保障支出占 GDP 的比重，即民族地区农村最低生活保障水平为：

$$M_r = \frac{a \times P_{mr}}{GDP_r} = \frac{12.356}{5907} = 0.21\%$$

目前，我国城镇居民最低生活保障制度覆盖面已经达到百分之百，做到应

① 通过整理综合数据得出。
② 通过整理综合数据得出。

保尽保，这为我国城镇经济的发展提供了稳定的社会环境。而我国民族地区农村经济发展缓慢，水平较低，农民目前仍然在为生存问题奔波，最低生活保障制度可以为农民提供一个“兜底”的保障线，免除他们的后顾之忧，使他们能够在从事有一定风险但是收益高的经济活动时放开手脚，提高民族地区农村的整体经济水平。

4. 当前我国民族地区农村社会保障水平评价

根据上文的分析，我们得到了上文公式 $S_r = Q_r \cdot H_r$ 中的 Q_r 的值为：

$$Q_r = O_r + E_r + M_r$$
$$= 0.0004 + 0.0027 + 0.0021$$
$$= 0.0052 = 0.52\%$$

根据柯布—道格拉斯生产函数以及我国现状，取劳动分配系数 H_r 的值为 0.75，则可以得到当前我国民族地区农村社会保障水平值为：

$$S_r = Q_r \cdot H_r$$
$$= 0.75\ (O_r + E_r + M_r)$$
$$= 0.75 \times 0.0052$$
$$= 0.0039$$
$$\approx 0.39\%$$

（二）我国少数民族地区农村社会保障适度水平的确定

根据当前民族地区农村的经济发展水平以及一些影响社会保障水平的非经济因素，我们可以确定少数民族地区农村社会保障水平的“适度”区域，在这个区域之外，过高和过低的农村社会保障水平都会对民族地区农村社会保障制度自身运行机制和社会经济发展产生不良影响。科学界定适度的社会保障水平，对于民族地区农村社会保障制度的建立具有重要意义。

1. 最低生活保障适度水平的确定

根据马斯洛的需求层次理论并结合我国民族地区农村当前的社会经济发展水平，目前我国民族地区农村居民的需求层次还是生理需求，最迫切需要解决的是农民的生存问题，最亟须建立的民族地区农村社会保障项目是社会救助性的最低生活保障制度。这是因为：

（1）少数民族地区农村最低生活保障制度直接面向农村中的穷人，因而可以与国家现有开发性扶贫、社会主义新农村建设等政策实现互补。近年来，国家对“三农”问题高度重视，出台了很多支持政策。但是，仅靠现有的政策很难有效帮助那些少数民族地区农村中的穷人。例如，退耕还林政策是农民受益最大的项目，但是少数民族地区农村中的穷人因为没有能力支付启动成本，并且对可能出现的风险没有承担能力，以及失去耕地后更难找到合适的就业机会而不能从中受益。因此，对少数民族地区农村中最困难群体的直接支持势在必行。

（2）作为生活的最后一道保障线，最低生活保障制度可以使人们更主动地从事那些虽然有一定风险但是潜在回报相对较高的活动，免除他们的后顾之忧，从而促进农村产业结构的战略性调整；另外，最低生活保障制度解决了农民的生存问题，促使农民减少目的在于作为风险储备金的应急性储蓄，将更多的资金投入到市场上去，从而可以活跃民族地区农村消费市场，拉动内需。

（3）实行最低生活保障政策有利于保证社会的公平，从而促进少数民族的团结和社会的稳定。从政府的角度讲，建立了最低生活保障制度，等于为贫困群体构筑了一张有效的社会安全网，其公共政策的公平与效率并重的特色更加显现。

要建立民族地区农村最低生活保障制度，首要的是科学地确定民族地区农村的最低生活保障标准。确定民族地区农村最低生活保障线标准的基本要求是：既要能保障民族地区农村贫困人口的最低生活，又要激励劳动者通过劳动获得收入以提高生活水平，防止保障标准过高而形成养懒汉的倾向。

实现这一要求须考虑的因素：一是维持农民最基本生活的物质需要。鉴于目前民族地区农民住房问题已基本解决，应重点考虑吃饭和穿衣的需要。应在认真调查研究的基础上，准确测算出贫困对象年人均消费水平和人均基本生活支出；二是民族地区农村经济发展水平。主要考虑当地的人均国民生产总值、农民人均纯收入等指标；三是地方财政和村集体的承受能力；四是物价上涨指数。

由于以上各因素是不断变化的，最低生活保障线标准应随着这些因素的变化而每隔一段时间（一般为一年）调整一次，各民族自治地方也应该在综合考虑以上因素的基础上，确定一个科学可行的最低生活保障线标准的参照系数。根据我国的实际情况，较为科学可行的最低生活保障线标准应为占农民人均纯收入的28%左右（这一数值略高于1996年国家确定的全国农村贫困线标准与农民人均纯收入的比值）。考虑到我国各地的经济发展水平不同，参照系数亦应有差异。经济发达地区，农民收入水平高，贫困程度轻，基本生活费支出在人均消费支出中的比重小，恩格尔系数低，参照系数可低一点。经济欠发达地区，农民收入水平低，贫困程度深，基本生活费支出在人均消费支出中的比重大，恩格尔系数高，参照系数可高一点。为了能尽快完善民族地区农村最低生活保障制度，保障线标准在起步阶段可低一点（但是最低不能低于国家贫困线标准），以后随着民族地区农村经济的发展、农民生活水平的提高及物价上涨幅度的变化而逐步调整、提高。

其次，建立民族地区农村最低生活保障制度还应准确界定最低生活保障对象。民族地区农村最低生活保障对象一般包括因缺少劳动力、低收入造成生活困难的家庭；因灾、因病及残疾致贫的家庭；无劳动能力、无生活来源及无法定抚养义务人的老年人、未成年人、残疾人等。据各地的调查，需要保障的对象一般占农村中人口的5%—6%。界定民族地区农村最低生活保障对象应以通过最大劳动努力仍然达不到最低生活保障线为衡量标准。要在全面调查了解掌握贫困家庭的成员结构、收入水平、生活费支出、致贫原因等情况的基础上，结合最低生活保障线标准的确定，分类别、分情况制定出最低生活保障对象的条件和范围。

凡是收入低于贫困线以下的民族地区农村居民，均应得到最低生活保障。建立民族地区农村最低生活保障制度所依据的贫困线应与国家确定的绝对贫困线保持一致。2004 年我国的绝对贫困线定为627 元。由于民族地区农村贫困人口的收入水平低，恩格尔系数高（2006 年我国民族地区农村平均恩格尔系数为46.4%①)，用以维持基本生活的费用在人均消费支出中仍占有很大比例，因此，按照人均收入的35%—46.4%为标准来建立民族地区农村最低生活保障制度可以保障民族地区农村居民的基本生活。以 p 代表农村贫困人口，即农村最低生活保障制度应该保障的人数占民族地区农村总人口的比重，以 r 代表人均最低生活保障支出占民族地区农村人均 GDP 的比重。按照全国平均贫困人口占总人口比重，2006 年我国农村贫困人口为3000 万人，农村总人口为88208万人，因此得出农村贫困人口占民族地区农村总人口的比率，即 p 的值约为3.4%；根据上文的分析，恩格尔系数约为0.464。因此，2006 年我国农村最低生活保障制度的适度水平上限为：

$$M_{rs\max} = p \times r = 0.034 \times 0.464 = 0.0158$$

① 数据来源：《2006 年全国少数民族和民族自治地方国民经济社会发展统计公报》[R]。

下限为：

$M_{rs\max}=p\times r=0.034\times0.35=0.0119$

由上式可知：2006 年年底我国民族地区农村最低生活保障制度的适度水平范围为 1.19%—1.58%。而当前的保障水平为 0.21%，比适度水平下限还要低 0.98%，可见民族地区最低生活保障制度建设的力度须进一步加大。

2. 医疗保障适度水平的确定

农民在解决了生存问题，生活达到温饱之后，威胁他们生活的最大问题便是疾病。从 20 世纪 90 年代初开始，农民的医疗费用不断增加。医疗费用的攀升超过了农民实际收入水平的增长幅度。1990 年到 2001 年，农民人均纯收入由 68.631 元增加到 221.034 元，扣除物价因素后，实际增长了 3.2 倍；同期卫生部门统计的人均门诊费用和住院费用分别由 10.9 元和 4.37 元增加到 79 元和 289 元，分别增长了 6.2 倍和 5.1 倍。医疗费用的增幅是农民收入增幅的 2.5 倍左右。在中西部民族地区农村有这样一句话："小病养，大病扛，重病等着见阎王。"农民害怕疾病，特别是生大病、重病，因为这会使农民走进病与贫的恶性循环中。因病致贫是中西部民族地区农村贫困现象大量存在并不断发生的重要原因之一。在我国贫困人口中，因病致贫的大约占 1/3 甚至更多。因病致贫大体有以下三种情况：一是家庭主要劳动力患病，丧失或部分丧失劳动能力，导致家庭收入的减少，而医疗费用的支出加大，造成贫困；二是家庭成员若有长期患病或患大病者，会大幅度增加医疗费用的支出，有的甚至倾家荡产、负债累累而致贫；三是上述两种情况若同时发生在一个家庭中，则更是雪上加霜。病与贫之间还出现恶性循环：疾病—贫困—无力医治—更加贫困—病情加重。若要解决农民的贫困问题，解决农民的就医治病问题就不能忽视。而要解决这一问题，医疗费用是关键。因此，建立一种医疗保障机制，使农民能够看得起病，是保证民族地区农村经济稳定发展，保持农民生活质量稳定提高的重要因素。

民族地区农村合作医疗主要有乡办乡管、乡村联办、村办乡管、村办村管等四种管理形式，一般提倡乡办乡管。有合医合药、合医不合药、合药不合医三种类型，以合医合药为主。有保小不保大、保大不保小、保大兼保小三种补偿方式，以保大兼保小最为普遍。各地一般成立县乡农村合作医疗管理委员会管理合作医疗基金，采用个人投入，集体扶持，政府补贴的筹资方式。许多省份建立了初级卫生保健专项资金，按一定人均标准下拨县乡作为合作医疗引导资金。村集体从公益金和乡镇企业利税中提取一定比例的资金纳入合作医疗基金。考虑到民族地区农户缴费能力低下，新农合个人筹资额度一般应控制在当年农民人均纯收入的1%—3%。

民族地区农村合作医疗属于农村医疗保险范畴，遵循“大数法则”定律。所以，参加合作医疗的人数越多，合作医疗的保障能力越强。借鉴国内外的实践经验，根据我国民族地区农村的实际情况，我们认为，民族地区农村医疗保险应当覆盖农村20周岁以上的全部人口。这部分人口占民族地区农村总人口的比重为80.7%[①]（2006年年底我国民族地区农业人口约为7375万人）。根据卫生部统计数据，我国农村居民总体年患病率为0.5354次/人[②]，平均每次花费约为115.6元[③]。考虑到民族地区农村当前的经济条件，标准报销按照65%—75%计算。因此，在适度保障水平下，2006年年底我国少数民族地区农村合作医疗应支付的保险金额上限为：

$$7375 \times 0.807 \times 0.5354 \times 115.6 \times 0.75 = 276269.55 \text{ 万元}$$

下限为：

$$7375 \times 0.807 \times 0.5354 \times 115.6 \times 0.65 = 239433.61 \text{ 万元}$$

同期民族地区农业生产总值为5907亿元，因此2006年我国民族地区农村合作医疗制度的适度水平范围的上限为：

$$\frac{276269.55}{59070000} = 0.004677 = 0.4677\%$$

下限为：

$$\frac{239433.61}{59070000} = 0.004053 = 0.4053\%$$

由上文分析，我国当前少数民族地区农村合作医疗保障水平为0.27%，低于适度水平的下限。因此，我们认为当前少数民族地区的合作医疗保障水平与少数民族地区农村经济发展水平是不相符合的。

3. 社会养老保险制度适度水平确定

① 数据来源：卫生部《2007年中国卫生统计年鉴》[R]。

② 数据来源：卫生部《2007年中国卫生统计年鉴》关于2006年合作医疗相关统计数据整理而得。

③ 数据来源：卫生部《2007年中国卫生统计年鉴》关于2006年合作医疗相关统计数据整理而得。

社会保障制度包括养老保险、医疗保险、工伤保险、失业保险、灾害保险等。其中养老保险是公认最普遍、涉及人数最多、最复杂、影响最大的社会保障项目。是农村社会保障制度的主体。

我国农村养老保险制度从20世纪90年代初开始启动，1992年1月3日，民政部公布了《县级农村社会养老保险基本方案（试行）》文件，1995年10月召开的全国农村社会养老保险工作会议明确提出力争在2000年初步建立，2005年基本建立农村社会养老保险制度。我国少数民族地区农村社会养老保险制度经历了十几年的曲折与发展，取得了一些成果和经验，也有不少教训，前一轮农村养老保险主要的问题是缴费率低、待遇低、政府没有参与其中，导致该制度被暂停实施。目前我国已经进入老龄化社会，老龄化进程农村快于城市，尤其在经济相对落后的民族地区，农村养老问题已成为一个突出的社会问题。由于养老成本近年来不断提高，以及现代青年价值观念的转变，农村养老以家庭保障为主的政策难以长期施行，必须尽快建立全面的民族地区农村社会养老保险制度。

西方发达国家建立农村社会养老保险制度均是在城市社会养老保险制度实行以后，经历数十年的漫长历程才趋于成熟的。美国和加拿大甚至是1990年才建立了农村养老保险制度。建立农村社会养老保险制度是工业反哺农业的一个组成部分，实施农村社会保障是工业剩余反哺农业的高级阶段的主要措施，而且首先在农业雇佣劳动者中建立，才能逐渐普及到全体农民。在我国民族地区农村，乡镇企业职工、农村户籍义务兵、民办教师等的职业保险相对容易建立和发展的事实也印证了这一规律。根据某些学者的研究，各国建立农村社会养老保险制度时的经济社会条件有：

（1）农业在国民经济中的地位显著下降。工业化过度发展，破坏了农业劳动生产率。农村经济衰退，社会问题突出，农业在国民经济中的地位显著降低，农业劳动力结构份额在20%以下，农业在国民生产总值中的份额在15%以下。

（2）处于老龄人口高峰期。一个国家的人口需要经历一个由高出生率—高死亡率—低增长率到低出生率—低死亡率—低增长率的转变过程，在人口高出生率时期后的半个世纪，将有一个老龄人口高峰期，会给社会带来负担。此时农业人口在全国总人口中所占比例已下降到50%以下。

（3）具备了工业反哺农业的条件。工业化一般经过以农养工阶段、工农自养阶段和以工养农阶段，只有当工业化水平处于第三阶段，经济水平总体较高时（人均 GDP 2000 美元以上），才有条件建立农村社会养老保险制度。目前我国正处于工业化发展的第二阶段向第三阶段过渡的时期，农村社会养老保障制度在 2020—2030 年才能在全国农村普及。

当前我国农村老年人口占农村总人口的比重为 11.93%，国际普遍认为适度的养老金替代率为 60%，则我国当前农村社会养老保险的适度水平为：

$0.1193 \times 0.6 = 0.07158 = 7.16\%$

根据上文分析，2006 年年底我国民族地区农村基本社会养老保险保障水平为 0.039%，比适度水平低 7.1116%。

4. 总体社会保障适度水平的确定

综合上述分析，可以得到我国民族地区农村社会保障适度水平范围的上限为：

$Q_{r\max} = 0.0158 + 0.004677 + 0.07158 = 9.21\%$

取劳动分配系数 H_r 的值为 0.75，则有：

$S_{r\max} = Q_{r\max} \cdot H_r$

$= 0.0921 \times 0.75$

$= 0.0691 = 6.91\%$

下限为：

$Q_{r\max} = 0.0119 + 0.004053 + 0.07158 = 8.75\%$

取劳动分配系数 H_r 的值为 0.75，则有：

$S_{r\max} = Q_{r\max} \cdot H_r$

$= 0.0875 \times 0.75$

$= 0.0656 = 6.56\%$

因此，我国民族地区农村社会保障制度的适度保障水平介于 8.75%—6.56%。根据上述分析，当前我国民族地区农村社会保障水平为 0.39%，与适度水平的下限相差 6.17%，还有很大一段距离。

四、结论与展望

本章采用定性与定量相结合的分析方法，通过设立少数民族地区农村社会保障水平测度的指标体系以及对少数民族地区农村社会保障制度实施以来的相关数据的分析、计算，得到了少数民族地区农村社会保障体系及其子系统的保障水平。其次，根据民族地区农村当前的经济、社会状况，结合国内外少数民族地区农村社会保障的实践经验，通过分析、计算，得到了相对于当前少数民族地区农村社会经济状况的社会保障体系及其子系统的适度保障水平，对其水平进行了测算。通过对现有保障水平和适度水平的比较、分析，得出的结论是：我国当前少数民族地区农村社会保障水平与其适度水平还有很大距离，当前我国少数民族地区农村的社会保障体系还远远不能达到为农民提供良好的养老、医疗以及最低生活保障的要求。要解决社会保障这种“供不应求”的局面，需要中央及各级民族区域自治政府和全社会的共同努力。

首先，大力促进民族地区农村劳动力就业开发。农村劳动力就业问题是关系少数民族地区经济发展和社会稳定的重大问题，特别是如何实现民族地区农村富余劳动力由第一产业向第二、三产业的转移，加快民族地区城镇化进程，不仅是一个经济问题，而且是一个社会问题；是解决民族地区农村发展中一系列深层次矛盾的有效途径。只有当民族地区农村经济发展了，农民收入提高了，民族地区农村社会保障水平才有可能得到提高。

其次，要根据民族地区农村的实际走出一条不同于其他地区的具有特色的社会保障制度建设路径。经济发展不平衡是我国现阶段的一个明显现象，东部和中西部，沿海和内陆，甚至同一个省（区）范围内不同县市的经济发展水平都有着明显的差距。由上文分析结论可知，建立农村社会保障制度，经济发展到一定的水平是前提条件。所以，在中西部民族地区建设农村社会保障制度不能搞“一刀切”，不能强求建立全国统一的农村社会保障制度，而必须由各民族地区根据自己的经济发展水平以及农民的经济条件等因素制定适合本地区的农村社会保障实施方案，中央政府起到的只是管理引导的作用。另外，随着我国经济的不断发展，现有的城乡二元化社会结构必然要被打破，最终形成城乡一体的社会结构。因此，基于可持续发展的考虑，现阶段设计民族地区农村社会保障制度时还应考虑将来如何与城镇社会保障制度接轨，使二者在消除城乡差距之后可以成为统一的制度，而不是成为城乡一元化的制约因素。

第三，应进一步明确政府在建立民族地区农村社会保障制度工作中的主导作用。在建立民族地区农村社会保障制度的过程中，国家承担着不可推卸的职责。首先，民族地区农村社会保障制度具有普遍性和强制性的特点。这种普遍性与强制性是以确保广大农民的基本生活条件为唯一宗旨和目标的。综观世界各国的社会保障，从其诞生之日起，都是由政府组织实施的，是一种政府行为，我国农村社会保障制度建设过程中所经历的曲折与反复也证明了政府参与并主导的不可或缺性。其次，为了不错过现在建立民族地区农村社会保障制度的“黄金时期”，国家应及时承担起相应责任。再次，从现阶段民族地区农村开展社会保障工作的实践看，必须强化国家行政职能的发挥。在进行民族地区农村社会保障制度的构建中，国家有关部门确实开展了不少工作，但仍存在不少问题，如有的领导重视不够、宣传组织不力、职能部门间的关系不协调等。民族地区农村社会保障工作的实践表明，必须强化国家相应责任。

随着建立民族地区农村社会保障制度的呼声越来越强烈，民族地区农村社会保障制度问题也引起了越来越多的学者的关注，目前这项研究正逐步由仅仅简单介绍一般理论与方法的研究阶段，向理论与实践相结合，以指导民族地区农村社会保障工作实施的新阶段迈进。由于我国经济社会发展的不平衡性，以后的研究工作应是对处于不同经济发展水平、不同社会文化背景下的民族地区农村社会保障制度相关问题进行探究，以确定该地区是否有条件建立民族地区农村社会保障制度，该制度应该包括哪些项目，以及该制度及其子系统的保障水平应控制在什么程度等。这需要对我国民族地区农村的经济、社会、文化有深入系统的了解，并掌握大量相关的国内外农村社会保障制度实施的数据。在此基础上，通过建立民族地区农村社会保障水平与经济发展水平的相关模型并进行科学地分析、测算，以确定适度的保障水平。这项研究工作量将是巨大的，但有价值，将为造福于广大各族群众的民族地区农村社会保障制度建设助力。

第八章

中西部民族地区农村社会保障制度运行的环境分析

解析一项制度，离不开对其运行环境的分析与评价，对于少数民族地区农村社会保障制度，我们不仅要认识其一般环境，更要认识其特殊环境。马克思主义哲学认为，事物的变化是内部环境和外部环境共同起作用的结果，对于内部环境而言，中国有56个民族，55个少数民族在与占人口绝大多数的汉族的交往过程中，仍保留了本民族的一些鲜明的传统文化特色，而文化制度具有较强的历史传袭性和地域共通性。从少数民族地区与汉族地区的差异看，在二元经济社会结构的作用下，我国农村和城镇之间的地域性差别十分明显，地处偏远的少数民族地区农村就更带有封闭性，因此，少数民族地区的农村社会内部环境应该来说是“自成一体”，如没有外力的影响很难产生巨变；对于外部环境而言，从少数民族地区制度的历史沿革中不难发现，少数民族地区农村社会制度的建设更多地是来自于外部力量的干预和校正，而正是在这种外部环境的强制规范作用下，少数民族地区农村社会才逐渐走出“封闭”，迈向现代。由此给我们的启示是，在少数民族地区进行农村社会保障制度建设，应该更多地从改造外部环境上着手，包括法律环境、行政环境、经济环境、文化环境等，进而带动民族地区农村社会内部环境的变化，从而为这项新制度的通畅实施打下坚实的基础。

第一节　民族地区农村社会保障制度的一般环境分析

与我国一般农村地区社会保障制度的建设相比，民族地区的农村社会保障制度的建设过程多了更具特殊性的影响因素。但是任何一个国家在构建现代民主社会时，都会选择将法律作为国家治理中最主要的治理手段和方法，而这也与我们党坚定不移的执政基本方针与治国基本方略是相同的，即“依法治国，建设社会主义法治国家”。社会保障制度同样也是体现国家民主和公平的制度之一，因此即使民族地区有其本民族的特殊之处，但是在社会保障制度的建设过程中，仍然离不开社会保障基本法律制度的规范和调控。而我国《宪法》和《立法法》赋予给民族自治地区制定符合本民族特色和需要的自治条例和单行条例的“准立法权”，也是建立在不与上位的法律、法规相冲突或相违背的基础上。所以，作为影响民族地区农村社会保障制度的一般环境，法律仍然是我们分析的首要因素。

一、对我国的根本大法——《中华人民共和国宪法》的分析

在新中国成立之初，我国各少数民族在中国共产党的领导下推翻了落后的封建制度乃至农奴制度，与汉族群众一起共同迈入了社会主义制度，各族人民政治上真正实现了平等，共同享有法律赋予的权利。更值得一提的事，在新中国成立前夕，北京召开了有多个少数民族代表参加的政治协商会议，正式确定我国实行民族区域自治制度，充分满足了少数民族当家做主的愿望。截止到2003年年底，我国先后建立了5个省级自治区，即内蒙古自治区、西藏自治区、宁夏回族自治区、广西壮族自治区和新疆维吾尔自治区，30个民族自治州和120个自治县（旗），实行民族区域自治的民族达到44个。

1954年宪法以将民族自治制度写入宪法，称为我国基本政治制度之一。民族区域自治制度就是在统一的祖国大家庭里，在国家的统一领导下，以少数民族聚居的地区为基础，建立相应的行政自治区域，设立民族自治地方政府，在国家法律框架内行使自治权，自主地管理本民族、本地区的内部事务，行使当家做主的权利。具体赋予民族自治地方的权力包括民族立法权、变通执行权、财政经济自主权等。由于成功地实行民族区域自治制度，中国少数民族依法自主地管理本民族事务，民主地参与国家和社会事务的管理，保证了中国各民族不论大小都享有平等的经济、政治、社会和文化权利，共同维护国家统一和民族团结，形成了各民族相互支持、相互帮助、共同团结奋斗、共同繁荣发展的和谐民族关系。

除了基本政治结构和制度的建设，《宪法》还规定了公民的权利和义务，而社会保障权作为公民的基本权利之一，同样也是我国一项重要的和基本的人

权，是我国建立社会保障制度的前提和基础。作为社会主义大家庭成员的少数民族，无论出身、民族、性别等都同等地享有这项基本权利。因此我国《宪法》第二十三条规定：国家建立健全同经济发展水平相适应的社会保障制度。第四十五条规定：中华人民共和国公民在年老、疾病或者丧失劳动能力的情况下，有从国家和社会获得物质帮助的权利。国家发展为公民享受这些权利所需要的社会保险、社会救济和医疗卫生事业。国家和社会保障残废军人的生活，抚恤烈士家属，优待军人家属。国家和社会帮助安排盲、聋、哑和其他有残疾的公民的劳动、生活和教育。宪法对于社会保障权的规定为国家履行社会保障的责任和义务，建立和健全我国的社会保障制度，保障公民的社会保障权提供了宪法依据。

二、对农村社会保障制度运行的一般法律分析

我国农村地区社会保障制度的发展过程中，不乏相应的法律、法规的影响作用。1956 年依据宪法对社会保障权的规定，政务院颁布了《高级农业合作社示范章程》，其中第五十三条规定：农村生产合作社对于缺乏劳动力或者完全丧失劳动能力，生活没有依靠的老弱、孤寡、残疾的社员，在生产和生活上给予适当的安排和照顾，保证他们吃、穿、住和柴火的供应，保证年幼的受到教育和年老的死后安葬。在此基础上，我国广大农村建立了以“五保”为内容，以社会救济为特征的农村社会保障体系，建立了敬老院、合作医疗、赤脚医生等基本的社会保障组织。联合国妇女儿童基金会在《1980—1981 年年报》中指出，中国的“赤脚医生”制度在落后的农村地区提供了初级护理，为不发达国家提高医疗卫生水平提供了样本。世界银行和世界卫生组织把我国农村的合作医疗称为“发展中国家解决卫生经费的唯一典范”。上述社会保障制度虽然水平很低，但在当时经济发展水平极低的条件下，为保障城乡居民的基本生活、稳定社会秩序发挥了重要作用。

改革开放以来，随着农村社会人民公社组织的瓦解和农村集体所有制经济的逐步弱化，农村全方位、低水平的社会保障体系也随之丧失。之后有人认为农村社会保障应以商业保险为基础，有些地方进行了试点，但试验结果证明这种观点是值得商榷的，这种做法是行不通的。国家仍然应该承担起农村社会保障制度构建和运行的核心主体。而在此时，针对农村社会保障的制度建设处于一种极度滞后的现状，民政部在 1992 年为解决农村养老的问题发布了《县级

农村社会养老保险基本方案（试行）》和1995年《民政部关于进一步做好农村社会养老保险工作的意见》。这个养老模式的推行虽然因为农村经济基础薄弱和农民的贫穷等原因最终失败了，但是为我国今后的农村养老社会保障制度的推行起到了一个试验和试错的作用。

在现代民主社会的发展趋势之下，社会保障权不仅成为一国的事务，也成为国际社会关注的人权焦点。我国政府在2001年2月28日批准了我国政府于1997年10月27日签署的《经济、社会及文化权利国际公约》，该公约第九条规定："本公约缔约国承认人人有权享受社会保障，包括社会保险。"本公约第十条、第十一条也涉及社会保障权。同时我国加入的国际劳工组织C102公约——《社会保障最低标准公约》，都表明保障公民享有社会保障权是我国政府对国际社会的庄严承诺，同时这些国际公约也可以成为我国构建社会保障的法律依据。

而在国内法的建设中，农村社会保障法律制度的建设也在逐渐起步。我国政府以"十六大"报告和《中共中央关于完善社会主义市场经济体制若干问题的决定》关于农村社会保障制度建设的方针政策为指导，正在着手积极稳妥地推进农村社会保障制度建设。2002年中共中央、国务院下发了《关于进一步加强农村卫生工作的决定》，2003年国务院办公厅转发卫生部、财政部、农业部《关于建立新型农村合作医疗制度的意见》，其中明确指出：要"逐步建立以大病统筹为主的新型农村合作医疗制度"，"到2010年，新型农村合作医疗制度要基本覆盖农村居民"，"从2003年起，中央财政对中西部地区除市区以外的参加新型合作医疗的农民每年按人均10元安排合作医疗补助资金，地方财政对参加新型合作医疗的农民补助每年不低于人均10元"，"农民为参加合作医疗、抵御疾病风险而履行缴费义务不能视为增加农民负担"。那么在2003年开始试点实施的新农合制度运行效果如何，卫生部委托北京大学、中国社会科学院、农业部农村经济研究中心等机构，对2003年启动的一部分试点县（市）进行全面评估。评估结果显示，新型农村合作医疗制度试点工作取得了明显成效。首先，结果显示合作医疗制度框架和运行机制已基本形成。其次，参合农民的卫生服务的利用水平提高，抵御大病经济风险的能力得到增强。据评估组在27个试点县16198户农户的调查，有57.6%的参合家庭获得医疗费用补偿，其中14.1%的家庭获得了住院补偿，51%的家庭获得了门诊补偿；参合农民住院次均补偿783.6元，占次均住院总费用的23.2%。此外，合作医疗的制度运行比较平稳，受到广大农民群众的普遍欢迎。27 个县农民参合率总体较高，达到 82.7%。合作医疗得到大多数农民的支持，90% 的参合农民认为合作医疗对自己有益，要继续参加；在未参合的农民中 51% 的农民明确表示下年度要参加合作医疗。① 截至 2009 年年底，全国有 2716 个县（区、市）开展了新型农村合作医疗，参合人口数达 8.33 亿人，比上年增加 1800 万人；参合率为 94.0%，比上年增加 2.5 个百分点。2009 年度筹资总额达 944.4 亿元，人均筹资 113.4 元。全国新农合基金支出 922.9 亿元；补偿支出受益 7.6 亿人次，其中：住院补偿 0.6 亿人次，门诊补偿 6.7 亿人次。

农村养老社会保障制度也随着党的十七大《中共中央关于推进农村改革发展若干重大问题的决定》报告的实施而开始了新的探索和实践的工作。报告中指出，按照个人缴费、集体补助、政府补贴相结合的要求，建立新型农村社会养老保险制度。温家宝总理在十一届全国人大第二次会议作政府工作报告中要求，“新型农村社会养老保险试点要覆盖全国 10% 左右的县（市）”。2009 年 9 月，国务院发布了《关于开展新型农村社会养老保险试点的指导意见》。这标志着我国政府在总结在此之前农村社会养老保险失败经验的基础上，又重新开始了新一轮全新的试点工作。在着力解决农村经济发展模式转变、经济收入水平提高的基础上，国家还通过政策扶持和倾斜加大对农村养老社会保障建设的资金支持，到 2010 年年底，新型农村社会养老保险的参保人数达到了 1.43 亿人。

农村原有的“五保”制度在现代社会得到了继续的发扬光大，1994 年 1 月，国务院公布施行了《农村五保供养条例》，规定五保供养的主要内容是“保吃、保穿、保住、保医、保葬（孤儿保教）”，供养标准为当地村民一般生活水平，所需经费和食物，从村提留或者乡统筹费中列支。1997 年 3 月，民政部颁布《农村敬老院管理暂行办法》，规范了农村敬老院建设、管理和供养服务，这两项法规规章的颁布实施，为我国农村社会五保供养制度的实施提供了法律依据和保障。随着农村经济社会发展，我国原有的五保实施模式已经不适应新的形式，2006 年 3 月 1 日，国务院总理温家宝签署并实施了新的《农村五保供养工作条例》，重点修改了有关农村五保供养资金渠道的规定，明确今后

① 卫生部就新型农村合作医疗试点等工作举行发布会［EB/OL］，中华人民共和国中央人民政府门户网站：http：//www. gov. cn/xwfb/2006－07/10/content_ 331858. htm

五保供养资金在地方人民政府预算中安排，中央财政对财政困难地区的农村五保供养给予补助。这一规定将农村最困难的群众纳入了公共财政的保障范围，实现了五保供养从农民集体内部的互助共济体制，向国家财政供养为主的现代社会保障体制的历史性转变。修改的主要内容还包括：改革农村五保供养的审批管理程序，强化监督管理，建立五保供养标准自然增长机制，加强五保供养服务机构建设与管理，保障五保供养对象的合法财产权利等。① 在同年民政部也实施了《民政部关于农村五保供养服务机构建设的指导意见》。《2009 年民政事业发展统计报告》显示：截至 2009 年年底，全国农村得到五保供养户为 529.4 万户共计 553.4 万人。全年各级财政共发放农村五保供养资金 88 亿元，比上年增长 19.4%。农村五保集中供养 171.8 万人，平均标准为 2587.49 元/人，农村五保散供养 381.6 万人，年平均标准为 1842.71 元/人。农村五保对象的基本生活得到了较好的保障。②

除上述农村社会保障制度的建设，我国政府还提出了加强农村低保制度的建设构想，2007 年国务院发布了《国务院关于在全国建立农村最低生活保障制度的通知》，2010 年国务院办公厅转发扶贫办等部门《关于做好农村最低生活保障制度和扶贫开发政策有效衔接扩大试点工作意见》，解决农村和农民贫穷的现状。而较为落后的制度还包括农村抚恤制度迄今为止仍然适用的是国务院 1988 年发布的《军人抚恤优待条例》，农村救灾救济制度，救济制度不仅缺乏具体的法律、法规，即使是现有的农村低保、五保供养和医疗救助政策来看，也缺乏统筹性和规范性。而具体针对民族地区的社会保障法律制度更多的体现在民族自治地区政府根据上述法律规范性文件以及国家基本政策的规定而制定的地方性政策。当然，由于法律制度建设的落后，实际上对民族地区社会保障制度的运行“人治”多于“法治”。

三、对民族地区的“准法规范”的分析

除了上述国家正式法对民族地区农村社会保障制度的构建和运行起着非常重要的决定性作用，在这些地方还存在着与正式制度并存的“准法规范”法，

① 全国贯彻《农村五保供养工作条例》视频会议召开［EB/OL］，民政部网：http：//dbs. mca. gov. cn/article/ncwb/gzdt/200711/20071110003359. shtml

② 翟永兴：《论我国五保供养制度的变迁》［J］，《中国集体经济》2010 年第 19 期，191—192 页

即在广大的民族地区农村社会在长久的聚集生活过程而形成的“习惯法”。这种“习惯法”具有的“本土性”特征而容易被大众广泛接受和认可，同时由于这些“习惯法”具有的“公理性”容易被大众所信服和遵守，甚至在地处偏远、文化素质较低的村民之间，这些习惯取代了正式法律制度的作用，因此，笔者认为这些“习惯法”就是乡土社会的“准法规范”，对民族地区农村社会保障制度的构建和运行的影响作用同等重要，就是一种“习惯法”。习惯法既不是铭刻在大理石上，也不是铭刻在铜表上，而是铭刻在公民内心里；它形成了真正的宪法；它每天都在获得新的力量；当其他法律衰老或消亡的时候，它可以复活那些法律或代替那些法律，它可以保持一个民族的创新精神，而其可以不知不觉地以习惯的力量代替权威的力量。我说的就是风尚、习俗，而尤其是社会舆论。①

少数民族“习惯法”是在族群之间长久的经济、文化、生产生活以及地理环境的相互影响和作用下所形成的共同的行为规范，这些行为规范是历史上民族地区调控社会矛盾与纠纷的有效手段，一定地域的某个民族往往通过对其所有成员行为的制约与规范，来维护该区域范围内民族内部社会秩序的安定与和谐，使民族成员的权利与义务在一定范围内达到平衡。而少数民族习惯法就是在少数民族地区建立秩序的基础上，历练形成的一种具有特殊社会调控作用的价值观念与行为模式，作为民族成员总是要自觉或不自觉地遵守它的规范。因此，少数民族农村地区人们依旧信奉和遵守依靠习惯法调控社会生活的习惯。而这一习惯也源于少数民族农村地区特定的地理环境和人文素质的影响。一般而言，这些地区地处偏远，交通不便，容易形成自己独立和独特的族群生活圈，加之信息闭塞，村民文化素质低，因此国家正式法的实施难以从上自下进行贯通，这就造就了我国少数民族地区的习惯法即便是陈规陋习，但是其接受程度相当高，“习惯法所以葆有如此顽强的生命力，部分源自其自身为小传统的性质，部分则是因为它赖以存在的社会生活尚未被在根本上改变。”②

尽管习惯法是对乡土社会的所有的社会事务进行的规范和调整，包括财产制度、刑事制度、婚姻家庭制度、纠纷解决制度，但是实际上习惯法中是不存

① ［法］卢梭：《社会契约论》［M］，何兆武译，商务印书馆2003年出版，第73页

② 梁治平：《清代习惯法：社会与国家》［M］，北京：中国政法大学出版社1996年出版，第182页

在独立和专门的社会保障制度规定的。究其原因，一方面是因为社会保障制度是现代工业化社会发展的必然结果，农业所具有的“自给自足”的特性使得农业所面临的风险要远远小于工业。另一方面社会保障制度是与现代文明社会的发展并驾齐驱的，是人类社会享受社会民主和公平的体现。而作为农村社会，特有的地理环境和人文素质，就像接受国家的正式制度一样，“时髦”的社会保障制度难以冲破闭塞、落后和陋习的“藩篱”而进入到村民的生活中来。长期以来，在缺少现代意义的社会保障制度体系的情况下，民族地区农村传统的社会组织在一定程度上担负起养老、养幼、互助和救济的保障责任。而这些责任履行的依据就是“习惯法”，这些习惯法因民族而异。例如位于四川省西南部的峨边彝族的“家支”观念，“家支”是彝族社会特有的以父子联名系谱为纽带而形成的家族联合体。作为峨边彝区的农村，在目前基本上还是以家支组织为单位而分散居住，把家支作为自己立足于社会的基本依托和自己从事社会活动、维护生存权利的重要保障。家支组织间的经济支援和救助对家支成员的维系还起着较大的作用。① 在婚姻方面，侗族离婚的财产分配制度的习惯法规定得很有特色。男女双方在离婚的提出上是平等的，但是离婚一般都要先经乡老、亲族劝解，劝解无效，才办离婚手续。离异时，通常由原先提出离婚的一方付出结婚时的费用、财物，原物还在退还原物，否则议价赔偿。所生子女，由双方协商抚养。也有极个别地方，婚姻关系松弛，易离易合，只要一方提出要求，本人亲自或委托亲友通知对方及其父母，即可离异。由于在史上侗族女性处在不平等地位上，因此在离异时财产的分割上，是处在不平等的地位上，家庭的财产通常由男子继承，女子享有母家陪嫁的田地，即所谓的“姑娘田”、“姑娘地”，以及平时自积的财物，名曰“私方”。但这些财产，全由女儿继承，儿子不得享受。有女无儿或儿女全无者，其产业可招婿或立嗣继承，房族无权过问。绝产则按“有房归房，无房归戚，无戚归众”旧习处理。分家时，一般要请舅父及家族到场。除作为陪嫁的财产外，所有田地、耕畜、房屋，概由儿子均分，也有的先给父母、兄长留下“养老田”、“长子田”以后，再行分配。② 在解决社会纠纷方面，少数民族都有自己特有的“权威人物”，例如

① 苏红丽：峨边彝族习惯法存在的必然性分析［J］，《法治》2011年第3期，74—75页

② 杨和能、杨高策：侗族婚姻习惯法在司法中的适用研究——以三江侗族自治县八江乡和林溪乡为例［J］，《桂林师范高等专科学校学报》2011年第1期，47—51页

彝族称之为“德古”，而苗族则是“鼓藏头”和“寨老”，有时由一人来兼任。鼓藏头，又称“牯脏头”，是苗族祭祖仪式即苗族鼓藏节中祭祀祖先活动的主持人，在苗族村寨中掌管祭；鼓藏头除了主持祭祖仪式以外还对触犯婚姻习惯法的苗族民众进行处罚和教育，保障婚姻习惯法的顺稳运行。而寨老是苗族村寨中在长期的社会生活中形成的自然领袖，是苗族村寨中德高望重的长者；他们人数不固定，不脱离生产劳动，也不享有某种特权。鼓藏头的权威依靠寨老的执行措施来体现，而寨老则在解村寨的各种纠纷中来维护着苗族村寨内部的生产、生活秩序。在有些苗族村寨内，寨老和鼓藏头同属一人，两者的社会功能重合，更好地维护了村寨的和谐稳定。①

尽管上述有关各民族“习惯法”对乡土社会制度的规定各具特色，但都体现出了他们扶危济困、团结互助，抵御各种风险的原始保障思想。首先，在家庭结构上，家庭是乡土的基本单位，然后通过血缘关系将独立的家庭联系起来，因此家庭的风险可以通过家族共同承担的方式来减轻风险对单个家庭造成的危害后果，完成互助共济的社会救助的功能。其次，在婚姻关系中，少数民族一般都会利用本民族的宗教教义，例如《古兰经》强调家庭的稳定与和谐，成为回族群众处理家庭纠纷时的依据。而从另一方面而言，对于离婚的男女双方，如上述侗族的离婚财产分配制度，从某个层面上而言保障了尤其是处于弱势地位的女方的利益，而不至于女方因为离婚分不到财产而造成生活的困难。最后，从上述少数民族地区解决纠纷的“权威人物”的设置上，中西部少数民族地区农村一般都是以乡土社会年长者居优，老人更加受到尊重和信任，可见，少数民族传统养老敬老文化为维持乡土社会的稳定和和谐起着非常关键的作用。

第二节　中西部民族地区农村社会保障制度的具体环境分析

一、中西部民族地区农村社会保障制度的经济环境分析

马克思主义哲学认为，经济基础决定上层建筑，因此，少数民族地区农村

① 李向玉：民族习惯法转型期的法治现代化——以黔东南少数民族地区一起“鼓藏民约”司法个案为例［J］，《甘肃政法学院学报》2011 年第 3 期，33—38 页

经济发展状态直接决定了农村社会保障制度及政策的内容与形式，另一方面，适应于民族地区特点的社会保障制度反过来又对民族地区经济发展产生影响。因此，少数民族地区农村社会实施社会保障制度必须与当地经济发展水平相适应，各级民族自治政府要充分认识社会保障制度的反作用力，积极推进农村社会保障制度建设，保障资金投入，努力使这项制度发挥促进经济、改善民生的最大效用。

新中国成立以来，我国农村社会保障制度经历了一条在曲折中发展与调整的道路，这一历程与各个历史阶段大的经济环境状况和政府的方针政策有着紧密的联系。1951 年经过社会主义改造，我国进入了经济的复苏与发展时期，由于新中国脱胎于半殖民地半封建社会，现代产业基础薄弱，城市与农村脱节，加上当时所处的特殊国际环境，要迅速实现工业化，只能走"内生型"经济发展模式。这种"内生型"的经济发展模式就是通过农村、农业的积累建立完备的工业体系，"因此，为有效组织资源，促进这一战略的快速实现，国家利用工业和农业之间巨大的剪刀差政策，对农村、农民实行几近于'掠夺式'的政策与策略，这种做法在短期内实现了国家工业体系的建立与健全，在当时的国际形势下，对于确保国家的独立主权，为国家进一步迈向现代化的道路奠定了工业基础。"① 但问题在于，当中国完备的工业化体系建立和壮大之后，却没有及时地通过工业对农村经济进行反哺，因此，这一缺失使得广大农村地区长期处于落后和贫困状态，造成了中国长期以来挥之不去的痛苦——三农问题，农村与农民积累的匮乏严重制约了农业经济的发展，加之农业本身具有的弱质性和外部性的特点，农民在市场经济中处于弱势、农业在市场经济中不具有竞争优势。那么，在中国广大农村地区的经济环境决定了，在对待中国政府实施的社会保障制度时，农民由于经济收入水平低下，无力为自己的未来购买保障，这可以从我国在农村地区曾经推行养老保险的挫折窥见一斑。

而少数民族地区农村除了本身具有上述中国农村社会的经济困窘之外，还因为当地的自然因素，包括地理分布、自然条件以及人口文化素质等，也对他们的经济发展带来不利的影响。我国大多数民族地区地处偏远的高原或山地，土地贫瘠、气候恶劣，加之沙漠、戈壁与高山、河流的阻隔，交通极为不便，

---

① 赵怀越：政府在农村社会保障制度建设中的职能定位［J］，《发展》2007 年第 11 期，52－53 页

阻碍了当地的对外经济交流和发展；少数民族地区的上述区位特点使其自然资源虽丰富但生态环境很脆弱，加上近百年来无节制的垦殖、开发，造成了不少地区水土流失、土地退化、森林植被破坏日益严重，自然资源也逐渐枯萎，更加剧了少数民族地区的贫困。从人口分布来看，据第五次全国人口普查统计，我国少数民族人口约占全国总人口的8.41%，而其中的76%分布在民族区域自治地方。少数民族地区多位于中西部，人口稀少，如新疆、甘肃、青海、西藏不少县域人口仅数万人，有的甚至不足万人。从人口素质看，囿于教育、文化、卫生水平的滞后，少数民族地区人口素质相对又较低，文盲、半文盲人口比重较大，人口的文化水平明显低于汉族地区。

自然环境的劣势、经济的落后加上文化素质低下所导致的一个必然的结果，就是少数民族地区农村居民的贫困，也是我们思考民族地区社会保障制度建设时，不得不面对的现实。在当前少数民族地区农村推行各项社会保险制度中，关于筹资问题上，不少农户的个人出资责任即便在水平很低的条件下都很难兑现的主要原因，不仅如此，少数民族地区的贫困与落后还影响到地方政府对社会保障制度建设的支持，我国农村社会保障制度的设计，农村最低生活保障、新型农村医疗保险基金都是以地方财政扶持、中央财政适当补贴为基本原则，一般以县为基本统筹单位，但大多数少数民族地区的地方财政状况并不乐观，根据原劳动与社会保障部社会保险研究所2005年对西部12个省（自治区、直辖市）财政状况的调查，普遍存在收不抵支的问题。从相对数看，财政收支状况最好的重庆市一般财政收入也只占当年财政总支出的47.3%，最差的西藏只有5.6%。从绝对差额看，云南、四川、内蒙古收不抵支高达300亿元以上，差额最小的宁夏也有75.8亿元。总体来看，这些省份离开中央财政的转移支付基本都难以正常运行下去。至于西部各省（区）县级财政更是普遍紧张，不仅当期收不抵支，而且都背负沉重债务，有的县财政收入年均仅数百万元，连给政府公务员及事业单位工作人员发工资都不够。至于乡镇财政、村集体经济，“空壳化”现象十分突出。① 中部民族地区也存在同样的问题，如湘西自治州保靖县财政自给率由2005年的25.4%下降到2008年的20.69%，对

① 劳动和社会保障部社会保险研究所课题组：西部农村社会保障体系建设的紧迫性、思路与建议[DB/OL]，国务院发展研究中心信息网：www. drcnet. com. cn/DRCnet. common. web/docview. aspx? docid = 1379163&leafid = 33&chnid = 15&searchquerystring

上级财政的依赖程度从2004年的74.59%扩大到2008年的79.31%。2008年该县财政收入为8646万元，财政支出57879万元，收支差额高达49233万元。① 在这种入不敷出、捉襟见肘的财政状况下，要求地方财政再挤出资金支持农村社会保障制度建设，的确有很大困难。

近年来我国农牧产品价格的剧烈波动和土地收益的持续下降，也在一定程度上影响了民族地区农村社会保障制度的推进，一方面，随着农村集体经济的瓦解和农村原有家庭结构的解体，农村社会原来依靠家庭、土地、集体、乡族等的传统保障体系已不具有稳定性，因此迫切需要建立新型的社会保障体系；但另一方面，民族地区农村的农民因为经济收入差且不稳定，加上农村社会保障制度的曲折与反复，使得不少农民对于社会保障制度缺乏信心，不愿意出钱为未来的生活购买保险，由此可见，少数民族农村社会保障制度建设只能由政府主导，无论是最低生活保障制度，还是新型农村合作医疗保险制度，都需要对少数民族地区进行倾斜性的扶持。当前中央已开始启动在全国建立农村养老保障制度的试点工作，新型农村社会养老保险制度采取社会统筹与个人账户相结合的基本模式和个人缴费、集体补助、政府补贴相结合的筹资方式。鉴于民族地区农民普遍贫困，民族自治地方政府财政困难、集体经济“空壳化”的现实，中央及各省（自治区）政府应该担负更大的筹资与管理责任，以解决当地社会保障发展的经济基础薄弱的问题。

二、中西部民族地区农村社会保障制度的社会环境分析

社会环境是一个抽象和难以周延的概念，所谓“社会”一词并没有太正式和明确的定义，而在现代意义上社会是指为了共同利益、价值观和目标的人的集合和联盟。社会是共同生活的人们通过各种各样社会关系联合起来的集合，其中形成社会最主要的社会关系包括家庭关系、共同文化以及传统习俗。“环境”是指除了人之外的所有的都称之为环境，是围绕中心事务的外部空间、外部空间和外部状况。人类活动对整个环境的影响是综合性的，而环境系统也是从各个方面反作用于人类，其效应也是综合性的。人类不仅仅以自己的生存为目的来影响环境、使自己的身体适应环境，还是为了提高生存质量，通过自己

① 刘正君：民族贫困地区财政困难及成因分析——以湖南省保靖贫困山区县为例［J］，《财经界》2009年第11期，111—112页

的劳动来改造环境，把自然环境转变为新的适合自己的生存环境。通常所说的环境是指自然环境和社会环境两种。社会环境是指人类在自然环境的基础上，为不断提高物质和精神生活水平，通过长期有计划、有目的的发展，逐步创造和建立起来的人工环境，如城市、农村、工矿区等。社会环境的发展和演替受自然规律、经济规律以及社会规律的支配和制约，其质量是人类物质文明建设和精神文明建设的标志之一。作为分析少数民族地区农村社会保障运行的社会环境的分析，笔者认为内容过于繁杂、形式难以周延，因此，试图从现有影响民族地区农村社会保障制度运行劳动环境进行分析。

首先，在农村经济飞速发展的同时，农村社会家庭结构也发生了变化。这种家庭结构的变化表现在两个方面：一是家庭规模在逐渐小型化，形成了以“夫—妻—子”为基本单位的核心家庭结构；在核心家庭的基础上，又出现了两种发展趋势，一种家庭模式如费孝通先生所言的“残缺家庭”，即核心家庭原有的配偶中一方死亡或离去，或是父母双亡的未婚子女家庭。据费孝通于20世纪80年代的调查，这种家庭在当代仍然是有较高的比例，1984年的统计数据是17.3%。另一种模式是“留守家庭”模式，这种模式是随着农村现代化和城镇化进程的加快，农业劳动力大量向外转移，因此在农村家庭中只留下儿童或者妇女，我们现在称为“留守儿童”、“留守妇女”。家庭结构的变化在家庭保障文化上使家族伦理观念和孝道思想的影响逐渐弱化。家族观念本是传统农业社会的核心精神，长期以来，家族作为连接统治阶级和单个家庭之间的纽带，实际上起到了一个管理社会事务的功能，也是中国封建思想中宣扬“家国一体”儒家思想的现实表现形式。但在现代社会里，是以单个家庭为基本单位，一方面在家庭关系中体现了民主和平等的思想，“这种现代家庭观念促使新一代年轻人追求‘人人平等’、‘个人自由’、‘自我实现’等个人本位意识逐步加强，从而也改变了家庭内部的关系”，因此传统社会那种“以老为尊”权威机制发挥不了作用，两代人的观念“鸿沟”由此形成；另一方面，市场经济使得逐利行为合法化和正当化，这容易导致另一个极端：人们在追求和实现个人利益时往往只图个人享乐，而不愿意承担赡养老人的责任，数代同堂、同享天伦之乐观念的文化基础——“孝文化”在年轻一代中逐渐淡化；另一发明——家庭小型化使两代人组成的核心家庭比重不断上升，代际联系弱化，大大削弱了农村家庭养老的功能。而在少数民族地区农村社会，也同样面临着家庭结构和规模的变化，同时，由于少数民族地区农村子女在国家实施义务教育的政策下能够接受到一定的现代化教育，原来宗教教诲所起到的道德约束的作用在新一代农民子女的思想上变得淡薄。这些因素都使得原来的农村社会保障体系都受到了冲击。

其次，除了上述家庭结构方面的变化，农民和农村所依靠的集体保障功能也随着人民公社和农村集体所有制经济的弱化而逐渐丧失了原有的保障功能。实际上很多少数民族地区农村农民的养老问题仍然由家庭予以解决，尽管家庭结构存在上述变化，养老问题无疑已经成为农村家庭生活中一项负担，而集体经济组织生产方式落后，生产力水平低下，首先在经济上就无力承担起农村社会保障的重担，所以除了看病之外，农村养老负担也成为农民“返贫”、“致贫”的另外一个因素。有学者曾经在云南省少数民族村落进行田野调查，收集到这些少数民族所在地农村养老的模式的数据显示，家庭养老仍是少数民族地区的最主要、最普遍的养老模式，100%的村寨都有家庭养老。就社会养老而言，实行五保供养制度的有11个村寨，占44%；实行村民集体供养的有6个村寨，占24%；推行社会养老的只有3个村寨，仅占12%。没有一个村寨建立了养老院。①

再次，同广大农村社会一样，少数民族地区农村也面临着人口老龄化的现象，农村养老问题凸显。原来以家族为单位的集体养老模式的情形由于原来的“大家庭”结构的解体而逐渐丧失其应有的地位，加之农村社会生产力的提高，或农村发展空间的狭隘等因素的影响，农村大量的剩余劳动力为了改善生活面貌，纷纷涌入城市寻求新的发展的机会和生存空间，他们这些“农民工群体”也随着国家户籍制度改革的大好形势，一部分宁愿待在大都市也不愿意回到农村，一部分因为政策的原因能够转为城镇居民。因此，原来农村社会依靠“养儿防老”的社会养老模式在诸多社会因素的改变之下逐渐丧失了其合理性和现实性。但是由于农村社会经济发展落后，尤其是少数民族地区农村还面临着资源日益贫乏、居无定所和生活方式落后等情况，农民个体的收入受到了极大的限制，如果要实行和城镇一样的养老保障模式，对于他们而言也是不现实的。笔者所在的调研小组曾在广西某少数民族地区农村进行调研时发现，对于中央在农村地区所实施的新型农村合作医疗，要求农民缴纳10元的社会保险费，

① 李超超：浅析云南少数民族养老模式［OB/OL］，中国民族宗教网：http://www.mzb.com.cn/html/report/147306-1.htm

很多老年农民因为年老体弱丧失劳动能力之后，根本没有收入，只能依靠子女的救济才能度日，个人是无力缴纳10元的新型农村合作医疗的保费的。因此，现在广大的农村地区同样面临着人口老龄化以及养老的社会问题。根据党的十七大和十七届三中全会精神，2009年国务院办公厅发布了《国务院关于开展新型农村社会养老保险试点的指导意见》，标志着新一轮的农村集体养老模式的正式实施，而学界对农村养老问题提出了：构建政府、社区、家庭三方驱动且相融的养老支持系统和养老保障机制。在机制中强调突出政府责任，以解决当前民族地区农村养老困境，并使之与经济增长形成良性互动。①

最后，一些少数民族地区农村在中国工业化发展以及城市化发展的推动之下，出现了农民的土地被国家征用或进行商业化开发的现象，而这一社会发展和进步相反导致了原来依靠土地的农民丧失了赖以生存的土地资源，成为一无所有的“农民”，据有关资料显示，目前我国的失地农民总数已经超过4000万人，而且每年还在以超过200万人的速度递增。据预测，依我国现在的经济发展速度，到2030年，我国的失地农民和部分失地农民总数将达到7800万人。据此，2004年12月13日中国科学院发布的《2005年中国社会发展蓝皮书》指出：失地农民引发的社会矛盾排在困扰中国的六大问题之首。蓝皮书还提到，2004年全国130多起农村群体性突发事件中，有87起是因为农民失地而引发的。对于失地农民而言，生活方式的转变对于他们而言是一种痛苦的转变。首先，失地农民的生活方式决定了他们除了进行土地的耕作便无其他生存技能。因此，当这个群体在面临着失业的现状时，很难进行职业的重新选择和学习；其次，对于获得的补偿款，失地农民因为缺乏理财的理念，一部分农民将其挥霍一空，一部分可能进行所谓的投资而被骗变得一无所有，等等，这些情况不一而足。问题的关键是对于到手的钱总有一天会坐吃山空，到那时失地农民的生存保障问题仍然会出现。最后，失地农民失去土地的保障之后，也不享有城市居民的社会保障，而他们作为农民所享有的农村社会保障体系，项目上以养老保险和医疗保险为主，而作为农村社会保障体系中的救灾救济和社会福利，他们由于条件不符合而成为被排除适用的对象，因此，失地农民在农村社会保障的享有者中逐渐成为一个被边缘化的群体。因此，国家对失地农民的

---

① 郭文娟，麻学峰：优化民族地区农村家庭养老资源供给的思考——简论与经济增长的关系[J]，《经济与管理》2010年第11期，88—92页

社会保障制度的建设也提上了日程。

上述各种民族地区农村社会因素的变化，或多或少都会对中央或地方的管理者在构思适合我国广大农村地区包括民族地区社会保障制度产生影响作用。尽管中国地大物博、少数民族人口众多，但是对享有社会保障的权利应该和中国所有公民都是平等的，因此，对于社会保障制度在民族地区的构建要保证一定的公平性，但是也应当以当地经济发展水平、社会文化历史作为基础来制定适合的社会保障制度。

三、中西部民族地区农村社会保障制度的文化环境分析

中国文化源远流长，经历了上下五千年，形成了独特的民族文化，而独以宗教文化对民族地区人类思想和价值观的影响最为重要。我国的宗教文化是以儒教、佛教和道教为基础构建的，“是一种以几千年封建农民社会为主体的农业文化，又是以祖先宗法血缘关系为根基的宗法制度文化。”① 儒家文化强调以孝道、伦理、长幼有序等思想为尊，佛家思想中引人为善、去贪、去嗔的思想让人大彻大悟，而道教引导人理解世间万物的本质属性。这三种宗教文化及价值取向都表现出“重群体、重道德、重传统”，强调人的内敛，以自然之和谐为真，以人际之和谐为善，以天人之和谐为美，寻求与自然环境相协调，追求精神的享受和内心的宁静与体验，并注重行为的节俭、封闭、悠闲，万事“和”为贵，追求“天人合一”之境。② 诚然，民族文化的内容中糟粕与精华并存，我们需要继承和创新的是民族文化中的精华，就社会保障而言，我国各民族普遍对老人尊敬以及后辈积极承担养老职责，就应被视为应该继承和发扬的文化精髓，而应该被扬弃的糟粕则如民谚中“人到六十花甲死”以及古代所提倡的“愚孝”，等等。

作为影响势力最为深远的孔儒思想尤其强调孝道，东汉许慎所撰的《说文解字》中对于“孝”的解释非常形象：孝就是“善事父母者，从老省，从子，子承老也”。意思是，“孝”的上部是“老”的一个省略写法，下面是“子”，蕴涵的意思实际上是一种代际之间的关系，也就是说，“孝”讲的是子对待父母非常好的（态度）。尽管从古代社会文化中宣扬的“孝”是统治阶级维护尊

① 卢晶：略论宗教的道德与承担［J］，《世纪桥》2010 年第 1 期，68—69 页

② 卢晶：略论宗教的道德与承担［J］，《世纪桥》2010 年第 1 期，68—69 页

卑秩序的谋虑，但从积极意义上看，崇尚“孝”文化，对解决老年人的赡养问题确实发挥了保障作用。尽管农村社会受到现代经济、文化等各种因素的影响，原来以血缘关系为基础的家族规模已经被“小家庭”瓦解和取代，导致中西部民族地区农村社会传统家庭结构虽也发生一些变化，但其家庭结构依然稳固，这仍然得益于大多数群众秉承着“养儿防老、积谷防饥”的传统习俗，每个家庭都是按照“反哺”的方式代代相传，父母亲抚养子女，子女长大后除了抚育自己的后代，还要赡养年迈的父母，我国许多民族中，习惯上主要是由家中的长子来赡养因年老丧失了劳动与生活自理能力或无经济来源的父母亲，这种代际关系的维持就是依靠中国儒家文化中的“孝文化”来维系。诚如王章华等所指出的：“传统家庭制度——包括封建主义的伦理纲常和历代推崇的大家庭制度以及与之相联系的土地制度和生活方式，使老人的老年生活有了一个制度性安排，这就是以个人的终生劳动积累为基础，家庭内部进行代际交换的‘反哺式’养老模式”。[①] 还需指出，民族地区家庭养老功能较之过去虽有所弱化，但与汉族地区相对要稳固一些，这主要缘于少数民族长期传承的血亲族群和互助文化的影响。少数民族村寨的一大特色在于：人们往往是基于“血亲”关系聚居在一起，而在我国东中部汉族农村地区已不多见。诚如费孝通先生所说，这种血亲关系维持的关系是一种“熟人社会”，整个村庄的人都是亲戚，邻里关系和睦，互助互济。民族地区农村社会传统的家庭保障功能的是与农村的小农经济相一致的，也同样与中国封建大一统专制政体相一致，以儒学为主体的哲学思想，源于血缘的宗法观念，共同构建了传统文化的核心，并以此来确定封建君主的专制权力与封建社会的统治秩序，以及封建礼制的等级观念，而这些不仅靠皇权强制推行，还需要文化载体的保守作用使之渗入国民意识。

我国各少数民族几乎都有本民族所信奉的宗教，世界三大宗教在我国少数民族中都有信众，例如回族、维吾尔族等信仰伊斯兰教、傣族信仰南传佛教、藏族、蒙古族信仰藏传佛教，还有部分傈僳族、朝鲜族、苗族、哈尼族、彝族等信仰基督教，等等。宗教作为一种复杂的社会文化现象，既有积极的作用也有消极的作用，“宗教正负功能的二重性是由宗教与社会需要的关系决定的。

---

① 王章华、聂平平：传统家庭养老文化对农村社会养老保险制度的影响［J］，《农业考古》2006年第6期，340—343页

具体社会条件不同，宗教就会显示出或积极或消极的不同的社会作用。”① 因此，我们在构建民族地区社会保障制度时，不能不考虑宗教文化的影响，在利用其积极影响的同时，也要限制其消极的影响。

就积极的方面而言，我国的宗教也在历史发展中形成了自己独特的道德和规范，这些伦理道德通过宗教教义教规的形式加以体现。这些杂糅了中国儒家文化的宗教道德大都以“和合”为贵，以伦理为重。民族地区的农村信众在长期的宗教生活中受这些行为规范与伦理道德的浸润与熏陶，从而自觉接受这些规范与道德的约束。这些规范与一般的社会道德要求内容相近，甚至还高度一致。如宽容向善、勤俭节约、尊老爱幼、孝敬父母、助人救世，不做杀人、偷盗、奸淫之类的事情。② 如伊斯兰教教义认为，孝顺父母是子女的天职、虐待父母罪孽深重，人与人之间不应互相仇视、互相伤害，而应当相互同情、相互怜悯、相亲相爱，帮助老人功德无量，人应多多行善，尊老爱幼的人是最高尚的人等等。正是在上述因素的作用下，民族地区农村家庭与家族对养老、抚幼、济贫的传统功能得到延续。③ 因此，2009 年 9 月 1 日国务院印发了《关于开展新型农村社会养老保险试点的指导意见》中指出：新农保试点的基本原则是“保基本、广覆盖、有弹性、可持续”，强调个人（家庭）、集体和政府合理进行责任的分担，同时“实行社会统筹与个人账户相结合，与家庭养老、土地保障、社会救助等其他社会保障政策措施相配套，保障农村居民老年基本生活”。这种构思和设想就是考虑到了在民族地区农村社会中传统习俗和宗教教义的影响仍然存在，尤其是在国家正式制度的效力难以触及的中西部民族地区农村基层社会，宗教教义与宗教权威就发挥了补漏缺的作用。实际上，在一些地处偏远、宗教影响力比较大的中西部民族地区，由于农村社会保障服务主体资源短缺、服务对象对某些服务项目的认可度较低等原因，往往利用宗教的影响力，吸纳宗教权威人士参与农村社会保障的服务，如调查组在青海天峻县进行调研时，得知该县 2008 年新型农村合作医疗的参保率达到了 90% 以上，如此之高的参保率除得益于当地政府的深入细致的宣传工作外，还与藏传佛教教

① 陈麟书，陈霞：《宗教学原理》[M]，宗教文化出版社，2003 年出版，第 258 页

② 王冬丽：民族地区新农村建设中的宗教影响刍议 [J]，《长春师范学院学报》（人文社科版）2011 年第 1 期，1—4 页

③ 阿里木江·阿不来提：论哈萨克族传统养老文化对新疆农村社会养老保障的影响 [J]，《新疆社会科学》2009 年第 1 期，106—110 页

义对信众的影响以及当地宗教权威人士的协助有一定关系。在信教比例很高的西藏也有这种情况，有学者调查发现，西藏的村级组织在财源匮乏的条件下，依然能够为村民提供灵活、有效的公共服务，保证了村民最基本的公共服务需求。这其中的重要原因，就是各类民间权威，尤其是民间宗教权威在村庄内所营造的社会文化氛围，对村级组织的公共服务供给形成了强有力的“文化支持”，“宗教权威的活动使大乘佛教慈悲、利他、布施等思想深入人心，这就使得村庄中的许多社会事业，如社会救济（帮助五保户、救灾）等活动，都能较为顺利地开展，鳏寡孤独皆有所养，流徙灾民亦有所靠。在云南、四川等藏族与其他民族杂居的地区，这一特点因有所比较而表现得尤为突出。据当地民政部门介绍，相对而言，藏族村庄中的社会救助事业总是开展得较为顺利，他们认为这与佛教信仰有很大的关系”。① 在我国一些重大灾害发生时，一些寺庙发动其信徒开展和参与的公益活动也发挥了重要的作用，如 2008 年和 2010 年发生汶川地震和青海地震期间，宗教界就发扬乐善好施、扶危济困的精神，发动其信徒慷慨解囊、捐款捐物，这同国家实施的社会救助是不谋而合的。

就消极的一面而言，尽管各民族的宗教信仰不同，但其教义中宣扬的思想从另一方面也糅合了一些消极的价值观、具有唯心主义的色彩。例如它教导人们安于现状，不能以主动积极、进取的心态来谋求在现实社会中的发展。部分信教农民过分地依赖神灵，寄托来世，使得穷则思变、尊重科学、勤劳致富的决心和勇气在宗教信仰中变淡，形成了“轻人间，重天堂；轻今生，重来世”的宿命思想。只把希望寄托于神灵或者来世，靠敬神祭祖来期盼丰收，或者把钱花在算命、修坟等事情而不是生产上，因此，村民们这种“消极”的思想阻碍党和国家提出的科技兴农、脱贫致富政策的实施，从而影响农民对发展生产的诉求。② 同时，深沉的宗教信仰增强了少数民族地区贫困落后的农民对神灵的依托与信赖，与其说是一种布施或者捐献，还不如说是一种通过精神控制的宗教“摊派”。例如信仰伊斯兰教的穆斯林，即使是家境一般的穆斯林人家也会把并不富裕的人力、物力、财力过多地投入宗教，以求神灵保佑。对于经济

---

① 扎洛：西藏农村的宗教权威及其公共服务——对于西藏农区五村的案例分析［J］，《民族研究》2005 年第 2 期，20—30 页

② 王冬丽：民族地区新农村建设中的宗教影响刍议［J］，《长春师范学院学报》（人文社科版）2011 年第 1 期，1— 4 页

境况并不是很好的农民来说，这势必影响到他们的再生产，影响到他们的发家致富。另外，零散朝觐现象在信仰伊斯兰教的民族地区也时有出现。近年来，随着人民生活水平的不断提高，也由于手续简便，交通发达，朝觐人数逐年大增，甚至出现了不顾家庭境况竞相朝觐、相互攀比的局面。① 因此，民族地区农民的贫困除了客观的地理环境、经济环境等因素的影响，还会出现一般农村地区没有的“因信教返贫、因信教而致贫”的特殊现象，成为国家社会保障制度在民族地区实施和贯彻的特殊“文化背景”。

第三节　中西部民族地区农村社会保障与政府责任

政府也可视为社会保障制度运行不可或缺的环境因素，理由是，一方面，纵观世界各国社会保障制度的进程都是在政府的主导下进行的，体现为政府制定并颁行社会保障法规及其政策，从这个意义上讲，社会保障制度的目标与模式选择以及保障对象、保障方式、保障水平等都取决于政府的意志；另一方面，社会保障制度的运行效果在很大程度上也取决于政府的责任意识与管理能力。因此，中西部民族地区农村社会保障研究不能不涉及政府责任问题。

一、我国农村社会保障制度模式的演变与政府责任的进化

纵观新中国成立以来我国农村社会保障制度 50 多年来的发展历程，大体经历了三个阶段的变迁，即土地保障（家庭保障）＋国家救助模式──→集体保障＋国家救助模式──→土地保障＋国家、社区扶助＋现代社会保障模式。

第一阶段（1950—1956 年）：新中国建立之初，经济水平十分落后，农村集体经济尚未起步，国家财政拮据。在这种情况下，国家只能在广大农村建立以社会救助为主要内容的低层次社会保障制度，包括民族地区在内的我国广大农村，主要还是依靠家庭、家族等传统形式实现对养老、医疗等方面的保障。

第二阶段（1957—1977 年）：这一阶段较第一阶段的一个很明显的变化是集

① 王冬丽：民族地区新农村建设中的宗教影响刍议［J］，《长春师范学院学报》（人文社科版）2011 年第 1 期，1— 4 页

体经济组织开始对农民社会保障发挥作用。当时，我国农村普遍建立了生产队、合作社以及后来的人民公社，这类集体组织除了组织农民进行政治学习、开展生产活动等外，还对农村中的困难家庭及个人实施救助。1956 年 6 月 30 日一届人大会议通过《高级农业生产合作社示范章程》中规定：农业生产合作社对于缺乏劳动力或者完全丧失劳动力、生活没有依靠的老、弱、孤、寡、残疾的社员，在生产上和生活上给予适当的安排和照顾，保证他们的吃、穿和柴火的供应，保证年幼的受到教育和年老的死后安葬，使他们的生、养、死、葬等都有依靠。这就是农村“五保”制度的开端。当时国家的保障作用在此时期主要集中于实施灾害救济和社会优抚等，不仅保障范围有限，而且保障水平较低。

第三阶段（1978 年—至今）：这一阶段里，中国开始在农村社会地区建立真正意义的社会保障制度。1978 年后，随着我国经济体制改革，农村地区的经济组织形式发生了深刻的变革，国家调整农村土地的经营模式，把土地所有权和经营权适当分离，实行家庭联产承包责任制。对土地政策的升级和调整，使得在第二阶段实行的农村高级社的集体经济模式逐步退出历史舞台，结果导致农民所依托的集体保障模式也逐步瓦解，一度又回到了以家庭作为基本保障的社会保障模式。实践证明，这种传统保障模式在现代社会已不足以为农民提供有效的保障，于是建立新型农村社会保障制度被纳入到国家发展目标中，自“七五”以来，在国务院的统一部署下，民政部门积极倡导，地方政府和农村基层社区的积极支持和参与，我国农村开始了建立现代社会保障制度的探索。2002 年 10 月，《中共中央、国务院关于进一步加强农村卫生工作的决定》明确指出：要“逐步建立以大病统筹为主的新型农村合作医疗制度”，“到 2010 年，新型农村合作医疗制度要基本覆盖农村居民”。2002 年党的十六大提出“有条件的地区探索建立农村低保制度”；2007 年中共中央 1 号文件，即《中共中央国务院关于积极发展现代农业扎实推进社会主义新农村建设的若干意见》又明确提出，要在全国范围建立农村最低生活保障制度；2007 年 11 月党的十七大报告中提出，积极探索建立农村养老保险制度，2009 年 6 月底国务院召开的常务工作会议，决定从 2009 年开始在 10% 的县（市、区）实行新型农村社会养老保险的试点，2020 年前将覆盖全国。以农村医疗保险、农村最低生活保障、农村养老保险三项制度为核心的农村社会保障制度为建立完备的农村社会保障体系打下坚实的基础。

这一阶段里更具有意义的是确立了政府在农村社会保障制度建设中的主导

地位，从制度的全面建立到政策的实施，即新制度经济学所论述的“政府制度供给”功能在农村社会保障中得以体现。

二、关于民族地区社会保障制度改革发展新时期里政府责任的思考

社会保障理论与世界各国的实践证明，社会保障制度建设必须发挥政府的主导性作用。内维尔·哈里斯指出，任何社会群体，尤其是贫困人群，包括失业人员、年轻人、妇女（尤其是单身父母）、老人和特定的少数民族特别容易受到社会排斥并导致对其公民权的否认。国家凭借社会保障制度应与社会排斥作斗争，其中的一个方法就是规定国家支持的“参与标准”。① 以新型农村合作医疗为例，在该制度的保障范围及推进步骤上，2002 年 10 月，《中共中央、国务院关于进一步加强农村卫生工作的决定》明确指出：要“逐步建立以大病统筹为主的新型农村合作医疗制度”；“到 2010 年，新型农村合作医疗制度要基本覆盖农村居民”，在运行方式上，规定由政府组织、引导、支持，农民自愿参加；在筹资模式上，以个人、集体、政府三方为筹资主体，采取个人缴费、集体扶持和政府资助的方式筹集资金。为此，中央规定，“从 2003 年起，中央财政对中西部地区除市区以外的参加新型合作医疗的农民每年按人均 10 元安排合作医疗补助资金，地方财政对参加新型合作医疗的农民补助每年不低于人均 10 元”，“农民为参加合作医疗、抵御疾病风险而履行缴费义务不能视为增加农民负担”。2006 年，国家又将人均筹资水平提高到 50 元，中央和地方财政的人均补助分别提高到 20 元。从 2009 年开始，国务院决定用一到两年的时间，再将人均筹资水平提高到 100 元，其中中央和地方财政分别补助 40 元，个人缴纳 20 元。

图 8－1 显示，截至 2007 年年底，全国开展新型农村合作医疗保险的县（市、区）达到 2451 个，占全国总县（市、区）数的 85.6%。由此不难看出，新型农村合作医疗在全国农村的有效施行得益于我国政府的主导与支持。

对于民族地区而言，国家和政府在农村社会保障的职能或地位具体体现在以下几个方面：

---

① ［英］内维尔·哈里斯等：《社会保障法》［M］，李西霞、李凌译，北京大学出版社 2006 年出版，24－25 页

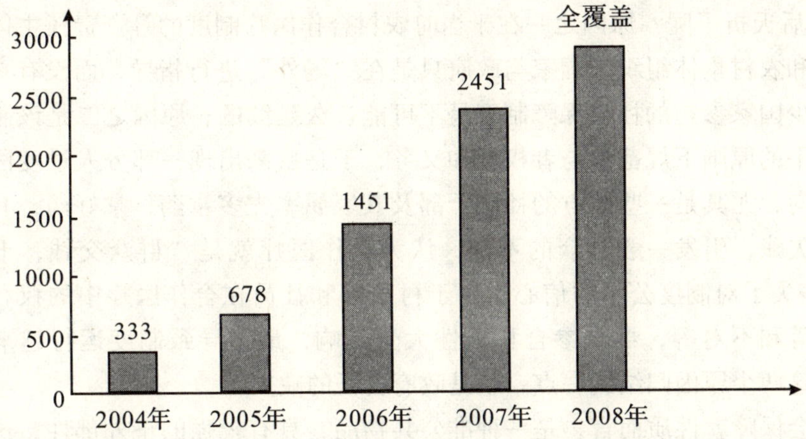

图 8－1　2004—2008 年我国新型农村合作医疗覆盖率比较

第一，主体资格的支持责任。现代经济法学理论认为，市场不是万能的，如果按照亚当·斯密提出的“最少的政府就是最好的政府”以及早期自由主义思想家在对国家的设想中秉承“最小国家”理论，市场完全在一种毫无干预的状态下运行，那么这样的市场是最有效益的市场。但实践证明，市场依据价格杠杆只能调节经济关系，由市场竞争所产生的社会贫富差距加大，公共物品供给以及经济发展过程中产生的副外部性等无法通过市场来自动调节。依据新制度经济学的观点，国家在使用强制力时有很大的规模经济，即可以低得多的费用提供一定的制度性服务，而且在制度实施及其组织成本方面也有优势。德国新历史学派之所以会在德国首先提出建立社会保障体系，原因就在于他们认为社会现状有很多让人不满的地方，需要借助国家的力量来改变。而社会公民个人的很多目标，即使通过自己的努力也往往难以达到，需要国家帮助他们实现这些目标。在这种判断基础上，该学派认为国家需要增进社会福利，实行社会改革，制定劳动保险、孤寡救济等社会保障制度。英国福利经济学派的早期代表庇古等也认为，国家如果不限制富人财富的增长，并同时为穷人提供基本的生活保障，那么整个社会的经济发展将会变得越来越没有效益。我国 1956—1982 年农村社会保障的发展历程中，在农村集体保障方面突出强调集体的责任，而将国家责任置于次要地位，结果导致农村社会保障的曲折与反复。在这一时期里，国家在社会保障方面的建树是推行了合作医疗，作为新型农村合作医疗的前期制度模式，为什么在得到世界卫生组织推崇的情况下却在 20 世纪

80 年代后夭折了呢？原因之一在于当时农村合作医疗制度的筹资责任主体为农民个人和农村集体组织，国家与政府只是在“场外”进行指导，而没有参与其中，缺少国家参与的社会保障制度是不可能长久延续的；原因之二是该制度未能在公平的原则下规范参与者权利和义务，于是后来出现一部分人过度医疗消费的倾向，尤其是一些地方的社队干部及其家属率先多拿药、拿好药，有的甚至带头欠账，引发一般群众的不满，认为合作医疗就是“群众交钱，干部吃药”，丧失了对制度公平的信心，由于村干部和社员在合作医疗中的权利与义务不平等和不对等，群众参合积极性大受影响，最终导致制度运行越来越困难。将这两个原因归结到一点，就是政府责任的缺失。

社会保障就性质而言，是一种准公共物品，具有较强的正外部性，这项制度的实施不仅为其享受者带来直接的利益，也将促进社会的稳定、国民身体素质及文化素质的全面提高。与此同时也应看到，与其他公共物品一样，人们在消费时具有“搭便车”的动机，因此，不能由市场自发地进行调节其供求关系，即所谓的“市场失灵”。与其他地区相比，中西部少数民族地区农民的收入水平偏低，普遍缺乏支付能力保障自身，以前所依靠的集体保障功能随着国家土地制度的改革和家庭结构的变化正逐渐丧失，再加上思想观念转变的滞后，使得社会保障制度的运行风险与参加者的逆向选择的问题较其他地区更为突出，这种情形下政府不能置身“局外”，而应参与其中，担当起应尽的职责，因此，由政府主导农村社会保障制度建设不仅是由其公共物品属性决定的，也是民族地区的现状所必需的。

第二，确立农村社会保障制度框架的责任。胡锦涛同志在党的十七大报告中提出：“要以社会保险、社会求助、社会福利为基础，以基本养老、基本医疗、最低生活保障制度为重点，以慈善事业、商业保险为补充，加快完善社会保障体系。促进企业、机关、事业单位基本养老制度改革，探索建立农村养老保险体系。”这不仅指明了农村社会保障的内容、重点和实现的途径，而且提出了要积极探索建立农村社会保障体系的思路。

目前，我国包括民族地区在内的广大农村地区社会保障制度建设过程中主要存在以下方面的问题：其一，政府内部没有一个针对农村社会保障的统一管理机构，结果导致政出多门，严重影响了农村社会保障制度功能的充分发挥。从县级地方政府相关机构的管理权限看，农村的优抚安置和社会救助由民政部门管理，扶贫办参与其中；农民的养老保险归劳动人事与社会保障部门管理；

合作医疗归卫生部门和劳动者所在乡镇和村共同管理，甚至一些村委会或乡镇企业也对社会保障制定了一些办法和规定。有的地方，寿险公司也涉足农村社会保障，形成了“多龙治水”的管理格局。其二，作为农村社会保障用途的社会统筹基金，存在着“难、乱、散、少”的问题，“难”即难兑现、难进展，“乱”即乱插手、乱摊派、乱开支，“散”即不集中、不统一，“少”即范围小、数量少。农村社会保障资金管理的乱象不根除，资金不可能进行科学合理的运营管理，就不可能实现保值增值。其三，农村社会保障服务的均等化难以实现，表现为难以设立全国统一的社会保障项目、保障水平和管理办法。目前，我国东、中、西部农村社会保障无论是覆盖范围，还是保障水平都有很大的差异。再以农民工为例，随着农业现代化和城市化的发展，越来越多的农民包括失地农民进入城市务工，这些在工业化过程中形成的非农人口已经不再是传统的农民，他们面临着与城镇职工一样由工业化带来的生活风险问题。进城的农民工虽然生活和工作在城市，但由于户籍制度的障碍，城市社会保障制度也把他们排除在外，而他们也无法享受到农村社会保障，成为游离于社会保障制度之外的社会群体。其四，农村社会保障体系残缺且重点不够突出，实施效果不尽如人意。到目前为止，国家已在农村地区广泛实施的社会保障项目主要是以农村“五保”制度为核心内容的社会救济、以烈士、复员转业军人及军属为对象的社会优抚、以全体农村居民为保障对象的合作医疗，农村最低生活保障和养老保障尚处于试点阶段。由于我国幅员辽阔，各地经济发展水平差异很大，农民面对的风险不尽相同，从西部少数民族地区农村最需要的社会救助实施情况看，普遍存在覆盖范围偏小、救助水平偏低的问题，除了能够保证孤寡病残者维持基本生活以外，其余贫困对象一般很少能从中获得救助。又如当前已在全国农村普遍实施的新型农村合作医疗保险制度，按照该制度设计的初衷，重点是保大病，适当保小病，少数民族地区是地方病、传染病的多发地区，一些贫困农户因医药费负担太重而不去看小病，结果拖成了大病。加上制度运行中的种种矛盾和问题，因而仍不能完全解决广大农村居民的看病吃药问题。对此，各级地方政府应切实履行社会保障职责，为广大农村群众筑起一张可靠的“安全网”，而不能只停留在只具有象征意义的道义支持和临时性措施的层面上。尤其是对于贫困落后的少数民族地区，中央和各级地方政府应给予更多的关怀与帮助。我国农村社会保障制度建设的路径，诚如前民政部部长多吉才让所指出的：农村社社会保障制度的根本目的和任务是要解决群众迫切需要解决的生活困难问题，保障群众的基本生活，当前在农村社会保障制度不能一步到位的情况下，要首先建立群众最迫切需要的项目。尽管受各地经济发展水平差异的影响，各地阶段性的具体保障项目和保障水平有所不同，但首先应把工作的重点放在建立最低生活保障、养老保障和医疗保障三项制度上，这三项制度是面向全体农民的保障制度，是现阶段农村社会保障制度建设的基本内容。①

第三，制定并实施社会保障法律、法规以及政策的责任。任何制度都只有通过法律的形式才能摆脱偶然性与随意性，制度的定型是以相应的立法为标志的。农村社会保障制度尤其应如此。如果没有相应的法律约束与规范，制度缺乏稳定性与持续性，就不可能有效地推进。我国宪法第二章第四十五条规定："中华人民共和国公民在年老、疾病或者丧失劳动能力的情况下，有从国家和社会获得物质帮助的权力。"当前的问题在于：宪法上赋予公民的权利没有在专门法中得到具体体现，《社会保障法》作为社会保障法律部门的基本法地位的法律至今尚未出台，使得在本来就缺乏强大国家财政支持的农村地区实施社会保障制度，更加缺乏制度实施的稳定性，政策的执行取决于各级政府及其主要领导者对其问题的重视程度，由此可见，当前我国农村社会保障制度的推行靠的是"人治"而不是"法治"。这导致普遍的机会主义和道德风险增加，使得"制度变迁显示出强烈的路径依赖特征"，仍然无法在农村地区建立起巩固的社会保障体系。以农村社会养老保险制度为例，正如国内学者所指出的，当时各地农村社会养老保险办法基本上都是在民政部颁布的《县级农村社会养老保险基本方案》的基础上稍作修改形成的，这些"办法"普遍缺乏法律效力，因此，农村社会养老保险仍存在制度上的不稳定性，各地对农村养老保险相关政策的内容，如养老保险金的筹集、管理以及发放等都只是按照地方政府部门，甚至是某些长官的意愿执行的，而不是农民与政府的一种持久性契约，因此具有很大的不稳定性，违规操作现象严重。现象的背后反映出，一段时期里，我国政府对于建立农村社会养老保险的态度摇摆不定，使得相关政策出现建立、撤销、重建的反复，政府的公信力因此而降低，导致了本来就心存疑虑

① 多吉才让：如何建立农村社会保障体系［J］，《瞭望》1996 年第 39 期，26—27 页

的农民更加不愿投保，这也是缺乏法律保障的结果。①

江泽民同志在1998年12月14日在中共中央第八次法制讲座中强调指出："为了建立符合我国社会主义市场经济发展的完备的社会保障体系，进一步做好社会保障工作，必须十分重视和不断加强社会保障的法制建设，要努力把我们在发展社会保障方面长期积累的成功经验，用法律形式确定下来，同时要增强社会保障法制建设的前瞻性和系统性。"因此，在国家已经着手建立社会保障制度时，国家和政府应该承担起制定相应的健全的法律、法规为这种制度保驾护航，使其规范化地运作。这一点对于我国民族地区社会保障制度建设尤显重要，社会保障制度作为体现社会公平的制度，国家和政府应该利用其"暴力潜能"和"组织行为最大化"的作用帮助经济落后民族，实现各民族的共同繁荣。具体而言，首先，国家应尽快出台社会保障法，为保障公民的社会保障权益，规范政府的社会保障行为提供法律依据。从社会保障法的自身特征来看，它本身也缺乏强制性，类似于劳动法的"棉花法"的性质，因此，在实施和执行社会保障法律、法规时要依靠政府发挥"强制手段"保障法律、法规的实施和执行，同时要加强法律、法规包括政策实施和执行的监督，切实能发挥法律、法规的作用，防止机会主义倾向和政府工作人员的道德风险。其次，各级政府还应利用政策的灵活多变性特征，制定更加适合民族地区特点的农村社会保障政策，以柔润法律、法规的"刚性"。

第四，社会保障基金的财政支持和监管责任。在前述我国农村社会保障历史的发展过程中不难看出，农村社会保障制度在全国各地发展不平衡，受制于经济发展落后，农村居民收入低下，中西部地区无论是社会保障覆盖面、还是保障水平都明显低于东部发达地区，所以现阶段仅依靠农民或农民家庭以及农村集体经济组织来筹集社会保障的资金，是不可行的。要避免新旧两种制度交替过程的"路径依赖"问题，国家要承担起把"冰激凌运送到穷人手中的任务"。社会保障的公共产品属性也决定了政府在社会保障中要承担相当的财政责任，世界各国社会保障支出已成为政府一项主要的财政支出项目，发达国家财政支出中社会保障支出比重一般占20%—50%，发展中国家一般也达到10%左右。中共中央、国务院《关于推进社会主义新农村建设的若干意见》中，同

① 肖金萍：农村社会养老保险制度变迁路径依赖及创新［J］，《人口与经济》2004年第3期，65—69页

样强调了政府在建设农村社会保障中“按照城乡统筹发展的要求逐步加大公共财政对农村社会保障制度建设的投入”的责任。根据国内学者的研究，民族地区社会保障财政支出占财政支出的比重，1995—2006 年少数民族地区年均比重 11.78%，较全国地方的 11.50% 略高一点。但近年来这一比重有所下降，从 2003 年的 14.48% 下降到 2006 年的 12.69%。12 年间社会保障支出在各项财政支出中年均增长速度最快，达到 33.99%，但比全国地方平均增长水平 34.57%，仍然低 0.58 个百分点。① 中西部各民族自治地方应根据本地区的实际情况调整和优化财政支出结构，逐步加大对社会保障事业的投入，遏止社会保障支出比例下降的趋势。与此同时，考虑到少数民族地区农村社会保障体系不健全，广大农村居民的吃饭、看病、养老等问题尚未彻底解决的现实，社会保障支出应该向农村地区倾斜。

中西部少数民族地区农村社会保障建设还应强调中央政府的责任。有学者指出：“当前地区之间社会保障水平差异过大的成因是我国的社会保障事业主要由地方政府来承担责任。而区域经济的非均衡发展直接决定地方政府财政能力的强弱。从而引发地区间社会保障公共产品和服务供给水平的差异”（柯卉兵 2009）；② 而“中央政府和地方政府在社会保障领域内财政关系的纵向失衡会导致落后地区的地方政府没有积极性，也无财力提供充足的社会保障公共产品”（柯卉兵 2008）。③ 解决这一问题的有效途径，其一是加大中央政府对地方政府进行社会保障财政转移支付的力度。据统计，1998 年至 2005 年，中央财政对社会保障补助支出为：14.15 亿元、18.27 亿元、42.62 亿元、38.88 亿元、55.81 亿元、144.40 亿元、195.66 亿元、236.71 亿元。④ 虽然资金额逐年递增，但占 GDP 的比重仍然偏低，没有跟上经济增长的步伐；在缩小地区间、城乡间社会保障水平差距方面的作用也有待于提高。当前中西部民族地区卫生医疗、社会保障等的需求激增，在经济发展的基础上改善民生是中西部民族自治

---

① 罗明华、邵振文、欧阳俊琳：民族地区财政支出结构优化的实证分析［J］，《贵州财经学院学报》2010 年第 6 期，85—90 页

② 柯卉兵：社会保障财政支出的地区差异问题分析［J］，《公共管理学报》2009 年第 1 期，55—63 页

③ 柯卉兵：略论社会保障财政纵向失衡［J］，《中国社会保障》2008 年第 10 期，28—30 页

④ 吴雪平：对我国社会保障转移支付制度化的思考［J］，《社会科学辑刊》2008 年第 3 期，113—116 页

地方的首要目标，消除贫困的发生率和返贫率是民族地区面临的一项艰巨任务。实现这一目标，仅仅靠民族地区自身的实力是远远不够的，因此，中央政府对少数民族地区的财政支持应充分考虑民族地区的特殊困难，进一步加强对民族地区农村社会保障的财政投入，增强其农村社会保障支出能力。二是适当提高社会保障资金统筹的层次。目前中西部民族地区新型农村合作医疗、农村最低生活保障等项制度都是县（市）范围内进行统筹，中西部民族地区财力匮乏，县域人口规模普遍偏小，陷入了保障资金供给严重不足的窘境。目前正在试点的农村养老保障制度实行省级统筹，即使如此仍不足以解决贫困落后地区保障资金短缺的问题。提高其统筹层次，有利于缩小地区间社会保障水平的差距。因此，农村社会保障资金应先行实现省级统筹，并逐步过渡到全国统筹。

还须指出，在农村社会保障制度法律体系残缺不全的情形下，如何对农村社会保障资金运行进行有效监管是当前面临的又一个问题，目前我国农村社会保障资金的运营与发放主要依靠市（县）级政府的政策细则在运作，政策的灵活多变性以及适用对象的模糊性等特点导致农村社会保障的具体管理机构成为判定适用相关政策的“自由裁量者”，自由裁量度过大很容易使监管的“权力”被滥用，有关农村社会保障基金被挪用、报销舞弊和基金“崩盘”的问题时有披露。所以，不管是农村社会保障资金的运营管理，还是对享受对象的资金发放，都需要政府切实履行监督责任，包括建立健全的社会保障法律体系、明确监管主体、监管的权利和义务、监管失职的惩罚措施，等等。

第五，农村社会保障制度的软环境建设责任。如果将法制建设界定为社会保障的硬环境，那么，文化建设则可视为社会保障的软环境。社会保障制度具有丰富的文化内涵，它既体现为近代民主与法制建设进程中对人权认识的深化，也是对人类优秀文化遗产的继承与发扬。

首先，社会保障制度有赖于现代公民意识的培育。所谓公民意识是指公民在国家中地位的自我认识，即公民自觉地以宪法和法律规定的基本权利和义务为核心内容，以自己在国家政治生活和社会生活中的主体地位为思想来源，把国家主人的责任感、使命感和权利义务观融为一体的自我意识。社会保障的实现是政府与公民在国家宪法与相关法规的引领下共同参与的结果，其社会共济性要求公民有公共意识，而中国传统社会是一个宗法血缘制的伦理本位的社会，在农村是一个以农村的宗法家族建构的“社会”，由此导致农村中人们的“公共意识”极其微弱，普遍缺乏对于公共利益的理解与关心，时至今日，我国农村依然没有完全摆脱传统社会的文化羁绊，更谈不上所谓“公共精神”的培养和“公共人格”的化育了。而现代社会公共生活的平等、宽容、理性、尊重、合作等本质特征，要求公民具有人格意识、责任意识、权利意识、义务意识、纳税人意识，① 这五种现代意识，对于保证社会保障制度的有效性具有特别重要的意义。对公民而言，如果缺乏这五种意识，将不可能知道自己拥有生存权，从而合法地要求实现这种权利；也不可能尽自己应尽的义务。例如，我国农村社会保障制度的主体关系中，农民只是作为保障对象被动地参与其中，无法表达自己的利益诉求，他们中的多数人也不知道该如何表达这种诉求。这既有制度缺陷的问题；也反映出农民的公民意识薄弱。对政府而言，树立五种意识，才能够在社会保障管理中从社会利益、公共利益的角度出发，为群众做好事、做实事。因此，民族地区各级政府除了提升自己的公共意识与施政能力外，还应该对广大农民进行公民意识的宣传，并通过吸纳村民代表参与农村社会保障政策制定和运行管理，注意倾听群众的意见，主动接受群众的监督等方式，营造现代公民意识的实践环境。

其次，社会保障制度建设需要挖掘传统文化中的积极思想。尤其在我国现阶段，家庭对其成员的保障功能是社会保障制度无法完全取代的，即使在社会保障制度发达的欧美等国，也正为家庭问题而苦恼，T. 菲利普斯在“以我们的错误为戒：希望建立以家庭为中心的现代文化”一文中，提请关注这样一种现象：“一些西方国家所进行的实验，招致过多传统家庭替代形式的出现。然而，客观的研究显示，此等替代形式削弱了婚姻制度与家庭，而婚姻与家庭正是社会的基础。”他认为，“目前人们过分专注个人自由民主权利的心态正扭曲着我们对婚姻可以保护儿童这一重要作用的理解。由于专注个人权利而分散了人们对由父亲、母亲与子女所组成的传统家庭对维持社会秩序所起关键作用的注意力。婚姻里夫妇双方信守承诺的态度急剧改变，导致父母把价值观传给下一代的功能丧失殆尽。”② 而家庭文化恰恰是中华民族传统文化的一个非常显著的特征，血肉亲情在国人心目中占据着极为重要的位置。以新疆为例，作为一

① 金友渔：现代“公民社会”公共生活之意义与民众公共人格的养成［J]，《人文杂志》2007 年第 6 期，24—28 页

② ［美］T. 菲利普斯：以我们的错误为戒：希望建立以家庭为中心的现代文化［J]，《国外社会科学》2000 年第 2 期，57— 62 页

个多民族居住区，新疆各族人民尽管在价值观、风俗习惯、道德、宗教、家庭结构和生活方式上有所不同，但在长期开发新疆这片热土的过程中，各民族文化相互辐射、相互影响、相互融合，逐步形成了以尊老敬老、互助互爱、孝敬父母为基础的具有民族特色的养老文化。① 长期以来，在农村社会保障制度缺失的情形下，以家庭和家族保障为特征的非制度性安排发挥着重要作用，不仅保障了弱势群体的生存需要；而且促进了家庭与社会的和谐与稳定。这种保障模式的文化基础就是“孝悌”伦理道德、重视抚育后代和家庭、家族成员间扶危济困的互助精神等。时至今日，家庭文化对于农村社会保障模式的选择仍具有重要的影响。游发渊等国内学者认为：“我国在建立农村社会保障时，应考虑到创立一种制度必然会产生‘连锁反应’，”应“将我国建立中国特色的现代农村社会保障制度与我国文化传统的非正式制度安排相结合”，在这种非正式制度的传统文化基础上，将“家族主义”与“以资产为基础的政策”和有效的法律制度结合形成一种合力社会保障制度模式”。②

鉴于我国仍然属于发展中国家，农村社会保障制度建设中资源供给不足的问题十分突出，尤其是贫困农村居民从国家财政得到的主要是每年200多亿元的扶贫开发基金和用于“五保户”、最低生活补助和救灾救济的资金，由于资金短缺，农村社会保障不论是“五保户”、最低生活保障还是扶贫、救灾救济都存在着覆盖面范围过窄、保障水平过低的问题。据有关文献披露的数据，农村社会保障覆盖率只有3%，在养老保险方面，虽然国家于2009年年底开始启动，但先期试点范围只有10%，预计到2020年才能在全国普遍施行；社会救助方面，目前农村还有1/3的五保户得不到供养；最低生活保障方面，据民政部统计，2000年农村得到低保的仅占应保人数的25%；医疗保障方面，即使是在新型农村合作医疗正式实施后，也因保障水平低，制度运行监管的缺失以及报销程序烦琐等原因而没有出现预期的效果。③ 因此，完备的农村社会保障体系尚待时日。在这种情况下，大力弘扬中华民族传统文化中的积极思想，充

① 阿里木江·阿不来提、赵凤莲：新疆少数民族传统养老文化与新疆农村社会养老保障关系研究［J］，《西北人口》2009年第4期，84—88页

② 游发渊：论家族主义与农村社会保障——一个新制度经济学的分析视角［J］，《现代商贸工业》2008年第6期，288—289页

③ 赵怀越：政府在农村社会保障制度建设中的职能定位［J］，《发展》2007年第11期，52—53页

分挖掘传统保障模式的社会功能，不仅有助于弥补当前农村社会保障制度的残缺，顺利度过新旧保障模式转换中的“空白”期；也是与广大农村居民的意愿与要求相一致的。

综上所述，民族地区农村社会保障制度的软环境建设，不仅对于加快推进该项制度的进程，实现建立完备的社会保障体系的宏伟目标具有重要意义和深远影响，并且还将因公民思想道德水准的提升，为民族地区的发展注入新的动力。因此，各级民族自治政府应从战略的高度认识其意义，努力塑造民众对于社会保障的主体意识，培育现代公民意识与传统美德有机结合的公德信念，为社会保障及各项现代化事业营造积极的文化氛围。

参考文献

一、著作类

1. 中共中央马克思、恩格斯、列宁、斯大林著作编译局:《马克思恩格斯选集》[M], 人民出版社 1995 年版

2. 中共中央马克思、恩格斯、列宁、斯大林著作编译局:《马克思恩格斯全集》(第 16 卷)[M], 人民出版社 2008 年版

3.《中共中央国务院关于推进社会主义新农村建设的若干意见》[M], 人民出版社 2006 年版

4.《中国共产党关于民族问题的基本观点和政策》[M], 民族出版社 2002 年版

5. 胡锦涛:《在中央民族工作会议暨国务院第四次全国民族团结进步表彰大会上的讲话》[M], 人民出版社 2005 年版

6. [美] 萨缪尔森、诺德豪斯:《经济学》(第 18 版)[M], 萧琛译, 人民邮电出版社 2008 年版

7. [美] 达莫达尔·古亚拉提:《经济计量学精要》(第三版)[M], 张涛译, 机械工业出版社 2006 年版

8. [英] 弗兰克·艾利思:《农民经济学》[M], 胡景北译, 上海人民出版社 2006 年版

9. [美] 汤普森:《老而弥智——养老保险经济学》[M], 孙树菡译, 中国劳动社会保障出版社 2003 年版

10. [英] 罗伯特·伊斯特:《社会保障法》[M], 周长征等译, 中国劳动社会保障出版社 2003 年版

11. [美] 阿瑟·奥肯:《平等与效率》[M], 王奔洲等译, 华夏出版社 1999 年版

12. [美] 加里·斯坦利·贝克尔:《家庭论》[M], 王献生、王宇译, 商务印书馆 1998 年版

13. ［澳］哈尔·肯迪格：《世界家庭养老探析》［M］，刘梦等译，中国劳动出版社1997年版

14. 唐新民：《民族地区农村社会保障研究》［M］，人民出版社2008年版

15. 米红、杨翠迎：《农村社会养老保障制度基础理论框架研究》［M］，光明日报出版社2008年版

16. 米红：《农村社会养老保障理论、方法与制度设计》［M］，浙江大学出版社2007年版

17. 王淑芬：《应用统计学》［M］，北京大学出版社2007年版

18. 《中国统计年鉴》［M］，中国统计出版社2007年版

19. 邓大松、刘昌平：《新农村社会保障体系研究》［M］，人民出版社2007年版

20. 赵庆国：《中国农村社会养老保险问题研究》［M］，中国农业出版社2007年版

21. 张敬一、赵新亚：《农村养老保障政策研究》［M］，上海交通大学出版社2007年版

22. 石秀和：《中国农村社会保障问题研究》［M］，人民出版社2006年版

23. 朱建平：《应用多元统计分析》［M］，科学出版社2006年版

24. 黎建飞：《社会保障法》［M］，北京：中国人民大学出版社2006年版

25. 钱方明：《政治经济学——社会主义部分开放与区域经济发展——兼对江浙模式的应用分析》［M］，人民大学出版社2006年版

26. 衷克定：《数据统计分析与实践——SPSS for Windows》［M］，高等教育出版社2005年版

27. 郭士征：《社会保障研究》［M］，上海财经大学出版社2005年版

28. 熊敏鹏：《社会保障学》［M］，机械工业出版社，2004年版

29. 杨清震：《西部大开发与民族地区经济发展》［M］，民族出版社2004年版

30. 孙光德：《社会保障概论》［M］，中国人民大学出版社2004年版

31. 福建省农村社保模式及其方案研究课题组：《农村社会养老保险制度创新》［M］，经济管理出版社2004年版

32. 陈佳贵、王延中：《中国社会保障发展报告》［M］，社会科学文献出版社2004年版

33. 劳动和社会保障部社会保险研究所组织翻译：《贝弗里奇报告——社会保障和相关服务》［M］，中国劳动社会保障出版社2004年版

34. 杨翠迎：《中国农村社会保障制度研究》［M］，中国农业出版社2003年版

35. 穆怀中：《社会保障国际比较》［M］，中国劳动社会保障出版社2002年版

36. 穆怀中：《中国社会保障适度水平研究》［M］，辽宁大学出版社1998年版

37. 庹国柱、王国军：《中国农业保险与农村社会保障制度研究》［M］，首都经济贸易大学出版社2002年版

38. 林闽钢：《走向全球化的中国社会保障制度改革》［M］，中国商业出版社2001年版

39. 李珍：《社会保障理论》［M］，武汉大学出版社2001年版

40. 赵显人：《西部大开发与民族地区经济社会发展研究》［M］，民族出版社2000年版

41. 郑功成：《社会保障学——理念、制度、实践与思辨》[M]，商务印书馆 2000 年版
42. 张健、陈一筠：《家庭与社会保障》[M]，社会科学文献出版社 2000 年版
43. 尹力、任明辉：《医疗保障体制改革》[M]，广东经济出版社 1999 年版
44. 李玉江：《农村剩余劳动力转移区域研究》[M]，山东人民出版社 1999 年版
45. 李珍：《社会保障制度与经济发展》[M]，武汉大学出版社 1998 年版
46. 朱庆芳：《社会保障指标体系》[M]，中国社会科学出版社 1993 年版
47. 黄光学、李宏烈：《当代中国的民族工作》（上下册）[M]，当代中国出版社 1993 年版
48. 中南民族学院海南岛黎族社会调查编辑组：《海南岛黎族社会调查》（上下卷）[M]，广西民族出版社 1992 年版
49. 侯文若：《社会保障理论与实践》[M]，中国劳动出版社 1991 年版
50. 梁治平：《清代习惯法：社会与国家》[M]，北京：中国政法大学出版社 1996 年版

二、年鉴、公报类

1. 国家统计局：《中国统计年鉴》（2007）[M]，中国统计出版社 2007 年 6 月
2. 国家民委、国家统计局：《中国民族统计年鉴》（2009）[M]，民族出版社 2010 年 6 月
3. 卫生部：《2007 年中国卫生统计年鉴》[M]，中国统计出版社 2007 年 8 月
4. 国土资源部、国家统计局、全国农业普查办公室：关于土地利用现状调查主要数据成果的公报 [R]，《中国统计》1999 年第 12 期
5. 国家民委：《2006 年全国少数民族和民族自治地方国民经济社会发展统计公报》[EB/OL]，中国发展门户网：http：//cn. chinagate. cn/population/2009 - 03/09/content_17408746. htm
6. 民政部规划财务司：全国民政事业统计数据 [DB/OL]，中华人民共和国民政部网：http：//cws. mca. gov. cn/article/tjsj/

三、论文类

1. 阿里木江·阿不来提：论哈萨克族传统养老文化对新疆农村社会养老保障的影响 [J]，《新疆社会科学》2009 年第 1 期
2. 赵建生：欠发达地区农村金融服务的难点于解决途径 [J]，《农业发展与金融》2009 年第 6 期
3. 朱迎春：我国财政支农政策减贫效应的实证研究 [J]，《天府新论》2009 年第 5 期
4. 钟洪亮：社会权利与需要满足：农村社会保障的一个分析视角 [J]，《社会保障研究》2009 年第 3 期
5. 韩俊江、韩烨：建立新型农村社会养老保险制度的思考 [J]，《东北师大学报》（哲学社科版）2009 年第 3 期

6. 何秋洁：中国农村医疗保障制度多元化分析 [J],《经济体制改革》2009 年第 3 期

7. 侯军歧：中国西部地区农户经济增长与发展条件研究 [J],《农业技术经济》2009 年第 2 期

8. 何先平、陈硕：中国财政支农政策对农民收入影响的实证研究 [J],《统计与决策》2009 年第 1 期

9. 朱迎春：我国财政支农政策减贫效应的实证研究 [J],《天府新论》2009 年第 5 期

10. 周立群、许清正：农村公共产品供给方式与农民负担分析——兼议免除农业税的经济效果 [J],《南开学报》（哲学社科版）2009 年第 1 期

11. 张迎春：基于青海农村劳动力转移视角下的社会保障制度探析 [J],《经济师》2009 年第 8 期

12. 陶红梅：影响佤族农户经济行为的心理因素研究 [J],《商场现代化》2009 年 8 月上旬刊

13. 肖晓琴：金融危机下我国农民工回流问题的影响分析 [J],《科技信息》2009 年第 21 期

14. 江治强、李将军：我国农村社会保障制度的发展议题与政策取向 [J],《甘肃社会科学》2008 年第 2 期。

15. 王国奇：国外农村社会保障法律制度的借鉴及启示 [J],《经济与社会发展》2008 年第 5 期，

16. 王新华、贺庆：论中国农村社会保障法律制度建设 [J],《农业考古》2008 年第 3 期

17. 王伟：建立健全民族地区农村社会保障法律制度 [J],《中央民族大学学报》（社科版）2008 年第 2 期

18. 谭湘渝：新型农村合作医疗保险制度参保模式研究 [J],《改革与战略》2008 年第 1 期

19. 王碧华：新型农村合作医疗的性质及其运行矛盾分析 [J],《甘肃社会科学》2008 年第 4 期

20. 杨敬宇：关于新型农村合作医疗政策实践的理性思考 [J],《农村经济》2008 年第 3 期

21. 吕学静：完善农村居民最低生活保障制度的思考 [J],《经济与管理研究》2008 年第 1 期

22. 洪凯：农村最低生活保障制度实施中的难点问题探讨 [J],《经济纵横》2008 年第 4 期

23. 张平：中国农村贫困人口最低生活保障方式相关问题解析 [J],《中央财经大学学报》2008 年第 4 期

24. 肖云、赵红梅：拓宽农村最低生活保障筹资渠道研究 [J],《农村经济与科技》2008 年第 9 期

25. 贺大姣：构建农村最低生活保障制度的保障措施探析［J］，《云南行政学院学报》2008 年第 3 期

26. 王杨、杜长宇：农村外出务工人员医疗保险管理模式的创新［J］，《经济论坛》2008 年第 12 期

27. 王庆川、周静锋、黄存瑞：充分认识农民工医疗保障的重要性［J］，《医保天地》2008 第 6 期

28. 李珍：新型农村合作医疗的保障困境［J］，《南风窗》，2008 年第 1 期

29. 华迎放、徐红勤：农民工社会保险的新情况、新问题——深圳、上海的实地调查［J］，《中国劳动》2008 年第 2 期

30. 李若衡：中国农村社会保障存在的问题与对策［J］，《学术纵横》2008 年第 5 期

31、吕炎、柯曼綦：关于影响我国农村居民医疗保健支出因素的探讨［J］，《北方经济》2008 年第 6 期

32. 燕秋梅：政府要承担起失地农民医疗保障责任［J］，《中国改革》，2008 年第 10 期

33. 王同海：医疗保险异地就医管理的难点与对策［J］，《劳动保障世界》，2008 年第 6 期

34. 隋福民、邓一婷、刘永东：新型农村合作医疗制度运行现状的调查与分析［J］，《卫生经济研究》2008 年第 8 期

35. 中国人民银行包头市中心支行课题组：欠发达地区新型农村合作医疗保险方式探讨［J］，《硅谷》2008 年第 22 期

36. 李彬、于泽：我国农户行为特殊性与最优社会保障规模［J］，《经济理论与经济管理》2008 年第 5 期

37. 蒋占峰：农村社会保障制度缺失与城镇化论析［J］，《云南社会科学》2007 年第 2 期

38. 张小艳：构建西部少数民族地区农村社会保障体系［J］，《赤峰学院学报（社科版）》2007 年第 4 期

39. 刘子操：我国农村社会保障制度的构建思路［J］，《广西社会科学》2007 年第 10 期

40. 李琼：民族地区农村社会保障问题研究——以湘西土家族苗族自治州农村为例［J］，《湖北民族学院学报（社科版）》2007 年第 4 期

41. 刘卫国：农村社会养老保险制度创新构想——以青岛市为例［J］，《山东社会科学》2007 年第 7 期

42. 邵芬：布朗族的发展与社会保障［J］，《昆明大学学报》2007 年第 3 期，1—5 页。

43. 张磊、贺雪娇：剖析新型农村合作医疗制度的筹资意愿和能力［J］，《农村经济》2007 年第 5 期，79—81 页

44. 阳秋林、邹树梁、邹长城、肖东生、胡海波：刍议我国农村最低生活保障对象的界定——以湖南省为例［J］，《南华大学学报》（社科版）2007 年第 6 期，28—31 页

45. 李辉：农村低保制度资金供给分析［J］，《商场现代化》2007 年第 30 期，290—391 页

46. 李辉婕、吴自明：对我国农村最低生活保障制度的思考［J］，《安徽农业科学》2007 年第 33 期

47. 刘子操：我国农村社会保障制度的构建思路［J］，《广西社会科学》2007 年第 10 期，56—59 页

48. 张小艳：构建西部少数民族地区农村社会保障体系［J］，《赤峰学院学报》（哲学社科版）2007 年第 4 期

49. 贾玉凤：试论我国农村社会保障制度的完善［J］，《时代经贸》2007 年第 5 期

50. 邵芬：布朗族的发展与社会保障［J］，《云南大学学报》2007 年第 3 期

51. 孟宏斌、王征兵：新型农村合作医疗筹资机制与利益相关主体博弈研究［J］，《中国农业大学学报》（社科版）2007 年第 3 期

52. 叶香丽：中国农村人口向城市流动的原因和对经济发展的影响——基于农民工和农村大学生视角的分析［J］，《经济问题探索》2007 年第 4 期

53. 卞燕：农村社会保障水平的关键因素及相关指标探析［J］，《东疆学刊》2007 年第 4 期

54. 方菲：农村社会保障制度建设中的政府责任解读［J］，《农村经济》2007 年第 1 期

55. 张璐琴、赵俊康：山西社会保障水平特征分析［J］，《经济问题》2007 年第 2 期

56. 陈联合：建立和完善农民工参加大病医疗保险制度的探究［J］，《就业与保障》，2007 年第 11 期

57. 才加让、王平：民族地区的特殊性与社会保障制度建设［J］，《西北民族大学学报》2007 年第 1 期

58. 李春斌：民族地区农村社会保障制度的重构［J］，《青海社会科学》2007 年第 3 期

59. 蒋艳：当代中国农村家庭结构变化的原因分析［J］，《安徽农学通报》2007 年第 2 期

60. 宋士云：对新中国农村社会保障制度模式变迁的思考——基于新制度经济学的阐释［J］，《江汉论坛》2007 年第 9 期

61. 邹小蓉：中国社会转型过程中的利益失衡与风险成本［J］，《四川行政学院学报》，2007 年第 4 期

62. 李琼：关于建立民族地区农村社会养老保险制度的构想［J］，《科技情报开发与经济》2007 年第 19 期

63. 刘庆珍：转型期的社会风险及防范机制［J］，《大连海事大学学报》（社会科学版），2007 年 6 卷 1 期

64. 韦雨欣：农村社会保障体系建设中的政府责任研究［D］，中央民族大学 2007 年硕士学位论文（存档于中央民族大学）

65. 孙文基：试论建立农村社会保障的基本思路［J］，《农业经济》2006 年第 1 期

66. 杨志玲：农村少数民族老年人的生活及养老［J］，《云南大学学报》（社科版）2006 年第 6 期

67. 汪国华：断裂与弥补：农民工医疗保障的理性思考［J］，《医学与哲学》2006 年第 11 期

68. 杨秀丽、索志林：中国农村社会保障制度的历史变迁［J］，《经济研究导刊》2006 年第 2 期

69. 顾华详：构建和谐民族地区社会保障制度的思考［J］，《宁夏社会科学》2006 年第 11 期

70. 张建新：试论民族区域自治地方行政环境［J］，《前沿》，2006 年第 11 期

71. 张建新：基于行政环境的民族区域自治地方公共服务创新［C］，中国行政管理学会 2007 年年会论文集

72. 许才明：民族乡政府管理职能建设探析［J］，《黑龙江民族丛刊》（双月刊），2006 年第 2 期

73. 景军：泰坦尼克定律：中国艾滋病风险分析［J］，《社会学研究》，2006 年第 5 期

74. 吕丽娜：农村社会保障供给中的政府责任［J］，《湖北大学成人教育学院学报》2006 年第 1 期

75. 赵洁、沙其尔：少数民族地区农村牧区社会保障体系存在的问题及对策建议［J］，《内蒙古财经学院学报》2006 年第 2 期

76. 吴雪明、周建明：中国转型期的社会风险分布与抗风险机制［J］，《上海行政学院学报》，2006 年第 3 期。

77. 王春光：当前中国社会阶层关系变迁中的非均衡问题［J］，《社会》，2005 年第 5 期。

78. 王成艳、薛兴利：关于农村合作医疗筹资机制的探讨［J］，《卫生经济研究》2005 年第 1 期

79. 张爱民：浅谈我国农村社会保障法制建设［J］，《新疆社科论坛》2005 年第 4 期

80. 柴瑞娟、罗新铭：农村社会保障构建中的国家责任探讨［J］，《武汉理工大学学报（社科版）》2005 年第 4 期

81. 何菊芳：构建农村最低生活保障制度的构想［J］，《当代经济研究》2005 年第 9 期

82. 杨翠迎：中国农村养老保障何去何从——对农村养老保障的现状与问题的思考［J］，《商业研究》2005 年第 8 期

83. 崔凤、孙启泮：从历次制宪与修宪看中国社会保障的发展［J］，《哈尔滨工业大学学报》（社科版）2005 年第 4 期

84. 朱丽颖、石俊田：中国农村社会保障制度演化过程中政府与农民角色分析［J］，《社会科学辑刊》2005 年第 6 期

85. 宋士云：民国时期中国社会保障制度与绩效浅析［J］，《齐鲁学刊》2004 年第 5 期

86. 王国军：中国农村社会保障制度的变迁［J］，《浙江社会科学》2004 年第 1 期

87. 石宏伟：我国社会保障法制建设：问题与思考［J］，《经济体制改革》2004 年第 2 期

88. 顾昕、方黎明：自愿性与强制性之间——中国农村合作医疗的制度嵌入性与可持续发展分析［J］，《社会学研究》2004 年第 5 期

89. 张建伟、胡隽：社会保障制度：和谐社会的基石［J］，《学习月刊》2005 年第 2 期

90. 窦金波：西部农村社会保障制度［J］，《兰州学刊》2005 年第 1 期

91. 中国人民大学农业与农村发展学院课题组：论“能力密集型”合作医疗制度的“自动运行”机制——中国农村基本医疗保障制度的可持续发展［J］，《管理世界》2005 年 11 期

92. 谢凤媛：我国农村社会保障水平评估及适度选择［D］，《大连理工大学硕士论文库》2005 年 12 月

93. 华迎放：农民工社会保障：思考与政策选择——来自江苏、吉林、辽宁的调查［J］，《中国劳动》2004 年第 10 期

94. 李东、刘庆原：我国农村社会保障制度存在的问题与对策［J］，《农业经济》2004 年第 2 期

95. 唐新民：民族地区农村社会保障制度的实证分析［J］，《学术探索》2004 年第 8 期

96. 牟放：建立和完善农村养老保险制度的探索［J］，《中央财经大学学报》2004 年第 4 期

97. 黄建明：浅谈民族地区农村养老保险［J］，《中南民族大学学报》（人文社会科学版）2004 年第 9 期

98. 任保平、王艳：建立健全农村社会保障体系的基本思路［J］，《陕西师范大学学报》（社科版）2003 年第 2 期

99. 陈传波、丁士军：对农户风险及其处理策略的分析［J］，《中国农村经济》2003 年第 11 期

100. 胡浩、王图展：农户兼业化进程及其对农业生产影响的分析——以江苏省北部为例［J］，《江海学刊》2003 年第 6 期

101. 米明浩：农民兼业——一个必须引起重视的问题［J］，《农场经济管理》2003 年第 4 期

102. 郑杭生：中国社会保障改革与制度建设［J］，《新华文摘》2003 年第 5 期

103. 卢海元：实物换保障：农村社会养老保险制度的创新之路［J］，《湖湘论坛》2003 年第 1 期

104. 王景新：西部农村土地制度与农户经济能力［J］，《现代经济探讨》2003 年第 10 期

105. 张立荣：中国农村社会保障体系变革——回眸与前瞻［J］，《江汉论坛》2003 年第 1 期

106. 金凤伟：中国社会保障的历史沿革与改革模式初探［J］，《辽宁行政学院学报》

2003 年第 5 期

107. 王建华：流动人口影响下的社会保障体系构建［J］，《人文杂志》2003 年第 2 期

108. 王谦：建立新型农村养老保险制度的对策分析［J］，《新疆农垦经济》2003 年第 4 期

109. 刘钧：社会保障水平的理论思考［J］，《东北财经大学学报》2003 年第 9 期

110. 国家统计局宏观经济分析课题组：低收入群体保护：一个值得关注的现实问题［J］，《统计研究》2002 年第 12 期

111. 杨翠迎：中国农村社会保障制度发展模式探讨［J］，《农业经济》2002 年第 10 期

112. 彭希哲、宋韬：农村社会养老保险研究综述［J］，《人口学刊》2002 年第 5 期，43—47 页

113. 万春：完善农村社会保障制度的必要性及构想［J］，《成都大学学报》（社科版）2002 年第 3 期

114. 敖淑清：西部民族自治地区乡镇企业制度缺陷及现状［J］，《广播电视大学学报》（哲学社科版）2002 年第 3 期

115. 谢根成：论农村社会保障立法与农村社会保障制度建设［J］，《经济师》2002 年第 3 期

116. 郭海清：为农民构建最基本的社会保障制度［J］，《社会主义研究》2002 年第 3 期

117. 陈晓红、郑连元：农村社会保障体系研究［J］，《中南工业大学学报》2002 年第 3 期

118. 周其仁：增加农民收入不能回避产权界定［J］，《瞭望》2002 年第 3 期

119. 念富强：论我国西部农村社会保障问题及法律对策［J］，《西北民族学院学报》（哲学社会科学版）2002 年第 5 期

120. 周林刚、王赤：论民族农村社区社会保障体系的建构［J］，《西北民族研究》2002 年第 4 期

121. 饶常林、何金晖：农村社会保障从法律角度的思考与完善［J］，《重庆社会科学》2002 年第 1 期

122. 朱晓超：农村医保风雨飘摇［J］，《财经》2002 年第 8 期

123. 林毅夫：增加农民收入需要农村基础设施的牢固［J］，《调研世界》2001 年第 7 期

124. 许经勇、任柏强、黄焕文：我国农民收入增幅下降的阶段性结构性原因［J］，《广东社会科学》2001 年第 1 期

125. 何文炯、金皓、尹海鹏：农村社会养老保险：进与退，《浙江大学学报》（社科版）2001 年第 3 期

126. 王冬梅：进一步完善我国社会保障体系的对策思考［J］，《黑龙江社会科学》2001 年第 3 期

127. 李迎生：探索中国社会保障体系的城乡整合之路［J］，《浙江学刊》2001 年第 5 期

128. 段庆林：中国农村社会保障的制度变迁［J］，《宁夏社会科学》2001 年第 1 期

129. 穆光宗：中国传统养老方式的变革和展望［J］，《中国人民大学学报》2000 年第 5 期

130. 张丹：抗日战争时期陕甘宁边区的社会保障［J］，《江西社会科学》2000 年第 11 期

131. 束锡红：养老文化的弱化与养老制度的完善［J］，《宁夏社会科学》2000 年第 2 期

132. 梁鸿：苏南农村家庭土地保障作用研究［J］，《中国人口科学》2000 年第 5 期

133. 张广江、迟萍：跨世纪我国新型城市社会保障模式的整合与构建［J］，《北方论丛》1999 年第 4 期

134. 揭新华：国内外农村社会保险的比较研究［J］，《上饶师范学院学报》1997 年第 4 期

135. 赵新浩、陈建华：法制化：农村社会保障的保障［J］，《中国改革》1996 年第 3 期

136. 朱庆芳：1992 各省、市、自治区社会保障水平比较与评价［J］，《社会工作研究》1994 年第 3 期

137. 朱庆芳：1993 年各省、市、自治区社会保障水平比较与评价［J］，《社会科学研究》1995 年第 5 期

138. 宋士云：对新中国农村社会保障制度模式变迁的思考——基于新制度经济学的阐释［D］，2006 年中国制度经济学年会论文

139. 喻廷才：健全公共财政体系是构建和谐社会的重要任务［N］，《西藏日报》2005 年 5 月 10 日

140. 吴忠民：建立一个初级的社会公平保障体系［N］，《中国经济时报》2005 年 10 月 20 日

141. 财政部财政科学研究所课题组：加快完善农村社会保障制度：广东农村社会保障制度的调查与思考［N］，《经济日报》2002 年 7 月 1 日

142. 李富成：宗教的功能及其对法治的影响［EB/OL］，东方法眼网：http：//www. dffy. com/faxuejieti/zh/200311/20031118154627. htm

143. 韩宏伟：正义与秩序的自然衡平：少数民族习惯法的社会功能考量［EB/OL］，北大法律网·法学在线：http：//article. chinalawinfo. com/Article_ Detail. asp? ArticleID =46108

144. 陈功：社会养老文化的思考［EB/OL］，中央电视台网·百家讲坛 2002 年 10 月 17 日：http：//www. cctv. com/lm/131/61/59319. html

145. 陈全功、李忠斌：少数民族地区农户持续性贫困探究［J］，《中国农村观察》2009

年第 5 期

146. 徐贵恒：主体视界下的民族地区贫困问题分析［J］，《中国民族》2004 年第 4 期

147. 李彬、于泽：我国农户行为特殊性与最优社会保障规模［J］，《经济理论与经济管理》2008 年第 5 期

148. 钟洪亮：社会权利与需要满足：农村社会保障的一个分析视角［J］，《社会保障研究》2009 年第 3 期

149. 李春斌：民族地区农村社会保障制度的重构——一个现实需求的视角［J］，《青海社会科学》2007 年第 2 期

150. 毛正中：新型农村合作医疗的发展状况与挑战［J］，《卫生经济研究》2009 年第 9 期

151. 覃双凌：我国西部地区农村社会保障制度建设和对策取向［J］，《湖北社会科学》2009 年第 4 期

152. 吴承平：我国农村社会保障水平的比较研究［J］，《科技情报开发与经济》，2003 年第 9 期

153. 翟永兴：《论我国五保供养制度的变迁》［J］，《中国集体经济》2010 年第 19 期

154. 苏红丽：峨边彝族习惯法存在的必然性分析［J］，《法治》2011 年第 3 期

155. 李向玉：民族习惯法转型期的法治现代化——以黔东南少数民族地区一起“鼓藏民约”司法个案为例［J］，《甘肃政法学院学报》2011 年第 3 期

156. 刘正君：民族贫困地区财政困难及成因分析——以湖南省保靖贫困山区县为例［J］，《财经界》2009 年第 11 期

157. 郭文娟，麻学峰：优化民族地区农村家庭养老资源供给的思考——简论与经济增长的关系［J］，《经济与管理》2010 年第 11 期

158. 卢晶：略论宗教的道德与承担［J］，《世纪桥》2010 年第 1 期

159. 王冬丽：民族地区新农村建设中的宗教影响刍议［J］，《长春师范学院学报》（人文社科版）2011 年第 1 期

160. 扎洛：西藏农村的宗教权威及其公共服务——对于西藏农区五村的案例分析［J］，《民族研究》2005 年第 2 期

161. 罗明华、邵振文、欧阳俊琳：民族地区财政支出结构优化的实证分析［J］，《贵州财经学院学报》2010 年第 6 期

后 记

中国共产党十七大报告中提出了加快推进以改善民生为重点的社会建设的要求，党中央关于我国社会保障体系的构建思路是：要以社会保险、社会救助、社会福利为基础，以基本养老、基本医疗、最低生活保障制度为重点，以慈善事业、商业保险为补充，加快完善社会保障体系。胡锦涛同志在中共中央政治局2009年5月22日理论学习中强调：要紧密结合实际，加强社会保障理论和实践研究，深刻把握社会保障特点和规律，增强社会保障工作系统性。在中国这样一个有9亿农村人口的国度里，农村社会保障问题研究理应成为我国社会保障理论研究体系的重要组成部分。

中国是一个多民族国家，55个少数民族虽然从人口数量上远比汉族少，但居住地域却十分广阔，而且少数民族人口的绝大多数在农村，在少数民族地区建立和完善农村社会保障制度不仅关系到民族地区的社会建设，而且关系到民族关系的和谐与各民族的共同繁荣进步。由于各种因素所致，民族地区的经济社会发展水平普遍落后于汉族地区，各民族的文化差异明显，因此，在民族地区构建农村社会保障体系须在国家统一制度框架下，根据少数民族地区的实际与特点，采取一些特殊的政策与措施，由此可见，研究中国少数民族地区农村社会保障问题具有重要的理论意义和实践价值。

本书系由我主持的国家社科基金课题“贫困背景下中西部民族自治地区农村社会保障问题研究”（批准号：07BZZ040）的最终成果，自该课题获准立项后，课题组成员不辞辛劳，先后亲临贵州省黔东南苗族侗族自治州的黄平县旧州镇、谷陇镇；麻江县龙山乡、杏山镇；三穗县台烈镇；湖南省怀化市通道侗族自治县马龙乡、双江镇、临口镇；芷江侗族自治县上坪乡、土桥镇；青海省海北藏族自治州的海晏县青海湖乡、金银滩乡以及海西蒙古族藏族自治州的天峻县新源镇等少数民族聚居地区进行了广泛深入的社会调研，并与上述县的人力资源与社会保障局、民政局、卫生局及合管办、扶贫办等部门以及各乡镇的相关人员进行了访问与座谈。调查中，中西部民族地区农村的困苦和广大干部群众对农村社会保障的热切期盼给我们留下了深刻的印象，更使我们意识到自己肩负的责任，两年来全体成员没有一刻懈怠，以高度的使命感全身心地投入到研究工作之中。

本书的创新之处在于从贫困与发展两个视角来研究少数民族地区农村社会保障的相关问题，就我们所阅读的国内相关论著来看，大多数是从保障贫困群体基本生存需要的角度论及农村社会保障问题的，而社会保障问题还与发展有关，这不仅表现为：农村社会保障制度必须与农户的经济发展水平相适应，更重要的方面在于：社会保障制度必须也能够对农业经济发展起促进作用。继东部地区之后，中西部农村也相继进入或将进入农户生计转型期，根据世界发达国家和地区的经验，这时期如能适时建立和完善农村社会保障制度，将有助于农户生计的顺利转型，进而对促进农业经济的可持续发展产生重大影响和作用。基于这种认识，本书在对少数民族地区贫困与生计特点认识的基础上，着力从民族地区农村居民生存现状与社会保障制度的可行性；少数民族地区农村社会保障制度建设的战略目标、构建原则与路径；少数民族地区农村社会保障的适度水平；少数民族地区社会保障制度的运行环境等方面进行了探索，我们认为，这些探索对于促进农村社会保障理论研究的深入，推进中西部少数民族地区农村社会保障事业发展是有益的。

感谢黄平县、麻江县、三穗县、海晏县、天峻县、通道县、芷江县县委县政府的热情接待和大力支持。记得课题组刚到海晏县时，久谢副县长率相关部门同志以藏族的礼节隆重欢迎我们，并指示为我们的工作和生活提供各种便利；在天峻县，吴钢副县长拨冗亲自出席并主持座谈会；黄平县县委吴克书记、通道县钦代寿县长、芷江县吴飚县长等领导同志周到地安排课题组活动的各项事宜，并对调研活动给予了大量的指导和帮助，令我们非常感动。

感谢参与本课题工作的中南民族大学公共管理各专业 2005 级、2006 级、2007 级和 2008 级本科生及研究生，从 2007 年到 2009 年，许多同学利用寒暑假在家乡开展农村社会保障调查，调查的范围包括湖北、湖南、云南、贵州、广西、福建、青海、内蒙古、西藏、辽宁、黑龙江等省（区）的广大少数民族地区，回收调查问卷 2000 余份，有的学生还参与了课题组的调研活动，他们共撰写了200多篇调查报告，为我们的研究工作提供了极其丰富的数据资料，极大地支持了本项课题的研究工作。

感谢中南财经政法大学公共管理学院院长赵曼教授为本书作序，赵教授是我国社会保障研究领域的著名专家，她的序言为本书增光不少。

感谢商务印书馆学术出版中心主任陈小文先生、责任编辑金晔女士等对本书的出版给予的热诚关怀与具体指导。

本书的分工如下：第一章和第二章由谢冰撰写；第三章、第四章由李海鹏撰写；第五章由梅乐撰写；第六章由王锦锦撰写；第七章由周娟撰写；第八章由陈敏莉撰写。谢冰、李海鹏负责全书的构思，谢冰负责书稿的审定、统稿和课题研究的组织管理工作。

因受到研究水平、研究条件、时间等因素的影响，本书一定有不少谬误之处，恳请国内外专家学者和广大读者批评指正，在此谨向你们的支持和帮助表示衷心的感谢。

谢 冰

2011年11月21日

于武昌南湖之滨中南民大校园